周　群 ◎主编

吴四伍　鱼宏亮　吕文利　董欣洁 ◎副主编

清史研究发展与趋势

（2019）

社会科学文献出版社
SOCIAL SCIENCES ACADEMIC PRESS (CHINA)

目　　录

·附录　学术会议报道·

推动新时代中国史学繁荣发展（代序）

高 翔*

"新时代坚持和发展中国特色社会主义，更加需要系统研究中国历史和文化，更加需要深刻把握人类发展历史规律，在对历史的深入思考中汲取智慧、走向未来。"新年伊始，习近平总书记向新成立的中国社会科学院中国历史研究院发来贺信，对如何推动新时代中国史学繁荣发展提出明确要求，为历史研究服务现实提出了殷切期望，赋予了神圣的时代使命。

"述往事，思来者"，明道求真、以史经世是中国史学源远流长的优秀传统，也是历史研究发现新的学术增长点、推动学术创新的必由之路。真正的历史研究从来不是冰冷的学术过程，而是充满情怀、抱负、灵感的科学探索。新时代中国史学必须弘扬优良传统，自觉地投身到中华民族伟大复兴的洪流中，去中流击水，去以史鉴今、资政育人，努力展现当代中国历史学独特的科学价值和人文精神。

近些年来，史学研究领域存在着碎片化、表面化、片面化现象，这不应该成为历史研究的主流。高层次的史学活动，必须紧紧围绕长时段问题、全局性问题、本质性问题展开，重视规律总结、理论概括和提升，坚持究天人之际、通古今之变；必须立足中国的土地，说中国话，形成具有中国特色的学术话语、研究范式，推出体现中国思想、中国精神、中国风格的鸿篇巨制。真正的史学研究必须有思想、有灵魂、有立场，照抄照搬、拾人牙慧是没有出息的做法。只有坚持独立思考，坚持用中国的话语阐释人类历史，我们才能更好地与国际主流学术展开对话和交流。

在学术活动中，尊严来自实力，地位取决于成果。新中国成立以来，特别

---

* 中国社会科学院中国历史研究院，原文刊于《人民日报》2019年1月15日，第5版。

是改革开放之后，我国史学研究取得了长足进步，人才辈出，成果丰硕，为党和国家事业发展做出了积极贡献。与此同时，我们也清醒地认识到，新时代中国特色社会主义对史学发展提出了新的更高要求，我们要深切理解时代需求，正视自身在水平、能力上的差距，发奋努力，有所作为。

世界史学思潮风起云涌，诸家之说，"各执一端，崇其所善"。构建中国特色历史学学科体系、学术体系和话语体系，就要坚持以唯物史观为指导，创新科研组织方式、成果评价方式，集中全国精锐力量围绕党和国家关注的重大理论实践问题，围绕关系全局的重大学术前沿问题开展攻关，推出一批有思想穿透力的精品力作，培养一批学贯中西的历史学家；积极参与世界范围内的史学对话交流，清晰响亮地发出中国学术的声音；认真贯彻"双百"方针，发扬学术民主，推动观念、内容、风格、流派切磋互鉴，营造出成果、出人才的良好氛围。

推动新时代我国历史研究繁荣发展，让中国史学走向更加辉煌未来，我国史学研究者生逢其时、躬逢其盛，定当奋发有为，用优秀的学术成果书写时代进步的华章。

关于中国古代史学批评史的几个问题

一 中国古代史学批评史研究的对象

中国古代史学批评史是一个新兴的学科，我们只有在明确了它的研究对象与研究范围之后，才可能对其学术定位做出某种设想或建议。这就要求我们从什么是中国古代史学批评史谈起。

什么是中国史学批评史？顾名思义，它是指在中国古代史学上，那些具有批评意识的史学家、思想家、政治家或其他学人，针对史学发展中出现的各种问题而提出自己的看法：在这些看法中既包含着相同或相近的意见，也往往伴随着分歧和异趣，甚至完全相反的观点。这种意见、分歧、观点互相讨论、辩难的史学活动、史学现象，我们称之为史学批评。而史学批评既不是"挑眼"，也不是"吹捧"，相互间不论是赞同的意见还是不同的意见，重在"发现"并提出问题；而对问题的阐说，则启发着时人与后人或加以发扬，或引以为戒，这就是史学批评的产生及其意义。如此这般的一个个史学批评个案的联系，构成了某一时期或某一时代的史学批评史；一个个时代的史学批评史，构成了连续不断的中国古代史学批评史。这样，研究者可以揭示批评者与被批评者的异同，可以概括某一时期或某一时代史学批评的特点，并以此探索、揭示中国古代史学批评史发展的全貌及其规律，进而为提炼出理论问题提供依据。

中国古代史学批评史研究的范围，从纵向上看，上起先秦的春秋时期，下

* 北京师范大学历史学院，原文刊于《北京师范大学学报》2018 年第 5 期，系作者主编的七卷本《中国古代史学批评史》导论。

迄清代中期（1840 年以前）。从横向上看，它包括史学家、思想家、政治家及各方面学人对史学的批评；其涉及的文献亦不限于史部书，经部、子部、集部也在考察范围之内。我们希望在研究中能够发掘一些有关史学批评的新资料和以往较少涉及的知识领域，尤其希望在研究中提出一些新的问题，并对其做出合理的阐述，从而通过集体的努力，使中国古代史学批评史成为一门内涵丰富、特色鲜明的学科。

那么，怎样为中国古代史学批评史做学科定位呢？第一，从宏观领域来看，中国古代史学批评史当属"中国历史"一级学科范围之内，当毋庸置疑。第二，从研究内容与特点来看，中国古代史学批评史与中国古代史学史关系密切，离开中国古代史学史，中国古代史学批评史就成了无源之水，无本之木，也就无从谈起；同时，史学批评中提出的问题及相关的论述，都可能涉及理论上的分析，而脱离了史学理论的史学批评，就会成为没有思想、没有内涵的材料堆砌。有鉴于此，可以认为，中国古代史学批评史是"史学理论与史学史"这个二级学科之下的一个三级学科。

为了明确中国史学史的研究与撰述同中国史学批评史的研究与撰述之联系及区别，以凸显中国史学批评史的性质和特点，我们有必要对此做进一步的阐述。概括说来，中国史学史，是研究中国史学发展的面貌及其规律的历史；中国史学批评史，是研究中国史学史上存在于其间的一个最活跃的内部动因的历史，即批评与反思，包含批评的意识、批评的思想、批评的理论与方法及各方面成果（思想成果和著述成果）。尽管史学批评史同史学史存在密切的关联，但毕竟是两个不同的研究对象，因而提出问题的方式和视角不同，撰述的主要内容自亦有所不同。这一联系与区别，是不应被模糊处理的。

本书题为《中国古代史学批评史》而未以"评论史"命名，也是意在突出研究者提出问题的方式和视角。记得十几年前，有位记者问我：您的《中国古代史学批评纵横》一书，为什么不用"评论"而用"批评"？我一时语塞，觉得很难回答这个问题，这说明自己并不很清楚它们之间有何异同；再说我另有一本论集，书名就叫作《史学与史学评论》。由于《中国古代史学批评纵横》这本小书受到一些同行尤其是中青年朋友的关注，这些年来，研究史学批评的学人逐渐多了起来，似乎用"批评"一词也就习以为常了，因而很少有人再提出这样的问题。但对于我来讲，却没有放下这个问题，总想对此做一点探究。其间，也翻阅了几本从理论上讨论学术批评的书，有中国学者写的, 也有外国学者著作的中译本, 但它们都是立足于文学批评而展开的, 有的还是从解释学的视角对文学批评做阐释的。更重要的是, 它们的讨论多是建立在西方学术文化中所谓"原生质"的、"科学"的"批评"与"评论"概念基础上的。这对我提高理论上的认识都有不同程度的帮助, 但由于学科的不同, 特别是由于文化上的差异, 毕竟不能获得原本所需要的借鉴。这就促使我从"传统"中去寻求认识问题的路径。

中国古代学人使用"评论"一词说事, 当不晚于魏晋之际。三国魏人王肃所注《孔子家语》中记述叔孙武叔这个人有个缺点, "多称人之过, 而己评论之",① 因而受到颜回劝告。又《三国志》裴注引王隐《晋书》记: "然天下之至慎, 其惟阮嗣宗乎! 每与之言, 言及玄远, 而未曾评论时事, 臧否人物, 真可谓至慎矣。"② 这里说的回避"评论"是对"至慎"的肯定。与此不同的是, 王隐《晋书》还有另外的记载: "刘毅字仲雄, 东莱掖人, 汉城阳景王后也。亮直清方, 见有不善, 必评论之, 王公大人望风惮之。"③ 这两处说的"评论", 都是指评论时事, 评论人之秉性。此外, 也有说到评论史书的。如葛洪《抱朴子》记:

> 而班固以史迁先黄老而后六经, 谓迁为谬。夫迁之洽闻, 旁综幽隐, 沙汰事物之臧否, 核实古人之邪正。其评论也, 实原本于自然, 其褒贬也, 皆准的乎至理。不虚美, 不隐恶, 不雷同以偶俗。刘向命世通人, 谓为实录; 而班固之所论, 未可遽也。④

这里说的"评论", 即是关于司马迁及其所著《史记》的评论。又如, 五代时, 刘昫等著《旧唐书》说到唐太宗时重修的《晋书》, 这样写道: "参考诸家, 甚为详洽。然史官多是文咏之士, 好采诡谬碎事, 以广异闻; 又所评论, 竞为奇艳, 不求笃实, 由是颇为学者所讥。"⑤

---

① 王国轩、王秀梅译注《孔子家语》, 中华书局, 2011, 第 240 页。
② 《三国志》卷 18《魏书·李通传》, 裴注引王隐《晋书》, 中华书局, 1962, 第 536 页。又见刘义庆《世说新语·德行》, 刘孝标注引, 与上略同, 杨勇校笺本, 中华书局, 2006, 第 16 页。
③ 刘义庆:《世说新语·德行》, 第 18 页。
④ 葛洪:《抱朴子内篇》卷 10《明本》, 中华书局, 1985, 第 184 页。
⑤ 《旧唐书》卷 66《房玄龄传》, 中华书局, 1975, 第 2463 页。

　　上述这两则关于史书的评论，前者是肯定的评论，后者是借用时人之语发表了包含负面评价的评论。又有明人郭孔延撰《史通评释》，其序称"向以己意为之评论，虽未必合作者之意"云云。① 显然，这是对评论者的评论。

　　至于中国古代学人使用"批评"一词，至晚见于葛洪所著、邵雍纂辑的《梦林玄解·占梦》："占曰：梦殊砂，为官爵，为文章，为批评，为银财之本，为血气，为良药。"② 此处所讲"批评"，没有明确指向，不便妄测。而元代学人是较早从学术的意义上使用"批评"一词的。据钱大昕《补元史艺文志·总集类》著录，有《仇远批评唐百家诗选》一书，其别集类著录《仇远金渊集》六卷。③ 仇远精于诗，时人称为"仇远先生"，《元史·张翥传》记：

　　　　翥少时，负其才隽，豪放不羁，好蹴鞠，喜音乐，不以家乐，不以家业屑其意，其父以为忧。翥一旦翻然，昼夜不暂辍，因受业于李存先生。存家安仁，江东大儒也，其学传于陆九渊氏，翥从之游，道德性命之说，多所研究。未几，留杭，又从仇远先生学。远于诗最高，翥学之，尽得其音律之奥，于是翥遂以诗文知名一时。已而薄游维扬，居久之，学者及门甚众。④

从这一简略的记载，大致可以得知仇远在唐诗研究上的造诣，乃有《批评唐百家诗选》之作，在中国古代学术批评史上留下了自己的印记。

　　值得注意的是，明代学人在奏疏与书信中亦往往使用"批评"一词。如魏允贞《条陈救弊四事乞赐采纳以弘治道疏》中有这样的话："分别式样，以授主司，圈点批评，列置卷首，后先及第，海内士人，无不愤叹。"⑤ 这是反映了明朝科举考试的弊端。李贽的《寄答留都》写道："前与杨太史书亦有批评，倘一一寄去，乃足见兄与彼相处之厚也。"⑥ 徐芳的《与高自山》一文中

---

① 郭孔延：《史通评释》，上海古籍出版社，2006，序，第 1 页。
② 葛洪：《梦林玄解》卷 12《文墨·五色颜料》，邵雍纂辑，陈士元增删，何栋如重辑，《续修四库全书》子部，第 1064 册，上海古籍出版社，2002，第 24 页。
③ 参见《二十五史补编》第 6 册，中华书局，1955，第 8425、8435 页。
④ 《元史》卷 186《张翥传》，中华书局，1976，第 4284 页。
⑤ 参见陈子龙等编《明经世文编》卷 387，中华书局，1962，第 4195 页。
⑥ 《李贽集》第 1 卷《焚书一增补一》，社会科学文献出版社，2000，第 258 页。

更是有这样轻松的话语："诗文传阅，取笑批评，烂如圈点，互相诒炫。"① 由此可知，在明代的公私文件中，多有"批评"一词的使用。

综观上述所举事例，可以认为，大约在一千七百年前，中国学人已将"评论"和"批评"的概念置于不同学术领域之中，以此表述和阐说各自的学术见解，并在日常生活中也有所表现。这种现象在元明以降显得更加广泛。由于前人在使用"评论"和"批评"一词时，并未对其做出明确的解释，故难得从实质上划清二者的界限。但中国学人有重视字义和慎于遣词造句的传统，② 由此仍可略知"评论"和"批评"的一点区别："评论"是评量和议论，意在对事物做出适当的评价；"批评"则兼有批判和评论之意，即既包含正面评价也包含负面评价的双重目标，因而具有鲜明的反思意识。质言之，"评论"多用于泛指；"批评"则与学术讨论的关系更为密切。

在获知古代学人对"评论"和"批评"有更明确的定义或阐述前，姑作此说。

二　中国古代史学批评的发展大势与主要问题

中国古代史学批评发展大势是怎样的？其间有哪些主要问题是需要展开讨论的？这是本书需要明确的问题。

这里讲的"发展大势"，上起先秦春秋时期，下迄清代中期（1840 年前），约两千五六百年的历史。根据我们的理解和撰述工作的需要，中国古代史学批评可以划分为七个阶段看待。由于中国历史和中国史学发展的连续性特点，这七个阶段是前后衔接、上下贯通的，同时又各具特点。

第一阶段：中国古代史学批评的开端（先秦秦汉时期）。孔子评晋国史官董狐以及孟子和《左传》评《春秋》，揭开了中国古代史学批评的序幕。此后，史家修养和史学与社会的关系成为中国史学上人们关注的两个重大问题。司马谈、司马迁父子对《春秋》的评论与继承、发展，班彪、班固父子对司

---

① 参见黄宗羲编《明文海》卷 162，中华书局，1987，第 1630 页。
② 如杜佑自谓："凡义有经典文字其理深奥者，则与其后说之以发明，皆云'说曰'。凡义有先儒各执其理，并有通据而未明者，则议之，皆云'义曰'。凡先儒各执其义，所引据理有优劣者，则评之，皆云'评曰'。"（《通典》卷 42，中华书局，1988，第 1167 页）《说文解字》："论，议也。"段注："凡言语循其理得其宜者谓之论。"凡此，均可参考。

马迁及其《史记》的批评，先后产生了《史记》《汉书》两部宏伟著作。这是中国古代史学批评开端最重要的标志。同时，刘向、刘歆父子校书而分别对各类历史文献做出评论，分别写出了《别录》和《七略》，为班固《汉书·艺文志》的撰述做了资料上的准备。东汉末年，汉献帝认为纪传体《汉书》烦冗难读，由是荀悦乃有编年体《汉纪》之作，从而为这一时期史学批评画上句号。

这时期在史学批评方面提出的主要概念和观念有：良史，书法不隐和史书三要素论（事、文、义），以及"其文直，其事核，不虚美，不隐恶"的"实录"论，以及立典五志论（达道义，彰法式，通古今，著功勋，表贤能）等。

第二阶段：中国古代史学批评的初步发展（魏晋南北朝时期）。在史学多途发展的学术背景下，学术思想的活跃推动了史学批评的广泛展开。关于《史记》《汉书》的批评，开这一时期史学批评之先河，同时反映出了与前一时期史学批评的衔接；关于《三国志》的批评，则表明时人对它的关注。有关上述三部"正史"的批评，对后世均有一定的影响。同时，史学家们关于"史例"及国史"条例"的讨论，推动了有关史书编撰形式的评论。其中，关于史书起源问题的讨论，可谓时代特点使然，对后世多有启发。值得注意的是，关于史书内容和史家修养的各种批评意见，构成这时期史学批评的主要部分。而刘勰《文心雕龙·史传》篇，在总结此前史学发展历史的基础上，提出了史学发展中的一些重要问题，可视为一篇史学批评史论纲，堪为中国史学批评初步发展阶段的标志性成果。

这时期在史学批评方面提出的主要概念和观念是：素心，信史，烦省，评论，以意为主，以文传意，以及由立典五志演变而来的书契五善论（达道义，彰法式，通古今，表功勋，旌贤能）和注史四旨论（以补其阙，以备异闻，以惩其妄，有所论辩）等。

第三阶段：中国古代史学批评的深入发展（隋唐时期）。唐初关注对以往众家晋史与南北朝时期所撰正史的批评，反映了在政治统一局面下历史撰述的新的要求，由此奠定了这一时期史学批评的宏大气势。《隋书·经籍志》史部对十三类历代史书的评论，是中国史学批评史上最早的和最全面的总结；其史部大序对史官职责的表述，反映了史家对历史撰述的高度重视。关于"史才三长"学说的提出与"良史"观念发展，增进了人们对史学主体的认识；关于治学宗旨的讨论，凸显了经世致用的史学思想；关于史注家的史学批评意识，在这个时期的《史记》注、《汉书》注和《后汉书》注中，均有所发挥。以上这几个方面，均可视为史学批评深入发展的表现。而最有代表性的成果，则是刘知幾的《史通》一书。这部"其为义也，有与夺焉，有褒贬焉，有鉴诫，有讥刺焉"① 的书，是一部有系统的史学批评著作，也可以看作是一部提出了许多重要问题的史学理论著作。它的重要性可用一句话概括，这就是刘知幾同时代人徐坚说的："居史职者，宜置此书于座右。"②

这一时期在史学批评方面提出的主要概念和观念有：直书，曲笔，鉴识，探赜，疑古，惑经，以及史学功用论，史才三长论（才、学、识），史之有例犹国之有法论，史之称美者以叙事为先论，史官辨职论，编年纪传论，师古与随时（稽古与随时）论，行状不实论等。

第四阶段：中国古代史学批评的兴盛（五代两宋时期）。从五代后晋开运二年（945）《旧唐书》面世，至宋仁宗嘉祐五年（1060）《新唐书》撰成刊行后，围绕两《唐书》、两《五代史》的修撰、比较而展开的史学批评，受到学人的关注。而《资治通鉴》的撰成则直接促进了史学批评的发展，不论是司马光的自述，还是宋神宗的评论，都产生了很大影响。由此"《通鉴》学"勃然兴起，朱熹、杨万里的相关评论又昭示了新的史书体裁即纲目体、纪事本末体的出现。郑樵、李焘的史学批评，前者上承司马迁，后者接续司马光，进一步丰富了史学之"通"的观念。《册府元龟》国史部总序及各门小序，对史学的由来、社会功用、史官职责、作史原则、撰述流程中的种种情况等做了概括和评论，显示了类书中蕴含的史学批评思想，凸显出"史学事业"的新观念。晁公武《郡斋读书志·序》称"日夕躬以朱黄，雠校舛误。终篇，辄撮其大旨论之"。③ 这是目录学家、文献学家之学术批评思想积累以至形成的艰辛历程。欧阳修不理会他人对其爱好金石学的嘲讽，坚持《集古录》的研究和撰述；而赵明诚《金石录·序》进而申言，"盖史牒出于后人之手，不能无失，而刻词当时所立，可信不疑"，具有"考其异同"的作用；赵明诚夫人李清照在此书后序中写道，此书"是正讹谬，去取褒贬，上足以合圣人之道，下足以订史氏之失者皆载之，可谓多矣"。④ 综上，类书、目录书和金石之学

---

① 刘知幾：《史通》卷10《自叙》，浦起龙通释本，上海古籍出版社，2009，第271页。
② 《旧唐书》卷102《刘子玄传》，第3171页。
③ 晁公武：《郡斋读书志·序》，上海古籍出版社，2011，第15页。
④ 赵明诚：《金石录》，金文明校证本，广西师范大学出版社，2005，第1、531页。

中包含的史学批评，是这时期史学批评的几个特点。宋代学人撰写了大量的史料笔记，其中多有自觉的补史意识和史学批评思想，是这时期史学批评走向兴盛的一个重要方面。宋代文学之士关注史学，通观其所批评，往往得失两存，但有胜于无，重在分析和判断。

这时期在史学批评方面提出的主要概念和观念有：公正，议论，记注，疏谬，不实，非才，法世，会通，以及信史论，史家源起论，良史"四足"论（明、道、智、文），纪事本末论，史法论，作史三原则论（事实、褒贬、文采）等。

第五阶段：民族史学与史学批评（辽夏金元时期）。中国自秦汉起成为不断发展的统一的多民族国家。因地理条件、历史环境、文明进程的差别，各民族史学的发展迟速不一。由于文字的困难和文献的不足，我们对民族史学尚缺乏较深入的研究。应当强调的是，这时期的史学与史学批评既有中原文化的影响，也有各民族的文化基础。民族史学在史学思想、史学批评意识方面，或许在针对性上和具体表述上存在一定的差异，但在本质上却是一致的。中国史学上的经典文献、著名史家以及史学观念和史学方法等，都是民族史学发展中的评论对象。《辽史·文学上·萧韩家奴传》记，辽兴宗"又诏译诸书，韩家奴欲帝知古今成败，译《通历》《贞观政要》《五代史》"。① 这里自然包含萧韩家奴对这些历史著作的评论。同书《列女传》记："耶律氏，太师适鲁之妹，小字常哥。幼爽秀，有成人风。及长，操行修洁，自誓不嫁。能诗文，不苟作。读《通历》，见前人得失，历能品藻。"② 《通历》是中唐晚期史家马总所撰的一部简明的编年体通史，常哥读而又能"品藻"，说明有深刻的认识。《金史·世宗本纪中》记："上谓宰臣曰：'近览《资治通鉴》，编次累代废兴，司马光用心如此，古之良史无以加也。'"③ 同书《世宗本纪下》记："上谓宰臣曰：'朕近读《汉书》，见光武所为，人有所难能者……此其度量盖将大有为者也，其他庸主岂可及哉。'"④ 这里所记当指范晔《后汉书》所叙史事。金世宗对《资治通鉴》《后汉书》的评论当不止于此。《元史·仁宗本纪一》记：元武宗时"有进《大学衍义》者……帝曰：'治天下，此一书足矣。'因

---

① 《辽史》卷103《文学上》，中华书局，1974，第1450页。
② 《辽史》卷107《列女传》，第1472页。
③ 《金史》卷7《世宗本纪中》，中华书局，1975，第175页。
④ 《金史》卷8《世宗本纪下》，第202页。

命……刊行，赐臣下"。① 这个评论虽有些夸张，但表明了元武宗对此书的重视。又，《元史·察罕传》记元仁宗同察罕有这样一段对话：

> 帝尝问张良何如人，对曰："佐高帝，兴汉，功成身退，贤者也。"又问狄仁杰，对曰："当唐室中衰，能卒保社稷，亦贤相也。"因诵范仲淹所撰碑词甚熟。帝叹息良久曰："察罕博学如此邪。"尝译《贞观政要》以献。帝大悦，诏缮写遍赐左右。且诏译《帝范》。②

上文举出的几个实例，生动地反映出中国历史上的历史文化认同思想的真实存在，同时也反映了与民族史学相关联的记述中史学批评思想的真实存在。

这时期在史学批评方面提出的主要概念和观念是："史笔天下之大信"论，"宁可亡人之国，不可亡人之史"论，"自古帝王得失兴废，斑斑可考者，以有史"论，"事"与"道"关系论，文献论，"理"（义理、事理、文理）、"情"（人情）评判标准论，心术为修史之本论等。

第六阶段：中国古代史学批评的拓展与前景（明时期）。这时期的史学批评，从洪武元年（1368）明太祖朱元璋诏修《元史》，至明末朱明镐《史纠》面世，贯穿了整个明朝的历史。关于前朝正史的修撰与评论，由《元史》上溯元修三史、两《五代史》、两《唐书》，直至《史记》，显示出中国古代史学批评史之连续性的特点。关于修撰本朝史过程中的评论，既表明时人对史学认识的深入，也表明存在各种歧见。随着思想史研究的发展，辩证思维在史学批评领域也有突出的表现，王世贞论国史、野史、家史的得失可谓经典之论。关于刘知幾《史通》的研究和评论在这时期形成第一个高潮，而相关专书的问世，凸显了批评之批评的活力。与此相关的是多种史学批评、史学理论专书涌现出来，以及对有关概念的讨论等。以上这几个方面，不仅可以使人们看到明代史学批评的开拓、进展，同时也可以使人们看到以往被长期忽略的一个积极的史学倾向：明代学人对理论的兴趣。正是这几个方面，使人们看到中国古代史学批评发展的前景。

在明代学人所编的目录书中，用"批评"一词冠以书名者，并不是个别

---

① 《元史》卷24《仁宗本纪一》，第536页。
② 《元史》卷137《察罕传》，第3311页。

现象，如《批评后汉书》《批评自警编》，① 前者是批评史书，后者应是就自我修养而作。

尤其值得关注的是，明朝末年，学人在书名上冠以"批评"一词的现象更为普遍。据明崇祯刻本张溥所著《历代史论》（一编四卷、二编十卷）二编目录附《正雅堂古今书目》所载，冠以"批评"一词的书名有：

> 批评二十一史全部（嗣出）
>
> 批评仪礼经传集解
>
> 批评礼书乐书
>
> 批评文献通考
>
> 批评通志略
>
> 批评杜氏通典
>
> 批评函史

此外，还有用"批论"一词的，如：

> 谭友夏批论庄子

再者，也有用"评选"一词的，如：

> 周介生先生评选丁丑大题自携（嗣后）
>
> 周徐两先生评选丁丑小题宝持（嗣后）
>
> 周徐两先生评选丁丑名家宝持（嗣后）
>
> 周徐两先生评选皇明历科小题（嗣后）
>
> 周徐两先生评选皇明历科程墨（嗣后）
>
> 孙孟机吴扶九两先生评选易参（即出）
>
> 七录斋评选皇明易会（嗣后）

---

① 参见祁承㸁《澹生堂读书记　澹生堂藏书目》，郑诚整理，上海古籍出版社，2015，第335、373 页。

七录斋评选易会四编（嗣后）①

这好像是一则古今书籍刊刻面世的预告，其书名后注有"即出"字样者，表示近期即可面世；"嗣出""嗣后"则表示将陆续面世，其未注明者当是已经面世的著作。从内容上看，这可能是为适应科举考试而编辑的参考书。或许正是这个原因，这些在书名上常有"批评"字样的书，在《明史·艺文志》中少有著录。尽管如此，这则预告表明，至迟在晚明至明末，学人在治学与撰述中，在书名上冠以"批评"一词，已经不是个别现象了。

这时期在史学批评方面提出的主要概念和观念有："人恣"与"蔽真"，"人臆"与"失真"，"人谀"与"溢真"，史权，平心，公议，公实，笔正，历史评价无是非论，"经史一物"论，"六经皆史"论，评史著四旨（据、实、慎、忠）论，史家修养五要素论（才、学、识、公心、直笔），"务成昔美，毋薄前修"论等。

第七阶段：中国古代史学批评逐步走向它的发展高峰（清时期，1840年前）。不论从成果上看，还是从思想上和理论上看，这都是中国古代史学批评的集大成时期。开一代学术风气的顾炎武，为有清一代的史学批评确定了新的起点；章学诚继续阐述"六经皆史"的观念，进一步打开了人们从史学的视角评论经书的思路；浦起龙的《史通通释》把《史通》研究推至新的高峰，在史学批评领域产生重大影响。这时期的考史名家各具风采：有的高擎"商榷"的旗帜，显露出批评的锋芒；有的则于平静和严谨的考史中，轻轻拂去前人著作中的讹误的"灰尘"，为的是显示出这些著作的"真"与"美"；有的则由疑古而批评，廓清古史书中的迷雾；有的则在考史和批评中，显露出历史理性精神，给治史者诸多启发。中国古代史学理论的集大成者章学诚提出了许多重要见解：以"史德"论补充刘知幾"史才三长"说，以"心术"论提醒治史者对历史的解释要保持在合理的范围之内；以"史意"同"史法"相对，强调思想的重要；以"撰述""记注"分史学两大"宗门"，表明"圆神""方智"各有所长；以"通史家风"阐发中国史学"通古今之变"的传统；以"别识心裁"推重创新精神等，显示出中国古代史学理论的多方面成就。这时期，政论家、史论家、文章家和诗人龚自珍，已站在通向近代历史之

① 张溥：《历代史论》，杭州大学图书馆藏明崇祯刻本。

路的门槛，他的"欲知大道，必先为史"① 的庄严启示，可视为对中国古代史学成就及其功能最中肯的评论。

这时期在史学批评方面提出的概念和观念主要有：史德，史释，释通，通史家风，别识心裁，记注与撰述，史法与史意，尊史，以及"于序事中寓论断""欲知大道，必先为史"论，"史者，垂于来今以作则"论，"史非一家之书，实千载之书，袪其疑，乃能坚其信"，"指其瑕，益以见其美"论等。

中国古代史学的连续性发展为中国史学批评史提供了丰富的资料，中国古代史学批评史的存在又推动了中国史学的发展，也为中国古代史学理论的积累提供了思想遗产。中国史学就是在这种互动中不断开辟新的发展前景。

中国古代史学批评在其发展过程中，在不同阶段上都会提出一些问题，而有些问题也可能是具有普遍性或规律性的，对于这些问题的研究与阐说，我们视之为横向上的会通。在许多问题中，下面这几个问题是比较重要的。

第一，史学批评作为一种史学现象，它之所以产生的原因何在？刘知幾《史通·鉴识》篇认为，"物有恒准，而鉴无定识"，② 这着眼于批评的主体而言，说明不同的批评者对同一事物会有不同的认识和评论。《史通·探赜》篇又说："古之述者，岂徒然哉！或以取舍难分，或以是非相乱。"③ 这着眼于批评的客体而言，说明事物本身是复杂的，批评者面对复杂的事物而难得确定取舍而做出是非判断。其《曲笔》篇同样着眼于主体，讲的是另外一些原因，主要指为史者的史风不正以至心术不正；其《采撰》篇同样着眼于客体，讲的也是另外一些原因，即"异辞疑事"本是客观存在。当然。不论着眼于主体的分析，还是着眼于客体的分析，或许还有更复杂的原因，这是史学批评研究者必须关注的；同样，对史学批评者的批评，也不能不顾及这些复杂的因素。

第二，怎样看待和分析史学批评主体提出问题的主要根源？如班彪、班固父子批评司马迁及其《史记》，是否出自政治的根源？唐太宗批评众家晋史，是否出自社会的根源？李大师、李延寿父子批评南北朝所修三部正史，是否出自历史的根源？刘知幾撰《史通》，把以往史学作为批评对象，是否出自学术

---

① 龚自珍：《龚自珍全集》第 1 辑《尊史》，上海古籍出版社，1975，第 81 页。
② 刘知幾：《史通》卷 7《鉴识》，第 189 页。
③ 刘知幾：《史通》卷 7《探赜》，第 194 页。

的根源？柳宗元的《非国语》，是否出自思想的根源？这些原因之间存在怎样的联系？这是史学批评研究者不能不考虑并予以深究的。

第三，怎样看待史学批评的成果及其思想的社会意义、学术意义和理论意义？这是认识史学批评的本质所在，是史学批评史研究者需要运用自身的研究所得加以说明的。举例说来，自东汉以后，人们对司马迁《史记》的评论，如何影响中国人对自身历史的认识？《史记》对中国统一多民族国家的巩固、发展产生了何等重要作用？司马迁提出的"究天人之际，通古今之变，成一家之言"的著史宗旨，对中国学术的发展具有怎样的学术意义和理论意义？毋庸置疑，对于这些问题的深入阐释，史学批评的意义由此可以看得更加清楚。历史上的"《汉书》学""《通鉴》学"及许多史学名著的批评史，都在不同程度上具有广泛的意义。中国古代史学批评史的研究，要努力发掘和阐说这方面的成果和意义。

第四，怎样看待史学批评中出现的偏颇？如班彪、班固批评司马迁《史记》"是非颇缪于圣人"。① 刘知幾《史通·古今正史》篇接受《北齐书·魏收传》的说法，认为魏收的《魏书》"世薄其书，号为'秽史'"，② 直至章学诚亦承此说。郑樵在力倡"会通之义"时，极力贬低断代为史，以至斥责班固是"浮华之士也，全无学术，专事剽窃"。③ 叶适《习学记言序目》批评司马迁破坏了古之"史法"，"古史学止于此矣"。④ 吴缜《新唐书纠谬》是为名作，其序文具有理论上的建树，但序文中批评《新唐书》"抵牾穿穴，亦已太甚""修书之初，其失有八"等，⑤ 似有言过其实之嫌。张岱批评明代史学说："有明一代，国史失诬，家史失谀，野史失臆，故以二百八十年，总成一诬妄之世界。"⑥ 王鸣盛《十七史商榷》批评李延寿"学浅识陋"，所撰《南史》《北史》"疵病百出，不可胜言"，又说李延寿是"自谓于旧锦机中织出新花样"。⑦ 王鸣盛还写了一篇很长的文字批评杜佑所撰《通典》，认为《通典》

---

① 《汉书》卷62《司马迁传》，中华书局，1962，第2737~2738页。
② 刘知幾：《史通》卷12《古今正史》，第339页。
③ 郑樵：《通志总序》，《通志·二十略》，中华书局，1995，第2页。
④ 叶适：《习学记言序目》卷11《史记一》，中华书局，1977，第264页。
⑤ 吴缜：《新唐书纠谬序》，丛书集成本，中华书局，1985，第1页。
⑥ 张岱：《石匮书自序》，《琅嬛文集》，岳麓书社，1985，第18页。
⑦ 王鸣盛：《十七史商榷》卷53《〈新唐书〉过誉南北史》、卷68《并合各代每一家聚为一传》，上海古籍出版社，2013，第630、814页。

"既以刘秩为蓝本，乃自序中只字不提，复袭取官书攘为己有，以佑之笔力，撰集非难，而又取之他人者若是之多，则此书之成亦可云易也"。又说杜佑"所云'辄肆荒虚，诚为亿度'者，佑每有蹈之"① 等。类似这样的一些批评，从今天的学术观点看来，是否有偏颇错误之处？如有，则不仅需要指出错在哪里，还要指出何以出现偏颇甚至错误。这就是说，不仅知其然，还要知其所以然，把主观的、客观的原因都考察明白，这样的史学批评史才近于史学发展的真实，才具有学术上的价值，才能给人以深刻的启示。

中国古代史学批评史上存在的问题不止于此，上面提到的几个问题是我们要多加关注的，并力图给以清晰的阐说和中肯的评论。我们在研究和撰述中，还会遇到其他的问题，均须根据本课题的宗旨和本书撰写的原则，具体问题具体分析，庶可做出合理的论述。

三　研究的方法和研究的意义

任何一种科学研究，都应当重视研究的方法和研究的意义，方法是通向研究的目标并取得相应成果的途径。从一定的意义上讲，方法的正确选择与始终坚持，是科学研究成败的关键。史学史研究如此，史学批评史研究也是如此。

说到研究方法的重要，这使我们想起 1948 年毛泽东致历史学家吴晗的一封信，信中针对吴晗所著《朱元璋传》写道：

> 大著阅毕，兹奉还。此书用力甚勤，掘发甚广，给我启发不少，深为感谢。有些不成熟的意见，仅供参考，业已面告。此外尚有一点，即在方法问题上，先生似尚未完全接受历史唯物主义作为观察历史的方法论。倘若先生于这方面加力用一番功夫，将来成就不可限量。②

信中用语很严谨，很讲究分寸，说"先生似尚未完全接受历史唯物主义作为观察历史的方法论"，说明《朱元璋传》的作者吴晗先生主观上开始关注历史

---

① 王鸣盛：《十七史商榷》卷 90《杜佑作〈通典〉》，第 1329、1330 页。
② 毛泽东：《致吴晗》（1948 年 11 月 24 日），见中共中央文献研究室编《毛泽东书信选集》，中央文献出版社，2003，第 284 页。

唯物主义了，所以这里用了"尚未完全"，并在"完全"二字下方加了着重号。这封信给我们的启发是，如果能够自觉地运用"历史唯物主义作为观察历史的方法论"，在这方面多下功夫，那么在研究历史和研究史学方面，定能取得更大的进步和更好的发展。

历史唯物主义方法论对于历史研究具有重要和广泛的指导意义。这里，我要强调两点，一是对历史的基本认识，二是把所研究的问题置于一定的历史范围内予以考察。

关于对历史的基本认识，恩格斯有这样一段论述：

> 正像达尔文发现有机界的发展规律一样，马克思发现了人类历史的发展规律，即历来为繁芜丛杂的意识形态所掩盖着的一个简单事实：人们首先必须吃、喝、住、穿，然后才能从事政治、科学、艺术、宗教等等；所以，直接的物质的生活资料的生产，从而一个民族或一个时代的一定的经济发展阶段，便构成基础，人们的国家设施、法的观点、艺术以至宗教观念，就是从这个基础上发展起来的，因而，也必须由这个基础来解释，而不是像过去那样做得相反。[①]

这是说明，人类的历史活动中第一位的是经济活动，上层建筑和意识形态都是在这个基础上得以建立和发展，因而也必须从经济活动去加以解释。史学工作者不仅首先应当懂得这个道理，而且应当在这个理论指导下从事历史研究和史学活动。在这方面，侯外庐先生是我们学习的榜样，他在总结自己的治史道路和治史方法时，首先写道："从历史唯物主义观点来看，思想是存在的反映。历史从哪里开始，思想进程也应从哪里开始。因此，社会历史的演进与社会思潮的发展是相一致的。例如，西周的官学、春秋时代的搢绅之学、战国时代的诸子并鸣之学、两汉的经学、魏晋的玄学、隋唐的佛学、宋明的理学、明清之际的早期启蒙思潮以及近代的各种社会思潮，都是和中国历史自身的演进相联系的。因此，我的具体方法是，在研究社会史的基础上，注重对社会思潮作比较全面的考察，力图把握社会思潮与社会历史的联系及其所反映的时代特点，

---

① 恩格斯：《在马克思墓前的讲话》（1883年3月18日前后），见《马克思恩格斯文集》第3卷，人民出版社，2009，第601页。

进而研究不同学派及其代表人物的思想特色和历史地位。"① 概括说来，这段话的核心思想是指出思想史的研究应当以社会史研究为基础，这一方面是使思想史的研究有了社会基础，另一方面也能更好地说明不同历史时期的思想的特点。这是非常明确的和具体的以历史唯物主义方法论为指导，制定了中国思想史研究的方法和步骤。中国史学史、中国史学批评史研究，同样应当以对中国社会史的认识为基础，对于史学史、史学批评史的解释，也应当以对社会史的认识为主要依据。必须承认，史学史研究者和史学批评史研究者在这方面还应当下大功夫、用大气力，把研究工作不断向前推进。

把所要研究的对象置于相应的历史范围之内进行考察，这是历史研究与史学研究实事求是的表现，是历史唯物主义方法论的原则之一，即"在分析任何一个社会问题时，马克思主义理论的绝对要求，就是要把问题提到一定的历史范围之内"。② 质而言之，这个"绝对要求"，就是强调历史地看待历史的方法。就以中国史学批评史的研究来说，历史上的批评者所批评的对象，大多是历史上的存在；而史学批评史的研究者所研究的批评者，自亦都是历史上的存在。对于前一种"历史上的存在"，我们不能对当时的研究者提出"绝对要求"，此毋庸置疑；而对于后一种"历史上的存在"，我们作为研究者就应当自觉地遵循这一"绝对要求"。这种区别，正是反映了"要把问题提到一定的历史范围之内"的原则。在这个问题上，马克思主义理论之所以提出"绝对要求"，因为只有这样才能获得对于历史真相（至少是近于历史真相）的认识；如果离开了这一"绝对要求"，其结果必然是脱离了认识历史真相的路径。史学批评史的研究只有把历史上的批评者置于其所在历史范围之内进行考察，才能获得真知。因此，对于"绝对要求"的"绝对"遵循，就是十分自然的事情了。

在历史唯物主义方法论的指导和运用的前提下，我们还要借鉴前人提出来的有益的方法。如刘知幾重视体例而且善言体例。他强调说："史之有例，犹国之有法。国无法，则上下靡定；史无例，则是非莫准。"③《史通》全书尤其是内篇，大多在论述史书的体例和修史的体例，在讲体例的过程中广泛地涉及史学的其他问题。史学批评史的研究也要重视体例，一是判断研究对象的体例

---

① 侯外庐：《侯外庐史学论文选集·自序》（上），人民出版社，1987，第12页。
② 列宁：《论民族自觉权》，见《列宁全集》第25卷，人民出版社，1998，第229页。
③ 刘知幾：《史通》卷4《序例》，第81页。

和体例思想，二是要求我们自身在撰述中遵循既定的体例，既要关注局部的体例，也要关注局部之体例与全局之体例的协调及其一致性。总之，刘知幾的体例思想是应当借鉴的。此外，刘知幾提倡全面看问题的方法，也是值得借鉴的。刘知幾认为，历史撰述应坚持"爱而知其丑，憎而知其善，善恶必书，斯为实录"① 的原则。这种具有一定的辩证思维的方法，在史学批评领域的运用具有特殊的重要性，它是帮助史学批评史研究者避免走向武断和片面的忠诚"卫士"。

再如章学诚关于知人论世的思想和方法，同样是值得借鉴的。他举出人们所熟知的正统问题为例，说明处在不同时期的人，一般都会有当时的认识和处置的方法，这是研究者与批评者所必须注意的。他这样写道：

> 昔者陈寿《三国志》，纪魏而传吴、蜀，习凿齿为《汉晋春秋》，正其统矣。司马《通鉴》仍陈氏之说，朱子《纲目》又起而正之。"是非之心，人皆有之。"不应陈氏误于先，而司马再误于其后，而习氏与朱子之识力，偏居于优也。而古今之讥《国志》与《通鉴》者，殆于肆口而骂詈，则不知起古人于九原，肯吾心服否邪？陈氏生于西晋，司马生于北宋，苟黜曹魏之禅让，将置君父于何地？而习与朱子，则固江东南渡之人也，惟恐中原之争天统。诸贤易地则皆然，未必识论其文也。身之所处，固有荣辱隐显、屈伸忧乐之不齐，而言之又所为而言者，虽有子不知夫子之所谓，况生千古以后乎？②

章学诚的这一段论述，有事实，有分析，不仅指出了陈寿、司马光同习凿齿、朱熹在正统问题的认识上和处置上的不同，而且从历史环境的差异进而指出二者不同的原因。这样，就做到了不仅知其然而又知其所以然。章学诚把这种思想和方法概括为"论古必恕"。这就是我们前面已经说到的"要把问题提到一定的历史范围之内"。以马克思主义理论的"绝对要求"同中国史学批评史上名家的认识相结合，这个问题的重要性及其方法论意义显得越发清晰和易于理解。

---

① 刘知幾：《史通》卷14《惑经》，第374页。
② 章学诚：《文史通义》卷3《文德》，叶瑛校注，中华书局，1994，第278～279页。

历史是复杂的，史学批评的现象也是复杂的。这就要求我们在研究和撰述过程中，针对具体问题做具体的分析。比如：

——对同一批评对象有所肯定，有所否定。这种情况，在中国史学批评史上，所见甚多，如班彪、班固父子评论司马迁《史记》，范晔评论班固《汉书》，都属于这种情况。从他们的批评中，对其肯定与否定之方方面面，都会激起人们的思考，不论赞成或不赞成这些肯定与否定，人们都会凭借自己的认识提出一些根据，这些认识和根据一旦写成文字，流传开来，又会引起更多的人的思考，从而促进了人们对历史、史学的深入认识。在这方面，刘知幾的《史通》和王鸣盛的《十七史商榷》，给人们提供了足够的思考空间。从整体面貌来说，这两部书在有所肯定也有所否定方面，显得很突出。如《史通·二体》篇论编年、纪传的长处和短处时，讲得很辩证；其《直书》《曲笔》则是对两种不同的作史态度进行评论；而《杂述》篇又对各种短书小说的文献价值做了全面的评论；等等。这都给人以深刻的启示。刘知幾说他的《史通》是"商榷古今"，这种"商榷"的理念和态度是极可取的。王鸣盛的《十七史商榷》和赵翼的《廿二史札记》，都是在"正史"范围内进行商榷，是其所是，非其所非，给后人留下了许多启发和可以进一步研究、探索的问题。

——对同一批评对象中的缺点，做有根据的否定。这在史学批评现象中也是常见的，从史学史上来看，吴缜的《新唐书纠谬》和《五代史纂误》可视为代表作。当然，这决不是说，吴缜的这两部书没有任何缺点，但总的来说，吴缜所"纠"之"谬"、所"纂"之"误"，大多可以成立，有一定的参考价值。

——对比较研究的对象做全面的、辩证的分析。如果说上一种史学批评方法给我们以某种警示，那么这里说的比较研究中的方法，则给我们以深刻的启示。明代史家王世贞比较国史、野史、家史的长短得失时，很客观地考虑到它们各自产生的条件，以及由于这种不同的条件使它们各具有自身的特点，并对此做了辩证的分析。这不仅在史学批评的方法论上给人们很大启发，而且在理论上也提出了很有价值的结论，至今仍有重要的参考意义。

当然，在史学批评中，也有一些不妥当的，甚至是错误的做法。比如：

有一种情况是，对进行比较的对象做绝对肯定与绝对否定的评价。比较研究，是开展史学批评的一个必要的和有效的方法。正确的态度，应当是对比较的对象做全面的分析，从而得到较公允的结论。在中国史学史上，有的比较研究者，对比较的对象陷于绝对肯定与绝对否定的境地，虽然也在理论上有所建树，但毕竟是一种片面的方法。如郑樵是一位很有成就的史学家，他的《通志·二十略》具有重要的开创性意义。但是，我们注意到他那篇影响极大的《通志·总序》，对司马迁《史记》做绝对的肯定，对班固《汉书》做绝对的否定，在比较研究的方法上，以及对评论对象的全面认识上，都给人留下了不少遗憾。

还有一种情况是，对同一评论对象从整体上做无根据的全部否定。这在史学批评上也时有所见。北齐魏收《魏书》被斥为"秽史"，唐太宗全部否定当时所见十八家晋史，明代学人不满本朝史学以至于说明朝无史学，等等，都应做具体分析。

这里，还有必要提到章学诚关于"文辞"的见解，尽管这并不是一个直接涉及治史的方法问题，但多少还是和方法有一定的联系。章学诚认为："文辞非古人所重，草创讨论，修饰润色，固已合众力而为辞矣。期于尽善，不期于矜私也。"① 章学诚引用春秋时期郑国大夫子产等人重视文辞而共同努力的典故，② 所以说这是"期于至善，不期于矜私"。可见，章学诚是把重视文辞视为个人即"矜私"的事情，故"合众力而为辞"，不能看作是重文辞的表现。显然，这里有一个潜在的问题，如若子产诸人不"合众力而为辞"，他们的社会实践能取得积极的效果吗？他们在这方面的故事，能为后人所称颂吗？换言之，孔子说到这件事，正是肯定子产等人的合作所带来的成功。在今天看来，这种"集体式"的重视文辞，是不是也可视为重视文辞的一种表现，尤其是志同道合的一个群体对同一领域进行研究，其著述真正做到了"合众力而为辞"，同样是值得称道的。而"期于至善"正是大家共同努力的目标。

进而言之，在中国史学中，"文辞"为古人所重而又期于"矜私"者，并非无人。历来认为，班固是极重文辞的史学家，他认为自己所著《汉书》具有"函雅故，通古今，正文字，惟学林"的特点，③ 就含有重文辞的因素。《后汉书》作者范晔也是重"文辞"的史学家，他自称"吾杂传论，皆有精意深旨，既有裁味，故约其词句"。④ 范晔的这几句话，当是也包含着讲究"文

---

① 章学诚：《文史通义》卷 4《说林》，第 347 页。
② 参见杨伯峻《论语译注》，中华书局，1958，第 154 页。
③ 《汉书》卷 100《叙传》，第 4271 页。
④ 《宋书》卷 69《范晔传》，中华书局，1965，第 1830 页。

辞"的意蕴。班、范在这方面的成就，在以下叙述的事实中可以得到证明。南朝梁人萧统在《文选·序》中特意讲道："至于记事之史，系年之书，所以褒贬是否，纪别异同，方之篇什，亦已不同。若其赞论之综缉辞系，序述之错比文华，事出于沉思，义归乎瀚藻，故与夫篇什。"① 萧统在《文选》的卷49和卷50专设"史论上"和"史论下"，分别收入班固的《汉书·公孙弘传》赞一首，干宝的《晋武帝革命论》一首、《晋纪》总论一首，范晔《后汉书·皇后纪》论一首（以上"史论上"）；范晔后汉"二十八将论"一首、《宦官传》论一首、《逸民传》论一首，沈约的《宋书·谢灵运传》论一首、《恩倖传》论一首，以及班固的《汉书》述《高祖纪》赞一首、述《成纪》赞一首、述韩、彭、英、卢、吴传赞一首，范晔的《后汉书·光武纪》赞一首。② 这不仅表明萧统对"史论"的重视，也包含他对所收入之论、赞的欣赏。近代学人如鲁迅称赞《史记》是"史家之绝唱，无韵之离骚"，③ 梁启超感叹司马光《资治通鉴》把历史写得"飞动"起来，④ 都是大家所熟知的评论。如此看来，章学诚说的"文辞非古人所重"的论断，似非确论。

20世纪70年代末，白寿彝先生主编《中国通史纲要》一书，对文字表述提出一个总的原则：平实。而平实的具体要求是：明白，准确，凝练。明白是基础，准确是关键，凝练是提高。⑤ 可以认为：一个学术群体，可以尝试以平实为风格，以明白、准确、凝练为要求，在史学著作的文字表述上，探索一条"合众力而为辞"的新路径。

在中国史学批评史上，还有一种现象也是值得关注的，这就是史学批评者的历史命运及身后影响。如刘知幾撰《史通》，有人"深重其书"，认为"居史职者，宜置此书于座右"。⑥ 而唐末人柳璨则认为"刘子玄所撰《史通》讥驳经史过当"，于是"纪子玄之失，别为十卷，号《柳氏释史》，学者伏其优赡"。时人"以其博奥，目为'柳箧子'"。⑦ 《旧唐书》作者如此称赞柳璨，

---

① 萧统编《文选》，李善注本，中华书局，1977，第2页。
② 萧统编《文选》，第686~707页。
③ 鲁迅：《汉文学史纲要》，《鲁迅全集》第9卷，人民文学出版社，1981，第420页。
④ 梁启超：《中国历史研究法补编》，《饮冰室合集》第12册，中华书局，1989，第27页。
⑤ 参见瞿林东《白寿彝与二十世纪中国史学》，高等教育出版社，2012，第339页。
⑥ 《旧唐书》卷102《刘子玄传》，第3171页。
⑦ 《旧唐书》卷179《柳璨传》，第4669~4670页。

自亦影响对刘知幾的评价，说刘知幾"工诃古人而拙于用己"① 就是"顺理成章"的事情了。然而，经过明代学者郭孔延撰《史通评释》，王惟俭撰《史通训故》，清代学者浦起龙撰《史通通释》，《史通》的学术地位经过学术史的检验而逐步得到提高，为学界所认可。

再如柳宗元著《非国语》，目的在于"救世之谬"，他在《非国语·序》中写道："余惧世之学者溺其文采而沦于是非，是不得由中庸以入尧舜之道，本诸理作《非国语》。"② 然而，《非国语》问世后，既有人反其道而行之作《是国语》，③ 更有人针锋相对地作《非〈非国语〉》。如宋人江惇礼撰《〈非国语〉论》，苏轼表示赞同说："鄙意素不然之，但未暇为书尔。"④ 元人虞集之弟槃"尝读柳子厚《非国语》，以为《国语》诚非，而柳子之说亦非也，著《非〈非国语〉》"。⑤ 这些，反映了宋元学人对《非国语》的指摘。

明人黄瑜在其《双槐岁钞》一书中，归纳上述史事，作《非〈非国语〉》小札，写道：

> 宋刘章尝魁天下，有文名，病王充作《刺孟》、柳子厚作《非国语》，乃作《刺〈刺孟〉》《非〈非国语〉》，江端礼亦作《非〈非国语〉》。东坡见之曰："久有意为此书，不谓君先之也。"元虞槃亦有《非〈非国语〉》，是《非〈非国语〉》有三书也。同邪异邪，岂绍述而剿取之邪？求其书，不可得，盖亦罕传矣。今以子厚之书考之，大率辟庸蔽怪诬之说耳，虽肆情乱道时或有之，然不无可取者焉。⑥

黄瑜一方面说柳宗元《非国语》"大率辟庸蔽怪诬之说"，一方面又说《非国语》"肆情乱道时或有之"，但他毕竟承认《非国语》"不无可取者"，比前人已进了一步。

著名历史学家侯外庐先生就《非国语》中的一篇《三川震》的理论价值

---

① 《新唐书》卷132《刘知幾传》，中华书局，1975，第4542页。
② 柳宗元：《非国语》，上海人民出版社，1974，第746页。
③ 《宋史》卷202《艺文志一·春秋类》著录："叶真《是国语》七卷。"中华书局，1977，第5058页。
④ 苏轼：《东坡续集》卷5《与江惇礼秀才》。
⑤ 《元史》卷181《虞集传附虞槃传》，第4182页。
⑥ 黄瑜：《双槐岁钞》卷6，中华书局，1999，第122页。

写道：

> 　　柳宗元不仅肯定"天地"为物质的自然存在，而且在自然运动问题上提出了"自"的观点，即自然自己运动的观点。……
>
> 　　按"自"这一范畴，取之于道家，王充以来的旧唯物主义者对它作了唯物主义改造，以与"天"意的"故"作（有目的有意志的最初推力）对立起来。柳宗元的这种自然自己的运动观，更含有朴素辩证法因素。在自然界运动的根源问题上，他继承并发展了王充的传统，肯定无穷的阴阳二气在宇宙间不断运动，必然呈现出各种形态（如"动"与"休"、"峙"与"流"等等），它们并不受任何意志力的支配，而是"自动自休，自峙自流"、"自斗自竭，自崩自缺"，这八个"自"的四对命题是超越前人的理论。[①]

这是从思想史上对柳宗元所提出的"自"的范畴之极高的评价，也在一定程度上为柳宗元《非国语》在中国古代思想史和史学批评史上的地位做了明确的肯定。

上述事例表明，史学批评家的"历史命运"往往是曲折多变的。但史学批评史确也表明，凡有价值的史学批评，终究是站得住的，是有生命力的。

四　探索学科话语体系的建构

在本书的撰述过程中，我们要努力探索在唯物史观指导下，为中国史学批评史话语体系的建构做知识上和理论上的积累。

首先，是如何对待中国史学遗产问题，这是首要问题。其中道理很简单，因为讲的是中国史学批评史，其话语体系建构的基本素材、内容、概念体系自亦建立在中国史学遗产的基础之上。早在80年前，毛泽东在《中国共产党在民族战争中的地位》一文中强调指出：

> 　　学习我们的历史遗产，用马克思主义的方法给以批判的总结，是我们

---

① 　侯外庐：《柳宗元哲学选集·序》，中华书局香港分局，1976，书首。

学习的另一任务。我们这个民族有数千年的历史，有它的特点，有它的许多珍品。对于这些，我们还是小学生。今天的中国是历史的中国的一个发展；我们是马克思主义的历史主义者，我们不应当割断历史。从孔夫子到孙中山，我们应当给以总结，承继这一份珍贵的遗产。这对于指导当前的伟大的运动，是有重要的帮助的。①

毛泽东在抗日战争初期民族危机的历史条件下写下了这段话。今天，在中华民族走向伟大复兴的征程中，我们重温这段话时，更加深刻地领会到毛泽东思想的高瞻远瞩和对中华民族前途的坚定信念。从毛泽东的上述论点来看，重视史学遗产的研究，应是中国史学批评史话语体系建构中的第一个层面，没有这个层面的研究，则上述建构云云，说得严重一点，也只能是纸上谈兵。

其次，从史学遗产研究中揭示出或提炼出与相关学科密切联系的概念和观念，是建构该学科话语体系的重要环节。毛泽东在《实践论》中说：

　　……概念、判断和推理的阶段，在人们对于一个事物的整个认识过程中是更重要的阶段，也就是理性认识的阶段。认识的真正任务在于经过感觉而到达于思维，到达于逐步了解客观事物的内部矛盾，了解它的规律性，了解这一过程和那一过程间的内部联系，即到达于论理的认识。重复地说，论理的认识所以和感性的认识不同，是因为感性的认识是属于事物之片面的、现象的、外部联系的东西，论理的认识则推进了一大步，到达了事物的全体的、本质的、内部联系的东西，到达了暴露周围世界的内在的矛盾，因而能在周围世界的总体上，在周围世界一切方面的内部联系上去把握周围世界的发展。

　　这种基于实践的由浅入深的辩证唯物论的关于认识发展过程的理论，在马克思主义以前，是没有一个人这样解决过的。马克思主义的唯物论，第一次正确地解决了这个问题，唯物地而且辩证地指出了认识的深化的运动，指出了社会的人在他们的生产和阶级斗争的复杂的、经常反复的实践中，由感性认识到论理认识的推移的运动。②

① 《毛泽东选集》第 2 卷，人民出版社，1991，第 533～534 页。
② 《实践论》，《毛泽东选集》第 1 卷，第 285～286 页。

这是马克思主义关于人的认识发展的科学的、精辟的论说。我们的先人不可能达到这样的认识高度，但从人的认识发展规律来看，他们也会自觉或不自觉地提出一些概念和观念，而后人则可根据这些概念和观念并结合自身所处的时代，考察这些概念和观念是怎样被提出来的，这些概念和观念是在怎样的程度上反映了那个时代的社会状况和人们的思想面貌的。

如《左传·宣公二年》记："赵穿杀灵公于桃园。宣子未出山而复。大史书曰：'赵盾弑其君。'以示于朝。宣子曰：'不然。'对曰：'子为正卿，亡不越竟，反不讨贼，非子而谁？'宣子曰：'呜呼！《诗》曰："我之怀矣，自诒伊戚。"其我之谓矣。'孔子曰：'董狐，古之良史也，书法不隐。赵盾，古之良大夫也，为法受恶。惜也，越竟乃免。'"① 从史学批评史的视角来看，这一记载中提出的重要概念，一是"良史"，一是"书法不隐"。这两个概念在中国史学史上有很大影响。但是，人们对这两个概念被提出来的历史背景却讨论得不多，以致产生了种种歧义：有的观点认为，孔子只是表彰董狐"书法不隐"，并未称赞赵盾；有的观点认为，赵盾本是杀死晋灵公的幕后指挥与同党，不应受到赞扬；还有的观点认为，赵盾的罪名不论其"越境"与否，都是免不了的，《左传》这种记载表明《左传》作者见识的低下。② 笔者甚至还曾见过一篇未刊稿，认为董狐是在曲笔记载史事，因为赵盾并未"弑君"。上述诸多歧见的出现，多是因为没有对这一事件发生的时代及其特点做出考察，而是就事论事。其实，只要把这一事件放到它所处的春秋时期加以考察，董狐、赵盾、孔子的言行，都可迎刃而解，而这个"刃"就是"礼"。"礼"是当时的社会伦理准则，在"礼"的笼罩之下，董狐反驳赵盾的话是合于"礼"的，孔子赞扬董狐"书法不隐"也是合于"礼"的，孔子惋惜赵盾"为法受恶"则是从另一个角度来维护"礼"的。总之，把《左传》的这一记载置于当时历史条件下来看，自然是合理的。准此，则对于孔子提出的"良史"和"书法无隐"这两个概念就应历史地看待。这从后人对司马迁的评价中可以看出有关概念内涵的变化。《汉书·司马迁传》记："然自刘向、扬雄博极群书，皆称迁有良史之材，服其善序事理，辨而不华，质而不俚，其文直，其事核，

<hr>

① 《左传·宣公二年》，杨伯峻编著《春秋左传注》，中华书局，1981，第 662 ~ 663 页。
② 参见傅隶朴《春秋三传比义》，中国友谊出版公司，1984，第 151 ~ 154 页。

不虚美，不隐恶，故谓之实录。"① 这里说的"良史"，包含了多种因素，已不同于"礼"笼罩下的"良史"；这里说的"其文直，其事核"等，也不同于"礼"笼罩下"书法无隐"所记载的史事。

然而，问题在于，上述概念在古人那里往往是模糊的，如《周书·柳虬传》记史官柳虬上疏写道："古者人君立史官，非但记事而已，盖所以为监诫也。动则左史书之，言则右史书之，彰善瘅恶，以树风声。故南史抗节，表崔杼之罪；董狐书法，明赵盾之愆。是知直笔于朝，其来久矣。"② 又如刘知幾《史通·直书》篇写道："如董狐之书法不隐，赵盾之为法受屈，彼我无忤，行之不疑，然后能成其良直，擅名今古。""若南、董之仗气直书，不避强御；韦、崔之肆情奋笔，无所阿容。"③ 文中还有"征诸直词""务在审实"等说法。由此可以看出，不论是柳虬还是刘知幾，对于"董狐书法"或"书法不隐"，与"直笔于朝"或"征诸直词"之间的界限是模糊不清的。

上述事例表明，概念和观念是重要的，但只有考察清楚它们产生于或应用于一定时代的史学研究与社会条件时，才能显示出其重要性。正因为如此，学科话语体系的建构是一个艰难的工程，也是一个绕不过去的"关口"。

再次，对史学批评史上有关的概念、观念做创造性的转化和创新性的发展，使之建构成合理的体系。④ 为此，要努力做好两件事。

第一，研究和阐述有关概念、观念提出的社会条件与历史根源。马克思、恩格斯指出："不是意识决定生活，而是生活决定意识。"⑤ 如上所述，对于相同概念、观念应用于不同的历史条件与社会环境，其内涵往往有所不同，故必须研究、阐述清楚，使之有可能进入相关的概念或观念体系。对于不同历史条件和社会环境下提出的概念或观念，自应做同样的研究和阐述，并关注此概念或观念与彼概念或观念的关系，以丰富概念或观念的体系构成。

第二，根据唯物史观关于人的认识发展规律和基本原理，重点考察中国史学批评史上那些具有某种合理因素的概念、观念，对其做出合理的解释，使之焕发出新的生命力。如前述刘知幾引用前人的观点用以评论史书，指出："夫

---

① 《汉书》卷62《司马迁传》，第2738页。
② 《周书》卷38《柳虬传》，中华书局，1971，第681页。
③ 刘知幾：《史通》卷7《直书》，第179、180页。
④ 参见习近平《在哲学社会科学工作座谈会上的讲话》，《人民日报》2016年5月19日。
⑤ 《马克思恩格斯文集》第1卷，第525页。

史官执简，宜类于斯。苟爱而知其丑，憎而知其善，善恶毕书，斯为实录。"① 这是包含了朴素辩证思想的观念。又如杜佑在评论前人的有关争论时，强调不可"将后事以酌前旨"，认为那是"强为之说"的做法。② 这是包含了历史地看待历史的思想，可以看作朴素的历史主义观念。再如章学诚在讲到历史撰述如何处理"天"与"人"的关系时，这样写道："盖欲为良史者，当慎辨于天人之际，尽其天而不益以人也。尽其天而不益以人，虽未能至，苟允知之，亦足以称著述者之心术矣。而文史之儒，竞言才、学、识，而不知辨心术以议史德，乌乎可哉？"③ 这可以看作是对怎样处理历史撰述中史学家的主观意识与客观历史关系的回答，其核心是尽可能反映客观（尽其天）又尽可能不加入人的主观（不益以人）；同时章学诚又指出，尽管达不到这样的境界，只要努力这样去做，也可以说是懂得著述的要求了。只有做到这种程度，才可称为史德。章学诚的这个观念，用今天的话来说，就是如何理解和处理历史撰述中的主、客体关系。

上述这些事例，在不同程度上都具有一定的合理因素，也都可以在唯物史观指导下给予合理的阐述，使其融入当今的史学研究而获得新的生命力。

准此，如果我们在上述几个层面用大气力，下大功夫，并不断取得成就，即是为创新性发展打下坚实的基础。

应当着重说明的是，概念和观念固然是学科话语体系建构中不可缺少的要素，但我们在认识、解说、运用它们的时候，应当用学科发展的历史，甚至社会发展的历史加以说明，而不是用它们来说明学科发展的历史，甚至社会发展的历史。这样，就可避免一种理论上的错误，即恩格斯所说的："不是概念应当和对象相适应，而是对象应当和概念相适应。"④ 在中国史学批评史上，刘知幾认为司马迁《史记》为项羽立本纪、为陈涉立世家不合于体例，即意在历史应当适应于体例，而不是体例应当适应于历史，就是类似这种理论上的错误。同时，我们还应当关注恩格斯提出的如下这一观点，即"从我们接受了进化论的时刻起，我们关于有机体的生命的一切概念都只是近似地与现

---

① 刘知幾：《史通》卷 14《惑经》，第 374 页。

② 参见杜佑《通典》卷 31《职官十三·王侯总序》，第 850 页自注。

③ 章学诚：《文史通义》卷 3《史德》，第 220 页。

④ 《反杜林论》，《马克思恩格斯选集》第 3 卷，人民出版社，2012，第 473 页。

实相符合"。① 这里，恩格斯说的是自然科学方面的问题，在哲学社会科学领域是否也可以作为参考。如在中国史学批评史上很早就出现了"信史""实录"这样的概念，它们反映了中国史学求真的优良传统，但若以此为依据，认为"信史"绝无错误，"实录"绝无不实之处，这就过于绝对了；反之，如若发现"信史"也有错误记载，"实录"也有不妥之处，就认为无"信史""实录"可言，这就走向历史虚无主义了。可见，对于类似这样的概念，应持有合理的认识和批判。总之，学科话语体系建构，既要大胆探索，又必须谨慎地推进。

关于的中国史学批评史的研究，现在尚处于起步阶段，我们的认识水平，自也处于起步阶段，尤其是史学批评史研究的历史意义、社会意义、学术意义和理论意义，我们现在只有一点粗浅的认识，它的深刻的意义和重要价值，都有待于做进一步的发掘、梳理和阐述。一方面我们在研究中要注意从宏观把握史学批评的大势和发展中提出的重大问题，另一方面也要重视对于个案的分析判断。这样可以使全局同局部相联系，宏观与微观相联系，庶几写出一部比较深入的中国史学批评史。

---

① 《恩格斯致康拉德·施米特》（1895 年 3 月 12 日），《马克思恩格斯选集》第 4 卷，第 668 页。

牢牢把握清史研究话语权

周　群[*]

历史研究是一切社会科学的基础。坚持和发展中国特色社会主义、实现中华民族伟大复兴的中国梦，历史研究有着不可替代的重要作用。重视历史、研究历史、借鉴历史，是中华民族 5000 年来生生不息、绵延不绝的一条宝贵经验，也是中国共产党领导中国人民取得一个又一个胜利的重要法宝。当前，加强历史研究特别是中国历史研究，必须高度重视清代历史，牢牢把握清史研究话语权，让清史研究切实发挥以史鉴今、资政育人的功能，为中国特色社会主义事业发展提供历史经验和智慧。

必须高度重视清代历史

清朝是中国封建君主专制统治的最后一个王朝。如果没有建构起对清代历史的正确认识，我们对中国历史的认识必然是不完整、不全面的。无论是从中华民族的历史记忆建构看，还是从清史研究的当代价值看，我们都必须高度重视清代历史，加强清史研究。

清代是构成中华民族历史记忆的重要一环。清代历史，以 1644 年清军入关开始计，至 1912 年中华民国成立，时间长达 268 年。在 268 年的时间里，中国封建专制主义中央集权制发展到最高峰，统一多民族国家不断得到巩固；中国封建社会的经济得到长足发展，资本主义因素进一步增长；中国传统文化进入了系统总结的新阶段，《四库全书》的编纂客观上为中华民族保存了丰富

*　中国社会科学院中国历史研究院历史研究杂志社，原文刊于《人民日报》2019 年 1 月 14 日，第 9 版。

的传统文化资源；等等。但也正是在清代，中国经历了从一个独立的封建国家到半殖民地半封建社会的历史巨变。清代历史早已通过各种物质的、精神的形式被中国人民所记取，有些则融入了中华民族的血脉里，影响了近代以来中国历史的走向。

清代在治国理政方面既积累了丰富的经验，也有许多深刻的教训，值得我们今天深入研究。明清易代后，清朝最高统治者在吸收和借鉴明朝制度的基础上，迅速确立了以儒学为核心的政治学说在意识形态领域的独尊地位，进而用以指导政权建设，不但在较短时间内实现了国家统一、重建了社会秩序，而且在此后很长的时间里一直比较有效地维护了大一统的良好局面。这个良好局面的形成，离不开清朝统治者建立的以内阁、军机处为核心的最高决策和执行机构，离不开其采取的以科举取士、严惩贪渎、养廉等为重要内容的选官治官体系，离不开其实施的以摊丁入亩为重点的税赋改革，更离不开其审时度势实施的以改土归流、"因其教不易其俗"为方向的边疆、民族和宗教政策。与中国古代的其他封建王朝相比，清朝统治者的治国理政能力算是比较突出的。当然，在实施统治的过程中，特别是雍乾以后，清朝统治者出现诸多失误和错误，如政治上的僵化、文化上的专制、外交上的闭关、重大决策上的失误等，这些都为近代中国的落后挨打埋下了深深的伏笔，带来了直接的恶果。清朝统治者治国理政的经验和教训，可为我们今天的国家治理提供有益的历史镜鉴。

当代中国是由历史上的中国发展而来的。作为距离现今最近的中国封建王朝，清朝奠定了今日中国的版图疆域。当今中国面临的一些问题，有的是从清代发展、演化而来的，有的或多或少可以找到清代的影响因子。尤其是一些涉及边疆、民族和宗教的重大现实问题，甚至与清代有着直接联系。这也使得清史研究与维护国家领土主权完整有着密切关系。还要看到，近些年来，一些意识形态领域的重大舆情，也往往与清代历史直接相关，清史研究事关意识形态安全。因此，如何看待清代历史特别是清代的边疆政策、民族政策、宗教政策，就不仅仅是历史认识问题，而且是具有重大现实意义的时代课题。

科学研判清史研究状况

牢牢把握清史研究的话语权，首先必须科学研判清史研究状况。翻检改革开放 40 年来的清史研究，特别是近些年来的清史研究，其状况可以概括为以下两个方面。

首先，清史研究日益繁荣并不断发展。这主要表现在：相关理论不断丰富和发展，如以"过密化""江南道路""江南早期工业化"为代表的诸多经济史研究范式，进一步深化了对清代历史的认识；研究领域、研究方向不断拓宽，社会史、经济史、文化史、边疆史全面复兴并深入发展；专业学术机构不断建立，中国社会科学院、中国人民大学、中央民族大学等单位专门从事清史研究的学术队伍不断壮大；清史研究成果多种多样，专业性学术论文、通论性清史著作、专题性学术专著、大型档案文献以及电子数据库等不一而足。以2016年为例，有学者粗略统计，在汉语出版物范围内，不计博、硕士学位论文，公开发表的清史研究相关论文也在3000篇以上，出版研究著作60余部。在众多研究成果中必须一提的是，2002年启动的国家清史纂修工程进展顺利，取得不少高质量研究成果，目前已进入收尾阶段。

其次，毋庸讳言的是，清史研究初步繁荣的背后也隐藏着诸多问题，突出体现在：唯物史观虽然处于指导地位，但重实证、轻理论，重微观、轻宏观，重研究、轻应用的倾向比较明显。一些研究满足于对具体事件、人物和材料的考证，使清史研究陷入微观研究之中。一些学者缺乏理论兴趣和经世情怀，对强调宏观历史规律探讨的传统政治史、经济史的研究内容关注不够，对涉及国家领土主权完整、意识形态安全的重大选题着力甚少，使清史研究未能很好发挥资政育人作用。极少数学者对西方学术思潮缺乏应有的警惕，将国外历史虚无主义在清史研究领域的理论变种引入国内，有意无意地与以"超越中国的帝国模式""内陆亚洲"等为核心概念的所谓西方清史学派进行"对话交流"，影响清史研究走向。正是因为存在诸如此类的问题，近年来尽管有关清史的研究成果层出不穷，但真正有利于正确认识清代历史的有分量的研究成果远远满足不了党和人民的需要，构建真正具有中国特色、中国风格、中国气派的清史研究体系仍然任重而道远。

强化对清史研究的领导

党的十八大以来，我们党进一步加强对意识形态工作的领导，有关部门采取有力措施加强对历史研究特别是清史研究的引导，取得了显著成效。今后，清史学界要始终坚持党对意识形态工作的领导，深入学习贯彻习近平同志在哲学社会科学工作座谈会上的重要讲话精神，进一步强化领导，加强规划，明确责任，牢牢把握清史研究和宣传工作的主导权和话语权，努力为我们党治国理政提供更多智慧，努力为实现"两个一百年"奋斗目标和中华民族伟大复兴的中国梦提供历史借鉴和精神动力。

一要提高政治站位，始终把坚持正确政治方向和学术导向摆在清史研究的首位。清史学界要对披着学术外衣的政治思潮保持高度警惕，坚决贯彻以人民为中心的研究导向，树立为人民做学问的理想，自觉把个人学术追求同国家和民族的发展紧紧联系在一起，服从党和国家工作大局与根本利益，努力多出经得起实践、人民、历史检验的研究成果。

二要加强理论创新，始终把构建具有中国特色、中国风格、中国气派的清史研究体系作为不懈的学术追求。清史学界要在系统总结长期以来清史研究成果的基础上，始终坚持以马克思主义为指导，提炼、创造出符合清史研究长远发展需要和国家现实需要的原创性理论，为进一步深化清史研究提供理论支撑。

三要注意统筹规划，始终把全国清史研究的课题编制以及成果宣传转化作为重要的意识形态工作来抓。要克服当前清史研究中一定程度存在的闭门造车、自娱自乐问题，克服清史研究成果宣传的个体化、碎片化状态，让真正有高度、有水平、有情怀的优秀清史研究专家走出书斋，走向大众，加大清史研究成果的普及和转化力度，让人们正确认识清代历史，防止历史虚无主义在大众传播领域泛滥。

唯物史观视野下的清史研究

"原刊编者"按：为了落实中国社会科学院弘扬唯物史观的要求，我刊从 2017 年开始将"唯物史观与历史研究"作为常设栏目。考虑到中国的历史道路十分漫长，不同的时代各有特点，需要在唯物史观指导下进行更为具体的研究，因此，本期设立"唯物史观视野下的清史研究"，论题聚焦于清前中期的国家治理。该专栏《明清易代后的国家治理指导思想》《清前中期的大国治理能力刍议》《大国优势与清前中期经济发展模式的再思考》《世界历史视域下的清前中期大国治理与经济发展的思考》4 篇论文分别对清代国家治理的指导思想、清代国家的治理能力、清代国家经济发展模式以及世界历史视域下的清代的大国治理和经济发展等问题进行了探讨。理论对研究工作的指导和研究实践对理论的丰富与发展充满着辩证联系。20 世纪 40 年代，中国马克思主义历史学的先行者侯外庐指出："我们不但要遵循马克思主义的普遍原则，而且要在自己所从事的领域内加以发展；研究的成果应当被看成是对这种发展的一种贡献。"时光虽然已经流逝了大半个世纪，但这段话并没有过时，它对于我们今天的研究工作依然有着重要的参考意义。

明清易代后的国家治理指导思想

赫治清[*]

17 世纪中叶风云际会的中国历史舞台上，明、清、明末农民起义军三大政治势力展开了激烈角逐，清朝成为最后赢家。这是中国封建王朝最后一次改朝换代。由于清初统治者从狭隘的民族利益出发，力图把自己的文化模式强加

* 中国社会科学院中国历史研究院古代史研究所，原文刊于《中国史研究》2019 年第 2 期。

于汉人，按照自己传统的思维方式和行为生活方式行使统治，推行诸如圈地、缉拿"逃人"等暴政，用农奴制取代地主制和租佃制，不惜用武力高压手段强迫汉人"薙发""易服"，改变汉族几千年来形成的风俗习惯，制造"扬州十日""嘉定三屠"等惨剧，因而满汉矛盾迅速上升为国内社会的主要矛盾。当时，在广大民众尤其是士人看来，明清鼎革并非一般意义上的改朝换代及"治统"更迭，而是关系中华文明兴废、民族存亡的深重社会危机。于是，一股强大的保卫民族生存权利和民族传统文化的感情，便在各阶层群众中汹涌奔腾起来。特别是一些汉族士大夫基于"华夷"观念，痛感"以夷变夏"，对清政权不但不认同，反而高举"反清复明"的大旗与之殊死抗争，明清易代长达数十年之久，过程错综复杂，斗争极其惨烈。

虽然清朝用武力获得了中国"治统"，但并不意味着正统地位的奠定。清统治者所推行的民族奴役、压迫政策，给汉族为主体的广大民众心理造成了伤害，满汉隔阂和鸿沟，依然严重存在。如何弥合伤痕，缓和满汉矛盾，化解"以夷变夏"的误解，安定人心，重建业已残破的社会秩序，让广大民众尤其是士人认同清朝，以求政权巩固，国家长治久安，这是摆在清统治者面前的严峻挑战。

本来，早在入关前，后金（清）就开始学习吸收中原文化。定鼎北京之初，也采取开科取士、祭孔、祭祀中国历代帝王等措施。顺治帝亲政后，"临雍释奠"，公开表达对孔孟之道的崇奉。顺治十年（1653）正月，顺治帝与臣僚谈及汉唐以来何帝为优时，强调"历代贤君莫如洪武"，并称"洪武所定条例章程，规画周详，朕所以谓历代之君不及洪武也"。① 十二年，明确提出"帝王敷治，文教是先"，"今天下渐定，朕将兴文教、崇经术以开太平"。② 他还多次谕令停止圈地、限制带地投充。诚如孟森先生言，"世祖开国之制度，除兵制自有八旗根本外，余皆沿袭明制"。③ 然而，"清承明制"，却遭到满洲上层贵族保守势力的顽强抵抗和反对。顺治帝一去世，他们就明目张胆打出"率循祖制，咸复旧章"的旗号，④ 大开历史倒车，直到康熙帝亲政并清除鳌拜集团之后，才扭转了这种局面。

---

① 《清世祖实录》卷71，顺治十年正月丙申，中华书局，1985，第567页。
② 《清世祖实录》卷90，顺治十二年三月壬子，第712页。
③ 孟森：《明清史讲义》下册，中华书局，1981，第397页。
④ 《清圣祖实录》卷3，顺治十八年六月丁酉，第712页。

康熙帝自幼熟读经书，在理学名臣推动下，积极吸收以儒家思想为核心的中华传统文化，亲政之后断然清除辅政大臣鳌拜等守旧势力，拨乱反正。康熙十六年十二月初八日（1677 年 12 月 31 日），他在《日讲四书解义序》中明确宣布，将理学作为定国安邦的指导思想，将所谓"唐、虞三代文明之盛世"作为清朝社会的发展方向，[①] 把儒家道统作为治国理政的基本方针。俨然以儒学道统的当然继承者自任，并将道统与治统合一，强调以儒家的四书五经来治理国家，统驭万民，将儒学确立为清代社会的主流意识形态，提出"敬天法祖、勤政爱民"的政纲，制定了"崇儒重道"的基本国策。

与此同时，顺治帝、康熙帝及其后继者，在礼乐制度上也继承了代代相传的中华文明。通过在京建造历代帝王庙，多次对其入祀和配飨名臣进行调整和增补，最终建构出包括少数民族王朝在内的历代帝王一脉相承、绵延不绝的完整统绪，以此显示对薪火相传的中华文明的归属。

文化认同是民族认同、国家认同的基础。康熙帝在其父的基础上，强调"满汉一家""华夷一家"。后继者雍正帝、乾隆帝积极作为，通过"辨华夷""论正统"，进一步深化了中国国家认同、中华民族认同、中华文化认同，破除儒家原来狭隘的"华夷"观，构建了新的大一统观念，并付诸实践，从而在完成国家统一大业上做出了超过前代的卓越贡献，最终奠定了今日中华人民共和国的基本版图。

清朝开国以来，尽管治国理政有过短暂的曲折反复，但终究没有沿着满洲传统政治方向发展，反而基本上沿袭了明朝发展成熟的封建集权政治体制和经济、社会、文化等方面制度，一方面推动自身最终完成向中原政治文化转型，另一方面也发展了汉唐宋明以来传统的大国治理模式。正因为如此，清代前中期出现了持续百年的"康乾盛世"，展现了封建时代的最后辉煌。清代前中期的中国道路，实际上是带有满洲文化特色的大一统封建王朝复兴之路。

所谓清代明而兴，斩断了中国历史进程，是历史大倒退，这类说辞是值得商榷的。

---

① 《康熙起居注》第 1 册，中华书局，1984，第 339～340 页。

清前中期的大国治理能力刍议

倪玉平*

清代国家治理，从类型上看主要有直接治理与间接治理两种。前者指清王朝通过一系列自上而下的制度建构来实现威权统治。后者指依靠士绅的力量进行间接治理。

相较于其他王朝，清朝在行政体制建设方面有着重要发展。中央保留了明朝的内阁、六部、通政司、都察院等机构。同时，又先后创设议政王大臣会议、南书房、军机处等中枢机构。清朝独创了奏折制度，大大地便利了中央对各级官员的监督，并得以深入了解民间疾苦，掌握社会动态。在皇位继承上，雍正帝还开创性地建立了秘密建储制度，确保乾纲独断。清朝在借鉴明朝统治经验并结合自身满族特色基础上形成的制度，极大地强化了清代中央集权，使得国家意志能够得到更为高效的贯彻执行。

清朝疆域辽阔，为有效管理蒙古、西藏、新疆等各少数民族地区事务，创设理藩院，除管理少数民族事务外，还负责藩属国和外国事务的处理。康熙间，修订《理藩院则例》，用法规巩固了统治少数民族地区的各项措施。因地制宜、因俗而治，清代统一多民族国家得到空前稳固，这也是清朝高度中央集权统治在行政治理上的重要优势。

清代地方行政机构基本上依循明制，分为省、府、县三级，后又在府之上增设道一级，并有漕运、河道、盐政、榷关、织造等方面的机构，专门负责特定的事务。各级地方行政机构各司其职，形成一套完整而严密的行政管理体系，再加上驻防八旗和绿营的分布，确保了中央对地方的高效控制，不至于出现尾大不掉的局面。

清初，朝廷仍然重视社会基层组织里社。自雍正"摊丁入亩"以后，赋税定额基本确定，人口编审不再重要，里社的职能有所弱化。为便于控制，每户"给印信纸牌一张，书写姓名、丁男口数于上，出则注明所往，入则稽其

* 清华大学历史学系，原文刊于《中国史研究》2019年第2期，系国家社科基金重大项目"清代商税研究及其数据库建设（1644~1911）"（16ZDA129）和清华大学自主科研计划资助（W05）的阶段性成果。

所来，面生可疑之人，非盘诘的确，不许容留……月底令保长出具无事甘结，报官备查"。① 清中后期，政府通过保甲制度对百姓进行控制，即便是在很多少数民族地区，也要求地方官予以推行，通过强化保甲制，将触角延伸到基层，将全国的老百姓都纳入这个庞大的统治网络之中。

清廷还有意识地引导和利用宗族管理百姓，重视族长的选拔，曾多次制定选族长的标准和制度，使得这一职务逐渐变为统治人民的工具。族长选举的标准是辈分、德行、财力以及官爵。清朝政府强调，族规和家训，是全族和家庭必须遵守的行为规则。雍正年间，雍正帝承认族长对族人处罚、处死的权力。重视家庭，依靠宗族维护地方社会秩序，是宋明以来形成的基层社会治理模式，清朝仍然沿袭并有所发展。

清朝的经济治理能力有重要突破。在强化君主专制并加强中央集权的各项制度建设中，财政制度建设是重中之重。西方学者很早就意识到中国的财政状况与国家官僚制度、地方治理有着密切关联，即政府行政能力的强弱主要表现在征集赋税、徭役的能力和效率方面，其考察中国历史的一个重要视角就是朝廷的财政状况及与此有关的政治、社会变动。马克斯·韦伯甚至在《儒教与道教》一书中提及"政治财政"的概念。

顺治、康熙、雍正、乾隆诸帝在位期间，为适应中央集权国家的要求，对财政制度进行了一系列调整，将皇室财政与国家财政进一步分开，由内务府负责皇室财政，户部负责国家财政，这是中国财政制度史上的重要进步。户部作为中央财政主管机构，制定财税征管政策，包括各种赋役税则、改革税收征管方法，加强税收征管。通过起运存留制度调剂中央与地方、地方之间的收支余缺，实行严格的解协款制度、考成制度、库藏制度，以控制地方财政。清政府还相对清晰地划分了中央财政的"起运"和地方财政的"存留"，建立了一整套完善的奏销制度，监控收入的征收、使用，确保中央对财政收入的监督。

田赋是传统国家财政的基础。经过明末清初的长期战乱，版籍大多荡然无存，于是顺治年间即编纂《赋役全书》，并采取串票、印簿循环征收粮册等各种票据、簿记方式以确保田赋征收。同时还就漕粮、盐课、关税等方面进行系列整顿与调整。清代由入关之初的财政收入不足一千万两，到乾隆朝整个财政

_____

① 张廷玉等：《清朝文献通考》卷22《职役考二》，商务印书馆，1936，第196页。

规模上升到四五千万两，这与清政府不断革除明季弊政，努力提高和完善财政制度，有着密切的关系。

在康熙五十一年（1712）"滋生人丁，永不加赋"基础上，雍正帝进行中国古代财税史上第三次重大改革，实行"摊丁入亩"，将田地和人丁征收赋税的双重标准取消，极大简化征税手续。汉代以来一直沿用的人头税从此被彻底废除，百姓无须单独交纳丁税、服丁役，开豁为良，主仆法律平等，人身依附关系降低，人口控制放松。清代的人口数量激增，从而为社会经济的发展提供了大量的廉价劳动力。耗羡归公和养廉银制度，将火耗收入纳入清政府的财政管理范围之内，用以补贴官员的俸禄和办公经费，从而有助于改善官员俸禄低微和办公经费匮乏的状态，对财政的规范、吏治的整肃起到了积极作用，使国库存银大量增加。乾隆时期，国库存银更是高达 8000 余万两。

自清中期起，中国人口便急剧膨胀，道光时已经突破 4 亿。为养活众多人口，在大量引进南美洲高产作物同时，农业也进入精耕细作阶段，天然肥料得到大量使用，农田单位面积产量提高。政府重视农桑、大修水利、赈灾济民、普免钱粮，也发挥了重要作用。大量多余的劳动力投入手工业、商业和金融业，有力促进了这些行业的发展。

清前中期，国家通过分级治理的行政管理结构和中央集权的财政管理体制，为社会经济的均衡发展提供保障。同时注意保持自身民族特性，建立起一套传承中有变革、继承中有发展的国家治理模式。中国的政治、文化、经济诸方面，都发生着深刻而影响深远的变化，直到 19 世纪前，中国农业、手工业、商业等经济水平，一直稳居世界前列，正是这一国家治理模式的重要结果和突出成就。这些成就的取得，显然并未受到西方列强的影响，完全是内生的、自有的。如果不是由于西方列强的强力入侵而被打断，中国的历史发展道路将会完全是另外一种景象。

当然，清代前中期的国家治理也不可避免地存在一些问题。政治上崇尚简易，辟交通、开水利、恤鳏寡、办学校等诸事业，全仗人民自谋自行。对于财政而言，更多是承担着维护社会稳定的职能。嘉道时期，人口压力骤增，吏治败坏；第一次鸦片战争和太平天国起义后，国家内外交困，财政窘迫，地方督抚势大，对旧有的体制造成致命打击，但这并不妨碍我们客观评价清朝的国家治理能力。

大国优势与清前中期经济发展模式的再思考

徐 毅*

20 世纪 30 ~ 80 年代，我国学术界曾就中国资本主义萌芽展开了三次大讨论。其中，改革开放以来国内的清史学者着重从清代前期生产力发展水平、商品经济的发展、雇佣劳动的变化等方面展示清代经济发展的成就及局限，认为与同时期的欧洲各国一样，17 ~ 19 世纪的清代经济正缓慢地向资本主义社会经济形态转型，突出表现为清代经济中已经孕育出了较为成熟的资本主义萌芽。此后，吴承明、许檀等学者在反思中国资本主义萌芽研究范式的基础上，突出清代经济中市场需求与专业化生产互动的特点，认为清代处于传统经济向现代市场经济转型的早期阶段。为此，王国斌、李伯重等学者提出清代经济发展属于由市场规模扩大、劳动分工与专业化生产带来的斯密型增长。资本主义萌芽论、斯密型增长论等诸多研究厘清了清代中国经济发展的若干成就和趋势，有力地反驳了"中国经济长期停滞"论。当然，要全面揭示出清代发展自身的固有特征与长期影响，还需进行全方位的考察。

近年来，已有不少西方学者开始从国家规模的角度来探讨清代经济发展有别于欧洲小国经济发展的特殊性问题。珀金斯（Dwight H. Perkins）、麦迪森（Angus Maddison）和弗兰克（Andre Gunder Frank）等西方著名的经济学家在其著作中都认为在 18 ~ 19 世纪里中国无论是在经济总量、人口总量还是在国际市场上的竞争力、出口能力都远超经济正在迅速崛起的欧洲，仍是世界上最大的经济体。我们以此为切入点，从清代经济发展的大国优势条件、独特的发展模式以及这种模式的局限等角度来做更为深入的梳理。

首先，与欧洲小国相比，清代中国具有经济发展的三个优势条件，分别为丰富的自然资源、数量众多的人口和庞大的市场规模。从 17 世纪中叶至 19 世纪中叶的 200 年间，清代统治下的国土面积增加了近两倍，已达到 1200 万平方公里，这是任何一个欧洲小国所无法比拟的。在幅员辽阔的国土上，清前中期中国所拥有的水土、林木和矿产等自然资源和人口资源都十分丰富。据史志宏的最新研究，当时全国的耕地面积从 7 亿亩增加到 13 亿亩，而且耕地扩张

---

* 广西师范大学历史文化与旅游学院，原文刊于《中国史研究》2019 年第 2 期。

地区主要来自中西部地区，至 19 世纪中叶中西部地区的耕地面积已占全国耕地面积的三分之二强。与此同时，中国人口的增长速度也很惊人，这一时期中国人口从 1 亿增加到 4 亿，增长速度是同期欧洲的两倍多。

尽管由于清初以来的海禁和一口通商政策导致清朝国际贸易规模不大，但是其国内贸易的规模却很庞大。正如同时代的英国著名经济学家亚当·斯密所形容的："（清朝）中国幅员这么广大，居民是那么多，气候是各种各样，因此各地方有各种各样的产物，各省间的水运交通，大部分又是极其便利，所以单单这个广大的国内市场，就够支持很大的制造业，并且容许很客观的分工程度。就面积而言，中国的国内市场，也许并不小于全欧洲各国的市场。"① 根据我们的研究，从 17 世纪中叶至 19 世纪中叶，清代全国的贸易总量增长了 3 倍，而同时期经济发达的英国和荷兰仅分别增长 3% 和 2%。② 值得注意的是，规模庞大的国内市场是由一个包括流通枢纽城市、中等商业城镇和农村集市三个层级，且运作自如的全国城乡市场网络体系所支撑的。因此，对比同时期的欧洲、日本、东南亚国家，价格机制在 18 世纪的中国国内市场中具有更强的调节作用和整合力，统一的国内市场已粗具规模。③

其次，依托于大国的资源规模、人口规模和市场规模等方面的综合优势，清前中期的中国形成了规模优势型的经济发展模式。

在前工业化时代，自然资源和人口资源是经济发展的禀赋和基本条件；市场规模则是优化前两种资源配置、提高劳动生产率、激发经济活力的主要条件。由于三种优势条件的结合方式不同，清前期各个区域形成了三种具体的生产模式。广泛存在于各个区域的是一种自然资源、人口资源与农村集市结合的粗放型生产：以一家一户的小农经济为主要生产组织，以发展自给性很强的小规模农业和家庭手工业为主要内容，与小农经济联系紧密的农村集市仅仅扮演为农民的农业和家庭手工业生产提供必要的生产与生活资料的功能，并不具有大规模商品集散地的功能。我们可以称这种粗放型发展形式为"小农粗放型生产"，其最大的成就是支撑着清前期大量耕地的持续开垦与人口的持续增

---

① 亚当·斯密：《国民财富的性质和原因的研究》，郭大力、王亚南译，商务印书馆，1972，第 247 页。

② Yi Xu, Zhihong Shi, Bas van Leeuwen, Yuping Ni, Zipeng Zhang, and Ye Ma, "Chinese National Income, 1661 - 1933," *Australian Economic History Review* 3（2017）, pp. 368 - 393.

③ Jan Luiten van Zanden, *The Long Road to the Industrial Revolution*, Leiden：Brill, 2009, p. 26.

长。在区域交通便利和市场化水平较高的地方，受到省区内贸易和全国性长距离贸易的激励，部分小农或工匠依托当地的优势形成了以家庭农场或家庭作坊为主要生产组织的资源密集型或劳动密集型专业化生产。这种"家庭型的专业化生产"主要出现于流通枢纽城市、中等商业城镇和承担大规模商品集散功能的农村集市附近。第二种发展模式在国家或商人的投资下很容易变成第三种发展模式，即"规模型的专业化生产"，它的生产组织即过去学界认为具有资本主义萌芽的"有一定数量雇佣劳动力的手工业工场或农场"。大多数规模型的专业化生产分布于流通枢纽城市和中等商业城镇，仅有少数分布于承担大规模商品集散功能的农村集市附近。后两种生产模式不仅推动了一批专业化生产市镇的形成，如生产丝织品的盛泽镇、生产瓷器的景德镇、生产铁器的佛山和印刷书籍的四堡等，而且在全国范围内初步形成了专业化生产的区域分工新格局。东部地区依靠丰富而廉价的人力资源优势，主要从事棉布、丝绸、瓷器、纸张、书籍和其他制成品的劳动密集型产业；在中西部的平原和盆地吸引着东部地区的移民从事粮食、棉花、糖、茶、烟草和其他经济作物原料种植与加工的劳动密集型产业；在中西部的丘陵和山地则吸引着东部地区的移民从事药材种植、木竹加工、矿产开发和其他山货加工等资源密集型产业；西部的草原则从事牲畜养殖和皮毛加工等资源密集型产业。更重要的是，少数大宗商品的生产在全国范围内呈现出明显的集聚趋势，如棉布的生产，受到清初政府的政策鼓励，各省棉织业全面展开，至 19 世纪初已主要集中于东部和中部的江苏、浙江、直隶、山东、福建和湖北等省；丝织业也出现了同样的集聚趋势，嘉庆之前的丝织业广泛分布于大约 11 个省，至道光年间已集聚到江苏、广东、山东和贵州等省。

值得注意的是，清代随着永佃租的盛行，"一田二主""一田三主"，土地所有权、租佃权、转租权、经营权的分离，无论广度和深度都远超明代。一些租佃农户雇工规模性经营榨油、榨糖业，成为第三种生产经营模式中的一个亮点，甚至产生农业资本主义萌芽。

总之，上述三种生产模式与各地区不同的资源禀赋、交通便利程度和市场化水平相匹配，其核心都是依托于清代中国丰富的资源规模、人口规模和多层次的大国市场等方面的综合优势，它们共同构成了清代中国特有的"规模优势型的经济发展模式"。这种发展模式的最大成就体现于国家经济总量的不断提高，从 17 世纪中叶至 19 世纪中叶，清代中国的经济总量年增长率为

0.44%，占世界 GDP 的总量从 20% 上升到 30%。然而，清代前期规模优势型模式的发展局限也是相当明显的。由于清前期中国的人口增长率已经超过了经济增长率，所以当时人均 GDP 这个指标一直在下降，从 17 世纪中叶至 19 世纪中叶，清代中国人均 GDP 下降了 37%；至 19 世纪中叶，世界上最发达的国家英国的人均 GDP 是清代中国的 4 倍。尽管如此，18 世纪的中国仍是亚洲人均 GDP 最高的国家。[①] 同时期北京、苏州和广州等大城市非技术工人的生活水平仍与南欧、中欧国家相当。[②]

清前期的规模优势型发展的局限主要体现在两个方面：

第一，各地区的小农粗放型生产向后两种专业化生产的转型相当缓慢，其转型迟滞的最大障碍还是来自市场规模的限制。清前中期，由于各地分散的农村集市向省区性市场和全国性市场的开放度有限，导致向中等商业城镇和流通枢纽城市输送并从中接受的商品只有数量的增加，而品种则较少增加，且主要局限在与老百姓生活密切相关的少数商品上，如粮食、棉花、棉布、生丝、丝织品、盐、茶、铁、铜、瓷器和染料等。其中，粮食、棉布和食盐就占了上述大宗商品交易量的 80% 左右；况且长距离贸易在清前期贸易总量中的比重始终没有超过三分之一。也就是说，全国城乡市场网络体系还未能充分发挥清代中国所具有的市场规模优势，这正是大量小农处于维持基本生存的粗放型生产模式之下，而迟迟未能向专业化生产转型的主要原因。

第二，清前期出现的两种专业化生产——家庭型和规模型的专业化生产，在推动经济发展上也存在着极限，即斯密型增长论者所说的资本与技术的局限。清前期专业化生产的构成属于一种"超轻结构"，即生产规模最大的专业化生产来自纺织业（棉布生产属于家庭型专业化生产，丝绸生产属于规模型专业化生产），而机械装备制造和矿冶业的比重则微不足道。如李伯重指出，清前期专业化生产水平最高的江南地区就是一个典型的"超轻结构"区域。[③] 而缺乏资本与技术突破正是"超轻结构"形成的主要原因。在"超轻结构"

---

① Yi Xu, Zhihong Shi, Bas van Leeuwen, Yuping Ni, Zipeng Zhang, and Ye Ma, "Chinese National Income, 1661 – 1933," *Australian Economic History Review* 3 (2017), pp. 368 – 393.

② Robert C. Allen, Jean-Pascal Bassino, Debin Ma, Christine Moll-Murata, and Jan Luiten van Zanden, "Wages, Prices and Living Standards in China, 1738 – 1925: in Comparison with Europe, Japan and India," *Economic History Review* 64：1 (2011), pp. 8 – 38.

③ 李伯重：《理论、方法、发展趋势：中国经济史研究新探》，清华大学出版社，2002，第 31 页。

下，各地各行业的劳动生产率提高有限，从而也就无法发挥其丰富的自然资源和人口资源的潜在优势。可见，在市场体系、资本和技术等种种制约下，清前中期已经形成的规模优势型的经济发展模式并没有能够将清代中国所具有的三种大国优势潜力充分释放出来，助推经济的快速发展。

世界历史视域下的清前中期大国
治理与经济发展的思考

于　沛*

清兴明亡并没中断，也不可能中断中国的历史进程，清前中期国家治理与经济发展，依然会表现出中国社会历史发展一脉相承的特点。正如马克思所言："人们自己创造自己的历史，但是他们并不是随心所欲地创造，并不是在他们自己选定的条件下创造，而是在直接碰到的、既定的、从过去承继下来的条件下创造。"① 清前中期历史的发展，是中国作为大国文明的历史发展延续，尽管 16 世纪初"大航海时代"到来之前，人类的历史还是各个"民族的历史"，彼此之间相对"封闭"，使中国和其他国家的历史发展，尚不具有"世界历史"性的意义，但这并不意味着中国的社会历史发展，脱离人类文明发展的共同道路。人类的历史，是统一性与多样性辩证发展的历史，中国历史亦然。本组笔谈的其他三位教授分别从明清易代后的国家治理指导思想、国家治理的实践与大国经济发展模式三个层面论述了清朝国家在继承前代的基础上，通过一系列制度创新与调整，极大地提升了国家治理能力，进而推动了经济的空前繁荣。

而在欧亚大陆的其他地区却呈现出复杂多样的景象：随着西北欧的低地国家和英国从新航路的开辟中脱颖而出，掌握了新兴的世界市场的主导权，进而推动了本国商业、航海业和工业空前发展，最终导致 18 世纪中叶的工业革命。然而，中欧、东欧国家却出现了"再版农奴制度"，印度和阿拉伯世界则经历了长期的动荡与衰退。正是在这一复杂的历史大背景下，14 世纪以后亚欧大陆的各个国家和地区内部都出现新的社会经济因素，即资本主义因素。从整体

*　中国社会科学院中国历史研究院世界历史研究所，原文刊于《中国史研究》2019 年第 2 期。
①　《马克思恩格斯选集》第 1 卷，人民出版社，1995，第 585 页。

上看，各国各地区资本主义发展的速度在 16 世纪前十分缓慢，被马克思称为"蜗牛爬行的进度"。① 因没有重大的技术突破，当时的世界各国的经济发展仍受困于"马尔萨斯陷阱"之中。15 世纪末、16 世纪初在中国封建社会内部出现了资本主义生产方式的初始形态，并在清代前中期继续发展。中国资本主义生产方式的萌芽，和西欧最早产生资本主义萌芽的佛兰德斯相比，要晚 200 多年；和意大利、英国相比，分别晚 200 年、100 年左右，但和西班牙等国相比，时间基本相同。从中西比较的角度看，清前中期中国资本主义新因素的发展并不比其他国家和地区落后。因此，18 世纪 30 年代英国工业革命前，中国手工业技术水平，尤其是纺织、陶瓷、造纸、制糖和造船等行业的制造技术，居于世界领先水平。不仅如此，当时的中国还是世界上最大的手工制造品出口国和白银进口国。在 17 世纪前，中国的识字率、大众知识的普及率和科学技术也都高于西方。17～18 世纪"东学西渐"，奥斯曼帝国和欧洲各国的"中国热"，就是在这样的背景下出现的。

但是，当 18 世纪 30 年代后，历史向世界历史的转变，结束了世界各大陆和各大洋彼此孤立的状态。这一转变的动力，主要是生产、交流的普遍发展和科学技术的迅速发展。当各民族彼此隔绝的历史开始成为世界的历史时，中国却徘徊在世界历史潮流之外。"康乾盛世"不过是"落日的辉煌"。清前中期国家治理与经济发展所取得的成就，依然是在封建制度的轨道上运行。封建主义和资本主义是有质的区别的两种不同的社会经济形态，在封建制度下运行的中国，即使是"资本主义萌芽"也印上封建社会的痕迹。如新兴棉纺织业是西欧资本主义发展的基础，而在中国却截然相反，资本主义萌芽在棉纺织业没有立足之地，而分散在次要的手工业生产部门。这样，也就决定了中国对手工业向机器大工业转变的工业革命反应迟钝，如 1838 年，英国机器织布厂排挤手工织工的过程已经结束，而在中国，直到 1876 年，清政府才开始筹建第一家机器织布厂。

19 世纪初的中国，无论内部的社会条件还是外部的国际环境，都发生了深刻的变化。清朝统治者没有与时俱进，更新观念，发扬儒家变通思想和革故鼎新精神，及时调整政策，推出符合时代潮流的治国理政方略。相反，对世界大势茫然不知，面对日趋衰亡的封建制度，仍自诩为"天朝上国"，故步自

---

① 马克思：《资本论》，人民出版社，1975，第 818 页。

封，不思进取，甚至实行闭关政策，以致拉大了同西方国家的差距。至 19 世纪三四十年代，清王朝由盛而衰的颓势愈益加深，政治腐败、军备废弛、财政拮据，陷入危机四伏的境地。1840 年，基本完成工业革命的老牌资本主义国家英国，急于海外扩张，发动了侵略中国的鸦片战争。中国开始一步步沦为半殖民地社会，国家治理不得不面临新的课题，东方大国被迫走上艰难曲折的历史发展道路。1852 年 1 月底，马克思、恩格斯在伦敦就此评论道："英国人来了，用武力达到了五口通商的目的。成千上万的英美船只开到了中国；这个国家很快就为不列颠和美国廉价工业品所充斥。以手工劳动为基础的中国工业经不住机器的竞争。牢固的中华帝国遭受了社会危机。""但是，有一点仍然是令人欣慰的，即世界上最古老最巩固的帝国……已经处于社会变革的前夕，而这次变革必将给这个国家的文明带来极其重要的结果。"① 马克思抨击清政府"不顾时势，安于现状，人为地隔绝于世并因此竭力以天朝尽善尽美的幻想自欺。这样一个帝国注定最后要在一场殊死的决斗中被打垮"。② 马克思同时揭露了西方资本主义对中国的侵略，而且预见到中国的封建专制制度将在资本主义商品经济的影响下发生社会变革，中国一定会有光明的未来。马克思、恩格斯在 1852 年 1 月的预言，在今天的中国已经成为事实。

总之，清代前中期的中国已和世界日渐联系在一起。从世界历史视域下探究清前中期国家治理与经济发展，不仅可以比较准确地把握清前中期国家治理所取得的经济成就及其局限，而且有助于人们获得更深刻的历史启迪和更具体的历史智慧，这在我们为实现中华民族伟大复兴而奋斗的今天，尤其是这样。

---

① 《马克思恩格斯全集》第 7 卷，人民出版社，1959，第 264~265 页。
② 《马克思恩格斯选集》第 1 卷，第 716 页。

改革开放中的清史研究40年

李治亭 *

近年来，屡见学者发表论著，对清史的研究历程做阶段性回顾，展示清史成果，反映清史研究新进展、新成就。所谓阶段性，或一年，或若干年，最长的时段，以百年为期，即指清亡一百年，如《清史研究的世纪回顾与展望》，①也有一周年回顾或数年研究的总结。② 还有的学者将清史百年学术史写成专著，系统地记述清亡后百年间出版的清朝断代史著作。③ 除此之外，清史中的经济史、政治史、民族史、边疆史等，也时有专门的阶段性回顾。"回顾"种种，见仁见智，各抒己见，深浅由之，其学术是非断与不断，亦听"回顾"者之便。不管怎么说，"回顾"提供了清史学术的大量信息，有助于了解清史研究的进度与近期现状，对本专业领域的研究必能起到引导的作用。今当改革开放 40 年之际，回顾这一时期清史的研究历程，展望未来，尤其具有重要的学术价值与现实意义。

一 清史研究学术历程的起步与发展

清朝是我国历史上最后一个封建王朝，在统治中国长达 268 年之后，于1912 年寿终正寝，由此开启了清史研究的学术历程，至今已有 106 年。若与清之前的明史、元史、宋史、唐史，直至秦汉各断代史相比，清史研究都是最年轻的断代史研究。百年清史，自然形成两个大阶段。清亡至改革开放前，为

---

　*　国家清史编纂委员会，原文刊于《社会科学战线》2018 年第 8 期。

　①　何龄修：《清史研究的世纪回顾与展望》，《中国史研究动态》2000 年第 1 期。

　②　李治亭：《2016 年清史研究的回顾与思考》，《中国史研究动态》2017 年第 5 期。

　③　刘海峰：《百年清史纂修史》，安徽人民出版社，2014。

第一大阶段，共 60 余年；改革开放至今，为第二大阶段，计 40 年，这正是本文将要阐述的内容。欲明近 40 年清史研究状况，应先了解前 60 余年清史研究的来龙去脉，前后对比，才能更清楚地看清其中的变化，分清高低、优劣之别。

清亡后，原先的一切政治的、思想的禁忌顿时解除，清朝的历史，可以不受限制地为人们所议论，更为学者们所关注，纷纷书写它的历史。文艺界以清史为题材，或写小说，或编成戏剧等，所有这一切，表明清亡后掀起一股不大不小的清史研究热潮。其标志性成果有两项：一是民国政府于 1914年设清史馆，按照中国传统惯例，为已亡的清朝修一部纪传体史书——《清史》。十年后修成，可惜，未及定稿，就以《清史稿》的名义正式出版了。其二，萧一山个人所作《清代通史》于 1923 年出版。此书采用西方章节体，对中国史学传统来说，无疑是一次学术创新！除此之外，日本学者稻叶君山的《清朝全史》，表明外国学者对清史的关注，再现国外学者心目中的清史全貌。至 20 世纪 30 年代，即清亡 20 余年后，又有孟森作《清史讲义》，可以视为这一阶段短暂的清史研究热潮的告终之作。这一时段的清史研究著述，并非仅仅以上所举几种，还有《清史讲义》（周退舟）、《清鉴纲目》（印鸾章）、《细说清朝》（黎东方）等，包括日本人著清史，共有十余部清史问世。流传至今，也只有《清史稿》与萧氏《清代通史》、孟氏《清史讲义》这三部著作，仍是清史学界必读之书。自孟氏之后，至中华人民共和国建立之前，除偶有研究清史具体问题的论文发表外，并无清史整体或重大问题的研究成果出现。

1949 年后，直到改革开放前，清史似乎已被遗忘，在清史之外，已形成言必称秦汉、论必及唐宋的学术风潮。20 世纪五六十年代，学术界就中国古史分期、资本主义萌芽、农民战争等专题展开大讨论，把相关王朝史带进其中。于是，这些王朝的研究红红火火，热闹非凡。与此形成鲜明对照的是，清史显得格外冷清，几乎无人问津，但清史的另一半——近代史却红得无可比拟！诸如鸦片战争、太平天国、洋务运动、义和团运动、辛亥革命运动等，妇幼皆知，人们只知道近代史而不知有清史！从科研机构到高校，近代史已成必修课，它已超出学术范畴，变为政治教育的活教材。在这一历史时期，实际上近代史已取代清史，而清入关前史、满族史，乃至清入关后的历史，包括康乾盛世等，很少有学者研究。当然，清史领域并非绝对无人光顾，如 20 世纪 60

年代初，刘大年发表论文《论康熙》；① 70 年代前后，与苏联从文斗到武装冲突，引发我国学者开始转入沙俄侵华史研究，如康熙时两度发起雅克萨自卫反击战、中俄尼布楚谈判与定约等，都是清前期发生的重大历史事件，为反击"苏修社会帝国主义"对中国的侵略阴谋，这些问题都成为学术界研究的重点，然而这仅仅是清史的个案研究。值得注意的是，自前期以萧一山为代表出版《清代通史》上、下卷之后，在这一时期，30 年间，竟无一部清朝通史之作。

改革开放前的清史领域一片沉寂，在断代史研究中地位不显。国内著名的学者，如郭沫若、范文澜、翦伯赞、吕振羽、尚钺、侯外庐、邓广铭、白寿彝、周谷城等，都是在中国通史或清史以外的断代史研究领域享誉海内外；如刘大年、黎澍、李新、胡绳、罗尔纲、章开沅、林增平、戴逸等，则都是近代史方面的著名学者。再看清史学界的著名专家学者如杨向奎、郑天挺、傅衣凌等，其学术影响未超出清史学界之外。只要稍做比较，清史研究之不足，就显而易见。这也难怪，中国的清史研究才刚刚起步，还不到 70 年。无论学术积累、人才培养，都无法与其他断代史相提并论，存在或大或小的差距，也是正常现象。清史研究的落后状况，在短时间内是不可能改变的。需要强调的是，其短时间改变之难，除了以上一些客观原因，主要是人们在思想观念上不重视清史，总以为清朝是一个少数民族建立的政权，特别是"近代史"中的清朝，简直是腐败无能的代名词。受辛亥革命"驱除鞑虏，恢复中华"的影响，学术界研究清史的底气不足。这就是观念和认识问题，不正确认识清朝的价值，就不能平等看待清史与其他断代史。1978 年，伴随着思想解放、观念变化，人们重新发现了清史。改革开放改变了清史的命运，清史研究再度复兴。最能反映清史研究复兴，具有标志性意义的一件事，莫过于 1982 年春夏之交在北戴河召开的全国清史学术研讨会。中国人民大学、南开大学、中国社会科学院历史研究所、中国第一历史档案馆等单位共同组织策划了这次空前的清史盛会，共有 180 余位学者与会，还有许多学者争要名额而未果。与会学者，从全国各地云集渤海之滨北戴河。当时的清史研究学者绝大多数来自高校，原因在于高校为教学之需，必须将清史作为一门断代史课程来讲。但是，关于清史的研究却尚未开展，也从未举行过大型学术研讨会，清史专业领域的学者彼此处

---

① 刘大年：《论康熙》，《历史研究》1961 年第 3 期。

于失联状态。这次研讨会是清史学界整体向全国"亮相"，第一次把全国各地清史研究机构和学者联系和组织了起来，为未来清史研究的发展指明了方向，奠定了基础。在此次研讨会将要结束时，应与会学者的要求，将此会定为首届，而第二届会议，也决定由辽宁方面承办。直至 2017 年，在苏州举办第 17 届，全国清史学术研讨会持续召开将近 40 年。除此之外，一些高校与科研机构还不定期举办清史重大专题的国际性研讨会，如 1984 年在大连，1988 年在长春、吉林等地举办，邀请日本、俄罗斯等国学者参会。

通过举办不同层次、不同规模、不同专题的研讨会，打破了学术研究的地区封闭状态，密切了国内清史学界的学术联系。尤其跟日本的清史与满学学者的联系更为密切，相互访问与合作已成常态，清史由此走向世界。与此相应，有越来越多的青年学者选择清史专业，还有一些人转行到清史，遂使清史研究人员猛增，队伍日渐扩大。许多高校与地方政府纷纷增设清史研究机构。同时，与清史密不可分的满族历史与文化研究也随着清史研究而复兴繁荣，主要是在满族的故乡东北地区及北京等地，纷纷创建满族历史文化研究机构。几乎每所文科高校，都有学者从事清代专题专项或一个领域的专门研究，如在贵州、广西、云南、湖南等地，清代的民族问题、土司改流问题，都是学术研究的重要内容，当地高校与研究机构都有学者从事这方面的研究。还有一些特殊部门或机构，如承德避暑山庄、北京故宫博物院、山东曲阜"三孔"等，自然是有特色的清史研究基地。国内的清史研究机构还拥有多种专门刊物，如中国人民大学清史研究所主办的《清史研究》，从 40 年前的内部油印本，发展到今日国内一流的核心期刊；中国社会科学院历史研究所主办的《清史论丛》，每年出两期，已创刊 30 余年；北京故宫博物院主办的《明清史论丛》，每年出一期，也已创办 30 余年。还有沈阳故宫博物院、北京故宫博物院所办院刊，都是国内发表清史研究成果的重要园地。而辽宁省民委创办的《满族研究》，已创刊近 40 年，与清史融为一体，成为以满族历史研究内容为主的特色期刊。

二　四十年来清史研究所取得的丰硕成果

衡量任何一个学科或一个学术领域是否取得进展，主要还是要看发表的研究成果有多少，学术水平达到何种质量。

　　自萧一山于 1923～1924 年出版《清代通史》后，到改革开放前的 50 余年中，再无清代通史之作。直至改革开放伊始，鄂世镛等人撰写的《清史简编》于 1980 年出版。① 全书不足 40 万字，却是改革开放后第一部清代通史。稍有学术影响的清史专家学者，尚无编写一部超越萧一山之作的意识，可见，当时清史研究的学术水平还处于初级阶段，以编清史为难。不管怎么说，这个"简编"的清史出版，改变了半个多世纪无清史通史性著作的局面，实有开创之功！稍后，由戴逸主编的《简明清史》第一册于 1980 年出版，第二册于 1984 年出版，该书只写到鸦片战争前，尚不足以称清朝全史。② 此后，以郑天挺的名义，实由其弟子撰写的《清史》上编，在 1989 年由天津人民出版社出版，2011 年又出版了下编。

　　以上三部清史，还都是"简编""简明"，内容尚欠厚重。1991～1993 年由辽宁人民出版社出版的《清代全史》，共 10 册，300 余万字，比以上三部书字数的总和还要多。③ 从字数论，仅次于萧一山的《清代通史》400 余万字的规模，是大陆学者编写的最大的一部清史著作。2002 年，恰逢清朝灭亡九十年之际，李治亭主编的《清史》由上海人民出版社出版。该著分上、下两卷，总字数 140 余万，介于上举之萧著与王戎笙等著之间。截至 2015 年，还有 8 部详略不一的《清史》出版。④ 其中周远廉自著《清朝兴亡史》共 5 册，达 250 多万字，是迄今仅次于王戎笙等著《清史》的第三部清史长篇。

　　以上所举关于清朝的通史性著作共 13 种，都是采用章节体写成的。此外，还有编年体《清史》，一是戴逸与李文海两位先生主编的《清通鉴》，多达 700 余万字；⑤ 二是章开沅主编的《清通鉴》，共 400 万字；⑥ 三是李文海主编的《清史编年》，全书 600 余万字。⑦ 纪事本末体是中国古代修史的体例之一，也

①　鄂世镛等：《清史简编》，辽宁人民出版社，1980。
②　戴逸主编《简明清史》，人民出版社，1980。
③　王戎笙主编《清代全史》，辽宁人民出版社，1991～1993。
④　这 8 部清史是：杜家骥《清朝简史》，福建人民出版社，1997；华言实《大清王朝全史》，海南出版社，2002；马文作《清朝全史》，内蒙古人民出版社，2008；史东海《精编清朝全史》，内蒙古人民出版社，2009；刘毅《清朝全史》，北京燕山出版社，2010；郑永安《清朝全史》，云南人民出版社，2011；张杰《清朝三百年史》，社会科学文献出版社，2011；周远廉《清朝兴亡史》，北京燕山出版社，2015。
⑤　戴逸、李文海主编《清通鉴》，山西人民出版社，1999。
⑥　章开沅主编《清通鉴》，岳麓书社，2000。
⑦　李文海主编《清史编年》，中国人民大学出版社，2004。

被清史学者用于修清史。由南炳文、白新良主编的《清史纪事本末》，共 300 余万字，于 2006 年出版。① 朱诚如主编的《清朝通史》，② 书名虽然未用"纪事本末"，但实际上就是用纪事本末体编写的。不过，《清朝通史》全书并未统一采用纪事本末体，全书 12 册，其中 10 册采用纪事本末体，有两个部分则用编年体和图录体，所以，这套书应称为"综合体"。举凡中国历代传统修史的体例，在当今学者编写清史时，无不得到充分利用，以不同的体例，再现清朝的全部历程。

在不到 40 年中，大陆学者共出版了 18 部长短不一、详略各异的清朝通史，总字数达到 3300 余万，这与二十四史字数的总和不相上下。更可喜的是，党中央决策，组织全国清史专业人员，为清朝再修一部超出《清史稿》的新《清史》。2002 年 12 月，正式成立"国家清史编纂委员会"，以戴逸为主任，从全国选定 25 名知名学者为委员，具体实施编纂计划。从第二年春开始，清史"编纂工程"正式启动，此次编纂修史，是承接我国修史传统，又反映当代写史的特点，设通纪、典志、传记、史表、图录五大部分。从那时到现在，动员全国清史、近代史的专家及部分辅助人员，达 1500 余人，历时 12 年完成初稿。近 4 年来，再经一至三审，目前正陆续送到出版社出版。这部书稿，总字数达 3500 万。

除清朝全史或通史外，清史研究成果中还有其他断代史不曾有的"阶段史"。何谓"阶段史"？顾名思义，就是一个特定时期的历史。如清入关前史，即以努尔哈赤于明万历十一年（1583）起兵复仇为开端，至清军入关的明崇祯十七年、清顺治元年（1644）止，共 61 年，为清创业史。1981 年周远廉率先于辽宁人民出版社出版《清朝开国史研究》，稍后，在 1986 年又于吉林文史出版社出版《清朝兴起史》。近年来，阎崇年撰《大清开国史》三卷本；2017 年冬，朱诚如、白文煜主编五卷本《清朝前史》，共 257 万字，由辽宁师范大学出版社出版。一个阶段性的清前史成果，比其他断代史全史还要多，显见清史研究的势头已居领先地位。历代王朝中，也有一些王朝历经艰难创业而获得统治权，如汉、唐、元、明等，但其创业时间都没有如清历经 61 年之久。仅以入关前史而言，历时较久，内涵丰富而独特。改革开放前的数十年中，几

---

① 南炳文、白新良主编《清史纪事本末》，上海大学出版社，2006。
② 朱诚如主编《清朝通史》，紫禁城出版社，2002。

乎无学者问津。清前史冷冷清清，似已被人们遗忘。迟至改革开放后，陆续推出几部大著，才填补了这一时段历史的空白。又如，康熙、雍正、乾隆三朝共134 年，正好占清全史 268 年的一半。这是清代最为繁荣的时期，被称为"康乾盛世"。这段历史，一则内容极为丰富，二则足资思考，提供借鉴，其认识价值重大。故引起学者重视，展开专题研究，发表一系列论著。①

又如，晚清史即中国近代史，构成了又一个独特的研究领域，有关"中国近代史"的论著之多，前已说明，早已成倍地盖过清史。但在改革开放时期，"近代史"的研究势头虽远不如清史来得迅猛，却仍在继续发展中，主要表现为学术观点及价值判断正在进行调整，如对太平天国、洋务运动、义和团运动、近代化等问题的评论，对洋务派重要人物的评价，都发生了与改革开放前大为不同的变化。

清史研究，以人物研究为盛。历史人物从来就是史学研究的一个永恒主题，一部好的名人传记，实则是人生教科书，故为广大群众喜闻乐见。改革开放初期，清代人物传记捷足先登，率先走向社会。如杨国桢的《林则徐传》，②孙文良、李治亭的《清太宗全传》，③ 后者以 79950 册的发行量，创下了同类传记的最高发行纪录，并且很快再版，总计发行量近 10 万册。同年，阎崇年的《努尔哈赤传》出版，④ 稍晚，滕绍箴出版《努尔哈赤评传》。⑤ 1984 年，孙孝恩的《光绪评传》在辽宁教育出版社出版；1985 年，冯尔康的《雍正传》在人民出版社出版。两年后，孟昭信的《康熙大帝全传》，⑥ 以及其后周远廉的《乾隆皇帝大传》⑦ 相继出版，进一步推动了清帝传记的编写。1993 年，吉林文史出版社总其成，出版了清朝十二帝的"列传"。

与此同时，全国多家出版社争相出版清帝传，以致一帝少则两传，多则三四传，或五六个传，传记最多的当推《乾隆传》，多达 8 种。清帝传被重复编写、重复出版，仍然为读者所接受，显见人物传受欢迎的程度。除了皇帝传，清代其他人物传记也不在少数，如多尔衮、洪承畴、吴三桂、李定国、孙可

① 如李治亭《清康乾盛世》，河南人民出版社，1996。
② 杨国桢：《林则徐传》，中华书局，1981。
③ 孙文良、李治亭：《清太宗全传》，吉林人民出版社，1983。
④ 阎崇年：《努尔哈赤传》，人民出版社，1983。
⑤ 滕绍箴：《努尔哈赤评传》，辽宁人民出版社，1985。
⑥ 孟昭信：《康熙大帝全传》，吉林文史出版社，1987。
⑦ 周远廉：《乾隆皇帝大传》，河南人民出版社，1987。

望、和珅、慈禧、曾国藩、恭亲王奕訢、李鸿章、左宗棠、袁世凯等一大批知名人物，都被写成一种或两种以上传记。历代王朝中，像清朝有如此众多的人物被写出传记著作来，确实不多见。况且还有更多的人物"集体"入传，这就是中国人民大学清史研究所与中国社会科学院历史研究所合编的《清代人物传稿》。此书以 10 余年之功，选定清代人物近千人，各撰为长短不一的传略，由中华书局出版。所有这些，真实地展现出清代人物研究的盛况。

清代的专门史，诸如经济史、政治史、制度史、军事史、民族史、边疆史、思想史、文化史、艺术史、音乐史、宫廷史，生活史等方面，也各有专题著作出版。如 1985 年中华书局出版的《清代宫廷音乐》、1985 年商务印书馆出版的《清代宫廷生活》、1985 年辽宁民族出版社出版的《清代满族服饰》、1990 年辽宁人民出版社出版的《清代宫廷史》、1990 年黑龙江人民出版社出版的《清代饮食文化研究》、1993 年辽宁教育出版社出版的《清代学术与文化》、1999 年中央广播电视大学出版社出版的《清代科举制度考辨》等。可以想见，遍阅清史，几无空白处。诸如清朝服饰、宫廷礼仪、侍卫、清帝东巡、南巡等活动，都作为专题展开研究，撰写成书，推向社会。

当清史研究伴随改革开放而变得火热之时，满族史研究同时急剧升温。从满族的故乡东北，从北京等地迅速走向全国。最早的一部《满族简史》，于 1979 年由中华书局出版。1981 年，金启琮的《满族的历史与生活——三家屯子调查报告》出版面世。其后，满族史的著作也不间断地涌现出来。其中，孙文良主编的《满族大辞典》于 1986 年由辽宁大学出版社出版，此书是国内第一部为一个少数民族编写的百科性学术大辞典，为满族研究、清史研究提供方便。

2015 年，李治亭主编的《新编满族大辞典》仍由辽宁大学出版社出版，该书是对前一辞典内容的补充和发展。两书的主体内容都在清史范围，实际是清代满族历史文化与语言文字的总汇。我国历朝历代各有数额不等的民族，这些民族世代承袭，各有自己的语言与文化。迄至改革开放前，学术界未曾为一个少数民族编写辞典，清史、满族史学界做到了，先后为清代同一个民族——满族编写出两部内容厚重的大辞典。

与此同时，由李燕光主编的《满族通史》也于 1991 年由辽宁民族出版社出版，这是国内第一部系统、全面的满族发展史。满语虽然已在现实生活中退场，但以满文书写的文献却是宝贵的文化遗产，研究满文文献的著作如雨后春笋般涌现出来。如 1983 年由内蒙古人民出版社出版的乌拉熙春《满语语法》，1990 年上海古籍出版社出版的商鸿逵等编著的《清史满语词典》，1991 年新疆人民出版社出版的屈六生主编《满文教材》，1993 年辽宁民族出版社出版的安双成主编《满汉大辞典》，将清史文献中的满语词汇，包括官爵名称等摘出，做出解释，这些著作都是前所未曾有的全新成果。

满族史研究成果远不止上面提到的几种。在满族文化、满族风俗、宗教信仰、文学、歌舞，还有满族家谱、民间故事、满族服饰、饮食等方面的研究成果，全面展示出满族的历史风貌。满族的历史文化、语言文字，已独立成一门特殊的学问，即"满学"。如北京市社会科学院满学研究所等研究机构，其中心就是满族史研究，并办有《满族研究》《满学研究》等刊物。满学已走出中国，日、美、德、法、俄等国家都承认满学的学术地位，表明中国的满学已与国际学术接轨，这是我国改革开放后的一项重要文化成就。

清史与满族 40 年研究成果中，论文有多少呢？精确统计，殊非易事。据著名学者李伯重提供的信息，史学方面，以宋史论文为例，据统计近 50 年（1968～2018）内共发表论文 1.5 万篇，① 平均每年发表 300 篇。清史研究 40 年可分前、后期，以近 20 年为后期，比之前 20 年势头有明显回落，其论文发表的数量也呈下降之势。以近年《清史研究》统计的国内各文科杂志发表论文的目录为据，2016 年著录的论文近 600 篇；2017 年，没有多少增减，仍保持在 600 篇左右。这个数据，还不是最完整的记录。如已出的清史论文集之类就没有收录，还有在报纸上发表的文论，亦未计入内。就以《清史研究》所统计的年度论文数 600 篇为常数，近 20 年发表论文约为 1.2 万篇。前 20 年为清史研究高潮期，按保守数字估计，每年平均应达 1000 篇。总计应约为 2 万篇。合计 40 年，应为 3.2 万篇。清史比宋史论文统计少 10 年，但篇数多出一倍余。顺便指出，在清史论文中不含"满学"的篇目统计。

清史研究 40 年中，清代档案文献的整理、出版与研究，也是改革开放后清史研究取得的一项重大成就。清朝留下的文献档案之巨，可谓汗牛充栋。如在中国第一历史档案馆中，存清代档案就达 1000 余万件，包括历朝官员奏折等，举凡中央各部门的一切文件都在其中。而在各省及市县，也都保留下数量不等的档案文书。此外，清代所修官书如《清实录》《大清一统志》《四库全

---

① 李伯重：《论学术与学术标准》，《社会科学论坛》2005 年第 3 期。

书》《古今图书集成》等，以及地方志书，也以千万计。清代大臣大多有遗著，包括奏稿、日记、学术研究文论及学者文集、私人著述等，多到难以计数！这是清代给我们留下的一份宝贵的政治与文化遗产。改革开放前，这份遗产基本没动，只是保存而已。幸好"文革"中幸免于大难，只损毁了一小部分，但大部分仍然存留了下来。这些档案文献及各种资料，是清史研究不可缺少、又不可再生的重要原始资料。清史一经火热，档案资料的整理出版随之跟进，以中国第一历史档案馆为首，不断将馆内档案以专题形式整理出版。1981年，由中华书局先行出版《清代中俄关系档案史料选编》；1983年，中国第一历史档案馆与厦门大学台湾研究所合作，编出《康熙统一台湾史料选辑》，由福建人民出版社出版；1984年，辽宁省档案馆组织翻译满文档案，编成《三姓副都统衙门满文档案译编》，由辽沈书社出版。1985年，东北师范大学出版社组织翻译满文档案，编为《清雍正朝镶红旗档》出版；1987年，天津古籍出版社将满文汉译的《天聪九年档》出版；1988年，辽宁人民出版社出版了《雍乾两朝镶红旗档》；1988年，辽沈书社出版了《崇德三年满文档案译编》等。《满文老档》是清前史的一部多卷本的实录，史料价值极高，中国第一历史档案馆与中国社会科学院历史研究所合作，将其全部译成汉文，于1990年在中华书局出版。中国第一历史档案馆还编成了另一部《清代档案丛编》，从1978年编第一辑开始，至1992年已编到第十四辑，统由中华书局出版；辽宁大学历史学院编印了《清史资料丛刊》共14种，自1979年至1982年全部印出，为清前史研究提供了重要依据；1984年，中国人民大学清史研究所选编《清入关前史料选编》上编，不久又编出下编，由中国人民大学出版社出版。原吉林师范学院古籍研究所以"长白丛书"的总书名，专门编选东北清代所遗文献，自1982年启动，历15年，已出版120余种，在学术界产生积极影响；吉林省社会科学院历史研究所也于20世纪80年代，将《清实录》中有关东北地区的史料辑出，编为10本出版。在内蒙古地区，内蒙古大学和内蒙古师范大学的历史系也在做资料整理工作，从《清实录》中辑出有关清代内蒙古的史料。

　　从2002年国家清史编纂委员会启动纂修新清史工作开始，至今15年间，把清史文献资料的整理推向了一个新高峰。据国家清史编纂委员会内部统计，截至2018年2月，出版档案文献、名人文集、方志、外文史料、当代学者著述等共234种，3570册。这里仅列举几种重要的史料辑，如"档案丛刊"20

种，889 册；"文献丛刊"72 种，2429 册；《清代诗文集汇编》801 册；《新编清代稿抄本》50 册，5400 万字；《康有为全集》12 册，851 万字；《李鸿章全集》39 册，2800 万字；《张之洞全集》12 册，1200 万字；《清道光至宣统粮价表》23 册，1693.4 万字。这只是从中随便挑出几种，以见证修纂清史过程中整理与出版清史资料的空前盛况。如果将已出版的文字总计在一起，直追《四库全书》的 9.9 亿字。清史研究 40 年，从冷清变得热潮迭起，已成为诸断代史中的一门"显学"。

三　清史研究中的学术共识与分歧

清史研究 40 年的学术实践，实质就是不断正确认识清史的过程。研究愈深入，认识愈深刻，不同的认识也会趋于相同，此即清史研究取得进展的一个重要标志。

（一）清史研究40年所取得的学术共识举要

其一，清史由三段式分割的历史变为三段合一的全史。改革开放前，清史被切割为三段：1644 年清入主中原前，上溯至明万历十一年（1583）努尔哈赤起兵，计 61 年，称"清前史"；自入关时起，至 1840 年鸦片战争前，称"清史"；自鸦片战争爆发，直至 1912 年民国建立这一段 71 年史，称"近代史"。清前史部分，学术界把它归入明史范畴，不算清史，而真正称清史就是中间这一段历史。

将一代王朝分作三个阶段，自无疑义。但将前段、后段从清史中分离出去，正如将一个人的早年历史与晚年历史跟本人分离一样荒谬，不近情理。直到改革开放后，学界才意识到，将清史分割是陷入了一个认识误区，于是才开始将三者合为一体。郑天挺主编的《清史》明确指出：鸦片战争前的历史与战后的近代历史部分，"二者……是不应相互取代的"，提出"要把鸦片战争前后的清朝历史作为一个完整的过程去进行研究"。① 冯尔康先生在为《清朝简史》所作的《序》中，明确反对"将清史拦腰截为两段"，使一部清史前后

---

① 郑天挺主编《清史》，天津人民出版社，1989，绪论，第 1～2 页。

不通，主张应"保持清朝历史的完整性"。① 不过，他们只说了如何处理后两段清史，但对清入关前史如何对待，并未表示意见。实际上，他们编写的清史都将三段或三者视同一体，全书内容已将三段历史作为清朝的"全史"，连贯地阐述清朝历史的全过程。国家清史编纂委员会尤其明确界定清朝"全史"的时间断限，与上文引证的说法完全一致。这一切都表明，清史学界对此问题已达成共识，开始改变以往言必称"近代史"的状态，改口称"晚清史"。

其二，如何认识和评价清王朝？这是研究清史的一个根本性问题，应给予清朝以明确的定位，否则，清史的一系列问题都无从解释明白。应坦率承认，1949 年以来迄改革开放，从学术界到社会，对清朝评价甚低，对它的历史贡献没有给予必要的肯定。但随着改革开放的深入和清史研究的展开，人们的观念进一步改变，对清朝的评价已发生重大变化。基本的认识可以概括为以下几方面：清朝完成了国家"大一统"，建立了空前统一的多民族国家；确立了中国的疆域版图，形成了多元一体的中华民族新格局；实行内地与边疆"一体化"，建立了一套从内地到边疆的全新的管理体制；实行改革，不断弃旧创新，社会经济文化诸方面皆有新发展；国家长治久安，社会稳定发展而达到历史上的高水平。这些正确的认识，以及据此而构建的对清史的叙述，在出版的各种详略不一的《清史》著作中，都得到充分的反映。

其三，对康乾盛世的肯定性认识。康乾盛世是清朝最好的历史时期，这个"盛世"，是康熙、雍正、乾隆三朝创造的。三朝历 134 年，正好占清朝 268 年的一半。去除兴起与衰落的首尾两段时间，"盛世"应占百年左右。改革开放初期的研究中，学术界对康乾盛世的评价并不高，多持怀疑态度，但是随着研究的深入，对康乾盛世的肯定性意见占据主流地位，如冯尔康先生说："康乾盛世，疆域稳定，最终奠定了我国版图。后世不肖，领土时有丧失，但是大体上保持国土的完整。"又说："中国版图底定，国人受惠至今，自不能忘掉清朝的功绩。"清朝的诸多重大建树几乎都是在康、雍、乾三朝完成，如"盛世滋生人丁，永不加赋"决策的提出与实施，就是在这一时期，具有划时代的意义。② 同类的观点、评价与认识，在多家《清史》中都有详尽的表述，承认和肯定康乾盛世，是有充分的历史根据和理论基础的。

---

① 冯尔康：《〈清朝简史〉序》，杜家骥：《清朝简史》，第 8 页。
② 冯尔康：《〈清朝简史〉序》，杜家骥：《清朝简史》，第 2～3 页。

其四，对洋务运动的正确认识。洋务运动曾被认为是清朝自我挽救危亡的一种对策，它的目的仅仅就是为了巩固清朝的统治，因而史学界曾对其主要持否定批判的态度。改革开放后，由于学术视野的扩大，学者们开始重新认识19 世纪60 年代兴起的这场"运动"，将其定位为中国近代化的开端，是中国社会真正发生变革的一个重要标志，由主要否定而转为肯定。

其五，对太平天国、义和团的评价问题。太平天国和义和团，一向被视为中国近代史上最伟大的革命运动，天经地义，神圣而不可侵犯！改革开放后，几经反思反省，逐步形成主流意见：两大革命运动不能否定，其落后而不合时宜的政策指向与实践，亦不能掩饰。清代屡屡发生的农民及其他阶层参加的武装暴动，不能一概而论，要区别问题的性质，给予不同的定位。有确属正义，实为反抗当地官府的欺压而举行的武装暴动，可称为"起义"，不属于这种情况，可称为"起事"，或称某某"反清"，较为中性。这些新说法、新处理办法，打破了改革开放前"一面倒"、以主观代替客观的旧观念，改为客观立场，不带有任何主观意图，不去支持一方，反对另一方，而是用事实说话，以事实为据，做出客观判断。

其六，对清代边疆民族问题的认识。这个问题事关国家的统一与稳定。过去，我们一说到边疆与民族，就会痛斥清朝实行民族压迫与民族剥削政策，肯定和赞颂边疆少数民族对清朝反抗的正当性。改革开放后，我们的观念又为之一变，抛却"民族压迫"的简单化概念，改用"治边"或"管理"边疆诸方略的提法来研究边疆民族问题，如何巩固对边疆的统一，才是问题的本质。直至当代，这个本质问题也不会改变。近三四十年内，已出版的各种《清史》和大量相关论文，都贯彻了这一指导原则，坚持国家"大一统"的理论，用其解读边疆民族问题，获得正确结论。

其七，关于清代人物的评价问题。改革开放前后对于人物评价的变化甚大，有的甚至是颠覆性的，但是在学界逐步达成了共识，给予一致的评价。如清朝共历十二帝，其中努尔哈赤、皇太极、顺治、康熙、雍正、乾隆六帝，被评为大有作为或雄才大略的人物；嘉庆、道光两帝，才能一般，但品格尚好，其节俭、勤政皆有可圈可点之处；光绪有勇气敢于变法，亦为人们所称道；稍差者则咸丰与同治两帝而已。多尔衮主政，决策进关，击败李自成、张献忠及部分南明政权，为清统一全国立下不世之功。他一去世，就被打入"逆案"。学界对此并不认同，而是重新梳理他的实践活动，给予全面肯定，但他专权的错误亦是造成其悲剧的主因。改革开放以来，对于近代人物评价的变化就更为明显，如曾国藩过去被评为屠杀农民军的"刽子手"，予以否定，而今他被认为是清代治家修身的一个典范；对左宗棠的评价，因为他镇压太平军、陕西回民起义，过去被定为一个反面人物，改革开放后，学术界才从他在维护国家领土完整的基点上予以正确评价，认为他力主收复新疆，并率军赴新疆彻底打败入侵者，阻止沙俄侵占新疆，终于保住这块辽阔的疆土，此一功劳，名垂史册！论为"民族英雄"，当之无愧！

40 年来的改革开放，最关键的是观念的变革，因此才带来了学界对清史诸多问题认识上的大变化。以上所举，不过几个例证而已，实际上远不止这些，只有去读几种《清史》，才能获得对清史的全新认识。

（二）清史研究40年的学术分歧与异议举要

改革开放，给清史研究的发展带来了巨大的生机，确已形成多方面共识，反映出清史研究的显著进步，但也无须隐讳其中的诸多歧异。这大抵基于两种情况。一是出于对史事有无或真假的认定。有其事，其结论自然成立；若无其事或其事不明，结论自然会改变。二是史事清楚，但不同的学者对同一史事给出了不同的解释，得出了完全不同的结论，这又源于学者的观念、立场及价值取向的差异问题。

其一，对一些证据存疑史事的似是而非的论证。如孝庄文皇后是否下嫁多尔衮，是清初重大疑案之一。疑就疑在缺乏足够的证据。今某些学者捕捉种种遗迹，即认定下嫁是真。努尔哈赤系病死，抑或炮伤致死？孟森早有论证，因病而故，已为 20 余年来诸多学者所证实。但至今仍有部分学者坚持炮伤致死的说法。雍正皇帝是否夺嫡即位？自其即位时就起谣言，传为篡位。直到当代，学者们还在考证，还在争论不休。问题的关键在于，持夺位说者举不出直接的关键证据来，拿不出令人信服的史料依据。同样，反驳者也无力否定似是而非的证据。但双方都忽略一个基本事实：康熙帝已废太子，不再立嫡，雍正已无嫡可夺，要夺的话，又是跟谁夺呢？在无嫡的条件下，皇子都有资格竞争皇位，显然，雍正就是由康熙临终前选定。这个过程，是既简单又明确，今人非要无事生非，造成不必要的争端。

其二，对文献记载清晰的史事产生分歧性解释，主要有如下五个方面的认识歧异。

（1）清朝自皇太极实行"满、汉之人，均属一体"的民族政策。[1] 在扩建汉军八旗、蒙古八旗后，将这项政策调整为"满洲、蒙古、汉人视同一体"。[2] 后世继承者奉此项政策为国策，直至亡国。一般说法，只是把它看成一项政策而已，并无特别重要的意义。另一种说法，无视其存在，更不见实施的成效，认定是"征服中国""征服汉族"等。又如，皇太极提出"满、蒙、汉一体论"，这是清朝对历代传统民族政策的一个划时代的突破。今之学者对此做出各种不同的解释，表明我们对这个问题的认识远未达成深刻共识。只要稍稍回顾历代历史，不难做出解释。自周秦以来，历代坚守"华夷之辨"的民族观念，严华夷之防，严格区分华夷。皇太极提出"满、蒙、汉一体"的思想，是首次突破"华夷之辨"之成说，具有划时代的首创意义！以此为开端，才有后来康熙、雍正提出的"中外一视""天下一家"大一统的思想，才使中华民族的旧有格局发生天翻地覆之变！

（2）清军入关是明清交替过程中一个重大历史事件。一种说法是，清军入关是历史的必然，而另一种说法则相反，认为是偶然，即吴三桂联合多尔衮为首的满洲贵族绞杀了李自成农民军，窃取了胜利果实。然而事实并非如此。清军入关夺天下，是皇太极在世时就确定的既定方针，其早已为入关做好了充分准备。清军入关并非是吴三桂"请来"的，而是恰在清军出征北京途中与吴三桂前来"请兵"这个偶然事件相遇，促成双方联合。有吴三桂这个"因素"，才使清军改变行军路线，直驱山海关。从理论上说，历史的必然性是通过偶然性来体现的，清军入关就是这一理论的生动例证。

（3）清朝入关后进行的战争，是国内统一战争，还是"民族征服"？改革开放后，我们对这个问题的认识已发生很大变化，多数《清史》明确表达见解：清入关后，"立即开始统一全国的战争"。[3] 有的列专题"清军入关与统一中国"，展开论述。[4] 不同意见则说：顺治帝迁到北京后，"发动了征服全中国……的战争"。[5] 统一与征服，其结果没有差别，但两者性质完全不同。"征服"适用于一国对另一国的战争，或境内外民族之间的战争，清作为中国国

---

① 《清太宗实录》卷 1，中华书局，1985，第 7 页。
② 王先谦：《东华录》，崇德三年七月条。
③ 杜家骥：《清朝简史》，福建人民出版社，2000，第 20 页。
④ 郑天挺主编《清史》，天津人民出版社，1989，第 158 页。
⑤ 王戎笙主编《清代简史》，辽宁人民出版社，1997，第 40 页。

内一个独立的军事政治集团，同农民军大顺、大西政权、南明诸政权之间的战争，都应平等地看待，他们都有权保卫自己，并去统一各方。我们只能接受其结果，不能否定一方为非法，斥为"征服者"。优胜劣汰，是自然之理。在国家处于四分五裂的状态时，谁能重新统一中国，就代表历史的进步！

（4）对康熙帝废长城问题的认识。康熙废长城，一举打破千百年来"华夷之辨"的传统民族观念，真正实现"华夷一家"的民族大一统，不仅是清史也是中国历史上一个重大的历史事件。康熙三十年（1691）五月，在多伦会盟使漠北蒙古即喀尔喀正式归入清朝版图后，康熙做出一个惊人的历史性决定：长城不再修理，永远废弃。[1] 康熙废长城，宣布从此"无分内外，视同一体"，[2] 中国历史的格局为之巨变。清以前，历代所行"大一统"，是奉行儒家所主"华夷之辨"的"大一统"，辨华夷，分内外，以长城为限隔，实行内外分治，将边疆的"夷狄"置于国家行政管理体制之外，仅"官其酋长，随俗而治"，[3] 定期向中央王朝朝贡。这只是形式上的"大一统"，还未真正解决边疆的统一。康熙废长城、实行内外"大一统"，其重大意义尚未被大多学者所认识，对此未做任何解读，表明学术界对此缺乏认识，不明其意义所在。长城、"大一统"、华夷之辨，是解读中国历史的三把钥匙。不懂三者之意，不能正确阐述中国史。康熙废长城，打破华夷之辨，实行新"大一统"，这三个"关键词"构成清史的一条主线，也是清史的本质。

（5）如何认识《大义觉迷录》，是又一个重大问题。该书于雍正七年（1729）经雍正帝批准刊布，是处理曾静反清案的全部实录。大多学者视此为清朝大搞"文字狱"的一个罪证，每当批判"文字狱"，无不引证这个典型的案例。部分学者的看法与此相反，认为曾静图谋政治上反清，已远远超出文字得祸的范围。尤其重要的是，雍正帝不厌其烦地阐述他的民族观与新"大一统"的思想理论，运用此理论来批驳曾静所鼓吹的"华夷之辨"的陈旧思想。读罢此书，我们才懂什么叫"大一统"，才明白清代创新"大一统"的内涵，这正是《大义觉迷录》的精华所在，是最有理论价值的内容。这里，从雍正帝一系列论述中，引述其中一段话："自古中国一统之世，幅员不能广远，其

---

① 《清圣祖实录》卷151，第20～21页。

② 《清圣祖实录》卷191，第4页。

③ 《元史》卷59《地理志二》。

中有不向化者，则斥之为夷狄。如三代以上之有苗、荆楚、獫狁，即今湖南、湖北、山西之地也。在今日而目为夷狄可乎？至于汉、唐、宋全盛之时，北狄、西戎，世为边患，从未能臣服而有其地，是以有此疆彼界之分。自我朝入主中土，君临天下，并蒙古极边诸部落俱归版图，是中国之疆土开拓广远，乃中国臣民之大幸，何得尚有华夷、中外之分论哉！"① 这段话，说得多么深刻！历数历代"此疆彼界之分"的陈旧观念、陈旧做法，一直未能统一夷狄，而清朝不分华夷、不别中外，却是实现了"大一统"！雍正帝刊布的《大义觉迷录》与康熙废长城密切相关，康熙从实践上突破"华夷之辨"的历史局限，实现了一次历史飞跃；那么，雍正则在理论上完成了清代新"大一统"理论的论证。与清以前历代所行之"大一统"划清了界限。康熙的这一实践与雍正的理论阐发，在已出的各种版本的《清史》中几乎略而不计，不予关注。对雍正阐述的大一统理论没有正确的认识，就不能正确地认识雍正其人，更不能正确认识清王朝在中国历史上的重要地位。

其三，最严重的一种歧见，莫过于一些学者用明朝与清朝做比较。如说"明代发达的农业、手工业处于世界领先地位"，而清朝"倒退到农奴，甚至奴隶制"；明"是当时的世界强国"，清统治"大约 250 年（应为 268 年），也正是中国从先进到落后的 250 年"。② 这些说法，并无事实依据，不过是学者头脑中的偏见与喜厌情绪所致，不值一驳。

其四，最不可与之讨论的一种歧见，就是甚嚣尘上的美国"新清史"之种种奇谈怪论。以欧立德、罗友枝、米华健为代表，标榜"新清史"，进入中国学术界，通过参与学术研讨、做报告、发文章，在一些地区或某些学术群体中掀起一股不大但很张扬的"新清史热"。他们打着"新视野""新观念""全球化"的旗号，明目张胆地将满洲、清朝从中国分离出去，树立"满洲中心"，必"去中国中心化""去汉族中心化""去北京中心化"。他们认为，满洲（族）是中国境外的"外来民族"。它"征服"了中国，也"征服"汉族，才建立了统治政权。所以，满洲不属于中国，也不是中国的一部分。相反，中国应是满洲的一部分。满洲皇帝也不是中国的皇帝，而是"内陆亚洲的大

① 雍正：《大义觉迷录》卷 1，《清史资料》第 4 辑，中华书局，1983，第 5 页。
② 毛佩奇：《从明中后期到清前期——中国从先进到落后的历史考察》，《天津日报》2008 年 11 月 3 日，第 10 版；毛佩奇：《明清易代与中华帝国的衰落》，《中国社会科学报》2009 年 3 月 3 日。

汗"！至于"中国的概念只是一种设想"！否认中国的真实存在。中国近代史是"帝国主义重写本"，说清朝是"清国主义"，对于新疆等边疆地区"实行大规模的武装侵略"，这就是"新清史"的"精华"！当然，这只是其中的一点点，也无须多引，因为引述的"要点"，已经自我暴露无遗。每一个稍有点清史知识的人、稍有一点良知的中国人，都会看明白"新清史"的观点已超出学术的范围，理所当然地受到中国清史学界学者的批驳。①　"新清史"在中国"风光"了一二十年，现在却是风光不再了，不过尚有余音，仅此而已。

　　清史研究中的种种歧异，受文字限制，仅列举以上几例。从清史研究40年的历程中可以看到，共识与歧异并存，相生相克，永远不会完全统一，观点不会一致。经过讨论与争鸣，特别是经历实践的检验，消除歧见，有望达成共识。

四　对清史研究发展趋势的思考与展望

　　在历经改革开放40年后，清史的发展趋势是什么？将如何持续发展？回顾清史40年，当以前一二十年为极盛。至2000年前后，已趋平缓，在社会上形成的"清史热"稍减。2003年，随着国家启动"清史纂修工程"，吸纳全国清史学者专家参与，由此掀起了20世纪初新一轮清史研究热潮。到2012年左右，各地学者承担的撰写任务已基本完成，大规模的清史纂修活动也趋于结束，其研究热潮随之回落。以目前状况看，国内清史研究已暴露出种种问题，概括为以下几个方面：

　　第一，前期重视研究清朝通史，故清朝通史之作不断，无论清前、中、后期历史，皆有学者研究。眼前的状况是：基本转向清史的专题研究，通史、阶段史却变得冷清。如清前史即清入关前半个多世纪的历史，在北京的文科高校及研究机构已基本绝迹。就是在清朝创业发祥地，东北三省原是国内清前史的研究中心，而今也少有学者过问。唯有沈阳故宫还在研究这段历史，每年组织大型研讨会、出文集，把清前史的研究继续下去。在南方高校或研究机构的学者，前期还北上，参与重大学术活动，并与之建立学术联系。近年清史学术不过江，不再关注清朝京师及"三北"、中原地区的历史，而是多在做本地区的

---

① 有关"新清史"的基本观点及中国学者的反驳，参见李治亭《新帝国主义史学标本——评"新清史"》，《中国社会科学报》2015年4月20日。

清史和海外贸易等问题。同样，北方也减少了对南方的关注。须知，清代疆域辽阔，东西南北差异甚大，如只偏重一地，忽略其他地区，不见全局，就难以见清史全貌。所以，南北清史分离，不利学术发展，应当是南北优势互补，资源共享，尤其有利于培育清代通史之才，一代史家才会应运而生！

第二，理论不明，是当前清史也是中国史学之通病。1949 年后，我们摒弃封建主义与资产阶级史学理论，用马克思主义指导史学研究，建立了马克思主义史学体系。但随着政治运动的不断升级，我们的观念包括理论也升级为极"左"，把马克思主义推向极端，背离历史唯物主义。改革开放后，我们批判唯心主义史学，反对把马克思主义教条化，强调实践是检验真理的唯一标准，使我们的认识重归历史唯物主义。但是随着改革开放的深入，史学研究逐渐弱化理论指导，在清史论著中再也看不到理论上的引经据典，亦难见理论思辨的痕迹。就事论事虽说不能揭示其本质，似乎还未脱离基本史实。严重的问题是，不顾事实，随心所欲，以个人好恶或某种偏见，肆意改变历史的本来面貌。以往的历史经验与教训告诉我们，史学研究缺乏正确的理论指导，必误入歧途，不能正确解释历史，"新清史"就是一个例子，清史及中国史学界都应对此保持警惕，不可盲目信奉。

第三，从近年已发表的论文与著作来看，属于重大问题或理论含量大的课题甚少，难以见到有重大学术价值的论著。20 世纪 80 ~ 90 年代，除清代全史，不断推出新著，还有更多的大问题专论，而今却见不到类似题目的著作，研究选题"碎片化"问题非常突出。

第四，学术创新不足，亦是当前清史学术之不足。当改革开放初期，新出的《清史》断代史，为前人所未见，就具有创新的意义。其他类专题、专著，以及论文，只要为前所未见，都属于学术创新。如果仍撰写与前已发表的论著同类内容，从框架设计，到观点的表述，以及方法的运用，皆有新意，或已超越前人，都应属创新之作，当无疑问。否则，就是重复而已。在经历了三四十年后，清史研究除了增添部分新史料，明显地缺乏学术创新。当清史进入改革开放第 40 个年头时，我们瞻望清史未来，充满了信心，又有几分忧心。我们已经有 40 年的学术实践经验，又产生了那么多可观的研究成果，又形成一支庞大的科研队伍。尤其培养出一大批清史新秀俊才。这一切，都为未来的清史新发展奠定了坚实的基础，准备了充分的条件。清史研究的现状，如上已列举几个方面，都关乎清史未来的发展。能否保持清史发展的势头，就取决于我们对已出现的不足或弊病克服到何种程度。

我国史学有一个优良传统，即"经世致用"，是把历史当作治国的教材，将历史用于国家治理，"资治"而借鉴，如宋神宗给司马光著中国通史定书名为《资治通鉴》，充分表达了经世致用的主旨思想。所以，自汉代以后，代代王朝修史，至清代，已成二十四史大系列，其目的在此。当代，我们应承袭这一传统，从清史中获取经验教训。发展清史学术，争鸣必不可少。这些年来，学术界内一团和气，不争不驳，没有对错之分。自古以来，学术没有不争的，从春秋战国的百家争鸣，到历代学术皆有争论，互相辩驳，以此推进学术发展。学术的本质，就是辨是非、驳谬误，阐扬真理，引领社会思想走向光明。展望我国未来清史的研究，希望寄托在新一代，他们的努力，他们的发展，他们的成功，将决定清史的盛衰。除了他们自身的勤奋，必以极大的勇气扫除学术界中种种积弊，开拓出一条新路来。

以旧充新、罔顾事实

——"新清史"若干观点辨析

杨益茂[*]

1996 年以日裔美籍学者罗友枝发表的《再观清代：清朝在中国历史上的重要性》为开端，相继出现欧立德、米华健等主编的《新清帝国史：内陆亚洲帝国在承德的形成》和米华健写的《嘉峪关外：1579～1864 年新疆的经济、民族和清帝国》，以及"新清史四书"等为代表的著作和论文。他们将"新清帝国史"简称"新清史"，互相标榜，甚至以新"学派"自称。如果就客观的整体清史而言，"新清史"的提法，尚欠考虑。

"三强调"以旧充新

"新清史"究竟"新"在哪里？据"新清史"的代表人物欧立德等人归纳，从清史研究的角度看，主要体现在"三强调"：一是"强调全球化视角"；二是"强调满洲因素的重要性"；三是"强调使用满语和其他少数民族语言的重要性"。我们姑且按照这三个方面讨论。

（一）所谓"全球化视角"，这不是"新清史"的发明。所谓"视角"，即观察问题的角度。鸦片战争之前，中国人的观念基本上是封闭的，但并不排除仍然通过一些渠道，诸如少量的国际贸易、宗教传播等了解一些域外的世界。当帝国主义列强用枪炮和鸦片打开中国大门之后，一些先进的中国人即开始睁眼看世界。他们开始将眼光转向俄国、欧洲其他国家、日本等地，出现了

　＊　文化部清史纂修与研究中心，原文刊于《北京日报》2018 年 9 月 17 日，第 15 版。

一批批睁眼看世界的研究成果，如魏源的《海国图志》、何秋涛的《朔方备乘》、黄遵宪的《日本国志》等。与此同时，一些有志之士开始重新审视历史，出现了一系列探讨清代历史的言论和著作，产生了诸如"自强新政""戊戌维新""清末新政"等改革。这一时期诸多奏疏、言论和著作，开始将清王朝与世界各国联系起来，进行思考、对比。中国早期维新思想家、改革家、革命家的一系列著作，无不打上这一时代的烙印。其后，中国历史学家、思想家乃至政治家对清史的研究和表述，逐步摒弃了思想封闭状态，"全球化视角"逐渐根植于中国文化中。所以，"新清史"学者提出的"强调全球化视角"并不是什么"新观点"或"新命题"。

（二）所谓"满洲因素的重要性"。"新清史"宣称要"强调满洲因素的重要性"。其实，对满洲在清史中的作用，仅仅用"因素"来概括显然是不够的。在清代历史中，八旗兴则清盛，八旗衰则清亡，这是历史事实。在我国对清史的资料整理及研究中，所谓"满洲"也绝不仅仅是一个"因素"，而是直接面对的"中心"或"重心"。清代统治者曾花费很大的精力组织整理、宣扬"满洲"的丰功伟绩，编纂了一系列史书，如《八旗通志初集》《钦定八旗通志》《开国方略》《亲征平定朔漠方略》等，目的是使其王朝永垂千古。清朝被推翻后，我国研究者也一直正视"满洲"在清代占据主导地位这一历史事实。出版的一系列清代通史或专门史，从没有抹杀或否认"满洲"的重要作用。

（三）所谓"使用满语和其他少数民族语言的重要性"。在对清史研究中，最早重视和利用满语、满文资料的就是我国学者。清代统治者为了保存自己的历史，很早就采取措施，对满文资料进行收集和整理，并对满语的发音进行核对，将满文及一些其他民族文字译为汉文，进行了大量卓有成效的工作。这为学界利用满文等资料提供了便利。以清代早期的重要历史资料《满文老档》为例，早在清末民初，我国学者已经开始翻译和利用。其后，两岸的学者花费大量精力相继出版了汉译《满文老档》。近年来，我国东北地区的一些学术机构、第一历史档案馆、《历史档案》杂志等，出版大量汉译满文资料，可见对满文资料的重视。现在，利用满文资料研究清史和满族史的机构和人员不断涌现，一批又一批的研究成果面世，何须由美国"新清史"学者来强调呢？

"满洲异族论"罔顾事实

　　"新清史"学者的"三强调",核心是围绕清代的民族和边疆问题。他们有一个重要的观点,认为"满洲"不是中华民族的成员,而是"异族",即"满洲外来论"。其代表人物宣称"满洲人征服中原建立大清国"是"异族入侵破坏了中国主权",进而提出"不应直接把清朝称为中国,或是把大清皇帝称为'中国'的皇帝",主张在"清朝"与"中国"间"划下一条界限",从而将中国与"清朝"分开。清朝是"满洲帝国","中国仅是其中一部分"。

　　对中国历史稍有常识的人都知道,自古以来,"满洲"都是中华民族大家庭的重要成员。中国的历史典籍,清楚地记载了"满洲"的发展与传承。他们与汉族及其他民族共同生活在中国大地上,或和谐,或矛盾乃至征战,但从未从中华民族大家庭中分离出去。这一点清朝的"满洲"统治者自己都一再申明。需要补充的是,"满洲"不仅是中华民族大家庭中的一员,而且他的领导人物努尔哈赤还曾是大明王朝正式任命的官员——建州左卫都指挥使、都督佥事,甚至被明王朝封为"龙虎将军",曾担负为明朝管理下属、守卫疆土的职责。

　　按照"新清史"的逻辑,既然"满洲"是"异族",那么其入主中原、开疆拓土就都是"侵略"。中国也只能是其中的一部分。事实并非如此。

　　首先,近代国家观念是鸦片战争后才逐渐传入中国,此前中国历史上的王朝更迭不是近代观念上国与国之间的关系。部落或诸侯国为了生存和发展,为了各自的利益,为了抢夺资源常常发生矛盾乃至战争。中国历史上的"春秋""战国"时期、"五代十国"时期均是如此,清王朝的建立亦是如此。

　　其次,中国历史上实现统一或兼并的政权,并不都是汉族政权。占据中央统治地位的统治者也并不都是"汉族"。难道不是汉族当"皇帝"就不是"中国"吗?清朝皇帝一再申明自己是中国皇帝,康熙甚至以在位最长的中国皇帝为荣。到晚清时期,"满洲"作为中华民族的代表,与西方侵略者进行了长期的、艰难的斗争。这种斗争,无可辩驳是维护中国主权与领土完整的斗争,也是维护中华民族整体权益的斗争。

　　最后,尤具深远意义的是,当辛亥革命爆发,各族民众反对帝制时,清朝皇帝宣布退出帝位,并期望实现汉、满、蒙、回、藏五族共和。从而终结了中国几千年的专制统治，并期望实现立宪共和和领土完整。在中国历史上，此举可谓空前。无论是对外还是对内，清朝能不是中国的代表吗？其后的中华民国不正是接续了这一政治遗产吗？

因此，"新清史"将"满洲"与中国割裂开来，既不符合事实，又误导广大民众。其后果难以想象。

清朝与中国区隔不足采信

"新清史"学者将清王朝分为两部分：一是中原地区，二是"亚洲腹地"。中原地区指汉人集中居住的"中国"，"亚洲腹地"则指新疆、西藏、蒙古及东北等少数民族居住的地区。按照这样的逻辑，"新清史"认为中国不能与清朝画等号，清朝是"满洲帝国"，"中国仅是其中一部分"。

事关中国疆域与主权，不得任人妄说。此前，有关"中国"与"清朝"的关系，已有诸多史学家以丰富的资料进行了极具说服力的论述，对"新清史"的诡辩进行了有力的回击。这里要强调的是，"新清史"将清王朝的"亚洲腹地"——新疆、蒙古、西藏等地排斥在中国之外，是别有用心的。

清王朝经历顺康雍乾四朝的努力，不仅奠定了广阔的疆土，而且形成了多民族统一的国家。特别需要指出的是，这种统一在很大程度上得到边疆民族的认可和欢迎。因为地处边疆的蒙、藏、回等民族，长期以来与中原保持着密切的经济、文化乃至宗教联系，从来没有自外于"中国"。清王朝大一统局面的形成，不单纯是军事征服，还包括政治联姻、宗教共享、经济文化互惠等。

清王朝对于自己的疆域早就有精确的表述。在清代编撰的《大清会典》《大清一统志》等著述中，分别记载了不同时期清王朝疆域的变化及管理的方式，但从未将自己的领土分为"中国"与"亚洲腹地"。

清王朝依据各地、各民族不同的历史、宗教和习俗，创造性地实施不同的管理制度。他们尊重各民族的宗教习俗和生活习惯，用各民族便于接受的方式实施统治和管理。对军事要地采取"八旗驻防"与设省府州县管理相结合的制度，对"蒙古"采取"盟旗"制度，对西北新疆等地采取设置将军及"伯克"制度，对东北地区采取设置"将军"管理制度，对西藏采取设置"驻藏大臣"与宗教领袖相结合的管理制度，对西南地区采取驻地官员与"土司"

并存制度等，可以说是"一国多制"。但是，不论管理方式如何多样，始终维持和保证了清王朝政权的统一，创造了中国历史上"大一统"的盛世。

在清代史料中，我们从未看到像"新清史"那样，将自己的版图与管辖的臣民分为两类的记载。"新清史"使用"亚洲腹地"一词，看似有"世界视角"的"新意"，实则歪曲了清代疆域与主权的真实面貌，不足采信。

理藩院体制是清朝藩部管理的重心吗

——谈新清史"满洲殖民主义论"的史实错误

刘文鹏[*]

　　"满洲殖民主义"是 20 世纪 90 年代在美国学界曾经流行的一个概念。该概念试图将清朝视为一个殖民帝国，将其在西北"内亚"边疆地区的拓展和有效管理纳入帝国殖民话语体系，其中理藩院被认为是支持这一观点的关键。但实际上，清朝在 18 世纪中期彻底平定西北后，开始对过去理藩院体制进行积极调整，逐渐在天山南北和阿尔泰山地区建立一套将军、大臣驻防体制，并借此将国家权力延伸到边疆地区的基层社会，进一步推进国家构建，为晚清新疆建省、向近代主权国家过渡奠定了基础，这与西方学者所谓的"帝国主义""殖民主义"大相径庭。

理藩院并非殖民管理机构，也并非清朝管理
"内亚"边疆的唯一、不变的模式

　　理藩院的前身为蒙古衙门，成立于 1636 年，1639 年改称理藩院，一直负责蒙古地区事务的管理，"掌外藩之政令，制其爵禄，定其朝会，正其刑罚，尚书、侍郎率其属以定议，大事上之，小事则行，以布国之威德"。这意味着理藩院代表国家掌握藩部地区的统一政令、司法审判及定期觐见皇帝等事务，并制定藩部王公封爵俸禄制度，是清朝对藩部地区具有国家基本管辖权的体现，也是国家走向大一统的象征，与西方英法等列强 17～19 世纪推行殖民主义政策的殖民部有天壤之别。

　中国人民大学清史研究所，原文刊于《北京日报》2018 年 10 月 8 日，第 15 版。

殖民主义至少有两个明显的特征：一是宗主国通过向殖民地国家商品输出和原料掠夺获得巨大经济利益，来解决宗主国本身的财政问题；二是通过移民来实现对这些殖民地的宗主统治。这两个方面都是通过宗主国的殖民部来实现。

清朝虽然实现了对藩部地区的统一管理，但并没有对蒙藏地区进行经济掠夺，相反中央政府要给藩部地区的王公贵族、活佛喇嘛各种形式的封赏，内地各行省也要按照"协饷"制度将大量的真金白银运往新疆，以解决当地的财政困难。同时，清朝在蒙古地区实行封禁政策，禁止内地汉人随意进入草原进行垦殖。对进入新疆东部地区谋生的汉人，则由州县管理，属陕甘总督的辖区。可见，清朝对藩部地区的管理，与西方殖民主义的宗旨完全相悖。

而且，理藩院体制并非清朝管理"内亚"边疆唯一、不变的模式。至少从乾隆时期开始，在藩部地区设置驻防将军、大臣的做法，成为一种与理藩院体制并行不悖、迅速扩展的制度。乾隆以前，清朝在蒙、藏、疆及青海各地，仅设右卫将军、热河总管、驻藏大臣、青海办事大臣、定边左副将军五处驻防。到乾隆时期，清朝沿西、北两路在藩部地区密集设置将军、大臣，增加到23处驻防，并将以前所设之驻防在制度上整齐划一。

有的学者已经注意到这种密集的驻防体制相对原有的理藩院体制而言，实际上代表着中央集权的强化，并且满汉大臣在藩部地区的驻防，其权力并不局限于军事，也涉及民事管理。但这种中央集权是如何实现的？驻防大臣所代表的中央权力在边疆是直接深入基层社会的管理，还是依赖当地的社会精英？这不仅关系到国家构建行为的成功与否，也往往成为认识清朝国家性质的一个标准。笔者认为，至少到乾隆时期，随着新疆战事平定，清朝在内陆亚洲边疆地区统治趋于稳定，清朝对藩部地区的管理重心经历了一个从理藩院体制向驻防将军、大臣体制的转变。

驻防将军、大臣体制体现了清政府对边疆地区集权的加强和民族国家的建构过程

对于驻防将军、大臣体制与以往理藩院体制的不同，我们可以以青海办事大臣的设置为例，做个简单比较。根据杨应琚所纂《西宁府新志》记载："自雍正元年以前，俱选派理藩院司员。自二年平定青海之后，皆简大臣驻扎郡城

以总理之，间遣部郎协理。"这体现了两种体制的差异。而且这两套系统前后相继，有一个很重要的时间差，代表着最高统治者管理藩部事务政治思路的转变。在藩部地区设置的驻防将军、大臣，其权力体系和权力内容，不仅与理藩院完全不同，即使与内地八旗驻防相比，也有所不同。

实际上，乾隆帝曾明确表达设置这些驻防大臣的目的，即以高级别的官员坐镇各城，强化其权威，否则不足以震慑那些王公、伯克。从权力体系来看，西北两路将军、大臣向上直接接受军机处的统辖，向下则可以直接介入所在地区的基层社会事务。

清朝西北两路的将军、大臣都是以雍正时期与准部的战事为背景设立的，从设置伊始便与军机处联系在一起。在清朝向藩部地区推行集权政治的过程中，军机处至少在两方面起着重要作用：一是藩部地区驻防将军、大臣及各级官员的选任，和对他们的权力进行设计；二是负责藩部地区与行省地区之间官员的调任，整合内外政治力量。直至清代结束，军机处在皇帝之下一直掌控着西北两路军务，权力未曾旁移，代表着清朝以中央集权思想来保持对边疆地区直接控制的政治上层设计。

另一方面，在天山南北的驻防大臣掌握了这样几种关键性权力：第一，统率驻军、维护边防，对边境卡伦的设置和定期巡视是驻防大臣的首要职责，意味着对国家边界的保护。第二，北疆蒙古各旗王公、南疆各城伯克的觐见、任命都通过当地的驻防大臣。第三，驻防大臣掌握着当地的财政、税收，虽然他们不介入伯克征收税赋的具体事务，但伯克征税的名目、数量都须报驻防大臣批准，所有税赋均汇总到驻防大臣，与内地各省协济之饷，统一掌握。第四，掌握当地的司法审判权，不独北疆蒙古人之间的纠纷须由将军、大臣裁决，即使南疆各城民间司法纠纷，虽由伯克审讯，但须报大臣审定。第五，对外贸易、商税征收更是由伊犁将军、参赞大臣奏请中央批准，由当地大臣实施。

在这几项权力中，军事权、外交权本属一国中央，延伸到南北疆，不足为怪，但如果连司法权、贸易权、地方治安维护都由国家派驻的大臣掌握而没有付诸地方精英的话，那么足以证明国家权力向边疆地区基层社会的强势延伸。魏源在《圣武记》中说："各城大臣不相统属，又距伊犁将军窎远，恃无稽察，威福自出。"而在办事大臣"威福自出"背后，是国家权力随着驻防大臣的设置延伸到草原、高原和绿洲深处。相比理藩院体制，驻防将军、大臣的设置更能体现清朝中央和皇帝集权的意志，强化中央对藩部地区的管辖。同时，这种力量向藩部地区的输入，又以内地行省为依托，离不开中原江南的倾力支持，清朝必须在将集权政治推行到藩部地区的国家构建过程中，强化内地与藩部地区的互动关系及整体性。因此，"新清史"所谓清朝依赖"内亚"边疆地区代理人进行统治的观点也是站不住的，至少他们没有看到清朝这种权力体系的动态变革。

所谓"理藩院"为"殖民省"的 "满洲殖民主义"观点是难以成立的

笔者之所以要重视驻防清代藩部地区将军大臣的权力设置，不仅因为它代表着中央集权体制向边疆地区的延伸，而且因为它也成为晚清新疆建省的政治实践基础，在一定程度上构建了清朝走向近代国家的路径。

因此，清朝在18世纪陆续设置的将军、大臣体系，目的是要在藩部地区西北两路建立起一套集权政治，这种在理藩院体制基础之上的超越，意味着清朝中央不再仅仅依赖边疆地区的地方精英管理地方，而是希望建立更为通畅的中央集权制度，代表着国家制度的变革。理藩院仍在，并一直掌握着藩部地区的封赏、划界等权力，然而，它不是全部，旧有机制也并非一成不变。在新疆地区新的治理机制的建立，有助于进一步巩固清朝作为一个多民族统一国家的性质。而晚清建省则在驻防将军、大臣管理体制的基础上，将过去的藩部变成行省。在这其中，中央集权体制一直是隐含而不间断的主线，也是体制变革的主要动力。从这个角度来说，持"满洲殖民主义"观点的西方学者并没有看到清朝管理边疆体制的这种转变，而是把其理论建构在理藩院体制基础之上，显然缺乏对历史事实的细致考察。

其实，早在20世纪80年代，王锺翰先生就曾对外国学者把"理藩院"翻译成"殖民省"的做法提出批评，而以理藩院体制为基础的"满洲殖民主义"观点不过是对过去西方学者观点的翻版，并无什么新意。

跳出"汉化"与"胡化"之争

陈宝良[*]

如何看待华夏文化的变迁历程？有的学者持"汉化"说，有的持"胡化"说，其实都有偏颇。它是一部"汉化"与"胡化"交织在一起的历史。

"汉化"之说有陷入"汉族中心论"的危险

在华夏文化的形塑过程中，"汉化"之说，已经成为一种文化思维定式，且有陷入"汉族中心论"的危险。所谓"汉化"，按照德裔美国历史学家、汉学家魏特夫的解释，实为一种"吸收理论"，其意是说凡是入主中原的异族统治，终究难以逃脱一大定律，即被汉化，甚至被同化，征服者反而被征服。

诸如此类的汉化论，从华夏文化演变的历程来看，确实可以找到很多的例子。以域内的蒙古人、色目人为例，流寓于江南的蒙古人、色目人，大多已经被汉化，诸如学习汉族缙绅设立义田，自己置办庄园与别墅，并且还取一些汉式的庄名，妇女节烈观渐趋加强，丧葬上采用汉式葬俗，以及蒙古人、色目人纷纷改取汉名，等等。以来自域外的佛教为例，正如有的研究者所论，佛教刚传入中国之时，确有印度化的趋向，然自唐代以后，佛教最终还是被汉化，且这种汉化了的佛教，其中的形而上学已经成为宋代理学合成物的重要组成部分。

毫无疑问，诸如此类的外来民族以及外来文化被汉族文化同化的事例，并不能推导出以下的结论，即在中国历史上，其他民族入主中原之后，最终都会被无往不胜、无坚不摧的汉族文化所同化。假如做出如此的历史解读乃至引

---

* 西南大学历史文化学院，原文刊于《北京日报》2019 年 6 月 3 日，第 15 版。

申，其最大的问题在于视角的偏向，即是从汉族、汉文化的角度来考察不同民族与不同文化之间的融合。

"满化"（或"胡化"）："新清史"的误区

为了纠正"汉化"论的缺陷，"新清史"研究者抛弃固有的"汉化"论的思维定势，进而倡导"满化"（"胡化"的一种），同样难以逃脱"满族中心论"的误区。

以欧立德、柯娇燕等为代表的"新清史"论者，不满于以往的汉化论，进而在清史研究中寻求一种新的传统，即满族传统，指出满族并未汉化，反而可以说汉族被"满化"。"新清史"论者通过强调"满化"的倾向而质疑"中国"这一概念，其对"中国"乃至"华夏"的认识，同样存在着误区。正如一些评论者所言，"新清史"论者对"中国"的误读主要体现在以下两个方面：一则中国从来不是一个单一民族国家，而是一个统一的多民族国家；二则对于清王朝而言，满族固然在某些方面与某些场合仍然保持着不同于汉族的本族文化认同，但不容置疑的是，清朝还是接受了"中国"的概念，满族也有"中国人"的意识。

"涵化"一说更能体现华夏文化形塑过程的历史真实

既然不论是"汉化"说还是"胡化"说，都不可避免地烙下一偏之颇的印记，那么，如何看待历史上华夏文化的民族融合？就此而论，采用"涵化"一说，显然更符合历史事实。李治安在阐述元代多元文化体系内的交流影响时，曾指出这种交流并不局限于文化的单向变动，而是蒙、汉、色目三种不同文化之间的相互"涵化"。他认为，所谓的"涵化"，就是涵融浸化、互动影响的意思，就是蒙、汉、色目三种不同文化相互影响。"涵化"这一概念，又可作"泳化"，明朝人邓球就曾经编有《皇明泳化类编》一书，所持即是相同之义。含义有二：一为包容，二为沉浸。泳本指水中潜行，后又转化为沉浸。可见，所谓的涵化、泳化，其实即指不同文化之间互相影响、互为包容，而后潜移默化地将他者的文化浸化于自己民族固有的文化中，进而形成一种全新的文化。对华夏文化的变迁，实当以"涵化"二字概括之，才可免于偏颇。

　　在华夏文化形塑过程中，"汉化"与"胡化"并非呈两条并行的直线而各自演进，而是在各自的演进过程中不时出现一些交集。这种交集，就是胡汉的融合，而后呈现出一个全新的"中华"与"中国"。正如元末明初学者叶子奇所论，"夷狄"与"华夏"之间，因"风土"的差异，导致风俗有所不同。即使按照儒家的传统观念，对待民族文化之间的差异，还是应该秉持一种"至公"的原则。出于至公，就会"胡越一家"，古来圣贤视天下为一家、中国为一人，也是出于相同的道理。若是出于本民族的一己之私，从中分出一个亲疏之别来，那么就会陷入"肝胆楚越"的尴尬境地。可见，华夏与夷狄之间，民族虽有不同，文化并无优劣之别。

对"崖山之后再无中华"说的新思考

　　有一种说法："崖山之后再无中华。"该怎么看这一观点？其实，梳理此论的提出乃至演化不难发现，这一说法的出现，一方面反映了华夏文化日趋"胡化"的历史真实，另一方面却又是那些汉族知识人在面对"胡化"大势时内心所呈现出来的一种无奈之情，且从根本上反映出这些汉族知识人内心深处的"汉族中心"意识，以及对华夏文化的认同感。

　　"崖山之后再无中华"一说的提出，当源自钱谦益《后秋兴》诗第 13 首，诗云："海角崖山一线斜，从今也不属中华。更无鱼腹捐躯地，况有龙涎泛海槎。望断关河非汉帜，吹残日月是胡笳。嫦娥老大无归处，独倚银轮哭桂花。"钱谦益是一个颇为复杂的历史人物，他既是投降清朝的"贰臣"，却又在内心深处不乏汉族知识人固有的"遗民"意识，甚至在暗地里投入到反清复明的运动之中。

　　作为以恢复汉唐为宗旨的明朝，是否能够使华夏文化得以延续不替？令人失望的是，当时朝鲜使节的观察，更是加深了"崖山之后再无中华"这一观念。根据日本学者夫马进的研究，明代朝鲜使节眼中的"中华官员"，显然已经不是华夏文化的正宗。如许篈在《荷谷先生朝天记》中，曾说当时接待他们的明朝贪婪官员："此人惟知贪得，不顾廉耻之如何，名为中国，而其实无异于达子。"赵宪在《朝天日记》中，亦认同将明朝官员讥讽为"蛮子"，反而自认为"我等居于礼义之邦"。

　　至近世，前辈学者王国维、陈寅恪虽未明言"崖山之后再无中华"，但他们对有宋一代文化成就的颂扬，更是坐实了此说法。王国维在《宋代之金石学》一文中提出："天水一朝，人智之活动，与文化之多方面，前之汉唐，后之元明，皆所不逮也。"陈寅恪亦有言："华夏民族之文化，历数千载之演进，造极于赵宋之世。"尤其是到了 1964 年，陈寅恪在属于临终遗言性质的《赠蒋秉南序》中，借助欧阳修"贬斥势利，尊崇气节"之语，进而得出"天水一朝之文化，竟为我民族遗留之瑰宝"的论断。

让我们再次回到蒙元遗俗与明朝人的日常生活之间的关系上来。明代虽号称恢复汉唐，但实则在日常生活中保留了诸多蒙元文化的因子。正如清初学者张履祥所言，明朝人凡事都要学晋朝人，但所学不过是"空谈无事事一节"而已。因为与晋朝人为人"洁净"相比，明朝人实在显得有点"污秽"。究其原因，则是因为时世不同：晋朝人尚保存着"东汉流风"，而明朝人大多因仍"胡元遗俗"。可见，时日一久，这种胡化风俗已经沉淀下来，慢慢渗透于汉族民间的日常生活而不自知。就此而论，"崖山之后再无中华"之说，仅仅说对了一半，即崖山之后的华夏文化，已经不再如同宋代以前的华夏文化，但并不证明崖山之后中华文化已经沦丧殆尽，而是变成了一种经历蒙汉乃至满汉融合之后的华夏文化。正如费孝通所言："各个民族渊源、文化虽然是多样性的，但却是有着共同命运的共同体。"从根本上说，中华民族呈现出一种"多元一体"的格局。若是持此见解，"汉化"与"胡化"之争讼，自可消弭。

中国学者研究中的"内亚"
概念及其问题反思

祁美琴　陈　骏[*]

　　"内亚"或"内陆亚洲"[①]是近几年来在历史学界被热议的一个概念,而与之相关的"内亚性""内亚传统""内亚视角"等衍生概念也被频繁使用。但搜检相关成果与议题可知,论者对"内亚"的理解和认知各不相同,即使如罗新、钟焓、孙昊、程秀金、刘文鹏等在相关领域有专文讨论的学者,[②]对有关概念的考订、辨析、认识和使用也存在差异。尤其是"新清史"与"内亚视角"的交织和相互影响,使得对"内亚"及其衍生概念的清理和反思已经成为今天中国史研究必须面对的一个方法论问题。有鉴于此,本文拟在介绍其概念内涵的基础上,讨论目前在中国学者研究中"内亚"概念的使用情况及其存在的问题,尤其期望通过对对整体性研究颇具方法论意义的"内亚性"和"内亚视角"的梳理和界定,进一步明晰与"内亚"概念相关的问题研究和范式价值所在。

---

　　* 祁美琴:中国人民大学清史研究所,陈骏:中国人民大学历史学院;原文刊于《中国人民大学学报》2019 年第 3 期。基金项目:教育部人文社会科学重点研究基地重大项目"清代宗教与国家关系研究"(17JJD770013)。

　　① 目前学界较为公认的意见是:"内亚"是"内陆亚洲(Inner Asia)"的简称,但因"内陆亚洲(Inner Asia)""内陆欧亚(Inner Eurasia)""中央欧亚(Central Eurasia)"三者在涵盖的最大地理范围意义上比较相近,均被理解为以欧亚草原为中心,包含不同种族、语言、文字、生产和生活方式的地域,故三词亦存在着混用的情况。

　　② 相关文章参见罗新《内亚传统的连续性与中国历史的内亚性》,《黑毡上的北魏皇帝》,海豚出版社,2014;孙昊《内亚史视野下的辽史研究》,《文汇报》2016 年 5 月 6 日;钟焓《简析明帝国的内亚性:以与清朝的类比为中心》,《中国史研究动态》2016 年第 5 期;程秀金《"内亚"概念源流考》,《北方民族大学学报》2016 年第 6 期;刘文鹏《内陆亚洲视野下的"新清史"研究》,《历史研究》2016 年第 4 期。

一　中国学者的"内亚"概念及其使用

"内亚"概念自 19 世纪产生以来，在国外学界经历了长期的发展演变过程。中国学者首次对国外"内亚"一词专文溯源考证的是程秀金，他认为"内亚"概念最初为德国地理学家洪堡提出，而俄国的地质学家穆希凯托夫把"内亚"解释为亚洲大陆闭塞的、无通向外海河流的地区，所以"内亚"最初作为自然地理概念被使用；其后被拉铁摩尔、罗茂锐、塞诺、傅礼初等内亚史学者使用和发展，其内涵也逐渐演变为包括语言、文化、政治、民族、宗教等研究内容的历史地理概念。①

国外学者在"内亚"概念下讨论涉及中国史研究的问题，主要的观点或认识是："内亚"在涉及传统中国的地理范围上，最大的区域包括了中国东北地区、内外蒙古、新疆、西藏、青海、甘肃、陕西和山西的部分地区；最小的范围则是 19 世纪中国的满洲、蒙古、新疆和西藏。在语言和民族学范畴内，其研究对象主要是中国阿尔泰语系的各民族。在政治组织上主要是指长城外的游牧政权或草原帝国。另外，在文化或文明冲突研究视野下的"内亚"概念，关注不同经济、生态的接触地带，或称之为文明的边缘这类过渡地带，即拉铁摩尔所谓的游牧力量的"贮藏地"对"内亚"历史进程和中国历史进程的意义。

国内学术界在中国史研究成果的题名上借用"内亚"或"内陆亚洲"概念的历史并不长，笔者所见国内最早以"内亚"或"内陆亚洲"作为成果名称的是 1996 年由南京大学出版的《内陆亚洲历史文化研究》② 论文集。其后钟焓于 2005 年发表的《安禄山等杂胡的内亚文化背景——兼论粟特人的"内亚化"问题》一文，③ 则率先关注了"内亚"作为一个特殊文化圈概念对中国历史的影响。此后虽有 2009 年潘志平的《"内亚"历史文化特征与中亚多国博弈态势》和 2012 年南开大学张建的博士论文《火器与清朝内陆亚洲边疆之

---

① 程秀金：《"内亚"概念源流考》，《北方民族大学学报》2016 年第 6 期。
② 南京大学元史教研室编《内陆亚洲历史文化研究——韩儒林先生纪念文集》，南京大学出版社，1996。
③ 钟焓：《安禄山等杂胡的内亚文化背景——兼论粟特人的"内亚化"问题》，《中国史研究》2005 年第 1 期。

形成》① 二文发表，但前者所论与中国史无关，后者的概念使用则仅体现在标题上，正文中基本不涉及相关问题的讨论。因此可以说，直到 2014 年以后，"内亚"的相关论题才开始集中呈现，尤其是近两三年，更有泛滥的趋势。

目前中国学者对"内亚"概念变化的认识和表述，比较典型的如孙昊在《内亚史视野下的辽史研究》中所表达的：

> 在世界古代历史中，内陆欧亚（Central Eurasia）是以欧亚草原为中心，东至黑龙江、松花江流域的森林地带，西抵欧洲多瑙河流域，南则与世界主要定居文明区域相毗邻的独特地域。其中蒙古草原又是历史上多个游牧帝国的中心地带，无论从地域还是文化特征上看，都十分典型，又可称为"内亚"（Inner Asia）。"内亚"在学术话语中的形象一直在变化，最初是野蛮落后的象征，在传统史家记事中，征服与被征服的母题曾反复出现，而当代学界更倾向于认为"内亚"是草原文明的核心地域，越发地重视其在历史进程中的重要作用了。②

从孙昊的解释中可以看出，其所谓的"内亚"包含了三层含义：一是"内亚"指内陆欧亚地理范围中地域和文化特征最为典型的蒙古草原地区；二是"内亚"政治体的典型特征是游牧帝国；三是从区域文化或文明研究对象的认识看，"内亚"的"标签"经历了从野蛮落后的象征到草原文明的核心的过程。

检索大多数相关的研究成果可知，中国学者在"内亚"概念下关注或研究的问题主要分布在以下领域：

第一，介绍、评介国外"内亚史"的研究成果，总体上以介绍欧美"内亚史"研究学者的成果居多。如 2006 年北京大学历史系民族史教研室选编翻译出版的《丹尼斯·塞诺内亚研究文选》一书③，介绍了被称为"内亚大汗"

---

① 潘志平：《"内亚"历史文化特征与中亚多国博弈态势》，《新疆师范大学学报》2009 年第 4 期；张建：《火器与清朝内陆亚洲边疆之形成》，南开大学博士学位论文，2012。

② 孙昊：《内亚史视野下的辽史研究》，《文汇报》2016 年 5 月 6 日。引文中 Central Eurasia 或为误译，内陆欧亚在国内多译为 Inner Eurasia，Central Eurasia 则为中央欧亚。

③ 塞诺：《丹尼斯·塞诺内亚研究文选》，北京大学历史系民族史教研室译，中华书局，2006。

塞诺的相关论文著作。黄达远、袁剑主编的《拉铁摩尔与边疆中国》一书①，收录了近年来国内外学者对拉铁摩尔及其学说研究的代表性论文。另外，袁剑的《边疆的背影——拉铁摩尔与中国学术》一书②，介绍了拉铁摩尔的个人经历和学术成果以及中国学界在 20 世纪对其理论的接受过程。钟焓的《重释内亚史——以研究方法论的检视为中心》③ 是近年来出版的介绍国外内亚史研究状况比较系统完备的著作，全书约 33 万字，分六章依次评价了伯希和、塞诺、傅礼初、乌瑞夫人、王明珂、森部丰六位学者的研究成果及其治学特点，作者对他们的评析涵盖了从 20 世纪前期直至最近内亚史研究的不同流派与各自取向。此外有如邵建东、刘迎胜翻译的由德国学者帕拉斯所著的《内陆亚洲厄鲁特历史资料》④、傅正的《美国"内亚研究"中的地缘政治偏见》⑤ 等论著。这一状况表明，对国外理论或研究成果的介绍，是中国学者笔下"内陆欧亚"或"内亚"概念使用的肇端和重阵。

　　第二，区域史，即作为区域地理概念的"内亚"是中国学者研究成果中出现较多的一个领域，但在使用时受国外学者的相关表述影响较大，并呈现出较大的随意性和主观性。如杨镰谓"内陆亚洲（中国新疆、甘肃、内蒙古西部，以及蒙古国、俄领中亚）是地球上离海洋最远的区域"。⑥ 乌·额·宝力格则认为中国的"内亚"边疆，即今日之内蒙古、新疆、西藏。⑦ 黄达远称"内亚"主要指以中亚五国、阿富汗、伊朗、中国新疆为中心的地理概念，将"内亚研究""欧亚研究""中亚研究"视为同义语。⑧ 潘志平在《"内亚"历史文化特征与中亚多国博弈态势》一文中，"将中亚五国与其相邻的巴基斯坦、阿富汗和印度的西北、北部地区"称为"内亚"，且作者强调，自己在

---

①　黄达远、袁剑主编《拉铁摩尔与边疆中国》，三联书店，2017。

②　袁剑：《边疆的背影——拉铁摩尔与中国学术》，社会科学文献出版社，2016。

③　钟焓：《重释内亚史——以研究方法论的检视为中心》，社会科学文献出版社，2017。

④　P. S. 帕拉斯：《内陆亚洲厄鲁特历史资料》，邵建东、刘迎胜译，云南人民出版社，2002。

⑤　傅正：《美国"内亚研究"中的地缘政治偏见》，《中国社会科学报》2018 年 2 月 8 日。

⑥　杨镰：《内陆亚洲的变局与均衡》，《读书》2007 年第 3 期。

⑦　乌·额·宝力格：《通向"外亚"的"内亚"之路——"一带一路"与中国亚洲新秩序的构建》，《文化纵横》2017 年第 2 期。

⑧　黄达远：《18 世纪中叶以降的"内亚"地缘政治与国家建构》，《学术月刊》2014 年第 8 期。

"这里只是借用了'内亚'，而非拘泥于其内涵和外延"。①

　　第三，古代边疆民族史研究中的"内亚"概念，更多的是泛指中国古代北方民族（包括西藏、中亚地区）的历史、文化等。如《内陆亚洲历史文化研究》中收集论文 30 篇，涉及蒙、藏等"内亚"民族的政治、经济、宗教、文物、典制、民族关系等，被称为国内外蒙元史及西北民族史学界特别的"学术集刊"。王颋所著的《内陆亚洲史地求索》及《内陆亚洲史地求索续》两书②，用考据和文献等方法对从夏至明朝与北方民族相关的地理、乐器、物产、宗教、传说等内容进行了考辨。兰州大学出版社 2012 年整理出版的《蒙元史与内陆亚洲史研究》③，选编了韩儒林的蒙元史研究成果和西北地理札记，也涉及对匈奴、突厥、吐蕃等民族政权探讨的文章。耿世民于 2015 年出版的《内亚文史论集》④，收录了作者近年来研究古代突厥 - 回鹘文献和古代西域 - 中亚语言、历史文化的近 40 篇论文。王东平在介绍刘迎胜所著《西北民族史与察合台汗国史》等研究成果时，也冠之以"内陆亚洲史"研究的新成果。⑤

　　第四，作为研究范式或视角的"内亚"概念，越来越受到相关领域学者的关注。典型的如姚大力的《拉铁摩尔的"内亚视角"》一文⑥，满怀热忱地介绍了拉铁摩尔的"内亚"视角对于中国史研究的意义，认为是对在他之前仅以汉族和汉文化作为中心视角去考察和论述中国历史变迁的旧有知识传统的一种重要修正和补充。刘文鹏《内陆亚洲视野下的"新清史"研究》一文⑦，则介绍了"新清史"学派如何对欧美和日本学界"内陆亚洲"理论进行运用

---

① 潘志平：《"内亚"历史文化特征与中亚多国博弈态势》，《新疆师范大学学报》2009 年第 4 期。

② 王颋：《内陆亚洲史地求索》，兰州大学出版社，2011；《内陆亚洲史地求索续》，兰州大学出版社，2012。

③ 韩儒林：《蒙元史与内陆亚洲史研究》，兰州大学出版社，2012。

④ 耿世民：《内亚文史论集》，中央民族大学出版社，2015。

⑤ 王东平、魏志江：《内陆亚洲史和中国海外文化交流史研究的新成果——评刘迎胜教授 3 部近著》，《中国边疆史地研究》1996 年第 4 期。此外如邱轶皓《"骨咄"新考——对内陆亚洲物质交流的一个考察》，《社会科学战线》2018 年第 2 期；唐均《内亚草原帝国城市缘起的多个层次——基于女真文所记相关术语的源流爬梳》，《都市文化研究》2017 年第 1 期；石雅如《变动的内亚与儒生的理想——8 ~ 12 世纪关于"胡服"的话语变迁研究》，北京服装学院硕士学位论文，2017；等等，均是将北方民族文化作为"内亚"概念使用的前提。

⑥ 姚大力：《拉铁摩尔的"内亚视角"》，黄达远、袁剑主编《拉铁摩尔与边疆中国》，第 13 ~ 17 页。

⑦ 刘文鹏：《内陆亚洲视野下的"新清史"研究》，《历史研究》2016 年第 4 期。

和发挥,从而形成其独特的叙事体系。游牧文化传统也是"内亚"视角下重点关注的一个领域,罗新的《黑毡上的北魏皇帝》,钟焓的《"四海之内皆可汗"——论内亚汗权体制中的"有限性君权"》①,曹金成的《蒙古忽图剌汗即位仪式新解——内亚视野下的树木崇拜传统》、沈睿文的《内亚游牧社会丧葬中的马》、黎镜明、李沙沙的《内亚传统和北方游牧族群的历史演进》② 等文,均是通过"内亚视角"将北方不同时期、不同地区的游牧文化、制度传统进行整体性讨论的典范。

综上可知,在"内亚"一词的包裹下,研究对象和研究内容呈现纷繁复杂的样貌,甚至不乏被追求学术"时髦"者滥用或泛化的倾向。总之,基于"内亚"概念在解释和使用中出现的这种随意性、不确定性,学界有必要反思和做进一步的澄清工作。

二 "内亚性""内亚传统"概念的内涵及其关系

"内亚性"和"内亚传统"均是"内亚"一词的衍生概念。如果说,"内亚"更多的是在地理或区域意义上被使用,"内亚传统"多用来指代非汉文化或制度体系,而"内亚性"则是对中国各王朝中体现出的"内亚"因素的一种整体性描述。所以,"内亚性"是一个与"内亚传统"在研究对象和解释范畴上具有明显区别的概念,厘清这两个概念对于边疆民族史和中国史的研究意义,显然具有重要的方法论价值。

(一)什么是"内亚性"

目前学界所谓的"内亚性",主要用于概括历史上北方民族对中国历史的影响方面和影响程度。就笔者所见,首次在研究成果的题名中使用这一概念的是罗新,他在《内亚传统的连续性与中国历史的内亚性》一文③中认为,以蒙

---

① 钟焓:《"四海之内皆可汗"——论内亚汗权体制中的"有限性君权"》,《文化纵横》2017年第4期。

② 曹金成:《蒙古忽图剌汗即位仪式新解——内亚视野下的树木崇拜传统》,《西北师大学报》2017年第6期;沈睿文:《内亚游牧社会丧葬中的马》,《北方民族考古》第2辑,2015;黎镜明、李沙沙:《内亚传统和北方游牧族群的历史演进》,《青海民族大学学报》2017年第2期。

③ 罗新:《黑毡上的北魏皇帝》,第66~73页。

古高原为中心的"内亚"和以长城以南农业地区为中心的中原存在着各自相对独立的历史单元，"内亚"历史的连续性和独立性表现为"内亚传统"，而"内亚"民族对中国历史的影响表现，或者说中国史中与内亚史交织的部分为"内亚性"。他同时认为，在中国历史上所有时期都存在内亚性，只是在不同时期和地域上是不均匀分布的。"固然，那些以来自内亚的族群集团为统治核心的王朝，如北朝、辽、夏、金、元和清，其历史内容理所当然地洋溢着强烈的内亚气息，而那些并非由内亚人群直接建立的王朝，如秦、汉、魏、晋、唐、宋和明等朝代，其历史的相当一部分也是与内亚深刻纠缠在一起的，中国历史所固有的这种充斥内亚因素的现象，说明中国历史存在一种不容忽视的内亚性（Inner-Asia-ness）。"此外，钟焓在《简析明帝国的内亚性：以与清朝的类比为中心》一文中，也表达了类似的观点，认为明帝国与内陆亚洲的历史关联遭到相对消极的评估，如果在中国史中发掘出"内亚性"的历史因素，那么就不仅要重视对北朝和辽、夏、金、元、清等北族政权的学术研究，进而还应该认识到，像汉、唐、宋、明等王朝统治时期，内亚性也一直存在，甚至有时候还相当重要，并从君主形象的多元性、合璧文献和宗教影响三个方面与清朝的"内亚性"相比附。① 在《重释内亚史》一书中，他进一步将"内亚性"的研究对象细分为基本制度下的"内亚"政治因素在中国的移植变形、政治观念方面的浸染体现和大众层面的特定外来习俗在中国传统社会的传播流变三部分，同时介绍了相关国内外著作中对此三种"内亚性"的研究。② 相比较而言，罗新主要着眼于"内亚性"在中国历史上长时段的演变进程中的地位，而钟焓则对"内亚性"的具体表现做了内容层面的划分。

可以说，"内亚性"概念受到中国史学界的关注才刚刚开始，从这两年学界关于"内亚性""内亚因素"的研究成果来看，主要集中于对唐、宋、明等以汉族为主体的中原王朝政权的"内亚性"探讨。重要的成果除罗新对北朝、钟焓对明朝的研究外，李鸿宾在《中华正朔与内亚边疆——兼论唐朝北部长城地带的意涵》一文中，通过分析北方因素对唐朝政治体建设和政治集团的

---

① 钟焓：《简析明帝国的内亚性：以与清朝的类比为中心》，《中国史研究动态》2016 年第 5 期。
② 钟焓：《重释内亚史：以研究方法论的检视为中心》，第 6～7 页。

影响，认为统治集团中的北族文化血脉在促使唐朝对外扩张战争中发挥了重要作用。① 王一凡则关注宋朝的"内亚性"问题，并运用考古学方法考察了北宋与辽金交界地带墓葬中所反映的"内亚性"文化因素。②

（二）关于"内亚传统"的认识

如上所述，罗新在最早关注"内亚性"这一概念时，就指出与它相关联的一个概念是"内亚传统"，那么何谓"内亚传统"？目前学界对此给出较为清晰描述的学者仍然是罗新：

> 在"内亚"，尤其在"内亚"游牧帝国的政治中心地区的蒙古高原，政治领导权的确立与更替同样有自己独特的仪式性表达，这一仪式固然随着时代、族群和文化的不同而有所更替，但也有清晰可见的连续性和继承性贯穿其中，使"内亚"政治文化迥然有别于华夏传统而自成一系。③

他将"内亚传统"表述为以蒙古高原为中心的"内亚"政治、文化传统的连续性和继承性，一套关于政治领导权确立与更替的独特仪式性表达。笔者认为，罗新关于"内亚传统"的界定，是着眼于其迥别于华夏传统而言的，这对于讨论中国王朝中的"内亚性"非常有意义。即以罗新《黑毡上的北魏皇帝》一书为例，作者对北魏的举毡旧制的探讨，是通过对拓跋鲜卑政治传统的考察，说明游牧政权的"内亚传统"问题，他说"只有从内亚传统这个角度，我们才能理解，不仅草原上突厥和回鹘的可汗们经过这一仪式之后才能爬上权力的顶峰，而且在中原建立统治的北魏的大多数皇帝们，以及后来元朝的皇帝们，都是由七个王公贵人用黑毡托上皇帝宝座的，都经历了大致相同的立汗仪式"。④

值得注意的是，罗新所谓的"内亚传统"，不仅仅停留在讨论某一游牧民

---

① 李鸿宾：《中华正朔与内亚边疆——兼论唐朝北部长城地带的意涵》，《学术月刊》2017年第2期。
② 王一凡：《北宋时内亚因素对中原汉文化之影响——北宋与辽金交界地带墓葬分析》，《中原文物》2017年第1期。
③ 罗新：《黑毡上的北魏皇帝》，第2页。
④ 罗新：《黑毡上的北魏皇帝》，第50页。

族的制度或文化上，而是将其作为民族史的一种研究方法和研究范式，因此，他在《黑毡上的北魏皇帝》一书中专辟"内亚传统作为一个方法"一节，讨论作为一种方法的"内亚传统"的价值和意义。他以北魏清河王绍即位仪式上的君臣对话和突厥立汗仪式上新可汗预言自己在位年限为例，说明"内亚传统的连续性，意味着在与外部政治体、文化体接触并接受影响的同时，内亚各游牧人群所建立的政治体之间的相关性，可以保障内亚独特的文化与政治传统能获得连续的传播和发展，无论是在时间上（从六世纪到十世纪）还是在空间上（从鄂尔浑河谷到伏尔加河谷）"。而"内亚"游牧世界这种象征性文化符号的跨语言、跨地区、跨时代的传播继承与发展，正是"内亚"历史独立性与连续性的美妙诠释。[①] 所以，从这一点来看，"内亚传统"的确是整体性和连续性考察"内亚"民族历史文化的一种研究视角和研究方法。而"内亚"传统作为一种方法，可能还在于提示我们如何将"内亚"历史作为独立的历史单元进行研究的问题，而不是作为中原王朝史的附庸。

　　但是这也将引发另外一个疑义，即"内亚"内部的多样性和复杂性与"内亚传统"概念导致的同质性追求之间的矛盾如何解决的问题。从罗新的讨论可知，他所谓的"内亚传统"其实就是游牧社会、游牧文化、游牧政治体传统，所以在其讨论的议题中"内亚传统"的内涵具有同一性。而学界对于"内亚"的解释和使用是繁杂的，即以最狭义的"内亚"地理范围而言，也包括蒙古、新疆、满洲等地，虽然它们相对于中原而言，其政治、文化均表现出很大的差异性，但就其内部来说，各地区的地理环境、生产方式、民族主体、文化传统等条件也都各不相同，将其政治、文化特征概括为均质的"内亚传统"是否会抹杀其各自的独特性，是值得商榷的。实际上，学界对"内亚传统"的理解与罗新近似，多倾向于"游牧特性"或草原特征，然而其内涵的"非汉传统"或"非中原传统"的指向则意味着可以将之放射到其他农耕、渔猎、绿洲等"内亚"民族的政治文化传统上。因此，目前对"内亚传统"概念内涵的过分简化的表达与其外延使用并不符合，即可能导致所谓的"内亚传统"变成一个只是相对于"汉文化传统"或"华夏传统"的伪概念。其实，如果进一步深究，"华夏传统"本身就是一个为人所熟悉却含糊不清的概念。因为传统往往指的是一种抽象的文化延续，它必然需要在时代的现实中寻找它

---

① 　罗新：《黑毡上的北魏皇帝》，第 59 页。

的客体表现。若从语言哲学角度来看，任何从"传统"中继承下来的概念、术语、命题、名词都是一种语言符号，而由于时代的变迁，后人对这种符号的运用与它要表达的语义之间并不可能完全吻合。① 所以笼统地以"华夏传统"抑或"内亚传统"对历史进行长时段的概括，容易忽视其内部的差异性所在，也缺乏足够的内涵支持。

除了对"内亚传统"这一概念认识本身需要注意外，其与"内亚性"的关系也应进一步区分。

根据罗新的论述，"内亚传统"与"内亚性"实际存在相伴生的关系，如果说"内亚传统"的概念是相对于"内亚"政权的建立者而言的，"内亚性"则是受"重叠关系"影响的中原王朝的特征。但是由于中原王朝的建立者中除了来自中原地区以汉族为统治民族的政治体外，还包含了来自"内亚政权"的统治民族，而根据罗新、钟焓的观点，无论是前者还是后者，均具备"内亚性"特征，那么这两种不同类型的中原王朝的"内亚性"，除了体现出不均匀或不均衡性外（即可理解为"内亚"因素的多少不同），是否还有其他需要关注的层面？因此，笔者以为，在"内亚传统"和"内亚性"概念的使用上，必须明确加以外延上的限定，前者主要是探讨某一类的北方民族政治文化传统，而后者用于分析北方民族在中国各王朝进程中的政治、文化影响。而在探讨元、清等多民族的大一统王朝的时候，无论是"内亚性"还是"内亚传统"，其概念的解释力有明显的局限性。

三　"内亚视角"的范式意义及其问题

随着全球史、"想象的共同体"、新清史等西方思潮对传统"中国观"的冲击，同时基于对过去中国史研究中的王朝史范式的反思，不少中国学者试图借助内亚史的研究以重新构建一种新的历史叙事方式，"内亚视角"就是在这一背景下提出的。笔者认为，"内亚视角"的范式意义主要表现在三个方面：其一是通过从汉民族到"内亚"民族历史叙事主体的转换，启发学者关注少数民族对中国史的塑造作用，增进对中国历史多元性和整体性的理解，促进各

---

① 秦晖、金雁：《田园诗与狂想曲：关中模式与前近代社会的再认识》，语文出版社，2010，第27页。

民族彼此的认同。其二是通过从边疆看中国的立场转换，摆脱以中原王朝为中心的地域视角，从更宏大的地域视野研究中国历史的形成和发展，关注过去所认为的"边缘"地带的历史塑造力量。其三是通过以上两点，立足于当下实际，重新构建一套更具有包容性和开放性的中国史叙事体系，在多元族群和地域互动下解释过去的历史。目前国内内亚史研究在此三方面都有所努力，但也面临着由"内亚"及其相关概念本身所带来的诸多问题。

（一）"内亚视角"的研究取向

首先是立足"北族"看中国。罗新在《内亚视角的北朝史》一文中认为，北朝兼备"内亚"与华夏双重文化传统的因素，因此对北朝史的研究有两个路径：一是基于北朝史是中国史的立场，关注汉唐历史连续性，从华夏本位角度研究北朝史。二是基于北朝史是内亚史一部分的立场，即关注汉唐历史的断裂，"内亚"与华夏两个文化传统的遭遇、碰撞和调适，从内亚史视角研究北朝史，即"内亚"视角的北朝史，是追寻中国北族王朝历史中的"内亚"渊源，并通过对"北族"某一问题的研究，从某一角度或某一局部照亮内亚史，从而使得我们获得对古代历史更丰富立体的认识，就是"内亚视角"。[①] 学界部分的研究实践也基本遵循了这一理路，如曹金成的《蒙古忽图剌汗即位仪式新解——内亚视野下的树木崇拜传统》一文，与罗新关于北魏君主举毡即位仪式的"内亚传统"的解释路径相似，[②] 可以视为是典型的"内亚视角"的研究。这种基于"内亚"民族立场的"内亚视角"，与新清史强调"内亚"民族历史文化因素的研究路径有一定相似性，区别是他们在强调清史的一部分与内亚史有重叠的同时，最终体现的是整体中国观的研究指向。

其次是立足"边疆"看中国。在近年来兴起的"内亚"热中，拉铁摩尔的《中国的内陆亚洲边疆》一书受到了格外的重视。[③] 姚大力将其学术理路概括为"从边疆发现中国"，并对其观点在中国史研究中的价值予以充分肯定。他认为在拉铁摩尔视野中，中国国土由汉地和"长城边疆"两个有机部分构

---

① 罗新：《内亚视角的北朝史》，《黑毡上的北魏皇帝》，第 75 ~ 91 页。
② 曹金成：《蒙古忽图剌汗即位仪式新解——内亚视野下的树木崇拜传统》，《西北师大学报》2017 年第 6 期。
③ 黄达远、袁剑主编的《拉铁摩尔与边疆中国》论文集中，收录了近年来国内外关于拉铁摩尔的代表性研究论文 11 篇。

成,"长城边疆"或者谓中国的"内陆亚洲边疆",并非总是"被动地等待被中心地区'收复'、'统一'或'重新统一'的地位",而是拥有主动参与中国历史的能力,而且事实上它就是中国历史演变的一个重要的动力源。而这种能力的获得来自这一地区共有的"内亚特性",并认为"这种强调中国的内亚特性、强调从长城边疆'发现中国'的观察和分析视野",就是有些学者所谓的"内亚观"。① 另一位受到内亚史学界关注的人物是巴菲尔德,他的《危险的边疆:游牧帝国与中国》一书,被认为是在中国边疆史研究领域内由"重新发现"拉铁摩尔到新的"边疆范式"形成的过渡时期的代表性作品,是拉铁摩尔之后新的"边疆范式"。巴菲尔德认为,北方游牧民族与中原汉族存在着彼此相对独立而连续的文化和生活方式,但在作为两者边界的内陆亚洲地区,双方彼此接触并对对方产生相当大的影响。在长时段的视野下,内陆亚洲对草原社会和中原王朝的历史变迁都发挥了重要的作用。② 继巴菲尔德之后在国内学界引起空前反响的是王明珂的观点,他曾师从于巴菲尔德。尽管在其著作中没有再强调"内陆亚洲"这一概念名词本身,但其在《华夏边缘:历史记忆与族群认同》《羌在汉藏之间:川西羌族的历史人类学研究》《游牧者的抉择:面对汉帝国的北亚》等系列著作中,继续贯穿了前者"从边疆看中国"的研究路径,并有进一步的理论完善。③ 从拉铁摩尔、巴菲尔德到王明珂,从边疆或边缘看中国的"内亚视角"在学术理论化程度上越走越远,尽管受学科背景和宏大叙事的限制,在具体史料考证上有所不足,但仍在国内学界受到了广泛肯定。

最后是立足"多元"看中国。张广达在《从内亚史视野观察十至十三世纪的唐宋变革和宋元变革》演讲中,认为从内亚史角度研究中国历史,探讨的主要是"内亚"草原骑马游牧的流动族群与中原农耕定居地区的编户齐民之间的异质的社会、政治、经济、文化互动。与之相似,孙昊也认为从"内亚"视野看辽史的关键问题不是寻求契丹与"内亚"民族之间的社会、政治、文化相似性,不是将辽史置于内亚史的解释框架中,而是探讨"内亚"传统在辽朝社会政治体制建构和维系中所发挥的作用,使我们看到一个有别于唐宋

① 姚大力:《拉铁摩尔的"内亚视角"》,黄达远、袁剑主编《拉铁摩尔与边疆中国》,第13~17页。
② 巴菲尔德:《危险的边疆:游牧帝国与中国》,江苏人民出版社,2011。
③ 王明珂:《羌在汉藏之间:川西羌族的历史人类学研究》,中华书局,2008,第3页。

变革的历史情境，认识到辽朝历史的多元性特征。[①] 事实上，这种基于族群互动视角下对中国史多元性的解释，在某种程度上正是罗新否定的中国史本位的"内亚视角"研究，即借助某些内亚史研究以对中国史做补充性解释。笔者以为，这种借鉴"内亚"概念及其理论研究成果之后的中国史研究，似乎在叙事体系上更具有包容性和多元性，也是学界普遍寄望的一种研究指向。这种研究指向试图摆脱过去汉化视角下的王朝史叙事旧路，又不满足于以"内亚"民族为主体的局部性研究，而是希望在正视"内亚"民族影响下重新构建一个完整的中国历史叙事体系。

（二）对"内亚视角"相关问题的反思

首先，"内亚"概念的不同解释和使用影响了国内学者对于"内亚视角"的理解和认识。在罗新、钟焓等人看来，"内亚"更类似于"内亚民族"概念，其"内亚视角"也主要是基于"内亚"民族本身的历史连续性及其如何看待历史而言。拉铁摩尔、姚大力等学者侧重于"内亚"的边疆属性，将"内亚"理解为华夏边缘的文化和族群互动地带。而张广达、孙昊等提倡的"内亚"视角，则侧重于对多元族群互动下的中国史认识和解释方面。显然，"内亚"作为与长城以南"农耕地区"相对的概念是被普遍接受的看法，然而正如前文所述，在亚洲中部地带存在着复杂多样的地理环境、社会和经济组织以及民族，这样广泛的地区很难以一种均质的"内亚特征"加以概括。因此，学者们在使用"内亚"及其相关概念时，需要明确的界定和谨慎使用，以逐渐明晰"内亚视角"研究方式的确定性指向。

其次，"内亚视角"的一个关键难题在于如何处理"内亚"与"中国"的关系。提倡"内亚视角"的学者基本上都对过去"汉化视角"的王朝史观提出批评和质疑，认为"汉化视角"忽略了边疆民族对中国历史的主动参与能力和塑造作用。但正如罗新所论，"历史上的游牧内亚与农耕中国之间并不存在一种清晰的分界线，在任何一个特定的历史时期，中原王朝与内亚政权之间都保持着空间、文化和人群的部分重叠关系"。[②] 中原王朝的建立者中除了来自中原地区以汉族为统治民族的政治体外，还包含了来自"内亚政权"的统

---

① 孙昊：《内亚史视野下的辽史研究》，《文汇报》2016 年 5 月 6 日。
② 罗新：《内亚传统的连续性和中国历史的内亚性》，《黑毡上的北魏皇帝》，第 69 页。

治民族。显然，由"内亚"政权发展而来的中国王朝与由中原自身生成的中国王朝，其王朝中的"内亚性"存在质的差别，前者的内亚性与内亚传统有关，后者则是外来因素；由"内亚传统"而生成的"内亚性"（如北族王朝的内亚性）与因"内亚因素"而产生的"内亚性"（如汉族王朝的内亚性）应是两个不同层次的历史进程，二者不可同日而语。钟焓在批判美国新清史学者以清代的"内亚性"而否定其中国王朝特性时，从君主在不同族群中的多元形象、汉文和非汉文的文献"合璧"现象、灵活而富有弹性的宗教政策与政教联盟关系三点，论证明朝也具有相同的特征，从而说明明清王朝的同质性，但这种比较忽略了"内亚传统"与"内亚因素"的不同性质和影响程度。何况，清代所实行的多元的政治、文化政策，如合璧文书等，固然有其"内亚传统"的影响，但主要还是基于现实的多民族统治需要的结果，是"内亚性"与"中原性"的合并而致的"中国性"结果，而不仅仅是"内亚性"表现。所以，元清与宋明的差异性在于，前者在入主中原而建立大一统的多民族政权时，内亚传统趋于不断衰减，"内亚"和中原的二元性界限逐渐模糊，"中国性"特征开始凸显；后者则是在"内亚"因素不断影响下，使中原性在不断融入内亚性成分的过程中彰显"中国性"的本质。

再次，反思"内亚视角"下的"新清史"应重视"中国性"概念的方法论意义。很多新清史的学者把长城以内的中原地区等同于中国，而将"内亚性"与"中国性"相对立，他们"强调明清两朝的差异性和断层性，满洲人建立的清朝或清帝国被其定位成内亚性十分突出，甚至有时压倒了'中国性'的典型征服型统治政权，明朝则被化约成一个相对纯粹的汉人政权，常常被用来反衬以彰显'内亚性'著称的清帝国的存在"，[1] 认为清朝是中国和内陆亚洲两个不同政治秩序的混合体。所以刘文鹏在讨论"内亚视角"与新清史的关系时，清晰地指出：利用内亚视野对汉化史观下的清史叙事进行新的全面修订，是"新清史"学者要表达的一种史学志向，他们偏向强调清朝与"内亚"政权的延续性，其结果就是使"'内陆亚洲'由一个地理概念和文化上近似的统一体，在不知不觉间被解释为一个'政治统一体'，并可以与'中国'这个国家概念、政治概念相抗衡。所以，'新清史'以内陆亚洲为基础构建其'去

---

[1] 钟焓：《简析明帝国的内亚性：以与清朝的类比为中心》，《中国史研究动态》2016 年第 5 期。

汉化'、'去中国化'的理论，不免有偷换概念之嫌，也违背了'区域研究'的本义"。①

因此，如何讨论和叙述"中国"以及"中国性"的问题，也是中国学者在反思新清史的相关论点时必须要面对的。对此，杨念群《诠释"正统性"才是理解清朝历史的关键》一文认为，应当从王朝传承的"正统性"问题上探讨"中国"，所谓的"内亚性格"边疆治理措施不过是技术手段和"大一统"格局的前提，而"汉化"也无法概括清代对前代王朝"正统性"的接续过程。② 熊鸣琴则认为"中国性"即是古代政权在王朝谱系中的"正统性"。姚大力进一步指出，中国性本身具有多元特征，揭示其内部的内亚性并不会离析其本身的内聚性，而有助于澄清把"中国性"等同于"汉族特性"的流行见解。只有在承认中国内部差异和多样性元素存在的基础上，才能实现更高程度的多民族统一国家的整合，③ 即对于多民族政权中来自"内亚"和中原传统的诸因素共同作用表现出来的特点，可以用"中国性"概括之。

最后，充分阐释"中国性"概念的意义和价值或可成为新历史观的努力方向。20 世纪以来，学界为探索中国多民族国家历史形成的规律，多着眼于种族或文化差异，先后提出汉化、胡化、华化、涵化等概念和研究视角，今天"内亚视角"的提出和受到重视，无疑是学术不断推进的结果，亦是全球化和区域一体化趋势在史学领域的反映，但因其关注点在于区域的特征、差异和影响，解决的仍然是局部问题。笔者认为"中国性"概念，兼具地理、历史、政治和文明内涵，是当下解释中国历史发展逻辑的恰当表达，但对"中国性"概念的强调并不是要取代或否定"内亚性"，而是对其难以解释的晚期中华帝国多元性统治的特点进行补充或纠正。袁本罡在《追寻、重构与批判：对"中国性"之本质的三种不同理解》一文中，介绍了近代以来国内外学者对"中国性"概念的不同认识，"海内外学者对'中国性'的阐述，尽管观点不同，却又都指向了同一个问题：当中国从帝国体制中走出迈向民族国家时，这片土地上的人们又靠什么来获得内在的一致性，从而使他们能接受作为'中华民族'一员的身份？事实上对这个问题的回应也折射出人们对'中国性'

---

① 刘文鹏：《内陆亚洲视野下的"新清史"研究》，《历史研究》2016 年第 4 期。
② 杨念群：《诠释"正统性"才是理解清朝历史的关键》，《读书》2015 年第 12 期。
③ 姚大力：《拉铁摩尔的"内亚视角"》，黄达远、袁剑主编《拉铁摩尔与边疆中国》，第15～17 页。

这一概念的态度"。作者从中华文明源流的争辩、"文化中国说"、后现代理论的解构这三种针对"中国性"的不同论述中，说明了人们对现代中国与其传统的关系的不同认识。① 作者所强调的关于"中国性"的论述应"都是以历史以及文化的积淀作为根基"的指向，正是本文所谓"中国性"的研究目标，即通过"中国性"的概念探讨中国多民族政权下"内亚"与中原因素共同对历史的塑造表现。正如钟焓所言："从更高的要求来说，我们亟须一种能够将内亚史与中国史合二为一的历史观，而不能仅仅止步于从中国史中发现'内亚性'。"② 这种新的历史观，既能摆脱过去以王朝史为叙事主体的旧路，又能避免陷入单一研究视角的极端路径。总之，如何在既有核心的叙事主体又兼具多元化的研究视角上展开系统性的理论研究，仍然是学界需要探索的课题。

---

① 袁本罡：《追寻、重构与批判：对"中国性"之本质的三种不同理解》，《安庆师范学院学报》2016 年第 4 期。
② 钟焓：《重释内亚史：以研究方法论的检视为中心》，第 16 页。

"后伯希和时代"中西方内亚史学严谨性的丧失：《重释内亚史》补笔

钟　焓[*]

在《重释内亚史》（社会科学文献出版社，2017）出版后，作为著者的本人感到颇有必要写一篇文字来对书中表述不够准确清晰的地方加以澄清修正，同时也对与本书主题有关联的问题再做进一步的分析，以助读者全面了解拙著的学术思路。

本书"导言"第 1 页在阐述"内亚"概念来源时曾推断说，它应是一个起初应该流行于英语世界中的学术概念，并推测它出现的时间似不太长。笔者在做这一推定时，正如文中注释所引，系直接参考了作为《中亚文明史》第一卷的"附录"中的俄国学者米罗尼什科夫《释本书"中亚"一词的含义》的观点。现在看来，本书所依从的相关判断其实存在问题。近来笔者首先在魏汉茂（H. Walravens）编辑的《有关施密德的生平与著述的文献》一书中，有些意外地发现早在施密德（I. J. Schmidt，1779~1847）1839 年于圣彼得堡和莱比锡联合出版的《藏语语法》（*Grammatik der tibetischen Sprachen*）一书的前言中，就已经出现了"内亚"的用法。施氏在描述西方现代藏学的开山祖师匈牙利人乔玛（Csoma von Körös）前往西藏等地区的探险时，将之概括为在内陆亚洲（Innere Asiens）的旅行。以后他又在 1843 年出版的另一部藏学著述的前言中，称乔玛在内陆亚洲进行旅行是源于他确信匈牙利人祖先的起源地正位于内陆亚洲。[①]

---

 [*] 中央民族大学历史文化学院，原文刊于《西域研究》2018 年第 3 期。
 [①] H. Walravens, *Isaak Jacob Schmidt* (*1779~1847*) *Leben und Werk des Pioniers der mongolischen und tibetischen studien*: *Eine Dokumentation*, Wiesbaden: Harrassowitz, 2005, SS. 71, 84.

鉴于施密德在东方学史上被推重为"蒙古语言学的真正创始人",① 那么作为相关学科开创者并在当时的欧洲东方学界具有卓越声望的他对"内亚"的使用无疑应该引起我们的充分重视。唯这里的"内亚"所对应的德语原名是带有复数意义的 Innere Asiens,与施氏书中同时使用的中亚(Mittelasien)有着单复数表述上的语义差异。其中的具体原因,尚有待深究(不知是否施氏认为"内亚"的概念大于中亚,还包括了藏区等,故才有意使用复数)。不过还有证据表明施密德尚不是"内亚"概念的最早使用者,因为此前在 1827 ~ 1830 年,当时的德国大陆地理学巨匠洪堡(Alexandre von Humboldt)已经在其书信和著述中使用了法语语境下相当于"内亚"之义的 Asie intérieure 等术语。② 故显然不宜再简单地信从"内亚"只是一个产生、流行于较晚时期的学术术语。

在重新界定了"内亚"概念的使用时间以后,以下即对本书的主题思想再稍做强调。毫无疑问,虽然本书的正文部分相继评价了六位不同时间段的学者的学风特征,但其中自以早已去世了 70 多年的伯希和在学界的学术贡献最大,影响也最深远。笔者深信,伯氏在学术上的成功或者也可以说是在相关考据领域中的巨大成就,是他全面吸收中国乾嘉史学的优长所致。这种评价可以说与过去中外学界对于其人学风特征的归纳大不一样,因传统的观点通常将伯氏远超众生的语言天赋定为其学术成就的首要因素。其实伯氏其人的语言天赋固然决不可忽视,但我们更要清楚地认识到就当时的东方学界而言,以精通多种语言而著称的学者并不在少数,而伯氏在语言能力上领先他们的程度恐怕在多数情况下也不太大。甚至个别与伯氏大致同代的学者,在语言上的天赋和悟性并不逊色于他。其中最具可比性的人选,莫过于稍长于伯希和,却因故早逝的另一位东方学全才,同样被誉为一代宗师的美籍德裔学人劳费尔(B. Laufer,1874 ~ 1934)。他对语言本身的极高悟性在其关于西夏语的研究中清晰无遗地显露出来。这是因为西夏语并非劳费尔平时向来关注的研究领域,换言之,劳氏本人绝非西夏语的专家权威,然而他仅仅根据当时由俄国西夏学家伊凤阁刊布介绍的夏汉双解辞书《番汉合时掌中珠》所收的颇为有限的西

---

① 劳费尔在《中国伊朗编》中的评语。

② Gorshenina, L'Inventionde L'Asie Centrale: Histoire du concept de la Tartarie à l'Eurasie, Genèva: Librairie Droz, 2014, pp. 307 – 309.

夏语词汇，通过将其与印支语言中的各组语言材料进行深入比较以勘照异同，即相对准确地判断出西夏语应当归入汉藏语系藏缅语族下的彝－纳西语支。① 即使以当下的西夏学前沿水平来衡量，这一结论仍然称得上是"虽不中亦不远"，如果放在一个世纪前的此文发表的1916年，那就简直得用石破天惊一词来形容其空前的学术原创性。尤其考虑到那时国际西夏学的研究尚处在筚路蓝缕的起步阶段，可以征引参考的有用成果屈指可数，而劳氏却在非常薄弱贫乏的学科基础下，能够取得上述经受住时间考验的学术硕果，这一个案足以照见他的比较语言学功力之精深以及对语言本身的悟性之高了。

相比之下，伯氏在阿尔泰语言学上的最重要著述《现已不发音的13～14世纪蒙古语中的h－词首》② 主要还是征引更多的材料支持加强了此前兰司铁论阿尔泰语系成立理论的学说，虽然也有很高学术价值，但毕竟在观点的原创性上较劳费尔的西夏语研究稍逊一筹。可惜尽管劳费尔对语言的天赋或者直觉较伯希和来说，实有过之而无不及，但却不能像后者那样通过与陈垣、王国维等中国传统考据学者的切磋交流以及对清代考据著作的体味学习，将乾嘉史学的技巧方法毫厘不差地移接在西方比较语言学的基干上，故劳费尔的学术成就大多还是定格在语言学和艺术史的域限内，未能如伯氏那样以一人之身同时掌握两套非常成熟而有效的学术方法，最终还能在史实考据的领域中脱颖而出，更上层楼。而伯希和本人对其学术得以大成的经验也并未保密，曾在公开的学术讲演中径直将治中国学问的一大先决条件概括为"与中国的学者接近"，③ 这正宜看成伯氏本人的夫子自道，当然如果再加上"谙熟清人文史著作"这一项，那就更能彰显伯希和平生治学的独有特征。时至今日，在与国际内亚史研究直接关联的欧美东方学界，具有出众语言资质的学者依然不难寻觅，但像伯希和这般有深厚东方学术涵养的学者却向来世所稀见。

与那些代有人出的以语言天赋见长的欧美东方学家相比，伯希和学问的一大特点就是充分汲取乾嘉学派博览史籍、慎下断语的考证学风。④ 故反映在其考据成果中，无论是历史学，还是比较语言学的结论，最终成定论的比例远高

---

①　该文的中译文由聂鸿音、彭玉兰合译，收入李范文主编《西夏语比较研究》，宁夏人民出版社，2004。

②　P. Pelliot, "Les mot à h－initiale anjourd'hui amuie," *Journal Asiatique*, 1925, pp. 193～263.

③　桑兵：《国学与汉学：近代中外学术交往录》，中国人民大学出版社，2010，第115页。

④　或可概括为证据抵半，始立假说；证据充足，方才操觚。

于 20 世纪的其他国外东方学家。有的来自欧洲大陆的东方学家如孟格斯（K. H. Menges）掌握的语言种类实际上还要多于伯希和，并且对比较语言学方法本身的熟悉程度也绝不在伯氏之下；比他年龄更小的西德学者德福（G. Doerfer）堪称二战结束以后涌现出来的唯一一位对阿尔泰语系三大语族下的多种古今语言皆有专深研究的不世出奇才，可是像这两位在语言工具的掌握上已经明显超越了伯希和的天才学者，在相关领域的考证成果能够成定论的比例依然瞠乎其后。而我们不难发现，伯希和在具体行文中每每"知之为知之，不知为不知"，既不刻意回避其在研究中遭遇的一时难以解决的知识盲点，又在自己认为已经可以确凿立论的时候将其掌握的证据和考辨的过程非常自信地和盘托出，从来不会像有些学者那样，因为担心将来可能出现新的反证继而影响自己先前观点的成立，故不时采用闪烁其词的表述，以致结论也有意模棱两可。

以伯希和在 1927 年后不久所写的评论诺贝尔（J. Nobel）的《鸠摩罗什传记译注》为例，该书评虽然在写成之后基于某种原因长期没有公之于众，但当富安敦（A. Forte）在晚近时候寓目这篇手稿时，仍然为其考证内容的充实精彩而赞叹有加，故在 2002 年特地将其整理发表以惠沾学林。这时距离此文撰写的时间早已过了约 70 年之久。我国学者张广达教授读到该文之后，也认为即使以当下国内关于同一课题的研究进展而言，伯氏此文所包含的诸多考据成果和见解论点也有被更多不知此文的专业读者获悉了解的必要，故将其全文汉译，并特意在译跋中表示希望读者能够接受展现于伯氏文中的那种一丝不苟甚至针锋相对的实证学风。① 用一句俗语来形容，伯希和的考据路数可谓真刀真枪，毫不含糊，完全达到了考证过程恰宛如庖丁解牛那样既娴熟自信又游刃有余的实践效果。

本书最后的"溯往与展望"中曾提到当读者在将今天西方学者的内亚史方面的成果与伯希和的考证著述相互对比时，难免会产生一种今不如昔的感慨思绪。关于这一点，我们不妨以美国学者为例，来将目前尚活跃在学界的相关学科带头人的学风与伯希和稍做比较。宾州大学的梅维恒教授（V. H Mair）可谓在当前的北美高校中，以汉学家的职业身份从事"内亚"历史与文化研

---

① 参见张广达等译《关于鸠摩罗什札记》，朱玉麒主编《西域文史》第 10 辑，科学出版社，2016。

究著述最多的一位学者了。他曾在 1989 年出版的《唐代变文》的扉页中写道："（以此）纪念无出其右的汉学家伯希和。"① 这句献词易被解读为梅氏完全服膺并且较好地继承了伯希和的考据式治学路数。诚然，梅氏的治学范围在当代西方汉学家中确实很难有人与之匹敌，其涵盖了上到三代、下至明清的众多学术领域。不过揆诸实际表现，犹能发现其问题恰在于考证时推论的程度往往超出了已知材料所允许的诠释范围，常常导致"大胆假设"有余，"小心求证"不足的后果，这与前述的伯希和所遵循的"证据抵半，始立假说；证据充足，方才操觚"的学风大相径庭。而且他同时还是一位过度依赖传播主义的传播论信从者。例如，作为梅氏成名作之一的《绘画与表演：中国的看图演唱及其印度来源》（1989），即将包括中国在内的世界各地的看图演唱故事的艺术表演形式最后均追溯到一元化的印度起源论，而其提供的论证与所下结论之间存在着难以弥缝的证据缺环。此前其论证中国古代的变文体裁及看图演唱故事源自印度的具体环节即已遭到荷兰汉学家伊维德（W. Idema）在《通报》上所撰评论文章的质疑与商榷。②

当然从表面上看，梅氏正像当年的伯希和一样，敏于对相关地区的考古发掘新资料的利用。可惜在对新材料的解读上，却往往失之轻率并抱有强烈的先入之见。他大概是最早系统关注青铜时代新疆干尸问题的国外学者，可是其向来坚持的这类干尸系后来在历史时期活动于塔里木盆地的操某种印欧语人群的祖先的观点，则因在方法论上遭逢难以克服的障碍而摇摇欲坠。许多学者均对这种将早期的考古学文化与晚期历史上的相关族属直接对应的论证方式表示出极大的保留意见。国外学者如塞诺（D. Sinor）、法兰克福（Henri - Paul Francfort）等即是代表，而长期在新疆当地从事考古发掘与研究的资深考古学家王炳华先生，最近在他主编的相关著作中从考古学的学科角度也对此明确提出了异议。③

无独有偶，当 21 世纪初考古学家在土库曼斯坦境内著名的安诺遗址中发现距今 3000 年的疑似文字符号的古印章时，梅氏再度予以极大关注。他随即发表专文，以印章上面的疑似文字符号与汉印上的字体貌似接近为由，断定晚

---

① 　V. H. Mair, *T'ang Transformation Texts*：*A Study of the Buddhist Contribution to the Rise of Vernacular Fiction and Drama in China*, Harvard University Press, 1988.

② 　W. L. Idema, "Chasing shadows：A review artile," *T'oung Pao* 76：4 - 5 (1990).

③ 　王炳华主编《孔雀河青铜时代与吐火罗假想》，科学出版社，2017。

起于商代的中国古文字在起源上受到了上述中亚文字的影响,而除了文字体系以外,他同时还坚持认定青铜冶金技术、轮式交通、以西亚伊朗巫师为代表的高级宗教活动、皇家狩猎、国家机构模式等决定文明赖以成立的关键要素均在商代或商以前从位于今天中国境外的广义上的西方传入黄河流域等"内地"。他的这一整套中国文明西来说的解释体系因陷入泛传播主义的窠臼而难以在当今考古学者中引发共鸣,[①] 只堪视作"中国文明外来说"就像"打不死的小强"一样在国外从未熄灭绝迹的现实例子。时至今日,因为缺乏进一步的可供填补时空缺环的新出考古证据,国际学界对于安诺印章的关注兴趣已然降温,基本上再无其他学者以此为焦点大做文章,去论证汉字体系在起源创始阶段受过显著的外来影响。

尽管如此,梅氏仍旧不肯放弃成见。他近期在一位印欧学家的祝寿论文集中发表文章继续强调中国文字在起源上受到印欧文明尤其是伊朗因素的影响,[②] 其列举的所谓证据就是新石器晚期甘青地区的彩陶上出现了同甲骨文"巫"外形相同的符号,而他更早在 1990 年就撰文认为甲骨文的"巫"在字形、读音和含义上都同于伊朗文明中的"麻葛"(巫师),故推测是伊朗的麻葛远行来到中土,向商朝传播了相应的宗教文明,并在整个商朝的社会文明体系中占据了相对中心的位置,企图以此来反驳何炳棣及国内学界主张的中国文明本土起源论。这篇 1990 年发表的旧文的中文译本已收入上海古籍出版社 2008 年出版的《远方的时习:〈古代中国〉精选集》,便于国内读者参考。故梅维恒的新作其实只是借用了所谓的彩陶资料旧调重弹而已,至于应该如何填补横亘在新石器时代的马家窑文化与晚至公元前 20 世纪后期的安阳殷墟文明之间的巨大时空证据缺环,则丝毫不讨论。实际上,相关的古文字专家早已通过梳理举证甲骨文资料中的"巫"字的字形演变规律和词义适用的具体语境,指出该字起源于甲骨文中的"方"字,并且在当时确实具有四方、方向之类的含义。[③] 故现在看来,不能仅仅因为相似性这一表相,就遽下结论,断定新

---

① 汪涛、汪海岚:《安瑙印章及其引出的问题》,韩香译,朱玉麒主编《西域文史》第 6 辑,科学出版社,2011。

② 参见 V. H. Mair, "The Earliest Identifiable Written Chinese Character," in M. E. Huld et al., eds., *Archaeology and Language: Indo-Euiopean Studies Presented to James P. Mallory*, Washington D. C, 2012, pp. 265 - 279.

③ 艾兰:《早期中国历史、思想与文化》(增补版),杨民等译,商务印书馆,2011,第 94 ~ 100 页。

石器彩陶文化中的类"巫"符号和甲骨文的"巫"字必有内在的传播关联，毋宁说，后者自有其相对独立的起源过程。至于试图以此为突破，论证汉字体系在始创阶段中受到了印欧文明的显著影响，那就更是一厢情愿的奇思怪想而已。

　　最让人惊诧的是，梅维恒这一新作的后半部分还将其原本潜藏至深的种族主义思想暴露得明确无遗。他将"游牧化"的古伊朗人等印欧人定性为在挑战现实环境面前表现出"富于能动性""生气勃勃"等天赋，"因此天生就是活力十足的"；① 在文化适应和处理人类关系的领域中，他们足智多谋并赖此存身；② 故最后原本人数寡少的他们却分布到广袤的区域中，还创造出多种厥功至伟的重要发明，从驿传体系到跨区域的远程航海以及扩大对食物资源的利用途径等。最后他还将这些"游牧人群"的活力与创造性归结为其通过驯化牲畜成功获取了高蛋白的肉食营养，从而在体质和智力上高人一头（按照这种逻辑，那些因为自然环境原因，缺乏可以食用的植物资源故而只能依赖动物食物为生的北极－亚北极的渔猎人群岂不在智力上更加超群），故他们在人类历史舞台上扮演的重要角色绝不限于东亚地区。当读到上述赤裸裸的种族优越论的叙述时，笔者的第一感受是，这绝不是在进行谨严客观、一丝不苟的科学研究，而是纯粹在做种族主义思想的布道宣传。无怪乎此前已有欧洲学者直言不讳地批评梅氏关于塔里木干尸研究的观点中包含有危险的白人至上的种族思想，并且也确实迎合煽动了某些西欧国家内部潜藏的极右翼种族主义（Neo－Nazi）思潮。③

　　梅氏研究中过分逞想象力之快而缺乏学术严谨性的学风还突出地表现在他十余年前发表的一篇讨论西北民族在中国历代各王朝形成中的作用的长文中。④ 其实对中国历史上少数民族在祖国的国家统一和文明创造中所起的重要

---

① 其英语原文为：hence they were dynamic by nature。

② 其英语原文为：resourceful to survive。

③ H. H. Hock，"Die Indo－European linguistics Prepare the Ground for Nazism？Lessons from the Past to the Present and the future，" in. L. M. Bauer et al. , eds. , *Language in Time and Space：A Festschrift for Werner Winter on the Occasion of his 80ᵗʰ Birthday*, Berlin：Mouton de Gruyter, 2003，pp. 177－182.

④ V. H. Mair，"The North（West）ern Peoples and the Recurrent Origins of the 'Chinese' State," in. Joshua A. Fogel，ed. , *The Teleology of the Modern Nation-State*，Philadelphia：University of Pennsylvania Press，2005，pp. 46－84，205－217.

作用，作为本国学人的笔者对此也绝无疑义，问题在于，如何通过周密严谨的实证研究将这种作用或者贡献既不夸大也不贬低地客观呈现出来，这才是我们今天探讨历史的现实意义所在。让人遗憾的是，梅氏此文却在一个原本富有学术深意的领域内再度跑偏了方向。首先从方法论的角度审视，该文有些出人意外地选取了以王朝开创者的血统成分来断定该王朝是否符合他所定义的具有"中央欧亚传统"的政治体，以自外于所谓的"中华（Sinic）"政治体。这种以统治者的血统作为标准来建立假想化的中央欧亚史学框架的做法虽然最近在美、日的中国史研究领域中流行起来，但其实恰恰是和欧美二战以后的社会科学发展的总体大趋势是截然相左的，具有明显的倒退逆流色彩。① 其次在具体的论证中，梅氏先后以正史中对秦汉以来开国皇帝的相貌描写，如以文献中关于刘邦和嬴政"隆准"特征的记述为唯一根据，断定他们的血统中皆有主导性并非中国人的外来人成分，这实际上是暗指其均为高鼻深目的印欧人，从而将秦汉王朝也归入深具"中央欧亚传统"的政治体而非传统的中华王朝。不仅如此，他还将杨坚建立的隋朝和武曌建立的昙花一现的周朝亦做如此处理，甚至朱元璋建立的明朝也未能幸免地成为上述非中国传统的政治体，证据仅仅是 17 世纪以来的《黄金史纲》等蒙古史书中声称明朝的开国者是女真人。如此不辨历史与传说区别的马虎态度，真让严谨认真的学者无言以对。总之经过他的一番"研究"，中国历代的大多数王朝可以说都在相当程度上被归入"中央欧亚传统"之列，因此在他的笔下，可以说"中央欧亚史"已经完全覆盖吞并了传统的中国史，后者足以自存的空间已经被压缩至少到不能再少的程度。显然这种文章所宣泄的观点与其说是精致深刻的学术表达，不如说是某种早已过时的西方意识形态的对应产物。

如果说梅维恒研究的致命弱点还只是沉溺于天马行空的泛传播论和印欧文明中心主义的话，那么另一位在北美学术界被奉为"内亚"研究权威人士的白桂思（Beckwith）则是一位夹杂着露骨仇华情结（Sinophobe）的"雅利安主义"的宣扬者。上述非学术化的意识形态倾向突出地表现在白氏 2009 年出版的《丝绸之路上的诸帝国》一书中。② 先看其研究中的"雅利安主义"的具

---

① 关于此点，中国社会科学院历史所的孙昊先生将有专文批驳，故笔者就不在此深论了。

② Christopher I. Beckwith, *Empires of the Silk Road：A History of Central Eurasia from the Bronze Age to the Present*, Princeton：Princeton University. Press, 2009.

体表现。白氏治学的一大法宝就是根本不去认真搜求文献例据，而是随心所欲地将构拟出的汉字古音与印欧文明主要是印度－伊朗人中的族名、物名等任意勘同，这种解决问题的思路的危险性可想而知，而与伯希和所秉持的以审音勘同密切结合文献史实的严谨治学路径更是毫无共通之处。这正如当初伯希和在评价同样以淹博著称的马夸特的库蛮研究时，即郑重指出后者用印欧语中的"犬"去解释匈奴的族名含义在研究方法上不足为训，由此可见伯希和对于这种学术思路的危险性持有清醒的洞察力。显然作为考据学家，理当像清代的乾嘉学者那样，在训诂词语含义时，首先尽可能地将相关的文献用例搜罗殆尽，以求为解决问题建立起充实完备的资料积累，这样才能最大限度地在研究过程中甄别排除反证，从而有助于相对精准地考释出词语的确切语义。

　　可是白桂思的历史语言学实践走的却是一条方向完全相反的错误道路。譬如他在此书中不顾"羌"字在甲骨文中即已呈现从羊从人的字形组合，表示以牧羊为经济特征的畜牧人群，① 而是径直将"羌"字的上古音值构拟为klānk－，进而与原始印欧语中的"车"一词相勘同，从而得出了两个结论：第一是羌字的原始含义不是牧羊人，而是以驾驶战车见长的游牧人群；第二，从族性成分上看，羌人原本属于印欧人而非讲藏缅语的人群。他试图以此证明印欧人群在很早的史前时期就分布在青藏高原北缘的广大区域。又如关于汉代史著中记载的原来分布在敦煌祁连之间，后来向西迁徙的乌孙人，他又是在不提供任何文献内证的情况下，极其唐突地将乌孙一名勘同为梵语中的"马"一词，以强证所谓的一个说印度－伊朗语的部族早在汉代以前就扩散到河西走廊之说。他同时还坚信相当数量的印欧人约在夏商时期就已进入中原等地，甚至对汉藏语系的提法都极为反感，担心最先由西方语言学家提出的这种语言谱系学说可能被中国政府利用成为控制西藏的历史根据。他在此书中，对史前时期的远古汉语的性质做了两种推断，其一是汉语本来就属于印欧语系下的成员，其二则是汉语虽然起源于东亚本地，但却受到印欧语的深刻影响。尤有意思的是，他还对国际汉语学界的语言学者普遍不肯接受早期汉语中存在大量印

---

① 这一观点在语言学界和历史学界素无疑义，王明珂进而指出，羌人之名属于他称而非自称（王明珂：《华夏边缘——历史记忆与族群认同》，社会科学文献出版社，2006，第146～148页）。

欧语要素的现状嗤之以鼻,指斥他们闭目塞听,陈腐守旧,以致对于那些能够毫无疑问地证明印欧人东进的考古证据皆无所悉。真不知道白氏究竟发现了哪些确凿的考古证据才使得他如此有底气地挑战常识!

如果说白氏此书的以上观点还只是"印欧中心论"(其自称为"中央欧亚文化复合体")的话,那他随后对于这种先验性思想的步步发挥简直就可以用"雅利安主义"来概括,譬如最近在一篇文章中干脆判定文献中所见的中国第一个王朝的名字"夏"来源于"雅利安"~(h)arya一词,声称在战国时期,中原各国通过与其外部草原地区的接触,了解到这个在中亚地区通常被指代游牧人群的族名,并进而以之作为自称并上延到祖辈。人们自然会提出质疑,难道不是春秋时期的《春秋》《左传》《论语》等文献均已出现了夏的名称吗?他对此的答辩是,这些史料统统是战国时代才创制出来的,反映的全是战国时期的中原人的思想观念,这就完全排除了它们包含有战国之前历史信息的任何可能性。如此全无理性、走火入魔的臆断或用"雅利安主义"来冠之最显恰当。还是在此文中,他还宣称藏语中表示"王室的"之义的rgyal也是来自(h)arya(雅利安)。① 此外他在同年发表的另一文章中还臆测突厥汗国的统治氏族阿史那一名通过吐火罗语的中介,最终也是来自ārya(雅利安)。② 因此,如果说萦绕在白氏头脑中的先入之见正是"雅利安主义",那一点也没有冤枉他。

除此之外,白氏还不加论证地宣称印欧语言及其文明对于从蒙古高原到东北地区的其他北方族群也施加过至为重要的影响。仍旧是在《丝绸之路上的诸帝国》的叙述中,两汉时期的匈奴一名可能源自北方伊朗人(Northern Iranians),他们相当于塞人(Saka)的东部成分。总之,匈奴人或者本身就包括了伊朗人的部分,或者就是向草原上的伊朗人学习掌握了游牧化的生活模式。至于继匈奴之后称雄北方的鲜卑人所操的语言,则被白氏定性为一部分属于蒙古语,其他则是印度语(part Mongolic and part Indic)。甚至远在东北的索离国之名,也被他直接比定为斯基泰、粟特、塞这三个伊朗族名之中的某一种

---

① Christopher. I. Beckwith, "The Earliest Chinese words for 'the Chinese': The phonology, Meaning and Origin of the Epithet harya-ārya in East Asia," *Journal Asiatique* 304:2(2016).

② Christopher. I. Beckwith, "The pronunciation, Origin and Meaning of *A-shih-na* in Early Old Turkic," in I. Zimonyi et al., eds., *Central Eurasia in the Middle Ages: Studies in Honour of Peter B. Golden*, Wiesbaden: Harrassowitz, 2016, pp. 39-46.

形式。总之，此类荒腔走板、不着边际的有关族名词源问题的离奇比定大量充斥于白桂思书中，可谓无此不能成著，故其人的研究真可称得上武断至令人咋舌的地步，它们留给我们的深刻教训就是但凡历史比较语言学的研究，一旦脱离或者忽视了对文献证据的悉心搜求，那就难保不会沦落到伪学境地。不妨说，如果不具备文献证据的支撑，历史比较语言学的科学性即要大打折扣。而在这一点上，伯希和与白桂思的不同实践分别向我们展示了正面的典范和反面的教训。当然我们应该充分意识到，伯希和的学术成就正是建立在他对汉文文献具有精深阅读能力的基础上，而这一要素恰恰是后来许多所谓的汉学家不具备的，故要求他们也像伯氏一样，能够自如地处理数量浩如烟海的汉文文献，恐怕也是强人所难。因此，束书不观，放手抓证，随意进行语言勘同的空疏学风在国外颇有市场也就可以理解了。以白桂滋为例，中国学者曾经指出，正是在他的内亚史研究中，竟然连唐代漠北的天山与西域的天山不是一地这样最最基本的地理常识都发生了混淆，然而他却用汉语缺乏过去完成时只能造成混乱这样让人不敢恭维的理由为自己无法充分利用汉文史料开脱塞责。① 诚然，要求一个连两个天山都分辨不清的学者也拥有像伯希和那样的文献阅读水准，确实有些难为他了。看来，沦为实证研究黄金时期的伯希和时代在国外真的是一去不复返了。

　　当然如果白氏书中仅仅只是充斥着知识上的差错或方法上的误入歧途，那么仅需对其表示惋惜或者遗憾即可，毕竟对于外人在学术研究中出现的种种失误，国人应该抱有更加宽容理解的心态才是，不宜老是揪住外人的差错不放，以免妨害我们自身的学术进步。可是让人齿冷的是，白桂滋的著述还露骨地宣扬反华思想，着力于宣传将西藏、新疆和内蒙古三个民族自治区从中国的版图中彻底分裂出去。为此他在书中顽固拒绝中国在边疆地区行使国家主权的正当性。翻开此书最后所附的地图即不难发现，作者在上述三个自治区的名称上面均括注"被占领的"（occupied）字样，以向不明就里的英语读者传播上述边疆地区绝非中国的领土。而在该书的正文中，白氏更是用将近四页的篇幅大肆攻击新中国政府在边疆地区实施的民族政策（参见该书第 280～283 页）。譬如当涉及西藏自治区的现状时，他对新中国实行的废除旧的政教合一制度，解放农奴的社会改革不置一词，却反过来污蔑新中国政府对藏族人民施加的恐怖

① 王小甫：《唐·吐蕃·大食政治关系史》，北京大学出版社，1992，第 49 页。

堪称史无前例。其他在涉及新疆和内蒙古的场合中，他对中国政府同样是不遗余力地歪曲事实并加以攻讦。此外他在书中第 292 页对于新中国在民族自治区建立的各级教育院校也是极尽鄙薄之能事，断言即使连其中的大学在水平上也不配与欧美最小的（社区）学院相比，故对于学术与科学的发展毫无建树，以此反衬这些地区在旧社会时期存在过的宗教学堂或寺院教育是多么辉煌昌明。

然而对于国内的某些亲西方的"自由派"人士而言，他们或许会为其辩解说，人家攻击的是中国的政府而非普通的中国老百姓，故笔者的批评纯属毫无意义的小题大做。对此笔者有必要提醒一句，依然是在此书的第 306 页，白氏已把攻击的矛头转向普通的中国人，当然他书中此处的中国人仅仅是指一般意义上的汉族。他以一种傲慢不逊的洪教头叫阵似的腔调宣称，现在虽然许多中国人憧憬向往（西方）文明世界，可是假如他们不能抗拒中国政府对其的洗脑宣传，依旧拒绝让上述三大本该独立的地区脱离中国，那么这些中国人就无法被（西方世界）接纳为可以与外国和睦善意相处的人。因此，即使身为普通的中国公民，只要秉持的是维护国家统一的立场，均无例外地处在他的诋毁攻击之列。换言之，作为中国公民，不论其政治倾向如何，只要此人不支持分裂活动，在白氏的眼中，即等于统统背上了阻止"民族解放"的"政治原罪"。试问，还有比这更加帝国主义的霸道做派吗？具有反讽意味的是，据说这位白教授具有印第安人的血统，平时动辄对美国政府历史上对于印第安人的不公正做法愤愤不平，可是像这样一位人士，其对我国政府与人民的攻击怎么又让人觉得与美国的某些右翼政客的说话口气那么相近呢？而且作为一位有着印第安人血统的学者，理应在学术研究中对于种族主义情结浓郁的印欧文明中心论抱有反省态度和批判精神才对，毕竟以前的印第安人才是美国历史上长期尘嚣直上的白人至上种族主义思想（至今犹未完全淡出）的最大受害者。然而这位具有原住民背景的学者现在却成了"雅利安主义"的热烈拥抱者，并反过来大肆诬蔑近代历史上长期身为帝国主义侵略的受害者，直到 1949 年才彻底扭转这一局面的新中国及其人民，这真是多么滑稽的一出笑剧啊！因此即使抛开学术造诣的高下不论，作为仇华学者的白桂滋与知识理想主义者伯希和也绝不可相提并论。

需要指出的是，笔者虽然对伯希和的学风持正面评价的态度，但对其偶尔参与殖民活动的行径又抱批评的立场，不仅如此，还在《重释内亚史》的最后一则注释中引用了国内学者批判西方殖民主义余毒的文章。这可视为本人一分为二地看待处理传统西方汉学成果的基本态度。

附：勘误

最后笔者将该书中的若干错误列出，因为个人校对时的疏忽，在此需向该书的所有读者深表歉意。

第 9 页倒数第 2 行的"远迁青海"中的"青海"一词当删去。

第 13 页正文的第 16 行中的《观音：从男神变女神的一例》更正为《观音：从男神变女神一例》。

第 24 页第 1 行"很是严重"应更正为"如此严重"。

第 88 页第 5~6 行 Le Mu "izza" l–Ansāb 应更正为 Le Mu'izz al–Ansāb。

第 177 页注释 2 的 A. pike–Tay 应更正为 A. Pike–Tay，The Somoro Valley Project 应更正 The Samara Valley Project。

第 184 页正文第 8 行的鲍培的生年 1892 更正为 1897。

第 240 页注释 4 的《元朝史》更正为《元代史》。

第 342 页注释 2 的山口瑞凤的日文论文标题更正为「ダルマ王の二子と吐蕃の分裂」。

第 355 页注释 1 的「河曲六胡州の沿革」更正为「河曲六州胡の沿革」。

第 361 页正文第 17 行的"テコルク族"更正为"テュルク族"。

第 364 页正文第 16 行的"樊氏"更正为"其"。

第 381 页补记中第 8 行的英语单词 Anolyses 当更正为 Analyses。

"帝国"概念在西方和中国：
历史渊源和当代争鸣

刘文明[*]

近年来，"帝国"一词在学术界和大众媒体中的使用频率越来越高，相关的学术著作和大众读物不断涌现，内容包括从历史上的帝国到当今全球化时代的"帝国"构想，甚至有关于"蚊子帝国""棉花帝国"等之类的著作，使得"帝国"和帝国史研究呈现出一片"繁荣"景象。就西方学术界的帝国史研究而言，从古代大陆性帝国到近代海外殖民帝国，相关著作多得难以统计。影响较大的著作中，迈克尔·多伊尔（Michael W. Doyle）的《帝国》（1986）是帝国史研究出现复兴的一个重要标志。随后保罗·肯尼迪（Paul Kennedy）的《大国的兴衰》（1988）成为一本重要的历史畅销书。这种帝国史叙事对普通读者的吸引，在尼尔·弗格森（Niall Ferguson）《帝国》（2004）一书出版时达到了一个新高潮。如果说大多数帝国史都是以西欧几大帝国为对象，那么，多米尼克·列文（Dominic Lieven）的《帝国：俄罗斯帝国及其竞争对手》（2001）成为理解俄罗斯帝国的一本重要著作。简·伯班克（Jane Burbank）和弗雷德里克·库珀（Frederick Cooper）的《世界帝国史》（2010）出版后即获得了2011年度美国世界历史学会图书奖。而在政治学方面，麦克尔·哈特（Michael Hardt）和安东尼奥·奈格里（Antonio Negri）《帝国》（2000）一书的出版也是一石激起千层浪，引起了政治学、经济学、社会学、历史学和全球化研究学者的广泛讨论。面对这种"帝国"研究的盛况，克里尚·库马（Krishan Kumar）和罗素·福斯特（Russell David Foster）不约而同地感叹道：

---

* 首都师范大学历史学院，原文刊于《全球史评论》第15辑，2018。

"帝国回来了。"①

然而，什么是"帝国"？这是一个见仁见智的问题，研究"帝国"的每个学者似乎都给出了不同的答案。的确，世界历史上的"帝国"并不存在一种统一的模式，而是各有特点。因此，笔者在此也无意对"帝国"给出一个本质性的定义，而是从学术史的角度，对西方文化中"帝国"概念的历史渊源做一初步考察，并对当前学术界关于"帝国"概念的讨论做一简要评述。由于现代汉语中的"帝国"概念也是借自西方，一些学者也将"帝国"概念运用于中国古代史。因此本文也将从"帝国"概念的历史渊源及其内涵着手，讨论这个概念是否适用于中国古代王朝及其研究。

一　西方文化中"帝国"概念的历史渊源

"帝国"在西方的历史和文化中扮演了重要角色，从古代罗马帝国到中世纪的神圣罗马帝国，再到近现代的葡萄牙、西班牙、荷兰、法国和英国建立的庞大海外殖民帝国，以及奥匈帝国、德意志第二帝国和第三帝国等，都对世界历史进程产生了影响。一些学者曾尝试着对这些帝国进行归纳性研究，试图寻找其中的相似之处或共同的模式和规律。其实，如果将"帝国"当作西方世界中的一个文化因素来考察，其文化渊源无一例外必须追溯到古代罗马。正如西方史学家所称的"伟大归于罗马"，从中世纪到近现代西方的帝国无不以罗马帝国为榜样。安东尼·帕格顿（Anthony Pagden）说道："从近代早期的西班牙到19世纪晚期的英国，罗马一直为所有欧洲帝国提供灵感、形象和词汇。欧洲所有先前帝国的首都——伦敦、维也纳、柏林——都充满了宏伟的建筑，它提醒人们这归功于罗马。"② 因此，理解罗马时代的帝国观念是理解其后西方其他帝国的文化基础。

---

① Krishan Kumar, *Visions of Empire*: *How Five Imperial Regimes Shaped the World*, Princeton University Press, 2017, p. 2; Russell David Foster, "The Concept of Empire," in William Outhwaite and Stephen Turner, eds., *The SAGE Handbook of Political Sociology*, SAGE Publications, 2017, p. 457.

② Anthony Pagden, *Peoples and Empires*: *A Short History of European Migration*, *Exploration*, *and Conquest*, *From Greece to the Present*, Modern Library, 2003, p. 19.

（一）古代罗马的imperium及其对中世纪欧洲的影响

西方文化中的"帝国"（Empire）一词，源于古代罗马拉丁语的 *imperium*。但这个词最初并非指空间（领土）意义上的帝国，而是指一种统治权。古罗马思想家西塞罗（Cicero）著作中经常使用的一个词组是 *imperium populi Romani*，即"罗马人民的统治权"。约翰·理查德森（John Richardson）就明确提出，在西塞罗那里，*imperium* 的意思是罗马人民或执政官的统治权，而不是指罗马帝国的领土。[①] 理查德·柯伯勒（Richard Koebner）也认为："西塞罗对 *imperium populi Romani* 的评论从未偏离'*imperium*'（统治权）的内在含义，他在《法律篇》（*De Legibus*）中强调了 *imperium* 的含义，即执行法律的合法权力。……它没有被理解为'帝国'——由'罗马人民的统治权'管理的'世界'（*orbis*）政治实体。"[②]

不过，*imperium* 的含义虽指统治权，但在具体使用时也存在着细微的差别。例如，西塞罗在使用 *imperium* 这个词时，也经常与 *patrocinium* 一词同时使用。从西塞罗的著作和使用语境来看，*imperium* 意味着"硬权力"（hard power）和罗马作为已知世界的支配性军事力量进行统治的权利（right）。与此同时，*patrocinium* 象征着"软权力"（soft power）和罗马作为自封的世界各民族的保护者进行统治的责任（responsibility）。因此，"对罗马人来说，*imperium* 只是硬币的一面（另一面是 *patrocinium*），并且 *imperium* 本身有两个语意领域（realms）。第一，*imperium* 是一种特定的法律和军事管辖权，但随着罗马世界从一个拉丁古典文明向一个希腊基督教社会转变，这一含义逐渐淡化。第二，*imperium* 是一个通用词，它表示把权力和保护结合起来进行良好统治的权利和责任。正是这一含义在罗马帝国灭亡后依然存在，并影响了后罗马时代欧洲幸存的知识分子对'帝国'的想象"。[③]

因此，这里有两个问题需要解决。一是 *imperium* 一词是怎样由"统治权"演变出"帝国"含义的，二是它所包含的理念如何成为西方"帝国"的文化

[①]　John Richardson, *The Language of Empire：Rome and the Idea of Empire From the Third Century BC to the Second Century AD*, Cambridge University Press, 2008, p. 89.

[②]　Richard Koebner, *Empire*, The Universal Library, 1965, pp. 4 – 5.

[③]　Russell David Foster, "The Concept of Empire," in William Outhwaite and Stephen Turner, eds., *The SAGE Handbook of Political Sociology*, p. 453.

遗产并对其后的帝国产生影响。

首先，关于 *imperium* 一词含义的变化，安东尼·帕格顿认为，公元前 1 世纪的"罗马历史学家萨鲁斯特（Sallust）用 *imperium Romanum* 这一词组来描述罗马人民的权力的地理范围，他似乎是第一个这么做的人"，到公元 1 世纪时 *imperium* 一词便获得了类似于现代意义上"帝国"的含义。① 其具体演变过程，可从罗马帝国的开创者奥古斯都对这个概念的使用反映出来。

一般认为，西塞罗没有使用过 *imperium Romanum* 这个词组，而奥古斯都却时有提及。奥古斯都走上独裁之路，元老院授予他"皇帝"（imperator）的头衔，此时的 *imperium* 虽然仍保留了"统治权"的含义，但开始发生变化，在原有"权力"的基础上增加了一层"权力支配下的事物"的含义。据约翰·理查德森的分析，*imperium* 含义由"权力"演化出"帝国"意思，是借助于 *provinciae*（行省）一词来实现的。奥古斯都之所以能实现独裁，一个重要基础是他拥有大片行省的统治权，即对行省的统治是其权力的基础。奥古斯都作为元首或皇帝，不仅拥有西塞罗所讲的 *imperium*，而且还直接控制着罗马大片领土，由此在他身上实现了权力与领土的合一。这种结合的开端，标志性事件是公元前 23 年，元老院宣布奥古斯都的统治权（*imperium*）是永久的，包括对罗马所有行省的统治。这样，*imperium* 从"罗马人民的统治权"（*imperium populi Romani*）中的"统治权"，演变成了"罗马帝国"（*imperium Romanum*）中的"帝国"。当然，*imperium* 在这一转变过程中，并没有丧失原本的"统治权"之意。奥古斯都所说的 *imperium Romanum*，如果我们把 *imperium* 理解为原意上的"统治权"，那么这种权力包括对 *provinciae* 的统治；如果把 *imperium* 理解为领土意义上的"帝国"，那么这个帝国也是由 *provinciae* 构成的。因此，在奥古斯都看来，他拥有对罗马行省的统治权，也就是对皇帝权力所及的整个地区的统治权，这样，*imperium* 就既指其统治权，也指这种权力之下的领土。理查德森对此说道："罗马帝国作为一个领土实体的想法是奥古斯都时期的产物。……奥古斯都将世界上大部分地区纳入一种可以被统治的形式，*imperium* 作为'帝国'的观念正是从中产生的。单独（有效）地拥有 *imperium* 的人统治着一个几乎包括整个世界的类行省（*quasi-provincia*），这个

---

① Anthony Pagden, *Lords of All the World：Ideologies of Empire in Spain，Britain and France，c. 1500 - c. 1800*，Yale University Press，1998，p. 13.

类行省从此被称为 *imperium Romanum*（罗马帝国）。"①

到奥古斯时代，*imperium* 不仅具有了领土的含义，而且还意味着一片居住着不同民族的辽阔领土。安德鲁·林托特（Andrew Lintott）对此评价说："从最广泛的意义上来看，罗马人民的统治权（*imperium populi Romani*）是罗马人施加于其他民族的权力。……罗马人还把他们的权力视为空间的拓展。奥古斯都的官方自传标题是《神圣的奥古斯都通过其功绩使整个世界屈服于罗马人民的权力》（*Res gestae divi Augusti quibus orbem terrarum imperio populi Romani subiecit*）。因此对奥古斯都来说，罗马帝国不仅是罗马控制的整个世界，它也等于世界本身。"②

因此，从"帝国"概念的起源可以看出，一方面它始终与一种至高无上的统治权紧密联系在一起，另一方面也指这种统治权下一片生活着多个民族的辽阔领土，而且这一含义越来越成为主要用法。

其次，罗马的 *imperium* 作为一种帝国的思想文化遗产对欧洲中世纪及近代的影响，主要体现在它所具有的内涵承载着罗马帝国统治的合法性及其普世理念上。中世纪及其后的欧洲人将罗马帝国视为文明、秩序、和平和繁荣的象征，因此从中世纪开始，欧洲各王国的统治者便争相自诩为罗马帝国的合法继承者，为自己的统治寻求合法性和正统性。与此同时，*imperium* 也意味着有着至上权威的罗马皇帝合法地统治着一个由多个不同民族构成的广大地区，这个地区即罗马人所说的 *orbis terrarum*（世界），其中生活着罗马人、希腊人、高卢人、西班牙人、不列颠人、埃及人、叙利亚人等，罗马皇帝的一项重要使命就是给他们带来文明、秩序与和平，即"罗马治下的和平"（pax Romana）。而这种看法，也恰好与基督教会把基督教世界视为一个整体的"基督教世界"（Christendom）理念相吻合。

西罗马帝国灭亡之后，日耳曼人在其废墟上建立了诸多王国，其中以法兰克王国势力最大，而位于原罗马帝国东部的东罗马帝国（拜占庭帝国）却仍然维持了繁荣的局面。这样，随着东西部政治的分裂和基督教会的分裂，西方的法兰克人和东方的拜占庭人之间为罗马帝国合法继承者的身份展开了争夺。

---

① John Richardson, *The Language of Empire：Rome and the Idea of Empire From the Third Century BC to the Second Century AD*, p. 145.

② Andrew Lintott, "What Was the 'Imperium Romanum'?," *Greece & Rome* 28：1（1981），pp. 53 - 67.

为此，中世纪西欧思想家提出了"统治权转移"（*translatio imperii*）理论，认为合法的统治权可以像火炬一样从一个社会传承到下一个社会，而这种理论的神学基础，就是基督教关于上帝之城和四大帝国的思想。

罗马帝国晚期的奥古斯丁就提出，根据上帝神圣的宇宙计划，在天堂安排了一个"上帝的王国"，它由教会来代表，而相应在地球上安排了一个"人间的王国"，它由罗马政府来代表。而根据圣经中的描述，作为上帝计划的一部分，地球上实行普世统治的权力将从巴比伦、波斯、亚历山大最后传到罗马。因此罗马帝国是四大世界性帝国的最后一站，罗马皇帝所行使的 *imperium* 是来自神意的普世、合法和至高无上的权力。然而，罗马帝国崩溃之后，谁是这种权力的合法继承者？或者说，谁有资格将自己统治的领土称为"帝国"？公元 476 年西罗马最后一位皇帝退位，西罗马领土陷入分裂，君士坦丁堡的东罗马皇帝便成为整个罗马帝国的合法继承者。当然，在西部的教皇和国王看来，这种统治世界的权力和上帝赋予的责任不能由东罗马皇帝来代表。于是，公元 800 年的圣诞节，教皇利奥三世（Leo Ⅲ）为法兰克国王查理曼加冕，授予他"统治罗马帝国的皇帝"（*Imperator gubernans imperium Romanorum*）的称号。这样，拉丁基督教世界中也产生了罗马帝国的合法继承者，查理曼统治的王国也可以名正言顺地称为"帝国"了。查理曼加冕事件可以说是一种对拜占庭帝国的公开宣示，查理曼才是罗马帝国统治世界的普世权力的唯一合法继承者，而且这种权力是由上帝选定和由教皇代表上帝授予的。

公元 843 年，查理曼的三个孙子通过"凡尔登条约"瓜分了查理曼帝国。公元 962 年，德意志国王奥托一世加冕为"罗马帝国皇帝"，这个"罗马帝国"成为欧洲大陆一支主要的政治力量。1155 年，德意志国王腓特烈一世又加冕称"神圣罗马帝国皇帝"，更显示出其作为"罗马帝国皇帝"的神授合法地位。1442 年之后，这个"神圣罗马帝国"名字前又进一步添加了"德意志民族"，成为"德意志民族的神圣罗马帝国"。这个名称包含了三个文化因素：罗马帝国（合法统治权）、基督教（普世帝国）和德意志民族。因此在中世纪，一个国家要成为帝国，首先其统治者要获得一种由教皇授予的罗马帝国合法继承者的身份，有了这种"罗马皇帝"的身份，才拥有权威统治一个居住着众多民族的广阔世界。

至于罗马帝国的普世观念对后来基督教社会的影响，安东尼·帕格顿形象地指出："李维（Livy）曾让西皮奥（Scipio）宣布：'罗马人民的帝国将扩展至大地的尽头。'圣哲罗姆（St. Jerome）在对《诗篇》（18：5）的解释中对这句话做了明确的回应：'他们的声音传遍整个世界，达到大地的尽头。'……因此，基督教皇帝不仅有责任维护和保护基督教世界，由此他们也有义务将帝国扩展到那些非基督徒。"①

西方"帝国"观念中的普世主义，从思想史的角度来看，最早源于亚历山大帝国的希腊化，将希腊文明视为一种普世文明，它遍布于"文明世界"（*oikoumene*）。到罗马时代，罗马人相信"罗马治下的和平"会给各民族带来和平、秩序和正义，其范围包括整个已知的世界（*orbis terrarium*）。中世纪时，神圣罗马帝国的皇帝也都强调"罗马世界"（*orbis romanus*）和"基督教世界"（*orbis christianus*）的统一，认为这种具有双重因素的帝国可以实现基督教的普世文明。到了近代，以法兰西帝国和大英帝国为代表的帝国统治者则以"教化""野蛮民族"为使命，以"文明化使命"（civilizing mission）和"白人的负担"（white man's burden）为殖民扩张和帝国主义行为寻找合法性。同时，大英帝国的统治者也有一种"不列颠治下的和平"（pax Britannica）的理想。克里尚·库马对此指出："帝国通常以一种普世'使命'的形式来力图描绘自己，以证明他们的统治和扩张的正当性，帝国的所有民族都可以参与其中。这种方式通常以伊斯兰教、东正教、天主教的形式出现；有时它是世俗的，就像法国的'文明使命'（mission civilisatrice）一样。随着时间的推移，一般来说，越晚的帝国，其使命越世俗。但我们也应该记住，最初的'文明使命'倡导者正是罗马人。有些使命是永恒的（transhistorical）。"② 因此，正是将"帝国"置于普世主义理念下，我们才能够从文化上理解欧洲帝国从古至今的扩张行为。

因此，"帝国"概念从罗马时代的 *imperium* 延续到中世纪，对中世纪及近代早期帝国的影响主要体现在两个方面：统治者至上统治权（或权威）的合法性、作为帝国意识形态的普世统治观念。

（二）欧洲民族国家兴起与近代殖民帝国

中世纪也正是欧洲民族国家萌芽的时代，这一时代特征表明，源于罗马而

---

① Anthony Pagden, *Lords of All the World: Ideologies of Empire in Spain, Britain and France, c. 1500 – c. 1800*, p. 30.

② Krishan Kumar, *Visions of Empire: How Five Imperial Regimes Shaped the World*, p. 6.

得到教会改造的帝国理念在欧洲遇到了挑战。此时普遍存在的政教之争，就反映了普世主义的基督教帝国观念与地方主义的民族国家观念之间的矛盾。

中世纪拉丁基督教会一直秉持一种"基督教世界"的理念，在现实中，教皇通过控制各地主教授职权和什一税而成为一种庞大的超国家宗教力量，欧洲国家边界在教皇眼里是不存在的。然而，11 世纪之后随着欧洲农业的发展和商业的复兴，王权加强成为一种不可避免的趋势。各国君主与富有的城市结盟，逐渐消除封建诸侯势力，并竭力从教皇手里收回主教授职权。与此同时，英国、法国、西班牙等各国民族语言也逐渐形成。这一过程也就是欧洲民族国家诞生的过程。在这一过程中，教皇力图维持其欧洲最高精神领袖的权威，维持基督教世界的统一，由此出现了长达数个世纪的政教之争，1077 年的"卡诺莎事件"和 1309～1377 年的"阿维尼翁之囚"便是这种斗争的突出表现。16 世纪，一些欧洲君主通过支持宗教改革而实现了教会的民族化和国家化，打破了天主教会的一统天下。到 17 世纪，欧洲出现绝对君权，最具代表性的是法国国王路易十四的统治，他所说的"朕即国家"表明了一切。就在欧洲君主们加强王权和推动民族国家形成过程中，欧洲世俗的思想家们也为此做出了努力，具有代表性的是马基雅维利和让·博丹。马基雅维利的《君主论》（1513）对"国家"做出了定义，而让·博丹的《共和国六书》（1576）则首次提出了国家"主权"概念。大多数学者认为，1648 年的《威斯特伐利亚和约》标志着欧洲民族国家的诞生。不过，德国、奥地利和意大利的情况也表明，帝国观念和普世主义因素在这些地方保留得更多，由此妨碍了其民族国家的形成。

一些学者认为，欧洲民族国家兴起的过程正是帝国观念衰落的过程，因为这是两种完全不同的国家或政体类型。因此，当 1806 年 4 月 6 日拿破仑迫使弗朗茨二世放弃神圣罗马皇帝称号，神圣罗马帝国宣告结束，被认为是具有罗马帝国理念的中世纪帝国在欧洲的终结。然而，笔者认为，神圣罗马帝国虽然灭亡了，但古代罗马帝国遗留下来的"帝国"理念并未在欧洲消失，它与基督教的普世主义相结合，又在欧洲新兴民族国家中找到了新的"宿主"。这样，"帝国"观念在近代欧洲国家扩张过程中又"借尸还魂"了。不过，近代欧洲的殖民帝国是新兴民族国家与传统帝国理念相结合的产物，是以民族国家为核心的复合型帝国，即由宗主国和广大海外殖民地构成，不同于以往欧洲的帝国。这从多米尼克·列文的话中也可以反映出来："按照历史上大多数帝国的标准，很容易把英国和法国的宗主国政体和其海外殖民地区别开来。英国和法国的民族国家不同于其外围帝国，它们对这种外围帝国实行毫不含糊的统治。"①

麦克尔·哈特和安东尼奥·奈格尔指出，民族国家的主权是近现代欧洲列强建立帝国主义的基石，民族国家的现代体系所界定的边界对欧洲殖民主义和经济扩张来说是根本的，国家的领土边界确定了权力的中心，统治从这里施加于外国的领土。"帝国主义是欧洲民族国家的主权超出它们自身疆域的扩张。"② 实际上，欧洲许多近代民族国家的统治者经常强调自己拥有类似于罗马皇帝的权威，罗马遗留下来的帝国理念成为嫁接欧洲民族国家与殖民帝国之间的桥梁。以英国为例，大卫·阿米蒂奇（David Armitage）指出："中世纪晚期至近代早期三个王国（英格兰、苏格兰和爱尔兰）对帝国和殖民地的诉求，表明了大英帝国意识形态的罗马渊源。正是这些新罗马（neo-Roman）渊源产生了一种连续性，把一个统一、有法定边界、独立的国家概念的创造与后来在大西洋世界形成一个跨国的、广泛的帝国的过程连接起来。"③ 因此，罗马帝国遗留下来的遗产，弥合了近代民族国家与帝国之间的界限，使欧洲近代民族国家与帝国具有很大的重叠性。至于罗马帝国的普世理念对欧洲近代民族国家的影响，安东尼·帕格顿说道："欧洲在美洲的帝国是在古代和中世纪普世主义遗产的阴影下建立起来的，这种遗产即假定自己拥有一种统治整个世界的权利。即使是英国人，他们的普通法传统在一定程度上使他们与这一罗马法遗产隔绝开来，也根本无法逃脱为其自身建立一个真正的'不列颠帝国'（Imperium Britannicum）的野心。"④ 正是基督教普世理念的影响，近代早期西班牙帝国的宗教色彩比其他欧洲帝国更为浓厚，传教士在帝国建立过程中扮演了更为积极的角色。法国扩张过程中的普世理念则是宗教与文明使命相结合。例如，1627年法国国王路易十三在加拿大成立第一家贸易公司，声称其目的就是继续他父亲建立的阿卡迪亚（Acadia）殖民地的事业，使法国"在那些被

① Dominic Lieven, *Empire*: *The Russian Empire and Its Rivals*, Yale University Press, 2000, p. 4.

② 麦克尔·哈特、安东尼奥·奈格里：《帝国——全球化的政治秩序》，杨建国、范一亭译，江苏人民出版社，2003，第2页。

③ David Armitage, *The Ideological Origins of the British Empire*, Cambridge University Press, 2004, p. 29.

④ Anthony Pagden, *Lords of All the World*: *Ideologies of Empire in Spain*, *Britain and France*, *c. 1500 – c. 1800*, p. 8.

称为加拿大的‘新法国’的土地上，发现一些能够维持殖民地的居所，目的是在上帝的帮助下，努力让居住在那里的人们认识真正的上帝，教化他们（to civilize them），并教导他们信仰使徒的、天主教的和罗马的宗教"。①

英国殖民大臣约瑟夫·张伯伦（Joseph Chamberlain）的演讲《真正的帝国概念》（1897）也反映了大英帝国的"统治"与"责任"的观念。他把大英帝国分为三个阶段，声称其所生活的第三阶段的帝国才具有真正的帝国概念。他说："这个概念是什么？对于自治殖民地来说，我们不再称它们为附庸。占有感已被亲情所取代。我们认为并说它们是我们的一部分——作为大英帝国的一部分，与我们联合，尽管它们可能分散在世界各地……但大英帝国并不局限于自治殖民地和联合王国。它包括一个更大的区域，在热带气候中有更多的人口，在那里不可能有大量欧洲人的定居点，并且本地人口肯定总是远远超过白人居民。在这些情况下，帝国的理念也同样发生了变化。在这里，占有感也让位于一种不同的情感——责任感。我们现在觉得，如果我们能够表明我们的统治增加了这些人的幸福和繁荣，那么我们对这些领土的统治就是正当合理的。我坚持认为，我们的统治确实带来了安全、和平和相对繁荣，而这些地方以前从来不知道这些福祉。在开展这项文明工作时，我们正在履行我认为的国家使命（national mission），我们正在寻找发挥这些才能和品质（它使我们成为一个伟大的统治种族）的机会……从长远来看，文明事业和人民的繁荣将得到显著进步。但毫无疑问，处于这种状态，我所描述的这种使命涉及重大的责任。在女王的广阔领土上，雅努斯（Janus）神庙的大门永远不会关闭。当我们决定运用帝国的权杖时，我们承担了巨大的任务。任务是伟大的，责任是伟大的，但荣誉也是伟大的。我相信，国家的良知和精神将达到其责任的高度，我们将有力量履行我们的历史和民族特性赋予我们的使命。"② 在此，张伯伦从统治民族与殖民地的关系出发阐述了他所理解的真正的帝国，说明了什么样的帝国统治才是合理的，其中统治者对"责任"和"使命"的履行是其统治合法性的基础。但是，我们从其关于普世"责任"的言辞中，也不难看

---

① Anthony Pagden, *Lords of All the World*: *Ideologies of Empire in Spain*, *Britain and France*, *c. 1500 - c. 1800*, p. 34.

② Joseph Chamberlain, "The True Conception of Empire," http：//www. users. miamioh. edu/ dahlmac/DG /imperial - geopolitics/3 - joseph - chamberlain - 1897 - t. html, 2018 年 9 月 4 日 下载。

到其骨子里流露出来的欧洲中心主义和种族主义观念。

　　从张伯伦的演讲也可以看出，近代欧洲以海外殖民扩张为基础建立起来的帝国，国家的民族主义与帝国的普世主义并不是完全对立的，而是在一定程度上巧妙地融合起来。这就使得由民族国家发展而来的近代欧洲帝国在很大程度上具有民族国家的特征。因此，近代欧洲殖民帝国虽然继承了罗马及中世纪帝国的遗产，但又在很大程度上不同于古代中世纪的帝国。简言之，它们是民族国家时代的帝国。克里尚·库马提出："如果国家可以被看作微小帝国（miniempires），那么帝国可以被看作大的国家吗？帝国主义与民族主义会合流吗？合流的程度和限度有多大？安东尼·史密斯曾在几个地方提出，所有的国家都是由'核心'民族组成的，在核心民族的周围，依附着其他起次要作用的民族。以英国为例，几个世纪以来，挪威人、诺曼人、胡格诺派教徒、苏格兰人、威尔士人、爱尔兰人、犹太人、印度人、非裔加勒比人以及其他一些民族，对我们称之为'英国性'（Englishness）的形成做出了贡献，这是不容忽视的。"① 因此在大英帝国，英国人是核心民族和统治民族，但他们会像张伯伦所说的那样以具有普世面貌的"亲情"、"责任"和"使命"来构建一种帝国认同，使帝国内的其他民族参与进来。克里尚·库马认为可以把这种帝国各民族的认同感称为"帝国民族主义"（imperial nationalism）或"使命民族主义"（missionary nationalism）。"帝国民族主义"在欧洲最突出表现在 1870 年之后到第二次世界大战这一时期，当时欧洲帝国主义和民族主义的合流达到了非常高的程度，以至于世界上大多数民族都被卷入世界大战之中。

　　综上所述，从帝国文化史的视角来看，从罗马帝国到中世纪的神圣罗马帝国，再到以大英帝国为代表的近代殖民帝国，始终贯穿着一种"帝国的理念"，而这种理念就是来自罗马时代 imperium 所蕴含的意义。帝国的几个基本要素——合法的统治权威、由多民族构成的广大领土、以"责任"和"使命"为标榜的普世追求，无不来自罗马帝国。所以史蒂芬·豪（Stephen Howe）指出："罗马人发明了帝国的概念，它至少是一种后来的帝国缔造者可以理解并经常援引的形式。"②

---

①　Krishan Kumar, *Visions of Empire*: *How Five Imperial Regimes Shaped the World*, p. 27.

②　Stephen Howe, *Empire*: *A Very Short Introduction*, Oxford University Press, 2002, p. 41.

二　当代西方学者关于"帝国"的讨论

尽管西方历史上的"帝国"从文化传统来说具有某些共性，但这并不意味着学者就会以此达成共识而得出一个公认的"帝国"定义。相反，对于"帝国"的含义及其适用范围、与民族国家的异同及关系等问题，当代西方学术界中出现了百家争鸣。当然，由"帝国"引申出来的"帝国主义"问题，争论的历史更为悠久也更为复杂。本文的关注点是"帝国"概念，因而在此不讨论有关"帝国主义"的争论。下面以近年来在西方学术界具有一定影响的论著为例，对其有关"帝国"的争论做一简要述评。

什么是"帝国"？什么样的国家才能称得上是"帝国"？这是关于"帝国"概念讨论的基本问题，即关于"帝国"的定义及其适用范围的问题。一般来说，政治学、社会学或历史社会学等学科的学者喜欢对"帝国"概念进行归纳，试图找到一个具有普遍适用性的定义。因此这种定义是对历史上多种多样的帝国共性维度的抽象概括。例如，迈克尔·多伊尔认为，"帝国是两个政治实体的互动体系，其中一个是支配的中心（dominant metropole），它对另一个即从属的边缘（subordinate periphery）的内外政策（即有效的主权）施加政治控制"。① "帝国是一种正式或非正式的关系，在这种关系中，一个国家控制着另一个政治社会的有效政治主权。它可以通过武力，通过政治合作，通过经济、社会或文化的依附性来实现。帝国主义无非是建立或维持一个帝国的过程或政策。"② 正因如此，他这一定义是超越历史语境的一种抽象概括，适用于一切具有这种国际关系行为的国家。同样地，史蒂芬·豪也给"帝国"下了一个概括性定义："帝国是一个庞大的、复合的、多族群或多民族的政治单位，通常通过征服而建立，被划分为统治中心和从属的（有时是遥远的）外围。"③ 由此他评论说："根据定义，帝国必须是庞大的，而且它们必须是复合实体，由以前是独立的单位组成。族群、民族、文化、宗教的多样性是其本质。但在许多观察人士看来，这并不是一种平等的多样性。如果是的话，如果

---

① Michael W. Doyle, *Empires*, Cornell University Press, 1986, p. 12.
② Michael W. Doyle, *Empires*, p. 45.
③ Stephen Howe, *Empire：A Very Short Introduction*, p. 30.

'核心'和'边缘'之间没有支配关系，那么这个体系就不是一个帝国，而应该称之为像'联邦'这样的名称。因此，20世纪的英国政府辩称，他们正在逐步从一个伦敦主导的帝国转变为一个联邦，一种平等的自由联合。"① 因此，他也将这一抽象的"帝国"概念运用于包括中国在内的古代亚洲、非洲和美洲。

　　如果说多伊尔、豪的"帝国"只是对以往各种帝国中共性的抽象概括，那么麦克尔·哈特和安东尼奥·奈格里的"帝国"则是基于现实思考和对未来的展望。他们认为，随着全球化的发展，民族国家的主权走向了衰落，但衰落的不是主权本身，而是承载主权的民族国家。这样，帝国作为一种主权的新形式就应运而生了。他们说道："帝国正在我们的眼前出现。……我们基本的假设是主权已经拥有新的形式，它由一系列国家的和超国家的机体构成，这些机体在统治的单一逻辑下整合。新的全球的主权形式就是我们所称的帝国。"② 为了进一步阐明这一"帝国"的含义，他们还将"帝国"与"帝国主义"进行对比说明，提出"与帝国主义相比，帝国不建立权力的中心，不依赖固定的疆界和界限。它是一个无中心、无疆界的统治机器。在其开放的、扩展的边界当中，这一统治机器不断加强对整个全球领域的整合。帝国通过指挥的调节网络管理着混合的身份、富有弹性的等级制和多元的交流"。③ 因此，帝国概念的基本特征是没有边境，它的规则是没有限定。这表现在四个方面：第一，帝国的概念假定了一个体制，这一体制成功地包括了空间的整一性，或者说真正统治了整个"文明的"世界。第二，帝国的概念表示它自身与其说是一个发源于征服的历史的政权，不如说是一个成功地终止历史并因此永远固定正在存在的事态的秩序。第三，帝国的规则操纵着所有延伸到群体世界每个层面的社会秩序的登记注册。帝国不仅管理着疆域和人口，而且也创造了它安置自身的世界；它不仅统治着人类的相互交往，而且直接寻求统治人性。第四，帝国的概念一直是用于和平的———一种在历史之外的永久而普遍的和平。④

　　麦克尔·哈特和安东尼奥·奈格里的观点引起了很大反响和争议。意大利学者达尼洛·佐罗（Danilo Zolo）就指出，"这在理论和政治方面都是一个微

---

① Stephen Howe, *Empire*: *A Very Short Introduction*, p. 15.
② 麦克尔·哈特、安东尼奥·奈格里：《帝国——全球化的政治秩序》，第1~2页。
③ 麦克尔·哈特、安东尼奥·奈格里：《帝国——全球化的政治秩序》，第2页。
④ 麦克尔·哈特、安东尼奥·奈格里：《帝国——全球化的政治秩序》，第4页。

妙且备受争议的问题。在哈特和奈格里的著作中，帝国似乎变成了一种'精神范畴'：它无处不在只是因为它没有超越新的全球性维度。这种观点一直得到支持，我个人也同意这种看法。然而，也有人反对说，如果一切都是帝国的，那么事实上就什么也不是"。① 他提出，帝国是一种范式，帝国范式的政治结构具有三个形态学的和功能的特征：其一，帝国主权是一种非常强大的、集权的、不断扩大的政治主权范畴；其二，帝国权力机构的集权主义和专制主义伴随着广泛的多元主义，允许不同的群体、社区、文化、习语和宗教信仰共存；其三，帝国的意识形态是和平主义的和普世主义的。这种对帝国特征的概括，与哈特、奈格尔、多伊尔一样，都是脱离了罗马帝国的遗产及其影响来谈"帝国"，因此他们的"帝国"概念基本上都是去历史化的。对于这种缺陷，正如阿根廷学者阿提略·博龙（Atilio A. Boron）指出，第一次世界大战期间的经典作家所说的帝国主义的基本特征，至今并没有改变，全球化的发展也没有削弱帝国主义的世界经济结构，反而强化了帝国主义的控制和边缘国家的依附性。因此帝国主义基本因素和特征的连续性，"在哈特和奈格尔的整个著作中被忽视了，这种否认就是他们所称的'帝国'"。②

另一些学者则基于对世界历史尤其是欧洲历史的演变来考察什么是"帝国"，提出"帝国"是与民族国家相对应的一种国家或政权类型。由于欧洲历史的发展进程明显经历了从中世纪向近代转型过程中民族国家的兴起，而民族国家所具有的特征又明显不同于古代的帝国，因此一些学者把"帝国"界定为不同于民族国家的一种国家或政权类型。例如，简·伯班克和弗雷德里克·库珀提出："诸帝国是庞大的政治单元，是扩张主义的或是曾将权力扩及广大空间的，以及当其兼并新民族时仍维持差异和等级制度的诸政治形态。与之大相径庭的是，民族国家则立基于如下理念之上，即一个单一领土之上的一种单一民族将其自身组成一个独立的政治共同体。民族国家宣称其民众的共性（即使事实更加复杂），而帝国则声言其多元人口的不同性。两种类型的国家都是吸纳性的（它们坚持主张民众被它们的国家机构所统治），但是民族国家倾向于同化那些其境内的民众而排斥那些境外者，而帝国则向外延展并吸纳

① Danilo Zolo, "Contemporary Uses of the Notion of 'Empire'," *The Monist* 90：1（2007），pp. 48 - 64.

② Atilio A. Boron, *Empire and Imperialism：A Critical Reading of Michael Hardt and Antonio Negri*, transl. by Jessica Casiro, Zed Books, 2005, p. 3 - 4.

（通常是强迫式的）在帝国统治下差异被人为地明确化的民族。帝国这一概念假定对于该国体之内的不同民众将会按照不同的方式加以统治。"① 正因为如此界定"帝国"，伯班克和库珀将"帝国"概念运用于包括中国在内的古代大国和近现代欧美列强。

詹姆斯·马尔登（James Muldoon）也把帝国看成与民族国家相对应的国家类型，认为欧洲从中世纪向近代的过渡，在政治思想上是从中世纪的普世帝国观念向民族国家观念的转变，欧洲出现了一系列独立的、世俗的主权国家。但是，随着欧洲国家的海外扩张，"1500 年到 1800 年（或者也许是 1300 年至 1800 年）政治思想和制度的历史可以充分地理解为两种政府形式之间的冲突，一种相对较新，即新兴民族国家，另一种是转型过程中的旧形式，即帝国政府"。② 因此在欧洲民族国家兴起的过程中，海外帝国与其平行发展。"政治思想和实践的历史并不是一场从普世主义到个性、从基督教王国和帝国到国家的线性运动，并认为这一运动的分界线在 15 或 16 世纪的某个时候出现。相反，从中世纪到 18 世纪的政治思想史是关于两种统治形式——国家和帝国——处于紧张状态的故事。"③

阿兰·德·伯努瓦（Alain de Benoist）对"帝国"的界定也以民族国家作为参照范畴，但他把帝国与民族国家两极化。他提出，欧洲人精心设计并发展了国家和帝国这两种政体模式。帝国是一种理念或原则，其疆域是流动和变化的，而国家则与一个具体的疆域联系在一起。国家形成了自己单一的文化，而帝国则拥抱各种文化。国家试图使人民和国家保持一致，帝国却把不同的民族联系在一起，尊重多样性。现代国家被建设为封闭的社会，唯一的官方认同是国家赋予公民的认同。正因为把帝国与民族国家对立起来，伯努瓦评论说："就其诞生和基础而言，国家一直是反帝国的……'帝国'一词只应用于名副其实的历史构建，如罗马帝国、拜占庭帝国、德意志罗马帝国或奥斯曼帝国。拿破仑帝国、希特勒的第三帝国、法国和英国的殖民帝国以及美国和苏联的现代帝国主义，这些当然都不是帝国。这一名称被滥用于仅仅从事扩张其国家领

---

① 简·伯班克、弗雷德里克·库珀：《世界帝国史：权力与差异政治》，柴彬译，商务印书馆，2017，第 11~12 页。
② James Muldoon, *Empire and Order: The Concept of Empire, 800-1800*, Macmillan Press Ltd, 1999, p. 6.
③ James Muldoon, *Empire and Order: The Concept of Empire, 800-1800*, p. 6.

土的企业或大国。这些现代'大国'不是帝国，而只是想要扩张的国家，通过军事、政治、经济或其他征服来超越其现有疆界。"① 因此他只承认"帝国"存在于古代中世纪。

　　一些历史学家则从世界历史上帝国的多样性出发，强调各国的特殊性，认为很难给"帝国"下一个统一的定义，"帝国"既不是一种国家类型，其概念也不能到处通用。例如，约翰·理查德森就认为，"在现实中，帝国在实现和行使政治控制的方式上千差万别。这些变化是一个帝国与另一个帝国的区别，每一个帝国都必须用自身的术语来加以考察，以避免帝国观念不适当地从一个社会转用于另一个社会的危险"。② 罗素·福斯特也持类似的看法，认为从古代罗马帝国到中世纪和近代欧洲的帝国，各帝国各有不同，帝国概念是不断变化和多义的，不能用一个固定的概念来表达。因此他提出，"'帝国'不能固定为一个单一的、静态的定义，因为它是一种话语；它是流动的、动态的、多义的，当它通过时间、空间和文化传播之时，在人与人之间的交流中演变。人们对帝国的想象有很多方面，但并非所有方面都完全令人满意。相反，最好将帝国理解为一种话语——一种哲学、一种态度或一种思维方式，根据这种思维方式，一个政治实体有统治的权利和责任。这种统治（按照帝国）是合法的、普世的、独有的、从历史上继承下来的，并且是基于自由承认的不平等。'帝国'社会确信自己有明显的道德优势，并认为它有义务把它的统治扩大到那些还没有足够幸运享受它的人"。③ 因此在他看来，"帝国"观念虽然变化多义，但可将其归结为西方文化中一种话语和思维方式，而且只存在于西方文化当中。因此他反对把帝国看作是一种国家类型。他批评那些将帝国作为一种国家类型的学者，认为他们是把"帝国"这个概念应用到在时间和空间上都远离欧洲帝国的社会，如把奥斯曼、日本、阿赫门尼德、祖鲁、新亚述、阿什提斯（Ashantis）、印加等都描述和分析为"帝国"。这样，"称它们为'帝国，不仅假定在各民族完全不知道彼此存在的情况下，却恰好创造了完全相同类型的帝国，而且具有讽刺意味的是，把一种特定的西方想象强加于全球史和政治

---

① Alain de Benoist, "The Idea of Empire," *Telos* December 21, 1993, pp. 81 – 98.

② John Richardson, *The Language of Empire: Rome and the Idea of Empire From the Third Century BC to the Second Century AD*, p. 2.

③ Russell David Foster, "The Concept of Empire," in William Outhwaite and Stephen Turner, eds., *The SAGE Handbook of Political Sociology*, p. 457.

社会学，要求非西方世界适应和符合一个假定的西方标准。把帝国当作一种分类学，最危险的结果可能就是假定'帝国'存在于西方政治哲学和西方史学之外"。① 所以他进一步指出，"帝国不是一种普遍的政治现象。这是一种局限于欧洲政治社会学的欧洲想象，试图用它作为理解蒙古人、印加人或科萨人的模板虽是善意的，却被误导了。与其用帝国来描述非欧洲社会，或许是时候开始使用那些社会自己的词汇了，因为这些词汇反映了当学者们将一个西方词汇塞进非西方政治历史时所失去的政治微妙之处。帝国不是中立的，它充满了记忆、认同和情感的政治"。②

的确，面对历史上纷繁复杂的"帝国"，要给"帝国"一个简洁明确的定义是非常困难的。实际上这也是对"帝国"概念及其运用争论不休的原因所在。这就好像"帝国主义"这个概念难以有一个明确的定义一样。约翰·阿特金森·霍布森在其《帝国主义》中指出："在众多含混的政治概念的搅扰下，要想通过定义来明确指称某种'主义'，似乎是不可能的。不仅仅因为是思想的变迁，而且也因为政客们刻意的夸大和曲解，既有的定义内涵会发生迅速而微妙的变化，从而变得愈加暧昧和模糊不清。要求政治概念像严格的科学那样精确，是不切实际的。"③ 因此，他在这本经典著作中并没有给"帝国主义"下一个明确的定义。

总之，在上述西方学者关于"帝国"的讨论中，第一种观点把"帝国"抽象为一种国家或政权形式，并将这一概念应用于世界历史上符合其特征的所有大国。第二种观点将"帝国"看成相对于民族国家的一种国家类型，也将这一概念应用于古代世界具有庞大疆域和人口的大国。第三种观点强调各国社会文化的特殊性，强调"帝国"理念是西方文化特有的，反对将"帝国"概念应用于西方之外的国家。这一类学者的观点，基本上承认西方历史上那些自我认同为"帝国"并继承了罗马帝国理念的国家为"帝国"，认为研究者从客位的视角将"帝国"应用于欧洲之外的国家是不合适的。

---

① Russell David Foster, "The Concept of Empire," in William Outhwaite and Stephen Turner, eds., *The SAGE Handbook of Political Sociology*, p. 455 – 456.

② Russell David Foster, "The Concept of Empire," in William Outhwaite and Stephen Turner, eds., *The SAGE Handbook of Political Sociology*, p. 457.

③ 约翰·阿特金森·霍布森：《帝国主义》，卢刚译，商务印书馆，2017，第 3 页。

三　"帝国"概念是否适用于中国史

中国古代的王朝能否称为"帝国"并用"帝国"范畴加以分析？上述第三种观点对此是断然否认的，认为"帝国"作为一个西方概念，不能用于描述中国历史。但是，第一、二种观点在西方学术界有相当大的市场，许多研究中国古代史尤其是清史的学者，均从这两种视角来理解"帝国"，把"帝国"概念借用到了中国古代史研究当中。就清史研究而言，把清朝称作"帝国"并以"帝国"范畴来分析的著作比比皆是，例如罗友枝的《末朝皇帝：一部清帝国制度的社会史》（1998），菲利浦·弗瑞的《规划承德：清帝国的景观事业》（2000），米华健等人的《新清帝国史：内陆亚洲帝国在承德的形成》（2004），柯娇燕的《孤军：晚清最后三代满洲人与清帝国之灭亡》（1990）、《半透明之镜：清帝国意识形态中的"历史"与"身份"》（1999）、《帝国之于边缘：近代中国文化、族群性与边界》（2006）等。欧立德还专门撰文《传统中国是一个帝国吗？》讨论这一问题。

欧立德在该文中对早期欧洲人称中国为"帝国"和中国人使用"帝国"一词的历史进行了简要考察。不过，他把清朝以前的中国称为"传统中国"，因此他讨论的是清朝之前"帝国"一词是否适用于中国。显然，他提出这一问题，目的在于凸显"清帝国"这一概念的合理性。在他看来，清朝作为"帝国"是毫无疑问的。因此他在论文中突出了两点：一是声称马可·波罗以契丹语 Catai（英文 Cathay）一词指称的帝国，是成吉思汗和忽必烈汗的蒙古大帝国，是中原北部疆土一带，而不是 Seres 指的中原疆土。在马可·波罗的游记中，今天覆盖"中国"一词的地域，在蒙古人的地理概念中，只被称"蛮子"（Mangi），也就是前南宋的疆域。尽管利玛窦以及其他接触中国文明的欧洲人对中国有一定的认识，他们仍然不把"大明"视为帝国。二是他强调"在 1895 年 4 月签订的《马关条约》中、日语两版本中，清政府都清楚列为'大清帝国'——这亦是第一次'帝国'一词在官方文献中指称清朝"。① 这就从反正两个方面突出了清朝是"帝国"。对此，笔者认为，首先，关于马可·波罗把中国描述为"帝国"，我们要考察他对 empire 而不是 Cathay 一词的

---

① 欧立德：《传统中国是一个帝国吗？》，《读书》2014 年第 1 期。

用法，这样才能理解他在游记中所说的"帝国"及其地域范围。马可·波罗在游记中称忽必烈为 Great Kaan（大汗）的同时，也称他为 Emperor（皇帝），还在多处把他统治下的国家称为 Empire（帝国），① 也就是把元世祖统治下的元代疆域称为"帝国"。而且，马可·波罗所游历的许多南方城市（即他所说的"蛮子地域"），都属于元世祖统治下的元朝。因此马可·波罗游记中的"帝国"包括他所说的 Cathay（契丹）和 Mangi（蛮子）地域。因为这两个概念是元代统一之前遗留下来的称呼，反映的是南宋时期中国地域上民族政权分立的情况，虽然马可·波罗沿用了这两个名称，但他所看到和游历的是一个大一统的元朝，即他所说的"帝国"。在此笔者需要说明的是，马可·波罗可能是最早用欧洲的"帝国"概念来描述中国王朝的西方人，但这种概念借用是不恰当的。其次，关于清朝自称"帝国"的问题，要把清政府的马关谈判和签订《马关条约》放在当时整个世界"帝国"话语中来理解。19 世纪末正是一个弱肉强食的帝国主义时代，"帝国"在当时是一个反映国力强大的正面概念，被称为"帝国"者都是国际社会中的强者。正如多米尼克·列文所说："19 世纪末 20 世纪初，对于大多数欧洲人（除了那些自身屈从于帝国的人）来说，帝国是一个正面（positive）概念。在强国和弱国分化日益扩大的时代，当弱者似乎注定要边缘化或灭亡，成为帝国就是要变得强大。"② 因此，在这样一个时代，在清政府也希望挤入世界强国之列的背景下，在日本自称"帝国"并日益强大的参照下，我们不难理解清政府此时表现出来的赶"潮流"言辞，以"帝国"之称来掩盖其甲午战败暴露出来的虚弱。当然，这也不排除当时清政府为了面子上的"平等"，相对于"大日本帝国"而言，觉得用"大清帝国"一词才是得体的。但我们不应忘记，在此特定时间和情境下出现的"大清帝国"是名不副实的，其实是只有"大清"而无"帝国"。恰恰相反，许多学者认为甲午战争之后正是中国的国族主义兴起和向民族国家转型的开始。

---

① 例如，在 1871 年亨利·尤尔上校编的英文版中，马可·波罗描绘忽必烈登基为"他获得了帝国"（第 296 页），把乃颜试图夺位描述为"夺取其帝国"（第 297 页），称忽必烈是"统治帝国的最佳人选"（第 322 页），元政府发行纸币使人们"可以在帝国的任何地方买到他们喜欢的东西"（第 379 页），称忽必烈为"皇帝"，在"整个帝国"赈恤贫民（第 397 页）。参见 Colonel Henry Yule, C. B., eds., *The Book of Ser Marco Polo*, vol. 1, London, 1871.

② Dominic Lieven, *Empire: The Russian Empire and Its Rivals*, p. 4.

　　韩国学者白永瑞不仅把中国古代放进"帝国"的框架，甚至将"帝国"概念应用于中国近现代。他在《中华帝国论在东亚的意义：探索批判性的中国研究》一文中探讨了把中国作为帝国的话语，即朝贡体制论、文明国家论和天下观，并提出"帝国"是说明中国的重要概念，以"帝国"话语来理解中国具有四个优点："虽然帝国这个概念是由西方提出的，但这一概念有助于说明中国史在世界史中的特殊地位，起到强调其独立性的作用。这正是帝国话语的第一个优点。用帝国话语来理解中国时，我们能获得的第二个优点是，我们可以在一定程度上摆脱研究中国史时容易陷入的问题，即传统和近代的二分法（dichotomy），进而注意到传统与近代之间的连续性。第三个优点是，可以确保一种将中国这一帝国与古今中外的诸帝国进行比较、分类的世界史的视角，即便这种比较仅仅是形式上的。最后一个优点是，可以充分显现出中华帝国包容多样性与异质性的原理或运作方式，也就是膨胀与宽容相重叠的帝国的运作方式。"① 不过，这不是一篇严谨的历史学论文，将西方的帝国概念嫁接到中国的朝贡体制，并且在论证中缺乏时间维度和历史感，似乎中国从古至今都没有发生变化，都可以用帝国话语来解释。

　　关于中国史研究中的"帝国"概念，尤其是针对欧立德的看法，国内一些学者展开了讨论。曹新宇、黄兴涛在《欧洲称中国为"帝国"的早期历史考察》中，探讨了欧美中国史研究中的"帝国"困扰及其由来，提出"中华帝国"称谓于16世纪在欧洲确立，17世纪初在欧洲流行，因此"早在清朝入关之前的明朝时期，欧洲将中国称为'中华帝国'的做法已经确立并初步流行开来"。② 陈波在《西方"中华帝国"概念的起源（1516～1688）》一文中也提出了与欧立德不同的看法。他通过对欧洲建构"中华帝国"话语的历史考察，以确凿的史料证明了欧洲人在明代之前称中国为"帝国"的先例，并指出"我们没有发现欧立德所说的欧洲学者在17世纪时以是否统治多民族来认定中华是否为帝国的证据。这不是当时帝国的定义性特征，而是最近的发明"。③ 李扬帆也对"中华帝国"论持批评态度，他在《"中华帝国"的概念

① 白永瑞：《中华帝国论在东亚的意义：探索批判性的中国研究》，《开放时代》2014年第1期。
② 曹新宇、黄兴涛：《欧洲称中国为"帝国"的早期历史考察》，《史学月刊》2015年第5期。
③ 陈波：《西方"中华帝国"概念的起源（1516～1688）》，《四川大学学报》2017年第5期。

及其世界秩序：被误读的天下秩序》一文中指出："称传统中国为'中华帝国'是对中国王朝的误读，无论是英文的'empire'还是古汉语的'帝国'，用来称呼中国王朝都是误称。比如，由于清朝多民族共建的特殊性和庞大的地域特征，新清史学者将清朝与英帝国进行对比研究，把欧洲帝国的历史理论用于解读清朝的性质，认为清朝的帝国构建具有亚洲内陆帝国特色，清帝国和英帝国'各怀有天下情结'，都在各自建立其'主权想象'。或者认为清王朝具有'殖民主义'特征而认为清朝中国是帝国。"① 另外，李爱勇的《新清史与"中华帝国"问题》② 一文对"新清史"做了介绍，并对"清帝国"概念问题也稍有论及。

然而，国内也有学者赞同将中国古代王朝称为"帝国"，例如，葛兆光在《名实之间——有关"汉化"、"殖民"与"帝国"的争论》一文中就认为，关于传统中国是不是一个"帝国"，不必纠缠命名或概念，应当着重观察历史，秦汉以来的各个王朝往往试图超越汉族中国的核心区域，对外开疆拓土，这就符合西方学者所界定的"帝国"的特征。如果从全球史视野，把欧洲、亚洲都放在早期现代世界历史进程中来观看，就不会把清王朝的历史看成是孤立于世界之外的二十四史之后的一个王朝史，也许我们可以看到一个此起彼伏、交错往复的图景，这就是一个庞大的帝国。"在后一个世纪的各个帝国的竞争与冲突中，大清帝国成为失败者，渐渐成为被帝国主义和殖民主义欺负的弱国。但是，这并不意味着过去几千年即秦汉唐宋元明以及衰落之前的大清，不是一个具有'帝国主义倾向'的帝国。"③

笔者认为，关于中国史是否适用于"帝国"概念，首先是一个概念的翻译问题。用一个西方概念来描述中国，首先要把这个概念转化为中文词汇，然后赋予这个中文词汇以西方原有概念的含义，再以它作为一个概念工具来描述中国。这样，一个概念就实现了跨文化的运用。通常，这种概念的跨文化运用存在两种情况：其一，对于经济活动和日常生活领域中的一些概念，即使在不同文化中也具有较大的通约性，因此可以从两种文化中找到含义非常接近的词

---

① 李扬帆：《"中华帝国"的概念及其世界秩序：被误读的天下秩序》，《国际政治研究》2015年第5期。

② 李爱勇：《新清史与"中华帝国"问题》，《史学月刊》2012年第4期。

③ 葛兆光：《名实之间——有关"汉化"、"殖民"与"帝国"的争论》，《复旦学报》2016年第6期。

汇而实现互译，从而达到概念的借用。其二，对于政治制度、社会文化和思想领域中的一些概念，由于文化差异而通约性较小，这样就很难在两个异质文化的社会中找出意思几乎可以互换的词，翻译也就遇到了跨文化的障碍，在这种情况下，要么通过音译以保持原意，要么凑合着找个近义词来翻译，但这种翻译会使原意大打折扣。因为任何一个概念都是从实践中概括出来并以此来指代这种实践，在不同的社会尤其是古代社会中，精神生活的差异要远大于物质生活的差异，因此思想文化领域中概念的翻译要困难得多。笔者认为，"帝国"这一概念就是如此。

如前所述，西方的"帝国"一词源于古代罗马的 imperium，其含义经过中世纪基督教社会的继承发展，一直延续到近现代的西方，作为一种"帝国的理念"贯穿于整个西方文化中。罗马帝国与汉朝的时间大致相近，也都是在一种权威统治下由众多族群生活于其中并拥有庞大的疆域，但在思想文化和政权理念方面却存在较大差异。罗马与汉朝虽有丝绸之路的沟通，但在政治思想方面的交流应该还不存在，各自思考问题的概念工具都是彼此独立的。因此，当西塞罗说 imperium populi Romani 之时，很难从董仲舒的言论中找到类似的想法；当奥古斯都说 imperium Romanum 之时，也很难从汉武帝的思想中找出类似的说法。简言之，imperium 是一个罗马的独特概念，与中国古代任何一个概念都具有很强的不可通约性，由它演变而来的 empire 也同样如此。这就是为何严复最初在翻译 empire 时，将其译为"英拜尔"而不是"帝国"。他在1902 年翻译亚当·斯密的《原富》时讲道"此为欧洲兵制置用额兵之始，亦即为一国并兼数部号英拜尔之始"。他对此加注释说："又，英拜尔近人译帝国，亦译一统，或译天下。亚洲之英拜尔若古印度、波斯，今日本皆是。其欧洲则古希腊、罗马、西班牙、法兰西，今俄、英、德、奥，其王皆称帝者也。"[①] 也许在严复看来，empire 一词只有音译为"英拜尔"最恰当，其他译法不能表达其原意。因此他只在注释中说明有人将其译为"帝国"，但他在正文中并没有采纳。而且，他在举例说明英拜尔有哪些国家时，也没有列举中国的任何一个王朝，由此可见他并不认为这一概念适用于中国。

中文中的"帝国"一词，一般认为较早使用的是隋朝王通的《中说》，其中提到："强国战兵，霸国战智，王国战义，帝国战德，皇国战无为。天子而

---

① 亚当·斯密：《原富》，严复译，商务印书馆，1981，第 567 页。

战兵，则王霸之道不抗矣，又焉取帝名乎？故帝制没而名实散矣。"① 这种用法在一定意义上与 empire 有相近之处。但此后这一词汇在中国古代文人中很少使用，即使偶有提及，也没有沿用这一含义。例如，北宋周邦彦的《看花回》提到"云飞帝国，人在天边心暗折"。② 南宋岳珂的《木兰花慢》中有"如今梦回帝国，尚迟迟，依约带湖光"。③ 这里的"帝国"均应指京都。因此，中国古代原有的"帝国"一词，并不能反映西方文化中由 imperium 一词留下的帝国理念。反过来说，像西方 empire 具有独特文化含义一样，中国的"帝国"也具有其独特性。所以罗素·福斯特明确指出，当中世纪晚期的欧洲人起航寻找一条通往亚洲的新路线时，商人、传教士和外交官遇到了一些完全陌生的社会、政治结构和政治哲学，其结果是，他们运用其欧洲的政治框架来理解非欧洲的政治制度，根据欧洲的概念来描述非欧洲的概念和社会，将它们插入一个只在欧洲才有的体系中，"中华帝国"这一概念就是欧洲人把西方的概念强加到一个完全陌生的政治结构上。"把'empire'（帝国）、'emperor'（皇帝）和'imperialism'（帝国主义）等词用在中国显然是不准确的，这样做不仅荒诞地以欧洲为中心，而且中文概念也与这些西方词汇的含义不相符。"④ 因此他倡导用本土概念来解释本土历史，认为是时候开始使用非西方社会自己的词汇来描述非西方社会了。因为当学者将一个西方词汇用于非西方政治历史时，它不能表达非西方政治历史的微妙之处，而本土词汇却能将这种失去的东西反映出来。

因此，在全球化的背景下，当中国学术日益融入世界学术交流之中，如何用中国本土概念来讲述中国历史故事，形成自己的历史解释话语体系，是一个中国历史学界尤其是中国史研究者值得重视的问题。当然，西方历史及其概念工具作为中国历史研究的参照系，其学术价值是不言而喻的，中国历史的许多问题正是在这种参照下才有可能得到较好的理解和解释。问题是，这种理解和解释不应来自西方，而应来自中国学者基于中国历史的独立思考。

综上所述，西语中的"帝国"概念渊源于古代罗马的 imperium，它的丰

---

① 郑春颖：《中文子中说译注》，黑龙江人民出版社，2003，第 103 页。
② 唐圭璋编《全宋词》（二），中华书局，1965，第 621 页。
③ 唐圭璋编《全宋词》（四），第 2516 页。
④ Russell David Foster, "The Concept of Empire," in William Outhwaite and Stephen Turner, eds., *The SAGE Handbook of Political Sociology*, p. 456.

富内涵作为一种帝国文化遗产在西方世界被传承了下来，因此从罗马帝国到中世纪的神圣罗马帝国，再到以大英帝国为代表的近代殖民帝国，都始终存在一种"帝国的理念"，这种理念包括如下几个基本要素：合法的统治权威，由多民族构成的广大领土，以"责任"和"使命"为标榜的普世追求。然而，一些西方学者无视西方"帝国"概念的历史性及其文化内涵的独特性，只把帝国当作一种国家形态或类型进行抽象归纳，并以此为标准来衡量世界历史上不同地区丰富多样并各具特色的大国，统统冠以"帝国"之名，由此造成了"帝国"概念在当代的滥用。将西方含义的"帝国"概念用于中国史，也可以说是研究者从客位视角给中国古代王朝贴上了一种外来标签。对中国历史的解释，一种以中国学者为主体、以本土概念为基础的话语体系非常重要。

近四十年来美国中国学理论、范式与
方法对国内史学研究的影响

杨 华[*]

第二次世界大战以后，海外汉学研究中心由以法国为主的欧洲转移到美国，美国成为中国学研究的重镇，呈现出与欧洲汉学迥然有别的研究风格，学者的目光由古代中国转向近现代中国，社会学、政治学、经济学、人类学、文化学等学科的理论被用来研究现当代中国，从而形成鲜明的多学科、跨学科和跨文化的"区域研究"特色。

美国中国学研究自二战后兴起之始，就受到社会科学的深刻影响，对很多问题有着明晰的理论框架和解释范式，这是美国中国学的一个比较鲜明的特色，也是其吸引国内学者的魅力所在。美国中国学界自二战后至今，经历了几次重要的研究范式变迁，引起了美国学者之间的论争，也直接引发了国内学者对相关问题的讨论，因此对美国中国学的一些理论、范式和方法进行反思和批判，就成了中国学界对其进行再研究的一个不可或缺的环节。

一 推陈出新：美国中国学研究的
范式变迁及其国内回响

"范式"（Paradigm）一词，最早来源于 1962 年托马斯·库恩（Thomas Kuhn）的《科学革命的结构》一书。关于"范式"的概念，库恩在书中没有

---

* 山东大学儒学高等研究院，原文刊于《史学理论研究》2019 年第 2 期，为山东省社会科学规划项目"理论、范式、方法——近四十年来美国中国学对国内史学实践的影响"（项目编号：19CLSJ10）的阶段性成果。

明确的界定，概念本身的模糊和歧义导致了学者间热烈的争论。库恩原本运用"范式"理论探讨自然科学发展的历史，其影响却远远超出了自然科学的范围，很多社会学科和人文学科的学者都在使用"范式"理论进行学术讨论。史学范式，大概是指某一史学家共同体对于研究对象所涉及的概念、理论、方法达成某种具有典范性的认识，包括提出问题的方式、分析问题的框架及共有的观点等。

美国中国学研究一出场就带有强有力的范式特征，美国中国学界出现的几次大的范式变迁主要包括，从"冲击－回应"到"中国中心观""后现代史学"转向和"全球史"转向等。

（一）从"冲击－回应"到"中国中心观"

若论美国中国学研究的范式变迁，对国内影响最大的无疑是以费正清（John K. Fairbank）为代表的"冲击－回应"模式向柯文（Paul A. Cohen）倡导的"中国中心观"的转变。

20 世纪 50 年代到 60 年代初期，费正清的"冲击－回应"模式一直占据着美国中国学研究的中心。"冲击－回应"模式主要是指，"在过去'不平等条约的世纪里'古老的中国被迫跟当时在世界上占主导地位、并不断扩张的欧美社会进行日益密切的接触。这种由工业革命推动的交往对旧中国造成了灾难性的影响。在社会生活的各个领域，旧秩序要不就受到挑战、攻击和破坏，否则就被一系列的政治、经济、社会、思想和文化方面的发展所压倒。这些发展的动力来自一个外来的、更为强大的社会"。[1] 在此模式的指导下，美国中国学界出现了一批对中国近现代史发展进行论述的著作，主要包括芮玛丽（Mary C. Wright）的《同治中兴：中国保守主义的最后抵抗（1862—1874）》、列文森（Joseph R. Levenson）的《儒教中国及其现代命运》、费维恺（Albert Feuerwerker）的《中国早期工业化：盛宣怀（1844—1916）和官督商办企业》等书。

20 世纪 60 年代末 70 年代初，费正清的"冲击－回应"模式越来越受到美国学界的质疑，一些学者如孔飞力（Philip A. Kuhn）、裴宜理（Elizabeth

---

[1] Ssu-yü Teng, John K. Fairbank, *China's Response to the West, A Documentary Survey, 1839 - 1923*, Cambridge: Harvard University Press, 1954, p. 1.

J. Perry）等，开始将他们的研究对象转到中国基层社会，试图从中国内部，主要是某个区域来对近代中国进行考察。柯文对美国中国学界的这一范式转变进行了总结，于 1984 年出版了《在中国发现历史——中国中心观在美国的兴起》一书，在学界引起巨大反响。柯文认为，五六十年代美国最具影响力的三种模式——"冲击－回应"模式、"传统－近代"模式和"帝国主义"模式都具有很强的"西方中心论"色彩，因此当时美国的中国近代史研究过分地扭曲了中国的历史事实，他希望能超越过去承载着沉重的欧洲中心或西方中心假设的中国研究取向，基于此柯文首倡"中国中心观"。"中国中心取向"的四个特征为："从中国而不是从西方着手来研究中国历史，并尽量采取内部的（中国的）而不是外部的（西方的）准绳来决定中国历史哪些现象具有历史重要性"；"把中国按'横向'分解为区域、省、州、县与城市，以展开区域与地方历史的研究"；"把中国社会再按'纵向'分解为若干不同阶层，推动较下层社会历史（包括民间与非民间历史）的撰写"；"热情欢迎历史学以外诸学科（主要是社会科学，但也不限于此）中已形成的各种理论、方法与技巧，并力求把它们和历史分析结合起来"。[①]

改革开放以后，国内学界逐渐引进美国中国学的研究成果。1985 年，倪世雄、卢义民发表了《柯文著〈探讨中国历史〉》一文，对此书的内容进行简要介绍。1986 年，林同奇发表评论《在中国发现历史》一书的文章。[②] 1989 年，柯文此著经林同奇翻译在大陆出版，拥有着"中国中心观"这一耀眼的主题，很快就在学界引起巨大反响，学界对"冲击－回应"模式和"中国中心观"展开了热烈讨论。

1990 年 8 月，中国社科院近代史研究所举办"近代中国与世界"研讨会，刘大年在会上发表了《中国近代化的道路与世界的关系》一文，文章对"冲击－回应"和"中国中心观"等研究模式做了述评。[③] 1993 年，汪熙发表《研究中国近代史的取向问题——内因、外因或内外因结合》一文，称"冲击－回应"模式和"中国中心观"为"外因论"和"内因论"，并对其进行

---

① 柯文：《在中国发现历史——中国中心观在美国的兴起》，林同奇译，社会科学文献出版社，2017，第 318 页。

② 林同奇：《柯文新著〈在中国发现历史〉评介》，《历史研究》1986 年第 1 期。

③ 刘大年：《中国近代化的道路与世界的关系》，《走向近代世界的中国——中国社会科学院近代史研究所成立 40 周年学术讨论会论文选》，成都出版社，1992，第 1～15 页。

评价，认为研究中国的近代史，外因同内因常常交织在一起，又常常互相影响，很难理出头绪。① 1994 年，张铠发表《从"西方中心论"到"中国中心观"——当代美国中国史研究的发展趋势》一文，对费正清的"冲击－回应"模式、列文森的"传统－近代"模式，美国中国学从"西方中心论"向"中国中心观"跨步的过程及 80 年代以来美国中国史研究的发展趋势进行探讨。②

　　近年来，国内一些学者对"中国中心观"做了进一步反思。有学者认为"冲击－回应"模式和"中国中心观"都有失之偏颇之处，而柯文的"中国中心观"仅仅是一个大体的理论框架，还有待于更系统的理论模式分析，需要在研究实践中不断加以充实，使之发挥其历史观和方法论的作用。③ 对于"中国中心观"的弊端，有学者从学理上进行了评析，如指出"中国中心观"存有内在矛盾，"柯文过分强调内部因素对中国历史发展的重要性，结果导致了'中国中心观'内在理路的紧张，同时忽视了近代中国社会是在'西力'巨大的冲击之下被迫转型的历史事实，并导致对外部势力在中国社会内部结构里面所发生的毒害及其灾难估计不足"。④ 又如，认为柯文的逻辑中隐藏着一种悖论，柯文的理论、方法"是极其纯粹的导引近代化潮流的现代科学分析方法，即从各自孤立的部分而非相互关联的整体出发来考察问题的还原论方法，这实际上是以一种方法论上的现代性来消解现实历史中的现代性"。⑤ 也有学者指出，柯文在阐释"中国中心观"时，为了批驳"冲击－回应"模式，对中国近代史和近代中西方关系做了背离史实的阐释。⑥ 对于"中国中心观"模式可能带来的问题，有学者认为会造成三种缺陷，"即追寻内在连续性的迷途、作

① 汪熙：《研究中国近代史的取向问题——外因、内因或内外因结合》，《历史研究》1993 年第 5 期。
② 张铠：《从"西方中心论"到"中国中心观"——当代美国中国史研究的发展趋势》，《中国史研究动态》1994 年第 11 期。
③ 仇华飞：《从"冲击－回应"到"中国中心观"看美国汉学研究模式的嬗变》，《上海师范大学学报》2000 年第 1 期。
④ 陈君静：《论柯文的"中国中心观"》，《史学月刊》2002 年第 3 期。
⑤ 夏明方：《一部没有"近代"的中国近代史——从"柯文三论"看"中国中心观"的内在逻辑及其困境》，《近代史研究》2007 年第 1 期。
⑥ 李学智：《冲击－回应模式与中国中心观——关于〈在中国发现历史〉的若干问题》，《史学月刊》2010 年第 7 期。

茧自缚的地方史路径和反东方学的东方学措辞";① 有学者认为会出现几种情况，"未能真正摆脱西方中心主义，太过贬低外在因素的推动作用，未足够重视历史的断裂性，有丧失全国性视野的危险，较为忽略历史分析中的思想文化向度"。② 不过，也有学者认为，"中国中心观"在中国的传播过程中，很多学者对柯文的思想进行了解读，如西方中心论、历史相对主义、局外视角、移情等，而实际上，这些解读并不仅属于柯文的"中国中心观"，柯文主要探讨的是"历史学家的角度"。③

（二）"后现代史学"转向

美国中国学在经历从"冲击－回应"到"中国中心观"的内部范式变迁的同时，也不可避免地受到来自整个学界史学理论变迁的冲击，特别受到后现代史学的影响。1973 年，美国学者海登·怀特（Hayden White）出版《元史学：19 世纪欧洲的历史想象》，标志着后现代史学理论的诞生。与后现代史学理论相伴的是一系列历史学研究方法和领域的革新，体现在历史编纂学领域大概有三个方面：一是对西方历史学中"大写历史"的否定，即反对西方中心论；二是注重对原来历史学中的"他者"，诸如下层社会、妇女和少数民族的研究；三是运用后现代主义的文本理论进行写作，企图取消历史与文学、过去与现在以及真实与虚构的界限。④

后现代史学瓦解了宏大叙事，对历史的真实性和客观性产生冲击，从而追寻一种文本化的多层次的历史。美国中国学家也把目光投向多层次的历史、下层的历史，史料的范围也被大大拓宽。柯文的《历史三调：作为事件、经历和神话的义和团》、杜赞奇（Prasenjit Duara）的《从民族国家拯救历史》、史景迁（Jonathan D. Spence）的《王氏之死》《胡若望的疑问》等都是这方面的著作，不过其中最具代表性的是何伟亚（James L. Hevia）的《怀柔远人：马嘎尔尼使华的中英礼仪冲突》。该书获得美国"列文森最佳著作奖"，被称为"后现代主义的批判性产物"，把"后现代式的解释与新的档案材料"结合起

① 朱浒：《"范式危机"凸显的认识误区——对柯文式"中国中心观"的实践性反思》，《社会科学研究》2011 年第 4 期。
② 肖文明：《宏大叙事的探寻与中国中心观的再思考》，《学术研究》2016 年第 5 期。
③ 王瑞：《"中国中心观"与美国的中国学研究》，《史学理论研究》2017 年第 2 期。
④ 王晴佳、古伟瀛：《后现代与历史学：中西比较》，巨流图书公司，2001，第 200 页。

来。张耕华认为，"1997 至 1998 年间，国内外学者关于何伟亚《怀柔远人》一书的争论，标志着后现代主义开始进入大陆史学界"。① 所谓"怀柔远人"论争，是指何伟亚著作获奖不久就引发一场波及美国、中国香港、中国大陆三地的论争。香港中文大学主办的《二十一世纪》是这场争论的主战场，刊发了多篇文章，作者包括周锡瑞（Joseph W. Esherick）、艾尔曼（Benjamin A. Elman）、胡志德（Theodore Huters）、张隆溪、葛剑雄、罗志田、杨念群等知名学者。他们各抒己见，阐发对后现代史学的认识和理解。

大陆的《读书》杂志对"怀柔远人"论争的事前、事中、事后都保持了一定的关注。在周锡瑞 1997 年末挑起论战之前，《读书》于 1997 年第 5 期刊登杨国斌的《"公共领域"的使者求见"怀柔远人"的帝王》，整篇文章虽全无后现代主义的字眼，却承认何伟亚"用的是'文化研究'的讲法，使用了后殖民主义和东方主义的话语"，最后落脚于"公共领域"的马夏尔尼和贯彻了"礼"而能"怀柔远人"的乾隆皇帝的对立上。② 《读书》于 1998 年第 8 期刊登何伟亚的《从朝贡体制到殖民研究》，使人们对何伟亚的文章和理论有了直观的了解。罗志田在《历史研究》1999 年第 1 期上发文，对何伟亚的后现代主义研究方法进行了评介，认为在后现代的影响下，他的著作将"人类个体或群体的言行置于其发生当时的直接语境之中"，现代主义知识造成的隔阂与本身时空上的距离会产生一种疏远，将眺望误解为凝视，要消解这种疏远，需要"心通意会"，怀一种"了解之同情"。③ 《读书》1999 年第 2 期刊登杨念群的《"常识性批判"与中国学术的困境》，对这场学术交锋做了总结，反对对何伟亚著作的所谓"常识性评判"，认为应该"对'后现代'研究方法予以同情性的了解，就是要试图把现代性附加于我们身上的支配痕迹与历史原有的痕迹区分开来"，这样后现代方法才可能有"启示和贡献"。④ 葛兆光认为以上两篇文章的发表，"似乎很有象征意味，象征着西方的后现代历史学已经堂而皇之地进入了中国大陆的学术界"。⑤

---

① 张耕华：《大陆学界"后现代与历史学"研究述评》，《兰州学刊》2008 年第 3 期。
② 杨国斌：《"公共领域"的使者求见"怀柔远人"的帝王》，《读书》1997 年第 5 期。
③ 罗志田：《后现代主义与中国研究：〈怀柔远人〉的史学启示》，《历史研究》1999 年第 1 期。
④ 杨念群：《"常识性批判"与中国学术的困境》，《读书》1999 年第 2 期。
⑤ 葛兆光：《中国思想史·导论》，复旦大学出版社，2001，第 115 页。

（三）"全球史"转向

美国中国学界除了受到后现代史学的影响，还受到全球史的影响。美国历史学家威廉·麦克尼尔（William H. McNeill）的《西方的兴起：人类共同体史》是全球史学术实践意义上的奠基之作。美国历史学家伊曼纽尔·沃勒斯坦（Immanuel Wallerstein）的多卷本《现代世界体系》引起很大反响，他用世界体系代替国别和民族体系的创举引起了学界的讨论。

方兴未艾的"全球史"正呈沛然莫御之势，给历史研究提供了别具一格的研究视角、兼容并包的价值取向和多元化的研究课题。在研究方法上，全球史跨越国家地区、跨越民族文化、跨越学科领域，既注意整体把握、求同存异，又注意局部互动、发现联系。美国中国学研究受到全球史的影响，开始对周边乃至全球和中国的跨文化互动给予关注，反思和试图超越"中国中心观"。例如，美国中国学家孔飞力的《他者中的华人：中国近现代移民史》就是受到全球史影响而进行的一次重要的史学实践。在该书中，孔飞力把中国的移民史放在世界历史的视野中，并把近现代中国和外部世界的关系分为"渐进性阶段"和"革命性阶段"。在这两个阶段中，无论是早期殖民、大移民时代还是后殖民时代，华人移民都深深受到世界局势变化的影响。海外移民史的研究，也给孔飞力提供了新的契机，"使他得以把中国历史与世界历史的考察融为一体，在更开阔的视野下审视中国历史和中国人"。①

孔飞力的学生卜正民（Timothy Brook）主编的六卷本《哈佛中国史》是近年来美国中国学者对中国最新的通史性认识，提出了由经济结构、政治秩序和文化圈组成的东亚世界体系的看法。② 卜正民本身就是全球史的实践者，他的《维梅尔的帽子》《塞尔登的中国地图》都是全球史的杰作。在《哈佛中国史》中，卜正民撰写的"元明卷"不但从环境史的角度，把元明放在全球的小冰河期的背景下进行讨论，而且摆脱了以明朝为中心的一般思路，而是把明朝放在南海世界经济体中进行考察。明朝通过这一具有一定程度自发性的而又内部协调的贸易区域，最终融入全球经济中。

---

① 龚咏梅：《孔飞力中国学研究》，上海辞书出版社，2008，第 258 页。
② 魏孝稷：《汉学主义范式的空间结构——以〈哈佛中国史〉为中心的考察》，刘新成编《全球史评论》第 13 辑，中国社会科学出版社，2017，第 197～198 页。

以彭慕兰和王国斌为代表的美国加州学派的经济史研究带有鲜明的全球史特征。1998 和 2003 年，江苏人民出版社先后出版了王国斌的《转变的中国：历史变迁与欧洲经验的局限》和彭慕兰的《大分流：欧洲、中国及现代世界经济的发展》。这两部著作的翻译、出版，对国内的全球经济史研究产生了重要影响。李伯重是国内全球经济史研究的领军人物。他在 2000 年出版的《江南的早期工业化（1550—1850）》一书，采取全球视野，通过与近代早期英国工业发展的情况进行对比，探讨江南的早期工业化问题。他在 2017 年出版的《火枪与账簿：早期经济全球化时代的中国与东亚世界》一书中，探讨 15 世纪末至 17 世纪早期经济全球化时代的特征，并将其总结为"火枪"和"账簿"，从而进一步展开了对全球军事史和全球物质文化史的研究。樊树志也是国内较早关注早期经济全球化的学者，他于 2003 年出版《晚明史》一书，指出晚明处于地理大发现之后的经济全球化时代，从全球化视野考察晚明时期的中国，给人以更多启发。

二　落地生根：美国中国学研究的理论、范式与国内实践

40 年来，美国中国学的理论方法和研究范式对国内史学研究产生了较大的影响，国内史家受其启发，在一些学术领域借鉴运用，主要体现在以下几个方面。

（一）"公共领域""市民社会"理论与国内的区域社会史研究

20 世纪六七十年代以来，社会史研究在美国中国学界日渐兴起，出现了一些有影响力的研究中国地方社会史的作品。历史学和社会学的跨学科交流使得一批社会学概念进入历史学领域，其中哈贝马斯（Jürgen Habermas）的"公共领域"是在美国中国学界被广泛运用的一个概念。

比较早运用哈贝马斯"公共领域"理论的是玛丽·兰金（Mary Backus Rankin），她在 1971 年发表的关于辛亥革命时期浙江精英的研究著作中使用了这个概念。此后，萧邦奇（R. Keith Schoppa）关于 20 世纪早期浙江精英的研究、玛丽·兰金对 19 世纪末 20 世纪初浙江士大夫的研究、罗威廉对 19 世纪晚期汉口的研究，多是哈贝马斯"公共领域"理论在中国研究中的具体应用。

在原生语境中，"公共领域"这一概念具有复杂的意涵，哈贝马斯本人在使用"公共领域"这一概念时，在特定意义上将该词用作资产者公共领域的简称，历史特定性太强，无法指导对中国的分析；宽泛意义上的"公共领域"又呈现不同的形式并涉及国家与社会之间不同的权力关系，很难真正适合中国。因此罗威廉等人的作品发表以后，在美国中国学界引起了很大的讨论。

1993 年第 2 期的《现代中国》（*Modern China*），发表了一系列论争文章，其中提出批评最厉害的是魏斐德（Frederic Wakeman），他认为使用"公共领域"这个概念来研究中国社会是不恰当的，因为"尽管自 1900 年以来公共空间一直在不断扩大"，但"国家的强制权利也在持续地扩大，而绝大多数中国公民看来主要是按照义务和依附而非权力和责任来理解社会存在的"。① 不过早期使用"公共领域"概念的学者，比如玛丽·兰金和罗威廉，都是针对中国社会本来存在的现象，并不是照搬哈贝马斯的概念。罗威廉指出，晚清帝国存在诸如"制度化了的公共资金，公用事业和公共管理"、"都市化和'公共事务'的集体讨论场所"、汉口的商业行会和慈善组织这样一些"自治组织"等经济特征，他认为"运用那些根据中国经验而产生的具有比较分析意义的范畴并依据这些范畴去衡量西方的经验，从方法论的观点看，这种方法也同样是一种有效的研究方式"。② 玛丽·兰金认为，"清朝时期中国的部分地区就有了地方性公共领域。这些中国的公共领域与现代欧洲早期出现的公共领域的最大区别在于，它们是国家 - 社会关系的产物，而不是经济发展的自然状态"。关于中国是否有过公共领域或市民社会存在着激烈的争论，"这种情况不仅是由于对国家 - 社会关系的不同解释，而且是由于在中国的语境中，用西方的概念进行反思存在的困难"。③

"公共领域""市民社会"理论输入中国以后，国内学界也多有反思与运用。1989 年，王永华发表《一个外国学者眼中的近代汉口城市——〈汉口：一个中国城市的商业和社会（1796—1889）〉评价》一文；1994 年，彭雨新、

① 魏斐德：《市民社会和公共领域问题的论争》，黄宗智编《中国研究的范式问题讨论》，社会科学文献出版社，2003，第 165 页。
② 罗威廉：《晚晴帝国的"市民社会"问题》，黄宗智编《中国研究的范式问题讨论》，第 177～190 页。
③ 玛丽·兰金：《中国公共领域观察》，黄宗智编《中国研究的范式问题讨论》，第 216～218 页。

江溶发表《十九世纪汉口商业行会的发展及其积极意义——〈汉口：一个中国城市的商业和社会（1796—1889）〉简介》一文，这两篇文章对罗威廉的著作进行了详细的介绍。1996 年，朱英发表《关于晚清市民社会研究的思考》一文，认为近代中国的市民社会虽然发挥了一定的制衡国家的积极作用，但由于客观条件的限制和主观努力的不足，作用仍比较有限。① 1998 年，张志东发表《中国学者关于近代中国市民社会问题的研究：现状与思考》一文，总结了罗威廉提出的"公共领域"等概念对中国社会史研究产生的影响。② 张志东将国内的市民社会的研究分为两派，一派为"文化派"和"思辨派"，以萧功秦、杨念群等为代表，他们从中西文化、中西历史比较的角度出发，辨析中西公民社会的差异，概括近代中国公民社会的状况和特点；另一派为"实证派"或"商会派"，以马敏、朱英为代表，他们主要将"市民社会"理论用于商会的研究，借助这一新角度对商会进行新探讨。1993 年，马敏、朱英出版了《传统与近代的二重变奏——晚清苏州商会个案研究》一书，是国内较早运用"市民社会"理论进行商会研究的成果。此外，马敏的《官商之间：社会剧变中的近代绅商》、朱英的《转型时期的社会与国家——以近代中国商会为主体的历史透视》都是运用"市民社会"理论与方法探讨近代中国商会的学术著作。

在探讨国家与社会的关系过程中，士绅阶层的历史作用凸显出来。国内学界一些学者开始把士绅及其绅权放到国家权力与乡土社会之间的联系、官与民之间的沟通中去考察。③ 在社会经济史研究方面，有学者运用"国家－社会"理论框架来突破传统的制度层面的分析。④ 在宗族研究方面，也出现了于国家力量和民间社会力量的交织中探索宗族发展的新趋向。⑤

---

① 朱英：《关于晚清市民社会研究的思考》，《历史研究》1996 年第 4 期。
② 张志东：《中国学者关于近代中国市民社会问题的研究：现状与思考》，《近代史研究》1998 年第 2 期。
③ 如王先明《晚清士绅基层社会地位的历史变动》，《历史研究》1996 年第 1 期；王奇生《民国时期乡村权力结构的演变》，周积明、宋德金编《中国社会史论》下卷，湖北教育出版社，2000。
④ 如刘志伟《在国家与社会之间——明清广东里甲赋役制度研究》，中山大学出版社，1997。
⑤ 如王铭铭《宗族、社会与国家》，张静编《国家与社会》，浙江人民出版社，1998；科大卫、刘志伟《宗族与地方社会的国家认同——明清华南地区宗族发展的意识形态基础》，《历史研究》2000 年第 3 期。

2002 年 8 月，"国家、地方、民众的互动与社会变迁"国际学术研讨会暨第九届中国社会史年会召开，许纪霖提交《近代中国公共领域的原初形态及其演变》一文，随后发表《近代中国的公共领域：形态、功能与自我理解——以上海为例》一文，他从中国政治合法性的历史演变研究入手，以上海为例，分析近代中国公共领域形成的思想本土渊源、历史形态和舆论功能，并通过与哈贝马斯"公共领域"观念的比较，探讨近代中国公共领域的普世性和特殊性。[①] 2005 年，闵杰对十年来的近代中国市民社会研究进行回顾和总结，并提出要把社会阶层、社会团体和社会运动作为一个有机的整体，全面地看问题和动态地考察。[②]

尽管国内学者对于美国中国学界"市民社会"理论的借鉴不统一，但足可以看出其对国内社会史研究所产生的影响。受到"市民社会"理论影响而形成的"国家－社会"分析框架，为中国近代社会史研究开拓了新视野，提供了可资借鉴的研究范式与方法。

（二）"过密化""大分流"理论与国内的经济史研究

改革开放以来，美国中国学家黄宗智的"过密化"理论和彭慕兰（Kenneth Pomeranz）的"大分流"理论，对国内的经济史研究产生了重要的影响。

1986 年，黄宗智的《华北的小农经济与社会变迁》在国内出版，书中描绘了三个世纪以来华北小农经济"内卷而又分化了"的过程，剩余劳动力的存在和劳动生产率的下降使小农家庭陷入内卷化。[③] 1992 年，黄宗智的《长江三角洲小农家庭与乡村发展》在国内发行。在该书中，黄宗智进一步明晰了"过密化"（或"内卷化"）的概念。他以长江地区的农业发展为例，指出中国近代农业的发展存在着"过密化"的特征，人口增长带来的总产出的增加是以单位工作日边际报酬递减为代价的，这种"过密型增长"属于没有发展的增长，不会产生把农村引向资本主义生产方式的结构性变化。[④]

黄宗智的理论一经引进就在国内引起了广泛而热烈的关注，《史学理论研

---

① 许纪霖：《近代中国的公共领域：形态、功能与自我理解——以上海为例》，《史林》2003 年第 2 期。
② 闵杰：《近代中国市民社会研究 10 年回顾》，《史林》2005 年第 1 期。
③ 黄宗智：《华北的小农经济与社会变迁》，中华书局，1986，第 161～162、228 页。
④ 黄宗智：《长江三角洲小农家庭与乡村发展》，中华书局，1992，第 11～12 页。

究》（1993 年第 1 期至 1994 年第 2 期），开辟专栏对黄宗智的研究连续展开讨论。1993 年 6 月，中国经济史学会、《中国经济史研究》编辑部组织"传统农业与小农经济"学术研讨会，"过密化"理论成为会议讨论热点之一。同年 9 月、12 月，《中国经济史研究》、《史学理论研究》和《中国史研究》编辑部又分别组织召开两次专题讨论会，对黄宗智的观点进行深入探讨。对于黄宗智的"过密化"理论，赞成反对之声皆有。前者以吴承明为代表，并将"过密化"推至宏观层面。① 后者则主要从两个方面出发，一是反例，如侯杨方所研究的盛泽②和秦晖研究的关中③均与"过密化"相龃龉；二是对"过密化"理论进行修正，如行龙用"技术农作物""亦农亦商""以副补农"来使农业发展的标准变得多元化。④

2000 年，彭慕兰的《大分流：欧洲、中国及现代世界经济的发展》在美国出版，该书将中国江南地区的经济发展与欧洲的经济发展相对比，指出在 19 世纪以前的两三百年中，中国的经济发展与欧洲差距并不大，只是到了 19 世纪以后，由于殖民地的建立和英国煤矿优越的地理位置这两个偶然因素，中国与西方的发展才逐渐拉开差距，"大分流"才出现。以彭慕兰等人为代表的加州学派所提出的"大分流"理论是对中国传统经济的进一步解释，"大分流"否认黄宗智所说的"过密化"的存在，在美国学界引发了多方争论。⑤

"大分流"理论力图在全球史视野下，摆脱"西欧中心论"，进行比较经济史研究，强调比较和"互反比较"，承认"工业化与前工业化的世界之间有一个极大的断裂"，⑥ 例如彭慕兰的著作将中国的江南地区与英国的发展相比较，这也催生了比较经济史学的进一步发酵。围绕着"大分流"，在广义新经济史学中的现代比较经济史学方法及其早期成果的影响和激励下，许多国内研

---

① 吴承明：《中国近代农业生产力的考察》，《中国经济史研究》1989 年第 2 期。
② 侯杨方：《"过密化"质疑——以盛泽为例的个案实证研究》，《复旦学报》1994 年第 2 期。
③ 秦晖：《"关中模式"的社会历史渊源：清初至民国——关中农村经济与社会史研析之二》，《中国经济史研究》1995 年第 1 期。
④ 行龙：《近代华北农村人口消长及其流动——兼论黄宗智"没有发展的增长"说》，《历史研究》2000 年第 4 期。
⑤ 美国《亚洲研究杂志》2002 年 5 月号上发表多篇评论文章，2002 年 6 月 3 日加州大学洛杉矶分校社会理论与比较史中心组织相关讨论会。
⑥ 李伯重：《"加州学派"学者的新创获——〈大分流之外〉序》，《中华读书报》2018 年 10 月 17 日。

究者纷纷开展了对中外经济史上重大问题的新探索。2012 年 8 月清华大学经济学研究所举办 "中西经济大分流：历史比较分析" 国际学术研讨会，2017年 11 月中国经济史学会、《中国经济史研究》编辑部与中央财经大学经济学院联合举办 "大分流与货币金融制度变迁学术研讨会暨中财大第三次经济史论坛"，这些会议的举办也展示了 "大分流" 理论在国内的不断回响。①

值得一提的是，作为加州学派的一员，国内学者李伯重亦是运用 "大分流" 理论的代表人物。2000 年，李伯重的《江南的早期工业化（1550～1850年）》一书出版，他采用比较经济史方法，把英国模式与江南模式相比较，强调 "如果没有外部因素介入，明清江南工业的发展不会导致近代工业化"，提出 "江南道路" 和 "江南早期工业化" 的概念，明确指出资本主义萌芽不宜用来指导明清江南经济研究。② 李伯重的这些研究对于国内经济史研究来说是一大创获。"斯密型增长" 是 "大分流" 争论中的焦点问题，彭慕兰等学者认为近代早期的中国和欧洲均存在 "斯密型增长"，黄宗智等学者则认为近代早期以来的中国农村只存在 "过密化" 而非发展。关永强认为，蚕丝业和织布业等近代中国乡村工业的发展情况，体现了市场或者 "斯密型动力" 的推动作用。近代中国乡村工业中的 "斯密型增长"，提高了边际收入和人均收入水平，并不存在 "过密化" 状况。③ 彭南生和严鹏则转换视角，从重工业角度来重新审视 "大分流"，认为大分流可以提前至 16 世纪。自 16 世纪起，中国的重工业特别是机床工业技术开始落后于西方，并制约了中国工业革命产生的可能性。④

（三）"施坚雅模式" 与国内的城市史研究

施坚雅（G. William Skinner）是美国著名中国学家，长期致力于亚洲特别

---

① 何国卿、张湖东、张婷婷：《"中西经济大分流：历史比较分析" 国际学术研讨会纪要》，《中国经济史研究》2012 年第 4 期；周莹：《大分流与货币金融制度变迁研究新动态——"大分流与货币金融制度变迁学术研讨会" 综述》，《中国经济史研究》2018 年第 2 期。

② 李伯重：《江南的早期工业化（1550～1850 年）》，社会科学文献出版，2000，第 523、529 页。

③ 关永强：《"斯密型增长"——基于近代中国乡村工业的再评析》，《历史研究》2017 年第 2 期。

④ 彭南生、严鹏：《技术演化与中西 "大分流"——重工业角度的重新审视》，《中国经济史研究》2012 年第 3 期。

是中国的区域与城市研究，他结合人类学、地理学、社会学、经济学、历史学的理论与方法，构建了著名的"施坚雅模式"，在国际学界产生非常重要的影响。

1964～1965年，施坚雅在《亚洲研究杂志》上发表《中国农村的市场和社会结构》一文，提出"中国集市体系"理论，主要用来研究中国农村社会，初步奠定了"施坚雅模式"。1977年，施坚雅主编的《中华帝国晚期的城市》一书出版，他在书中提出了"宏观区域理论"（也被称为"巨区理论"），主要用来研究中国的城市化，从而完善了"施坚雅模式"。施坚雅借鉴德国地理学家克里斯塔勒的"中心地"理论，这一理论将提供商品和各种服务功能的城市或城镇作为"中心地"。施坚雅进一步界定了"中心地"，即认为它是一个履行重要中心职能的（包括经济、政治、文化和社会各个方面的职能）的聚居地，"就中华帝国晚期而言，所有行政城市都是中心地，所有有一个定期市场的市镇也都是"。① 施坚雅将城市"中心地"置于区域研究的背景中，根据河流水系、山形地貌及市场层级将中华帝国晚期划分为"东北、华北、西北、长江上游、长江中游、长江下游、东南沿海、岭南、云贵"九大宏观区域。施坚雅的宏观区域模式，打破了传统的行政区划的做法，为中国城市研究提供了一个全新的模型。施坚雅将城市社会的发展纳入一个总体范畴中进行叙述，一改以往对城市史研究进行政治、经济、文化等分别讨论的做法，为国内的城市史研究打开了新局面。

早在1980年，施坚雅的著作还未被译为中文发行之前，在陈桥驿的推荐下，《杭州大学学报》刊发了诺顿·金斯伯格（Norton Ginsburg）、秋山元秀和陈桥驿关于《中华帝国晚期的城市》的评论文章，这是施坚雅作品在国内学界的首次亮相。1985年，陈桥驿发表《评〈中华帝国晚期的城市〉》一文，对施著进行详细介绍。史明正1990年发文，认为韦伯之后代表西方"中国城市史研究成果的理论支柱是施坚雅的区域学说"，"施坚雅对于中国城市史学的最大贡献在于他首次提出的宏观区域学说"。② 1991年，施坚雅编著的《中国封建社会晚期城市研究：施坚雅模式》在国内出版，引起很大反响，许多学

---

① 施坚雅编《中华帝国晚期的城市》，叶光庭等译，中华书局，2000，第256页。
② 史明正：《美国学者对中国近、现代城市史的研究》，《中国古都研究》第8辑"中国古都学会第八届年会论文集"，中国书店，1990，第384、386页。

者对施坚雅的论著及其模式进行讨论。2004 年，《近代史研究》刊发一组对"施坚雅模式"进行述评的文章。[①]

"施坚雅模式"对国内学界更深层次的影响体现在具体的史学研究实践中，例如王笛的《跨出封闭的世界——长江上游区域社会研究（1644—1911）》就深受施坚雅模式的影响，该著选取施坚雅九大巨区之一的"长江上游区域"作为研究对象，据作者所言，"是受到了施坚雅研究极大的启发"。[②]有学者指出，王著"详尽分析了有清一代长江上游地区的区域贸易、城市系统与市场网络，包括集市的作用与功能、市场密度与农民活动半径、高级市场与城镇发展等一系列问题"，是"迄今为止，大陆学者依循'施坚雅模式'从事市镇研究最为典型的例证"。[③]又如，王卫平在《明清时期江南城市史研究：以苏州为中心》一书中，运用施坚雅模式，以市镇为中心地，将江南区域的市场分为三个层级，即标准市场、中间市场与中心市场，作为各级市场中心地的市镇，也相应地分为标准市镇、中间市镇、中心市镇三个层次，对明清时期江南城市的繁荣与市场体系之间的关系进行了深入的探讨。

三　启示与展望：努力构建本土学术话语体系

在系统梳理和探讨了美国中国学研究的范式变迁及其国内回响，以及近四十年来美国中国学对国内史学实践影响的基础上，我们有必要对美国中国学研究不断出新的深层原因进行探究，有必要对运用美国中国学的理论、范式和方法进行研究的利与弊进行深思，并在探究与深思之后，对构建本土学术话语体系的尝试进行展望。

（一）美国中国学研究为何不断出新

美国中国学研究自二战后至今，在理论、范式和方法上不断推陈出新，富有创见与活力。探究其新潮迭起的深层原因，也许会给国内史学界某种启迪和

---

①　包括王庆成《晚清华北的集市和集市圈》、史建云《对施坚雅市场理论的若干思考》、任放《施坚雅模式与中国近代史研究》，《近代史研究》2004 年第 4 期。

②　王笛：《跨出封闭的世界——长江上游区域社会研究（1644—1911）》，中华书局，2001，再版前言。

③　任放、杜七红：《施坚雅模式与中国传统市镇研究》，《浙江社会科学》2000 年第 5 期。

借鉴。

美国中国学家深受西方史学思潮的影响，对其基本理论的借鉴和运用令中国学研究创见迭出。例如，20世纪60年代末，法国年鉴学派史学进入美国并产生深刻影响，美国中国学研究从第一代向第二代的转换也发生在这个时期，年鉴学派提倡的"总体史观""长时段""跨学科研究""问题史学"等理念对以孔飞力、魏斐德、裴宜理、柯文等为代表的第二代美国中国学家的研究影响深刻，并在他们的著作中得以充分体现。

美国中国学研究从一开始就展现出鲜明的跨学科特征，从不同学科吸收营养，有助于理论和范式的更新。费正清所提倡的"区域研究"本身就是历史学与社会学、经济学、人类学等学科的结合，带有跨学科的特点，而费正清提出的"冲击－回应"模式相较于欧洲汉学研究而言是一次重大的范式转换。柯文明确指出"中国中心观"的特征之一就是"跨学科研究"。孔飞力的《中华帝国晚期的叛乱及其敌人》和裴宜理的《华北的叛乱者与革命者（1845—1945）》是历史学与人类学相结合的经典之作。施坚雅主编的《中华帝国的晚期城市》（三卷本）是历史学、社会学、地理学、政治学、人类学和宗教学等许多学科的学者通力合作的结果，柯文称之为"一种带有划时代意义的创举"。①

美国中国学研究带有很强的现实主义特性，所以能够提出一些切中肯綮的与现实社会息息相关的重要问题。美国中国学一出场就对欧洲汉学的研究路径做了重大的背离与转换，研究由"纸上的中国"转向"现实的中国"，由"过去的中国"转向"现在的中国"。费正清和当时的学者所关心的两个主要论题，一是为什么中国社会在长时期内没有产生像西方那样的革命性的变化，譬如资本主义的兴起；二是中国在近代开始变化以后，为什么是共产主义者在中国取得了政权。前一个问题"与现代化理论有密切的关系"，而后一个问题"则突出了中国研究的现实意义"。②

美国中国学家有很强的反思精神，使得他们不断超越前人的研究，提出新的理论、范式和方法。美国中国学家具有强烈的反思与批判精神，如柯文的

---

① 柯文：《在中国发现历史——中国中心观在美国的兴起》，第316页。
② 王晴佳：《为何美国的中国史研究新潮迭出？——再析中外学术兴趣之异同》，《北京大学学报》2012年第2期。

《在中国发现历史——中国中心观在美国的兴起》一书就极具反思和批判精神，既体现了作者对自我、对自己的老师、对所处学术共同体的反思和批判精神，也体现了对既有学术范式的反思和批判精神，正如朱政惠所指出的，"这是美国中国学发展史上一次重要的学术反思"，而"形形色色的总结和反思是美国中国学发展的重要助推剂，其批判和引领作用显而易见"。①

（二）借鉴美国中国学研究的利与弊

近四十年来，美国中国学研究的理论、范式和方法，对国内的史学认识和史学实践产生了巨大而深远的影响，那么运用美国中国学的理论、范式和方法进行研究的利与弊是什么？

美国中国学研究范式的转换和理论方法的更新给国内的史学研究带来了很多启迪和新的气象，不断拓展史学家历史思维的空间，打开观察历史的视角，提出新的问题，丰富分析历史、解释历史的体系。如从"冲击－回应""传统－现代"到"中国中心观"；从"帝国主义"到"后殖民主义"；从"革命"范式到"现代化"范式再到"后现代主义"；从"西方中心"到"东方主义"再到"全球化"；从经济"过密化"（"内卷化"）到"大分流"；从"公共空间""市民社会"到"权力的文化网络"；从"区域研究"到"时空双向交叉比较研究"；从"汉化论"到"新清史"；等等。

研究范式与理论方法的转换、更新，拓宽史学研究范围，扩大研究主题，开拓新的史料来源。如"后现代主义"瓦解宏大叙事，颠覆对历史的传统认识，"新文化史"视角下移，关注下层民众，因此史家关注的对象不再仅仅是社会精英，普罗大众、民间百态开始进入史家的视野，那些过往被忽视、被湮灭的声音开始被聆听，同乡会、帮会、纱厂女工、黄包车夫、警察、职员、艺人、妓女、乞丐、袍哥、公园、茶馆、街道等成为史家研究的主题，而报纸、杂志、日记、诗词、小说、戏曲、民间故事等文学资料和照片、画报、电影等图像影视资料都成为史家研究的资料。

美国中国学的理论范式、研究方法既有值得借鉴的一面，也存有一些问题。

首先涉及范式与史料之间的关系。史学研究的方法包括归纳方法和演绎方法，其中演绎方法是"由理论到事实，应用到历史研究上，是先建立一种史

---

① 朱政惠：《反思是美国中国学发展的助推剂》，《社会科学报》2011 年 8 月 25 日。

观或假说，由此史观，由此假说，以寻求符合其说的史实"，① 运用理论范式去寻找史料建构史学解释的方法其实就是演绎的方法。在现有预设的框架下去寻找史料，可以指引史家在纷繁复杂的史料中理出线索，然而也容易为了符合预设体系而对史料削足适履。美国中国学家有很强的理论创造力，但由于语言与文化的隔阂，他们对史料的掌握往往有所欠缺，有时他们得出的结论未必符合中国实际。例如，施坚雅就因为在其著作中大量使用二手资料而被人诟病，他所得出的关于区域和市场的具体结论也遭到了一些中国学者的挑战与批评。

其次，涉及美国理论与中国现象之间的关系。黄宗智在《中国研究的规范认识危机——社会经济史中的悖论现象》② 一文中指出，中国明清以来存在诸多悖论现象，如果我们从实际而不是从西方形式主义的理论出发，便会看到中国社会存在许多悖论现象，而由此出发，便会对西方主流理论提出质疑。正是出于对西方"资本主义萌芽论"的质疑，从中国的现象出发，他提出了"经济过密化"理论。

（三）如何应对西方话语体系

如何处理中学与西学、中国文化与西方文化的关系，是困扰、撕扯中国知识分子近两个世纪的难题，"一身处新旧之间，两脚踏东西文化"曾一度是中国近代知识分子的写照。那么处于全球化时代的今天，应该如何面对属于西方话语体系的美国中国学的理论呢？应如何努力构建本土学术话语体系？这是值得深思的问题，也是对国内学界理论创造力的呼唤与期盼。

首先，应该树立文化自觉和文化自信，不要盲目排外，也不要盲目引用，要在自信的基础上理性对待。黄宗智对理论运用的四个陷阱提出告诫，即"不加批判地运用，意识形态的运用，西方中心主义和文化主义（包括中国中心主义）"，③ 这些都值得我们反思。其次，要提出属于我们民族的、时代的重要问题。瞿林东指出，在中外史学交流，或者说在中外史学"对话"中，一个重要的问题就是中国史学工作者"能否提出具有宏大主旨的问题"，我们不

---

① 杜维运：《史学方法论》，北京大学出版社，2006，第46页。

② 黄宗智：《中国研究的规范认识危机——社会经济史中的悖论现象》，见黄宗智《长江三角洲小农家庭与乡村发展》，中华书局，2000，第412~458页。

③ 黄宗智：《学术理论与中国近现代史研究》，黄宗智编《中国研究的范式问题讨论》，第103页。

仅有必要"回应"，也有必要学会倡导；不仅有必要"跟着走"，也有必要争取"领着走"。①再次，要努力构建本土话语体系。王学典指出，"中国有着和西方完全不同的历史、传统、文化、社会生活、语言符号。从根本上讲，中国的确需要另一种话语系统来讲述，来表达。但近百年来，由于受制于我们所移植的人文社会科学整体框架，我们都是竭力在追逐西方，用西方模型、西方话语来表述和表达中国，由此造成了一系列紧张"。"中国学界目前已经到了一个转变的关键时刻、重大时刻，这就是从出材料、出文献、出数据、出案例、出调研报告，向出理论、出思想、出概念、出话语、出方法论的转变，从实证向实证与思想并重转变。"②

① 瞿林东：《关于当代中国史学话语体系建构的几个问题》，《中国社会科学》2011 年第 2 期。
② 王学典：《把中国"中国化"——人文社会科学的转型之路》，《中华读书报》2016 年 9 月21 日。

如何书写全球史学史

董欣洁[*]

全球史学史是一种全球史。如何书写全球史学史，其前提是如何理解全球史学史，进一步推演，则是如何理解史学和历史本身。何兆武先生认为：通常我们所使用的"历史"一词包含有两层意思，一是指过去发生过的事件，一是指我们对过去事件的理解和叙述；前者是史事，后者是历史学，有关前者的理论是历史理论，有关后者的理论是史学理论。[①] 朱本源先生指出：由于"历史"一词具有双重含义，意大利的历史学家克罗齐曾提议用意语 storiografia （即英语 historiography） 指历史学家编写的历史或作为一门学科（知识）的历史，这个词我国已习惯地译为"历史编纂学"，有时也译为"历史学"（简称"史学"）；"历史编纂学"一词在西方各国都被广泛用来指历史学家的工作成果或"修史"的方法和原理等，史学史是历史编纂学的历史。[②]

显然，全球史学史的出现是随着时代形势演化和人们对世界地理认知范围不断扩大而产生的，它是 20 世纪中期以后人类的史学思维方式逐渐全球化的产物。全球史学史 （global history of historiography， global history of history 或者 world history of historiography），是一个具有明确空间界定的术语，它是指全球范围内的史学史演变，但这个术语并没有限定时间与具体主题。

20 世纪中期以来，西方的全球史学史著作和全球史著作一样，努力扩大对以往被忽视地区和国家的史学传统及其与西方史学传统之间关系的认识。自

---

[*] 中国社会科学院中国历史研究院历史理论研究所，原文刊于《世界历史评论》第 10 辑，上海人民出版社，2019。本文较发表时略有修改。

[①] 何兆武：《思想与历史：何兆武自选集》，首都师范大学出版社，2008，第 3 页。

[②] 朱本源：《历史学理论与方法》，人民出版社，2007，第 9、10、19 页。

20 世纪 90 年代末以来，正如丹尼尔·沃尔夫所指出：已经出版的许多著作，挑战了史学史中的"欧洲中心论"及其内在的目的论。①

一　断代史性质的全球史学史

断代史性质的全球史学史，是指其考察的地理范围虽然是全球的，但是其考察的时间范围却是断代的，即截取某一历史时段，对这一时段内的史学发展做出全球梳理。

20 世纪中后期，此类著作中最著名的单卷本著作当属杰弗里·巴勒克拉夫的《当代史学主要趋势》（1978）。巴勒克拉夫明确指出，该书的目的不是全面叙述当前所有国家和所有地区的历史学著作，而是讨论当代历史学研究中具有普遍性意义的趋势，今天历史学著作的本质特征则在于它的全球性。② 该书梳理分析了 1945 年以后到 20 世纪 70 年代末的新型历史学的主要发展趋势，重点在于阐述当代史学研究的新方法和新领域。巴勒克拉夫认为：这些方法主要借鉴了社会学、经济学和人类学，大批涌现的社会科学研究技术（如计量分析）促使历史学计量化，电子计算机技术的突破则保证了计量历史研究方法的可行性。③ 历史学的新领域包括史前史、非洲史、拉丁美洲史学、亚洲史学。这些新方法和新领域中的进展，引导着历史学家从优先考虑民族国家的历史转向对区域的历史、世界的历史和比较史学抱有更大的兴趣，而认识到需要建立超越民族和地区界限理解整个世界的全球历史观，则是当前的主要特征之一。④ 巴勒克拉夫这部著作对当代的全球史学发展趋势做出了基本判断。

埃克哈特·福克斯和本尼迪克特·斯图奇蒂主编的《跨文化边界：全球视野中的史学》（2002），将全球史学史具体化为跨文化史学史。在《地方化欧洲：作为一种跨文化观念的史学》的导言中，埃克哈特·福克斯指出：历史发生在时空之中，任何书写历史的人都必须考虑这两个决定因素，特定空间

---

① Daniel Woolf, "Foreword," in Andrew Feldherr and Grant Hardy, eds., *The Oxford History of Historical Writing*, Volume 1, *Beginnings to AD 600*, Oxford University Press, 2011, p. ix.

② 杰弗里·巴勒克拉夫：《当代史学主要趋势》，杨豫译，北京大学出版社，2006，前言，第Ⅶ页。

③ 杰弗里·巴勒克拉夫：《当代史学主要趋势》，第 55、59 页。

④ 杰弗里·巴勒克拉夫：《当代史学主要趋势》，序言，第Ⅳ页、第 193 页。

和特定时间的选择会使历史学家的视野及其工作成果产生偏见；本书的空间参
照点是欧洲，时间框架则涵盖了从 19 世纪 50 年代以来的时期；写作目的是通
过跨文化比较，为 19 世纪以来的世界史学史提供初步的刺激因素。① 该书的
目标在于：了解有关不同文化国家的历史学科发展的具体信息；研究欧洲与其
他文化之间的跨文化关系和历史知识的传递；处理如何克服"欧洲中心论"
观点的问题，这种观点植根于对欧洲规范和现代化思想的普遍必要性、全球有
效性和优越性的信仰之中。② 尽管全球被用作地理设定，但跨文化这一术语不
仅指广泛的地理方法，而且还指跨文化关系的水平，相应地，跨文化史学史
（transcultural history of historiography）着眼于不同文化中的历史思维和写作的
具体形式以及它们之间的关系。③

　　该书分为三个部分。第一部分关注不同文化背景下的史学和历史思想的民
族类型，面临着如何比较不同文化区域历史思维的共性和差异的问题；并且提
出：如果不参考欧洲的历史学术，就不可能进行跨文化比较，欧洲文化、政治和
经济统治在全球的传播导致了"文化帝国主义"的特定制度的基础，这些制度
影响和塑造了其他文化的历史意识，形成了"世界欧洲化"（Europeanization of
the world）的复杂现象。④ 第二部分探讨跨文化关系及其过程中的具体情况，
思考思想和制度的转移、相互认知和感知，以及欧洲与其他文化中的地方历史
知识之间的制度联系。⑤ 第三部分论述了当前史学中存在的问题，这些问题源于
当今发展过程的全球维度和后殖民维度，认为再也不可能忽视那些质疑"欧洲中心
论"、要求重新诠释历史并且将非欧洲民族考虑在内的非西方声音。⑥ 该书提议把

---

① Eckhardt Fuchs, "Introduction," in Eckhardt Fuchs and Benedikt Stuchtey, eds., *Across Cultural Borders*：*Historiography in Global Perspective*, Rowman & Littlefield Publishers, Inc., 2002, p. 1.

② Eckhardt Fuchs, "Introduction," in Eckhardt Fuchs and Benedikt Stuchtey, eds., *Across Cultural Borders*：*Historiography in Global Perspective*, p. 1.

③ Eckhardt Fuchs, "Introduction," in Eckhardt Fuchs and Benedikt Stuchtey, eds., *Across Cultural Borders*：*Historiography in Global Perspective*, p. 3.

④ Eckhardt Fuchs, "Introduction," in Eckhardt Fuchs and Benedikt Stuchtey, eds., *Across Cultural Borders*：*Historiography in Global Perspective*, pp. 5 - 6, 9.

⑤ Eckhardt Fuchs, "Introduction," in Eckhardt Fuchs and Benedikt Stuchtey, eds., *Across Cultural Borders*：*Historiography in Global Perspective*, p. 9.

⑥ Eckhardt Fuchs, "Introduction," in Eckhardt Fuchs and Benedikt Stuchtey, eds., *Across Cultural Borders*：*Historiography in Global Perspective*, p. 12.

一种"温和的""欧洲中心论"（softer Eurocentrism）作为世界史学史的基础，即一种意识到其意识形态、政治、经济和文化基础的"欧洲中心论"；指出只有对这种历史观和世界观的历史性和认识论限度具有自觉意识，历史学家才能打开非欧洲视角和跨文化视角的大门，从而不再将欧洲视为世界的中心；各种竞争性的历史叙事将导致超越国家界限的史学的新观念，欧洲神话将被批判和修正，这一过程也就是迪佩什·查卡拉巴提所说的欧洲的"地方化"。① 这部著作抓住了全球史学史书写中的核心问题，即如何呈现与分析跨文化的史学互动。

伊格尔斯和王晴佳在《全球史学史——从18世纪至当代》中指出：该书作为一部国际性的跨文化的史学史写作，范围限定在18世纪末以降的时段，重点在于西方和非西方的史学传统在全球背景下的相互影响。② 他们进一步指出，之所以把18世纪末当作这项研究的起点，是因为各种历史思想的传统从那时起开始互相影响，而在那以前，这些历史思想传统的存在如果说不是完全的相互隔绝，至少也是相对的隔绝。③ 该书将所考察的著作放在更为广泛的制度、政治和思想体系中加以观察，分析历史著述与社会其他方面的关系，并与新航路开辟后全球化的三个发展阶段联系起来，梳理历史写作和历史意识的历史。④ 该书认为：西方以外的史学不断地西方化和现代化，但并没有失去与本国旧传统的联系。⑤ 该书的两个核心概念分别是全球化和现代化，全球化为该书提供了时空背景和分期，现代化则被用来分析西方和非西方的史学发展的关系。

从历史时段来看，无论是1945年以后到20世纪70年代末，还是从19世纪50年代以来，或者是18世纪末以来，都是人类社会演变的关键历史时期。断代史性质的全球史学史的书写方法，正是截取人类社会演变的关键历史时期，以伴随着经济全球化进程而日益频繁的跨文化史学互动为主要考察内容，努力将这一历史时期不同地区的史学发展汇总为全球的史学流变，以反映人类思想和史学思维方式在关键历史时期所发生的各种显著变化。

---

① Eckhardt Fuchs, "Introduction," in Eckhardt Fuchs and Benedikt Stuchtey, eds., *Across Cultural Borders: Historiography in Global Perspective*, p. 15.

② 格奥尔格·伊格尔斯、王晴佳：《全球史学史——从18世纪至当代》，苏普里娅·穆赫吉参著，杨豫译，北京大学出版社，2011，导论，第2页。

③ 格奥尔格·伊格尔斯、王晴佳：《全球史学史——从18世纪至当代》，导论，第3页。

④ 格奥尔格·伊格尔斯、王晴佳：《全球史学史——从18世纪至当代》，导论，第5~8页。

⑤ 格奥尔格·伊格尔斯、王晴佳：《全球史学史——从18世纪至当代》，导论，第13页。

二 通史性质的全球史学史

通史性质的全球史学史，是指不仅在地理空间上尽量包含全球，而且在时间上努力纵贯古今的全球史学史著作，在四种类型当中，这是出现得最晚的一种全球史学史的书写类型，可以说是最近十年全球史发展的产物。

《牛津历史写作史》是一部多位作者共同完成的对全球范围内历史写作的历史进行学术考察的五卷本著作，丹尼尔·沃尔夫担任主编。它是关于人类尝试要保存、恢复和叙述自身过去的一部编年史，同时对全球各种不同传统及其与西方史学的比较研究给予了相当的关注；每一卷都涵盖了一个特定的时期，力求避免过分突出西方的分期概念，并且各卷覆盖的时间跨度越来越短，反映出后期几卷的更大地理范围以及自 19 世纪以来世界各地历史活动的急剧增加。《牛津历史写作史》是第一部集体完成的在如此广阔的时间内覆盖全球的历史写作史的学术概述，第一卷是从开端到公元 400 年，第二卷是 400 ~ 1400 年，第三卷是 1400 ~ 1800 年，第四卷是 1800 ~ 1945 年，第五卷是 1945 年以来的历史写作。[1] 五卷本之间的划分是按年代顺序而非区域，地理范围包括欧洲、美洲、非洲以及亚洲，以便在广泛的时段内促进地区之间的比较和对比，每一卷也可以作为对历史写作史上某一特定时期的研究而独立存在。[2] 这套五卷本允许时间顺序上的部分重叠，但要避免不必要的主题重复。[3] 五卷本是 150 多位现代学者的作品汇编，每一位都对历史写作的某些方面提供了独特的见解，但都设置在一个清晰的年代和地理框架之内。[4] 无论是卷册数量还是撰写人数，这套五卷本的通史性著作在规模上是相当可观的。

丹尼尔·沃尔夫不仅是五卷本《牛津历史写作史》的主编，他自己也独立撰有一部《全球史学史》。《观念史新词典》的主编玛丽安娜·克莱恩·霍

---

[1] Andrew Feldherr and Grant Hardy, eds., *The Oxford History of Historical Writing*, Volume 1, *Beginnings to AD 600*.

[2] Daniel Woolf, "Foreword," in Andrew Feldherr and Grant Hardy, eds., *The Oxford History of Historical Writing*, Volume 1, *Beginnings to AD 600*, pp. ix – x.

[3] Daniel Woolf, "Foreword," in Andrew Feldherr and Grant Hardy, eds., *The Oxford History of Historical Writing*, Volume 1, *Beginnings to AD 600*, p. xi.

[4] Andrew Feldherr and Grant Hardy, "Editors' Introduction," in Andrew Feldherr and Grant Hardy, eds., *The Oxford History of Historical Writing*, Volume 1, *Beginnings to AD 600*, p. 1.

洛维茨曾于 2002 年邀请沃尔夫为该词典撰写一篇关于史学的论文，后来沃尔夫在该文的基础上，扩展完成他的《全球史学史》一书。① 该书将全球史学史定义为从古至今历史学科的写作、思想和学科发展的全球史，汇集了不同的历史传统及其社会、经济、政治和文化背景，旨在提供对超过三千年的不同历史文化之间相互联系的独特见解，并将史学的兴起（the rise of history）与世界历史中的关键主题联系起来，西方历史意识形态的现代主导地位与欧洲帝国对世界其他地区的影响之间的联系受到特别关注。在"序言与规约"中，沃尔夫指出该书的编撰具有四个特征。第一是设置一系列的"主题框"（subject boxes），提供了有关史学史上特定事件或重要节点的更多细节，有时还提供个别历史学家、方法或学派的细节；第二是除了在正文中出现的引文之外，还有平行的一系列分支"摘录"（offset extracts），以提供说明性实例，主要是一些鲜为人知的历史或历史学家，并且通常是非欧洲历史著作；第三是设置在书末的每章注释的"延伸阅读"（further reading）部分（而不是单一的合并书目）；第四是包含许多图片，旨在帮助说明某种特点，或者更清晰地向读者呈现被提及对象的实际外观。② 这部个人撰写的通史性质的全球史学史著作，成为 21 世纪以来一部重要的全球史作品。

当全球史学史考察的历史纵深扩展到自远古以来，单纯展示地理空间上的学术多样性是远远不够的，必须同时考虑时间纵向上的历史联系。实际上，中断和连续，都构成某种历史联系，说明某种历史状况。从时空角度而言，"时间实际上是人的积极存在，它不仅是人的生命的尺度，而且是人的发展的空间"。③ 也就是说，对人类各个时代的史学发展和史学互动提供适当的历史定位，是通史性质的全球史学史著作面临的内在要求，否则历史事实本身就呈现为片段的和静态的状态，无法说明学术生活的内在联系，及其与更广泛社会生活的相互关系。《牛津历史写作史》和《全球史学史》两部著作，在这方面还存在一些值得商榷和注意的问题。其中一个明显的问题就是如何认识明清之际耶稣会会士来华这一跨文化史学互动现象。

何兆武先生在《明清之际中西文化交流史论》中指出：中国正式接触所

---

① Daniel Woolf, *A Global History of History*, Cambridge University Press, 2011, Acknowledgments, pp. xxv – xxvi.

② Daniel Woolf, *A Global History of History*, Preface and Conventions, pp. xx – xxi.

③ 《马克思恩格斯全集》第 47 卷，人民出版社，1979，第 532 页。

谓"西学"，应以明末因基督教传入而夹带的学术为其端倪，这次基督教的传入，从 16 世纪末开始直到 18 世纪末为止告一段落，前后约延续两个世纪，当时来华传教的活动，几乎完全由耶稣会会士所包办，其中有著作可考的约七十余人，包括利玛窦、艾儒略、汤若望、南怀仁、蒋友仁等人，都是耶稣会会士；新航路开辟后，欧洲传统的封建教会势力发动了一场宗教"反改革运动"，或称天主教的反动或反弹，天主教反动的中心组织就是 1540 年正式成立的耶稣会，他们海外的足迹遍及远东（中国、印度、日本）、非洲与南美洲（对巴拉圭土著居民的压榨是早期殖民主义的一个典型例子）；耶稣会教士们不但在国际活动中成为殖民帝国的先遣队和代理人，而且是中世纪神权与教权最后的支柱，在全世界范围内为封建教会执行其"精神宪兵"的任务，这就规定了耶稣会会士传入中国的不可能是先进的科学，也就规定了耶稣会的世界观与思想方法对中国的科学与思想不可能起到积极的推动作用。[1]

在《牛津历史写作史》第三卷（1400～1800）中，耶稣会会士（Jesuit）作为一个术语出现达上百次之多，从地域上看，分布在涉及中国、印度、西非、中欧、德国、意大利、法国、西班牙、英国、印加、巴西、西属美洲等各章之中，出现较为频繁的则是在第 26 章"欧洲关于东方的史学"。从内容而言，在涉及欧洲部分的章节中，侧重于详细分析教派势力的消长、耶稣会会士的社会关系及其相应的学术发展。例如，在第 15 章"奥地利，哈布斯堡王朝和中欧的历史写作"中，该书指出：本笃会和耶稣会会士之间形成的紧张局势表明了更广泛的变化，改变了天主教中欧的知识世界，新教改革的历史挑战最初促使该地区的天主教学者做出了更为统一的回应，随着耶稣会会士的主导，他们创造了一个强大的学术团体，证明了天主教教会从基督教的古代、中世纪到他们所处时代的教义一致性。[2] 在涉及亚非拉美等地区时，则侧重于罗列与耶稣会会士有关的作品名称和作者人名，实际上对各种跨文化交流的社会关系挖掘甚少。例如，该书提出：耶稣会会士渴望垄断史学的生产，17 世纪初，耶稣会会士发起了一系列以他们在中国的传教活动为主要对象的史学项目；[3] 一

---

① 何兆武：《思想与历史：何兆武自选集》，第 291～293 页。

② Jose'Rabasa, Masayuki Sato, Edoardo Tortarolo, and Daniel Woolf, eds., *The Oxford History of Historical Writing*, Volume 3, *1400 – 1800*, Oxford University Press, 2012, p. 317.

③ Jose'Rabasa, Masayuki Sato, Edoardo Tortarolo, and Daniel Woolf, eds., *The Oxford History of Historical Writing*, Volume 3, *1400 – 1800*, p. 544.

代又一代的耶稣会会士扮演着核心角色，他们几乎垄断了史学生产领域，主要是在中国和日本等地区研究方面。直到 18 世纪末，这些业余历史学家才让位给欧洲新一代的完全致力于研究当地社会的专业东方学者，① 但也基本上止步于此，对明清时期中西之间史学交流的具体内容和历史意义并没有更多深入研究。

耶稣会会士在《全球史学史》中出现了 20 余次。丹尼尔·沃尔夫提出：由于耶稣会会士的作品，欧洲的历史意识扩展至中国，在 18 世纪的大部分时间里，甚至在像英国这样的新教国家，耶稣会会士的作品也得到普遍的重视，中国历史和文化的各个方面都受到欢迎，包括儒学研究。到 18 世纪中期，文化之间的比较尤其流行，这就有可能去概括欧洲史学和其他史学的区别；② 耶稣会会士是从西方到东方和从东方到西方的一条信息渠道。③ 这些观点只是学界的一些基本常识。另需指出的是，前述的伊格尔斯《全球史学史——从 18 世纪至当代》提到：耶稣会会士也把欧洲人在数学和天文学上取得的成就介绍给了亚洲人，例如，有人推测，耶稣会传教士带来的科学知识可能曾推动中国人从事严谨的学术研究，尤其是表现在"考证学"上。④ 这些措辞中的错漏之处自然无须赘言。

何兆武先生为如何定位明清之际耶稣会会士来华的历史现象提供了清晰的思路：历史学的研究必须为自己设定一个价值坐标或评价标准，一切历史现象都在这个坐标上给自己定位；全部人类的文明史大抵无非是两大阶段，即传统社会与近代社会，其间最关键的契机便是：人类历史是怎样由传统社会步入近代社会，近代化是唯一的历史道路，民族特色当然是会有的，但那只是近代化过程中的不同形式或风格，在这一历史时期，中国历史的根本课题就是要完成近代化。西方在 15 世纪末、16 世纪初已大踏步走上了近代化的征程，当时这批西方文化的媒介者、旧教的传教士们，却是对中国起了一种封锁近代科学和近代思想的恶劣作用。假如当时传入中国的，不是中世纪神学的世界构图而是近代牛顿的古典体系，不是中世纪经院哲学的思维方式而是培根、笛卡尔的近代思维方式，则中国的思想史将会是另一番面貌。⑤ 旨在探讨不同历史文化之

① Jose'Rabasa, Masayuki Sato, Edoardo Tortarolo, and Daniel Woolf, eds., *The Oxford History of Historical Writing*, Volume 3, *1400 – 1800*, p. 537.

② Daniel Woolf, *A Global History of History*, pp. 313 – 314.

③ Daniel Woolf, *A Global History of History*, p. 318.

④ 格奥尔格·伊格尔斯、王晴佳：《全球史学史——从 18 世纪至当代》，第 141 页。

⑤ 何兆武：《思想与历史：何兆武自选集》，第 285 ~ 287 页。

间相互联系的全球史学史著作出现前述种种问题，不能不让人感到遗憾，尤其是在并不缺乏相应可以参照的研究成果的情况下，这种现象背后的原因也当引起学界的深思。

三 百科全书性质的全球史学史

百科全书性质的全球史学史，是指以百科全书为表现形式的全球史学史著作。这种类型的萌芽出现得较早，在 20 世纪中期就已经出现，但真正发展是在 20 世纪末期。

约翰·鲍尔主编的《简明世界历史百科全书》是一部 23 位撰稿人共同完成的世界通史性质的著作，随着联合国及其机构的存在，随着核电的出现和太空旅行的门槛被跨越，人们需要对世界历史进行全面修订和全新概述，这正是该书的目标，以展示与地理和现代世界有关的全球文明兴起的生动画面。[1] 在第八章"拜占庭、罗斯和俄国"中，全书唯一一次出现了"史学"（historiography），在描述拜占庭历史的最后阶段中的文化发展时，该书指出：由于三位主要历史学家，史学的伟大传统在 15 世纪达到了高峰，传奇文学和编年史都有新发展。[2] 该书虽然在第一章中提出：当人类的大脑不足以记录和储存大量的社会数据时，人类被迫发明了书写，[3] 并在后续章节中屡有提及书写的进展，但还没有将历史书写作为世界史演进的内在线索之一。

戴维·L. 西尔斯主编的 19 卷《社会科学国际百科全书》包含历史学部分，其本身也是一项社会科学发展史的全球概论。这项事业的主要启动者阿尔文·约翰逊，曾与 E. R. A. 塞利格曼主编了 15 卷的《社会科学百科全书》，这部书是在 1927～1933 年筹备的，并于 1930～1935 年由麦克米兰公司出版，出版 20 年后，约翰逊试图推动这部百科全书的修订，过程可谓是困难重重，最终成果就是旨在补充而非取代它的《社会科学国际百科全书》。[4] 约翰逊在前言中指出，第一次世界大战结束时，美国各地的许多学者都觉得需要一部社会

---

① John Bowle, ed. , *The Concise Encyclopedia of World History*, Hawthorn Books, Inc. , 1958.

② John Bowle, ed. , *The Concise Encyclopedia of World History*, p. 185.

③ John Bowle, ed. , *The Concise Encyclopedia of World History*, p. 23.

④ W. Allen Wallis, "Preface," in David L. Sills, ed. , *International Encyclopedia of the Social Sciences*, Volume 1, Crowell Collier and Macmillan, Inc. , 1968, p. xvi.

科学百科全书：大多数教师认为一部百科全书对于社会科学的研究生来说是必不可少的，正如普通实验室是为物理科学的学生而准备的一样。当时经济学家和社会心理学家也开始涉足公司职位或公职，这些非学术性的学者很难使用大学图书馆，社会科学百科全书对他们的重要性不言而喻。学界的学者们也都需要一种涵盖所有社会科学的参考性著作来日常查询；还有人认为，社会科学专业以外的学者也需要这样的百科全书，非学术的学者对社会科学的贡献是显著的。但是一战后的世界并没有安定下来，所有的社会科学都处于变革的过程中，并且出现了各种学术派系。阿尔文·约翰逊认为，一部百科全书尤其是社会科学百科全书，应当保存它所处时代的历史文献，每一代人都应该有一部全新的百科全书；而这部《社会科学国际百科全书》正是一部全新的、完全表达其时代的百科全书。[①]

《社会科学国际百科全书》的主要目的是反映和鼓励全世界社会科学的快速发展，认为百科全书应该有助于术语和研究程序的标准化；其范围包括人类学、经济学、地理学、历史学（历史的传统学科领域和史学的范围与方法）、法学、政治学、精神病学、心理学、社会学、统计学共十个领域。[②] 其撰稿人来自 30 多个国家，尽可能地体现地域代表性。其内容包括专题文章、传记文章和参考书目三大类：专题文章按字母顺序来排序，文章之间的交叉引用也可供读者检索，附有详尽索引；传记文章平均篇幅每篇约为 1500 个单词，其中 100 篇超过了 2500 个单词，收录了大约六百人的传记，传记可以在资料上补充专题文章，两者之间实行双向交叉引用以便读者查阅。[③] 历史学部分收录在第六卷。"史学"标题下的文章涉及历史写作的问题和传统，包括历史修辞学、非洲史学、中国史学、伊斯兰史学、日本史学、南亚及东南亚史学六部分；"历史"标题下的文章涉及的是历史性质及其主题的不同概念，包括历史哲学、历史与社会科学、民族史、文化史、社会史、思想史、经济史、商业史八部分。[④] 值得注意的是，"世界史"一词在第六卷的传记、专题文章和参考

---

① Alvin Johnson, "Foreword," in David L. Sills, ed., *International Encyclopedia of the Social Sciences*, Volume 1, pp. xi – xiii.

② David L. Sills, "Introduction," in David L. Sills, ed., *International Encyclopedia of the Social Sciences*, Volume 1, pp. xix, xx, xxii.

③ David L. Sills, "Introduction," in David L. Sills, ed., *International Encyclopedia of the Social Sciences*, Volume 1, pp. xxiii – xxviii.

④ David L. Sills, ed., *International Encyclopedia of the Social Sciences*, Volume 6, pp. 368 – 480.

书目中出现了七次，但没有独立词条。"全球史"的术语在第六卷中还没有出现。

丹尼尔·沃尔夫主编了两卷本的《历史写作全球百科全书》。在"导论与编辑体例"中，沃尔夫认为："史学"（historiography）有三种不同的意义，一是描述关于过去的写作；二是描述关于过去某一特定时期、人物或主题的写作的当前和最近状态；三是作为关于历史方法或历史探究逻辑的课程简写，这部百科全书旨在为读者提供所有这三种意义上的史学的出发点，既包括欧洲和北美历史写作中的知名学者，也包括以前被忽视的各种历史学家如来自非西方文化的妇女和作家，既呈现了旧的写作形式如长篇故事和编年史，也包括现代的学派，涵盖从心理史学到文化史，从计量史学到妇女史和后现代主义的最新发展。① 该书的文章分为三大类：（1）单独历史学家的简要传记条目，以及没有特定作者或多作者的个人作品和史学流派的条目；（2）对国家或地区史学的较长调查，有时包含在一个以上的条目中（例如中国、英国和日本），但更典型的是在单个条目中；（3）关于史学的某些概念、方法或主题的专题文章，例如历史哲学、工业革命、阶级、马克思主义等。② 由于这是一部历史书写的百科全书，而非历史学家的传记词典，因此在选择原则上，尽量包含各种语言中公认的伟大历史学家如希罗多德、塔西陀、司马迁、兰克等人；还有一批对其领域具有不可否认的重要性，但是知名度却较小的历史学家，旨在纠正大多数历史书写的教材和词典中的西方偏见；一些早期的女性历史学家，虽然其出版的学术作品数量相对较少，但也收录在内，并且往往优先于当代那些更著名的男性历史学家。③

《历史写作全球百科全书》没有"全球史"的独立词条。"全球史"在该书第一卷中只出现了一次，是在"环境史－美国"的条目中出现的，此处提出了"不断发展的全球史领域"（growing field of global history）。④ 而在著名全球史学家杰里·本特利撰写的"世界史"的条目中，世界史被界定为从全球

---

① "Introduction and Editorial Conventions," in D. R. Woolf, ed., *A Global Encyclopedia of Historical Writing*, Volume 1, Garland Publishing, Inc., 1998, p. xiii.

② "Introduction and Editorial Conventions," in D. R. Woolf, ed., *A Global Encyclopedia of Historical Writing*, Volume 1, p. xiv.

③ "Introduction and Editorial Conventions," in D. R. Woolf, ed., *A Global Encyclopedia of Historical Writing*, Volume 1, pp. xiv – xv.

④ D. R. Woolf, ed., *A Global Encyclopedia of Historical Writing*, Volume 1, p. 288.

的角度分析过去。①

凯利·博伊德主编的两卷本《历史学家与历史写作百科全书》，旨在提供自历史书写起始以来对有影响力的历史学家和历史讨论的独特学科指南，因为它超越了西方的历史规范，也包括其他文化和传统中的作家。② 凯利·博伊德在第一卷的"编者按"中指出：这部百科全书包含三种类型的论文。首先是关于单独历史学家的论文，评估他们的学术成就，并将他们的著作置于史学发展和争论的语境之中；每篇文章都有一个简短的传记、一份主要著作的列表以及关于历史学家作品的进一步阅读的建议，入选的史学家通常不迟于1945 年出生，对历史写作产生很大影响的一些非历史学家也包含在内，例如人类学家克利福德·格尔茨和哲学家尤尔根·哈贝马斯。第二类论文侧重于国家或地理区域，提供了对国家历史中各种史学问题的讨论综述，英国、法国、德国、俄国和美国享有多个条目以反映其扩展的历史传统；世界其他区域有时被视为地区（东南亚、拉丁美洲、中欧、太平洋/海洋、印度洋），有时也被视为独特的国家（巴西、古巴、澳大利亚、日本）。关于中国的文章则分为三种类型，一类是对自古以来中国历史写作丰富传统的考察，另一类是考察史学家对中国历史展开的争论。还有关于欧洲中世纪、文艺复兴与启蒙运动时期历史思维发展的文章。最后一类包括专题论文，这些论文又采取三种形式。第一种是侧重于各种历史分支学科，如社会史或农业史，并追溯其出现和独有的特征；第二种研究塑造了历史写作的方法，例如人学（prosopography）或者计算机的应用；第三种向读者介绍了一些研究最多的历史争论，例如工业革命或奴隶制。条目均按字母顺序排列，如果有几个条目共享相同的总标题（例如"中国"），亚目则按时间顺序排列。在两卷的开头都有一个主题列表，用于识别不同的类别，例如：法国的历史学家；还有一个历史学家的年代表，来帮助说明其不同世代。另设有标题索引和阅读索引以便于检索历史学家的工作。③

在《历史学家与历史写作百科全书》中，"全球史"作为条目注明的是参

---

① D. R. Woolf, ed., *A Global Encyclopedia of Historical Writing*, Volume 2, p. 968.
② Kelly Boyd, "Editor's Note," in Kelly Boyd, ed., *The Encyclopedia of Historians and Historical Writing*, Volume 1, Fitzroy Dearborn Publishers, 1999, p. vii.
③ Kelly Boyd, "Editor's Note," in Kelly Boyd, ed., *The Encyclopedia of Historians and Historical Writing*, Volume 1, pp. vii – viii.

照世界史，全球史的术语第一次出现是在杰弗里·巴勒克拉夫的条目之中。①
"世界史"作为一个亚目，列在"历史的时期、主题与分支"的条目之中。②
克雷格·A. 洛克德在其撰写的"世界史"条目中指出：今天人们所接受的那
种全球史在几个世纪前是不可能的，历史学家缺乏关于其他社会的充足信息，
而人们的世界观仍然在很大程度上是狭隘的；过去一个世纪里知识的巨大增长
和更加国际化方向的发展，才使得具有全球视野的真正分析性和综合性的历史
变得可行，时代形势的变化培养出这样一种认识，即尽可能广泛的视角最适合
理解地球号太空船（Spaceship Earth）和全球村（Global Village），人们需要一
种超过其各部分总和的历史；然而，作为一个世界性的研究领域，世界史仍然
处于相对边缘的地位。③

　　百科全书性质的全球史学史著作，能够直观地表明史学史发展的若干脉络。
例如，世界史或全球史作为一种研究领域或学科的演变，就是其中一条重要的线
索。在 1968 年的《社会科学国际百科全书》中，"世界史"还没有独立词条，"全
球史"的术语还没有出现。在 1998 年的《历史写作全球百科全书》中，"全球史"
虽然还没有独立词条，但是已经提出了"不断发展的全球史领域"，"世界史"的
条目则明确地将世界史界定为从全球的角度分析过去。在 1999 年的《历史学家与
历史写作百科全书》中，"全球史"已经成为独立的条目，其参照"世界史"恰恰
说明了两者之间的深厚渊源。全球史学史这 30 年的发展与全球史本身的发展是一
致的。20 世纪 60 年代的两本全球史名著，1963 年威廉·H. 麦克尼尔的《西方的
兴起：人类共同体史》和 1964 年巴勒克拉夫的《当代史导论》，都没有出现全球史
的字样。而到 1990 年，麦克尼尔的《二十五年后再评〈西方的兴起〉》一文，发
表在《世界史杂志》（*Journal of World History*）第 1 期上，④ 不仅使用了"全球
史"等词语，而且使用了"全球史学"（global historiography）。⑤ 这种发展历

---

① Kelly Boyd, ed., *The Encyclopedia of Historians and Historical Writing*, Volume 1, pp. 471, 477.

② Kelly Boyd, ed., *The Encyclopedia of Historians and Historical Writing*, Volume 1, Thematic List, p. xxxi.

③ Kelly Boyd, ed., *The Encyclopedia of Historians and Historical Writing*, Volume 2, p. 1331.

④ William H. McNeill, "The Rise of the West: After Twenty-five Years," *Journal of World History* 1: 1 (1990), pp. 1–21.

⑤ "The Rise of the West after Twenty-five Years," in William H. McNeill, *The Rise of the West: A History of the Human Community, With a Retrospective Essay*, The University of Chicago Press, 1991, pp. xv, xx, xxii.

程本身，已经印证了全球史与世界史的内在紧密联系。笔者认为，所谓全球史，就是全球化时代的世界史。

四　专门史性质的全球史学史

专门史性质的全球史学史就是指历史学的某一特定主题、某一分支学科或某一特定研究领域的全球学术发展史。例如，对关于亚洲各民族的历史写作的研究，世界史编撰本身的全球史学史，或者经济史的全球史学史，等等。

在此类著作中，首先要提到的就是牛津大学出版社的四卷本《关于亚洲各民族的历史写作》，四卷分别致力于东亚（中国和日本）、东南亚、中东（近东和中东）和南亚（印度、巴基斯坦和锡兰）的历史学家及其学术成就。1956～1958年，伦敦大学东方与非洲研究学院举行了一系列研究会议，考察和评价关于亚洲各民族历史写作的历程和特点，因其主题庞大，为了便于管理推进，采用了按地区分析的方法，依次对南亚、东南亚、近东，中东和远东进行了考察。从历史的深度来看，每个地区的调查都从早期帝国时期和文化时期延伸到西方统治时代和民族解放运动时期，并一直延续到20世纪50年代，西方和亚洲文献中的历史写作均被分析。这些会议汇集了来自亚洲和西方的这些研究中的主要权威，并使他们更加敏锐地意识到过去作家的潜在假设、偏好和偏见，以及他们自己作为历史学家的立场。这些持续进行的研究具有很高的价值，因为它们是在历史学家试图重写亚洲历史以及亚洲和西方人民正在调整他们关系的时候发生的。鉴于提交给会议的论文具有内在和比较的价值，东方与非洲研究学院为其提供资金结集出版。①

贯穿这套四卷本的关键词是历史学家（Historians），每卷在内容上划分为本土写作（indigenous writings）和西方写作（western writings）两部分。以《东南亚历史学家》卷为例。其本土写作的部分包括：爪哇史学；来自苏门答腊和马来亚的马来纪事；望加锡人－布吉人的史学的若干方面；穆斯林神秘主义者与历史写作；缅甸编年史的性质；现代印度尼西亚史学评论；缅甸现代历史写作（1724～1942）；现代越南史学；等等。其西方写作的部分包括：关于

① D. G. E. Hall, ed., *Historical Writing on the Peoples of Asia*：*Historians of South East Asia*, Oxford University Press, First published 1961, Reprinted 1962, Preface, p. v.

东南亚史前史的一些著作；关于印度尼西亚的历史书写（早期）；克罗姆教授（Professor Krom）的著作；16 和 17 世纪葡萄牙对东南亚历史写作的若干方面；西班牙对菲律宾历史写作的若干方面；荷兰对东南亚殖民活动的历史著作（特别是 16 和 17 世纪的土著民族）；荷兰对 18 和 19 世纪殖民活动史学的贡献；法国史学与殖民地越南的演变；印度群岛的英国历史学家：克劳弗德与圣约翰；书写缅甸历史的英国作家（从达林普尔到贝菲尔德）；亚瑟·费尔和亨利·尤尔：两位士兵管理员（soldier – administrator）史学家；美国对东南亚的历史写作；东南亚中心史观（South East Asia – centric Conception of History）在东南亚大陆的应用；等等。① 四卷本《关于亚洲各民族的历史写作》在西方学界获得的评价非常之高。在巴勒克拉夫 1978 年的《当代史学主要趋势》第四章"历史学的新领域"第四节"亚洲历史学的当代趋势"中，这套书是主要的参考资料之一。② 2011 年丹尼尔·沃尔夫在《牛津历史写作史》的前言中指出：这套书明显领先于其时代，历史写作史在当时还被顽固地理解为一种欧洲类型的历史，四卷本中的许多单篇论文在今日仍然被引用。③

　　本尼迪克特·斯图奇蒂和埃克哈特·福克斯主编的《书写世界历史：1800—2000》，④ 和前述两人共同主编的《跨文化边界：全球视野中的史学》一样，都源自于伦敦德国历史研究所（German Historical Institute London）2000年春季举办的国际会议，其中的撰稿人都是积极参与撰写世界史的历史学家。该书编者指出：在 19 世纪的过程中，历史的全球途径被放弃了，历史作为一门学术性学科在 19 世纪的发展，鼓励了其主题在地理范围上的缩窄，欧洲历史被提升到世界历史的水平。⑤ 现代性、现代历史学科和"欧洲中心论"之间有着密切的联系，当历史学在 19 世纪的专业化过程中开始碎片化时，普遍方

---

① D. G. E. Hall, ed., *Historical Writing on the Peoples of Asia*：*Historians of South East Asia*, Contents, pp. vii – viii.

② 杰弗里·巴勒克拉夫：《当代史学主要趋势》，第 153 页。

③ Daniel Woolf, "Foreword," in Andrew Feldherr and Grant Hardy, eds., *The Oxford History of Historical Writing*, Volume 1, *Beginnings to AD 600*, p. ix.

④ Benedikt Stuchtey and Eckhardt Fuchs, "Introduction：Problems of Writing World History：Western and Non-Western Experiences, 1800 – 2000," in Benedikt Stuchtey and Eckhardt Fuchs, eds., *Writing World History 1800 – 2000*, Oxford University Press, 2003, pp. 17 – 44.

⑤ Benedikt Stuchtey and Eckhardt Fuchs, "Introduction：Problems of Writing World History：Western and Non-Western Experiences, 1800 – 2000," in Benedikt Stuchtey and Eckhardt Fuchs, eds., *Writing World History 1800 – 2000*, p. 4.

法已经丢失了，除了历史学家和地理学家卡尔·李特尔（Carl Ritter）的工作可能例外，非欧洲历史都成为民俗学、人类学、民族学、考古学、美国学、东方学研究等其他学科的领域。[1] 该书以德国的情况为例对"欧洲中心论"的顽固性做出分析：在 19 世纪的大部分时间里，世界史本身在德国史学中扮演了次要的角色，早期的世界史著作，依据的是启蒙运动的普遍主义传统和康德的历史哲学。而在 19 世纪，除了兰克的七卷《世界史》（1880～1886）之外，世界史是在历史学术领域之外撰写的。在这些著作中，世界史并不意味着人类的普遍历史，而是嵌入国家的耕种民族（cultivated people）的历史。到 1900 年左右，专业历史学家开始转向世界史。[2] 然而，20 世纪初期专业历史学家的世界史比以往的世界史著作更加狭隘，因为他们假设的是西方基督教文化的普遍传播，他们不仅像兰克所做的那样将世界史限定在欧洲文化民族的历史之中，而且还把德国移到人类历史的中心。对于兰克来说，德国历史是欧洲历史的一部分，而谢弗（Schäfer）则把德意志民族置于人类文明的顶峰。[3] 对 20 世纪德国世界史的回顾就可以表明，从兰克时代以来，直到 20 世纪 70 年代，"欧洲中心论"的图景几乎没有变化。[4] 另一方面，该书也指出：西方和非西方的史学在过去的五十年中，对世界历史的写作产生了巨大的影响，比较的观点被日益采用，这个迄今为止主要掌握在欧洲历史学家手中的领域目前正在被美国学者所主导。[5]

本尼迪克特·斯图奇蒂和埃克哈特·福克斯提出：当土著传统是根据他们的独立性而非仅仅是他们与西方思想的关系来被考察时，跨文化史学交流与传

[1] Benedikt Stuchtey and Eckhardt Fuchs, "Introduction: Problems of Writing World History: Western and Non-Western Experiences, 1800 – 2000," in Benedikt Stuchtey and Eckhardt Fuchs, eds. , *Writing World History 1800 – 2000*, p. 5.

[2] Benedikt Stuchtey and Eckhardt Fuchs, "Introduction: Problems of Writing World History: Western and Non-Western Experiences, 1800 – 2000," in Benedikt Stuchtey and Eckhardt Fuchs, eds. , *Writing World History 1800 – 2000*, p. 5.

[3] Benedikt Stuchtey and Eckhardt Fuchs, "Introduction: Problems of Writing World History: Western and Non-Western Experiences, 1800 – 2000," in Benedikt Stuchtey and Eckhardt Fuchs, eds. , *Writing World History 1800 – 2000*, p. 6.

[4] Benedikt Stuchtey and Eckhardt Fuchs, "Introduction: Problems of Writing World History: Western and Non – Western Experiences, 1800 – 2000," in Benedikt Stuchtey and Eckhardt Fuchs, eds. , *Writing World History 1800 – 2000*, p. 8.

[5] Benedikt Stuchtey and Eckhardt Fuchs, eds. , *Writing World History 1800 – 2000*, Foreword, p. v.

递的机会和限制可以更好地得到研究；从跨文化的角度来看，该书提供了对过去 200 年的世界史的历史传统的分析，进一步展示了不同的世界观，以及在美国、法国、英国、俄国、德国、非洲、印度、中国和日本等不同地理区域内的"边缘"和"中心"之间的关系。① 鉴于本书的作者来自美国、欧洲和非欧洲的大学，虽然在历史分期、西方和非西方的方法之间的平衡以及全球史与国家史之间的关系等问题上还存在分歧，但这部文集涵盖了可以进一步研究的广泛主题和问题。②

　　弗朗西斯科·博尔多西奥尼和帕特·哈德森主编的《劳特利奇全球经济史手册》，是一本全球经济史学史著作，记录并解释了经济史作为一个全球学科从 19 世纪晚期至今的发展。该书探索不同学派和思想传统的规范性和相对性，不仅考察了当前的西方范式的方法，而且还考察了其他社会和不同的经济、政治、文化背景下所构想的那些方法。手册汇集了相关的国际知名学者，以系统地处理全球的文化和知识传统，其中许多内容是第一次用英语撰写思考，这些章节探索了主导思想和史学趋势，并将其打造成批判性的跨国视角。著名的全球史学家帕特里克·K. 奥布莱恩在推荐词中写道：在所有代表人文社会科学高等教育的科目中，经济史几乎没有经历过全球转折的困难或阻力，这本文集汇集了一批来自许多民族传统的学者，告诉我们这个领域是如何演变成我们这个时代的普遍学科。③

　　在开篇的《全球经济史：走向解释的转向》一文中，弗朗西斯科·博尔多西奥尼和帕特·哈德森指出：这本手册不同于传统的全球史论文集，它的目的是对在世界不同地区出现的经济史的不同思想、框架和方法论进行共同的记录、评估并相对化，该手册的这一具体目的，以及对经济史和社会史的关注，使其成为此前和目前一些研究项目的补充，例如《全球史学史——从 18 世纪至当代》和《牛津历史写作史》等。在人文科学与社会科学的边界上对一门学科自身的全球史的认识，不仅突出了某些框架的缺点和某些方法的无前途

---

① Benedikt Stuchtey and Eckhardt Fuchs, "Introduction: Problems of Writing World History: Western and Non-Western Experiences, 1800 – 2000," in Benedikt Stuchtey and Eckhardt Fuchs, eds., *Writing World History 1800 – 2000*, p. 10.

② Benedikt Stuchtey and Eckhardt Fuchs, eds., *Writing World History 1800 – 2000*, Foreword, pp. v – vi.

③ Francesco Boldizzoni and Pat Hudson, eds., *Routledge Handbook of Global Economic History*, Routledge, 2016.

性，而且突出了隐藏在文献中的潜力，因为语言、文化和意识形态的障碍与偏见，这些文献很少被考察。① 组织该手册的六个中心问题是：社会科学与统计运动的产生背景；国家形成：国家和民族主义历史、意识形态。工具主义和相关的政策要求；对跨国和跨政治影响的开放性，以及反之而言的内部政治和智力压制的程度；关于知识和学术发展（过去和现在）的国家支持和国家政策，以及资金需求；与教育、科学和知识探究相关的制度因素；过去和当代全球化的影响。手册的章节结构则是从 20 世纪晚期世界体系的"核心"地区向"边缘"地区扩散，即从盎格鲁经济圈开始，扩展到东欧、中东、印度、中国、日本、中南美洲和撒哈拉以南非洲（特别是西部和南部）。② 此类全球经济史学史著作还包括文森特·巴内特主编的《劳特利奇全球经济思想史手册》，③ 两本手册的编纂思路有相似之处，此处不再赘述。

专门史性质的全球史学史著作，体现出的是研究领域和学科划分的不断细化。当各种具体研究领域和分支学科都在挖掘自身知识体系的时候，这种专门化一方面扩展了对全球史学史的内容与范围的总体理解，另一方面也能够从体裁、体例等角度推进历史编纂学的进一步发展。

结　语

倘若对全球史学史的前述发展历程进行综合考量，就会发现四种类型的全球史学史著作实际上起到了相互补充的作用。在这四种类型中，书写难度最大的当属通史性质的全球史学史；百科全书性质的全球史学史则为其提供了替代性的解决方案。沃尔夫 1998 年对此曾经指出：还没有单独的专著能涵盖所有时代和所有国家的历史写作，对于一个不熟悉大量国家历史、文化习俗和语言的历史学家来说，撰写这样一本书是非常困难的，而多作者的百科全书，因为吸收了来自不同国家的专家，并且都有不同的训练和视角，提供了填补这一空

---

① "Global Economic History: Towards an Interpretive Turn," in Francesco Boldizzoni and Pat Hudson, eds., *Routledge Handbook of Global Economic History*, p. 1.

② "Global Economic History: Towards an Interpretive Turn," in Francesco Boldizzoni and Pat Hudson, eds., *Routledge Handbook of Global Economic History*, p. 10.

③ Vincent Barnett, ed., *Routledge Handbook of the History of Global Economic Thought*, Routledge, 2015.

白的方法。① 百科全书性质的全球史学史著作，确实在断代史、通史和专门史三类全球史学史著作中起到背景资料和学术纽带的作用。

四种类型的全球史学史著作在形式或性质上也有所交叉。专门史性质的全球史学史著作如 2003 年的《书写世界历史：1800—2000》，实际上也是一部断代性质的史学史。百科全书性质的全球史学史著作如 1968 年的《社会科学国际百科全书》，实际上也是一部专门史性质的史学史。

在全球史学史作为一个领域本身的发展过程中，丹尼尔·沃尔夫做出了卓越的贡献。他不仅担任五卷本《牛津历史写作史》的主编，而且还主编了两卷本《历史写作全球百科全书》（1998），撰写了一部《全球史学史》（2011）。同时也可以看出，全球史学史是一个非常需要学术合作的研究领域。由于这个领域对世界各地的史学传统和史学变革具有硬性的知识要求，尤其是对尽量科学把握各种跨文化的史学联系具有必然要求，全球史学史研究者不仅大量借鉴各领域学者的研究成果，而且相互之间也会有各种合作。例如，伊格尔斯是沃尔夫 1998 年出版的《历史写作全球百科全书》的咨询编辑，并且撰写了其中史学家兰克的条目。② 沃尔夫在其《全球史学史》中也提到："在我坚信史学需要全球化的过程中，格奥尔格·伊格尔斯已经是我将近二十年的盟友，他仔细阅读了整篇手稿。"③

全球史学史是一个直面"欧洲中心论"学术偏见的研究领域，其研究者对"欧洲中心论"已经具备相当清醒的认识。埃克哈特·福克斯对此指出，在 19 世纪，欧洲历史被提升到世界历史的水平，在这种世界历史中，"他者"简单地消失了。这是欧洲的"发明"，正是这种发明，和欧洲统一的历史和文化可以追溯到古希腊的观念一道，使得某些民族和社会被排除在世界历史之外。这种"欧洲中心论"并不是欧洲的产物，而是早期现代和现代时期一些欧洲霸权国家的产物。④ 对于"欧洲中心论"这种学术偏见，埃克哈特·福克斯进一步指出：不论是否把世界的"其他地区"称为"非欧洲"、"东方"或

---

① "Introduction and Editorial Conventions," in D. R. Woolf, ed., *A Global Encyclopedia of Historical Writing*, Volume 1, p. xiii.

② "Ranke, Leopold von (1795—1886)," in D. R. Woolf, ed., *A Global Encyclopedia of Historical Writing*, Volume 2, pp. 761 – 762.

③ Daniel Woolf, *A Global History of History*, Acknowledgments, p. xxvi.

④ Eckhardt Fuchs, "Introduction," in Eckhardt Fuchs and Benedikt Stuchtey, eds., *Across Cultural Borders: Historiography in Global Perspective*, p. 4.

"非西方"，任何选择欧洲作为其地理参照点的术语，都是基于已经隐含了价值判断的假设，在这个概念框架中，欧洲或"西方"成为霸权"中心"，以欧洲为中心的等级制的世界史或世界史学史被书写。① 全球史学史的发展本身，是全球史发展的重要学术成就之一。正如埃克哈特·福克斯指出：这一成就的先决条件是对历史和历史学的不同概念的认识和接受，从而承认不同文化间的差异而没有霸权主张。②

不过，否定"欧洲中心论"的学术偏见，仅仅是踏出了关键的第一步，后续还需要更深入的史料挖掘、史学分析与评判工作。例如，1961 年的《关于亚洲各民族的历史写作》的《东南亚历史学家》卷共有 25 篇专论，本土写作的部分只有九篇，西方写作的部分则有 16 篇；本土学者的研究较为倾向于现代时期，西方学者的研究涵盖的时段则显然更为广阔，这是与东南亚地区的客观历史演进联系在一起的。该卷的导论对此指出：我们不能对这样一个事实视而不见，即在本卷中描述和分析的历史知识和解释的巨大进步在很大程度上是西方与东南亚接触的产物。③ 直到 2016 年，还有学者指出：全球史仍然是一项非常西方的事业，它由西方历史学家（主要来自英美大学）撰写，并发表在编委会也由同一些学者组成的期刊上，这个领域中的辩论往往是自我指涉的。④ 半个多世纪以来，全球史学史领域取得了相应的学术成就，但它和全球史本身一样，仍然存在需要继续解决的问题。

全球史学史是对人类不同群体的史学观念、史学思维方式及其表现形式的系统梳理和综合分析。书写全球史学史所面临的核心问题，就是如何处理全球范围内的跨文化史学互动。各种跨文化史学互动现象背后所体现的都是作为互动主体的人的思想，生活在全球不同地区的人类作为一个物种而言，其思想文化生活的首要和共同特点，就是对人的存在的感知、对人的行为活动的反思。

---

① Eckhardt Fuchs, "Introduction," in Eckhardt Fuchs and Benedikt Stuchtey, eds., *Across Cultural Borders：Historiography in Global Perspective*, p. 2.

② Eckhardt Fuchs, "Introduction," in Eckhardt Fuchs and Benedikt Stuchtey, eds., *Across Cultural Borders：Historiography in Global Perspective*, p. 16.

③ D. G. E. Hall, ed., *Historical Writing on the Peoples of Asia：Historians of South East Asia*, Introduction, p. 2.

④ Francesco Boldizzoni and Pat Hudson, "Global Economic History：Towards an Interpretive Turn," in Francesco Boldizzoni and Pat Hudson, eds., *Routledge Handbook of Global Economic History*, p. 6.

作为一种人类思想文化交往的现象，跨文化史学互动绝不是所谓"纯学术"的抽象研究，每一种史学思维方式都在自身的历史经验中生发。全球史学史之所以成为全球史学史，正是在于它研究的是地球人的学术成就，而不是单纯地记录历史学家、历史著作等史料。全球史学史和全球史一样，都蕴含着社会进程本身的复杂性和多样性。

相应地，理解世界基本结构的变化，是理解人类的史学思维方式全球演变的前提，否则只描述单独史学传统的发展，即使这种罗列是以全球为其地理范围，也难以充分把握影响全球史学史发展的各种力量。只有从深远的经济全球化进程和当代纷繁复杂的国际政治现实出发，才能通过全球史学史研究促进对人本身和作为人的集合形式的世界的整体理解。

所以，笔者认为，把各种跨文化史学互动现象放在代表人类社会演变基本动力的生产和交往的相互关系之中，使各地方、各民族的史学传统与世界的现实发展成为对应参照物，而不是以欧洲史学传统作为基本参照物，将会推动全球史学史书写的进一步发展。在人类不同群体的生产和交往的相互关系之中，分析包括欧洲史学传统在内的各地方、各民族的史学传统如何受到不同交流网络和全球空间的影响，以及它们如何影响不同群体的学术或文化变革，研究者就可以构建出全球史学史的基本分析框架。这个分析框架将更加充分地说明史学思维方式的全球演变如何影响人类的社会生活。

互动视角下东亚文明史的空间结构

——兼论中国的历史空间

魏孝稷*

一 回归文明史范式：当前东亚区域史 研究的局限与突破

近些年来，从区域视角研究中国历史和东亚历史成为一个新的学术热点，[①] 东亚区域视角也致力于打破民族国家的界限，探索跨国的历史现象，试图"从民族国家中拯救历史"。比如，日本学者受到西方海域史或海洋史研究的刺激，愈发关注东亚海域史，这是日本学界东亚史研究的新动向。[②] 葛兆光教授提倡"从周边看中国"，取得令人瞩目的成就。李伯重教授最近将全球视野与区域视野结合，讨论了早期经济全球化时代（晚明时期）的东亚史。[③] 除此之外，还有两种进路，影响力与日俱增，同时也值得反思。

第一种进路是"内亚"视角建构草原社会与农耕社会的异质性和对立关系。比如狄宇宙在《古代中国及其敌人：东亚历史上游牧力量的兴起》这本书中论述了北方草原游牧文化的"非中国性"以及"西来"的草原民族带来的军事技术和金属冶炼技术对"中国"（汉朝）的影响。[④] 日本学者森安孝夫

---

* 安徽大学历史系，原文刊于《全球史评论》第 15 辑，2018。

① 参见复旦大学文史研究院编《全球史、区域史与国别史》，中华书局，2016。

② 参见复旦大学文史研究院编《世界史中的东亚海域》，中华书局，2011；董少新《从"东亚"到"东亚海域"——历史世界的建构及其利弊》，复旦大学文史研究院编《全球史、区域史与国别史》，第 33 ~ 46 页。

③ 李伯重：《火枪与账簿：早期经济全球化时代的中国与东亚世界》，三联书店，2017。

④ Nicola Di Cosmo, *Ancient China and its Enemies*: *The Rise of Nomadic Power in East Asian History*, Cambridge: Cambridge University Press, 2002.

及森部丰等人延续了日本皇国史观的"骑马民族论"以及魏特夫的"征服王朝论"，并把"征服王朝"的时间从辽前置到唐代。[1] 杉山正明和冈田英弘突出蒙元政权的世界性与非中国性。[2] 近些年"内亚"视角影响较大的是"新清史"。"新清史"的核心观点可以简单总结为以下几点：第一，"中国"是大清帝国的一部分，而不是全部，大清帝国还包括满洲、蒙古、西藏、新疆等其他非"中国"疆域；大清帝国是异族统治的征服者王朝。第二，大清帝国的建立和维持主要依赖"内亚"体制特别是满族特性，满人始终存在强烈的族群认同。第三，历史上的"汉化"是不存在的，"汉化"论是现代汉族知识分子的建构。第四，大清帝国与奥斯曼、俄罗斯、荷兰、英国、法国等其他欧亚帝国性质一样，是通过对非汉族地区的殖民征服构成的。[3] 可以看出，美国汉学和日本汉学之间存在明显的联系和共通性。

第二种进路是把中国的西南地区放在东南亚的背景中加以考察，倾向于将云贵川地区视为东南亚的一部分，注重阐述西南地区的地方认同。例如，吉尔斯（C. Patterson Giersch）把云南和中南半岛北部地区看作是中国和东南亚共享的边疆，也就是他所说的"中间地带"。[4] 杨斌反对主流叙事中云南从汉代

---

[1]　钟焓：《重释内亚史：以研究方法论的检视为中心》，社会科学文献出版社，2017，第 48 ~ 57 页。

[2]　杉山正明：《忽必烈的挑战：蒙古帝国与世界历史的大转向》，周俊宇译，社会科学文献出版社，2013；冈田英弘：《世界史的诞生：蒙古的发展与传统》，陈心慧译，广场出版，2013。

[3]　新清史代表人物有罗友枝（Evelyn Rawski）、克罗斯利（Pamela K. Crossley，又名柯娇燕）、路康乐（Edward Rhoads）、米华健（James A. Millward）、欧立德（Mark C. Elliott）、濮培德（Peter C. Perdue）等人。代表作包括：Evelyn S. Rawski, *The Last Emperors：A Social History of Qing Imperial Institutions*, Berkeley and Los Angeles：University of California Press, 1998；Pamela Kyle Crossley, *A Translucent Mirror：History and Identity in Qing Imperial Ideology*, Berkeley：University of California Press, 1999；Mark C. Elliott, *The Manchu Way：The Eight Banners and Ethnic Identity in Late Imperial China*, Stanford：Stanford University Press, 2001；Edward J. M. Rhoads, *Manchus and Han, Ethnic Relations and Political Power in Late Qing and Early Republican China, 1861 - 1928*, Seattle：University of Washington Press, 2000；Peter C. Perdue, *China Marches West：The Qing Conquest of Central Eurasia*, Cambridge：Harvard University Press, 2005；James A. Millward et al. , eds. , *New Qing Imperial History：The Making of Inner Asian Empire at Qing Chengde*, London：Routledge, 2004。相关讨论请参见刘凤云、刘文鹏编《清朝的国家认同："新清史"研究与争鸣》，中国人民大学出版社，2010。

[4]　C. Patterson Giersch, *Asian Borderlands：The Transformation of Qing China's Yunnan Frontier*, Cambridge：Harvard University Press, 2006.

以后便属于中国的观点，认为元代征服大理才是云南受中国管辖的起点，并着重论述了云南从一个东南亚地区并入中国的进程。① 人类学家斯科特重新提出了一个泛东南亚化的"赞米亚"概念，在《逃避统治的艺术》一书中他写道："赞米亚是一个新的名字，包括从越南中部高地到印度东北部地区的所有海拔300 米以上的地方，它横括了东南亚的5 个国家（越南、柬埔寨、老挝、泰国和缅甸），以及中国的4 个省（云南、贵州、广西和四川）。其面积有250 万平方公里，居住着1 亿少数族群人口，他们的族群错综复杂，语言多种多样。地理上，赞米亚也被称为东南亚大陆山地。"在斯科特看来，东南亚五个国家和中国西南地区的四个省之所以能被认为是一个独立的地理单元，是因为这一地区的山地居民都带有逃避国家统治的"无国家性"（stateless）特征。② 斯科特的理论和方法受到中国学者的重视，姚大力认为仅仅谈论中国的"内亚边疆"是不够的，加上"赞米亚边疆"才算完整。③

　　我们可以把前一种进路称作"内亚中心论"，后一种进路称作泛东南亚论。④ 两种进路反映了当前史学的一种空间转向：去中心化、全球或区域视野，突出跨国间的互动。这两种进路为理解中国历史和东亚区域史提供了一种视角。但是，同时也存在共同的问题。首先，"内亚中心论"和"泛东南亚论"都站在边缘的立场看待中心，忽视了作为中心的中原农耕区的巨大辐射力和主导性作用。两种进路对克服中原中心主义起到了一定的作用，但同时，又走向了新的中心主义，建构了一种以边缘为中心的叙事话语。其次，强调中心与边缘的对立，例如，两种进路都认为明清时期中央对西北地区和西南地区的管辖属于殖民统治。⑤ 这种带有明显西方中心主义的叙述，割裂了明清之前内地与边疆已经建立起来的密切联系，夸大了地方认同和族群认

---

① Bin Yang, *Between Winds and Clouds: The Making of Yunnan (Second Century BCE - 20th Century CE)*, New York: Columbia University Press, 2009.

② 詹姆斯·斯科特：《逃避统治的艺术：东南亚高地的无政府主义历史》，王晓毅译，三联书店，2016。

③ 姚大力：《拉铁摩尔的"内亚视角"》，《读书》2015 年第 8 期，第 32 ~ 33 页。

④ 欧立德在《清史中的边疆叙事：作为中心的边缘》中系统总结了"内亚"中心论的方法，参见 Mark Elliott, "Frontier Stories: Periphery as Center in Qing History," *Frontiers of History in China* 3 (2014), pp. 336 – 360。

⑤ 持"殖民"论的学者除了上述几位代表性人物之外，还有乔荷曼。参见 John E. Herman, *Amid the Clouds and Mist: China's Colonization of Guizhou, 1200 - 1700*, Cambridge: Harvard University Press, 2007.

同，也忽视了明清时期内地与边疆的国家整合过程。再次，突出亚区域视角，忽略了东亚的整体性。不管是所谓的"内亚"还是东南亚，相对于整个东亚来说，只能算是亚区域，也就是东亚的一部分。乔万里·阿里吉和滨下武志等人主张从区域互动的角度将包括东北亚、东南亚和"内亚"在内的区域视为一个独立的"世界区域"（world region）。东南亚和"内亚"仅仅是东亚的亚区域（subregion）。① 关于东亚区域互动和一体性的论述将在本文第二部分展开。

因此，"内亚中心论"和"泛东南亚论"两种研究进路面临着自身难以避免的局限，如何克服它们的局限成了东亚区域史研究新的课题。针对"内亚中心论"和"泛东南亚论"的上述局限，至少可以从以下几个方面寻求突破：第一，结合边缘视角和中心视角，既要免于中原中心主义的束缚，也要避开边缘主义的陷阱；第二，重视东亚区域内部长期的互动和联系，避免以族群冲突为主要研究对象的二元对立叙事；第三，扩大东亚史的叙述空间，将中国、东北亚、蒙古、亚洲俄罗斯、中亚、东南亚等国家和地区纳入叙述空间，从整体上考察东亚世界的内部结构和变迁过程。

第三个方面虽然可行，但仍面临巨大的挑战，其中一个就是需要什么样的叙事单位。东亚区域史不能是国别史的拼盘，民族国家作为叙述的单位是不合适的。"帝国"也不适合用来书写东亚区域史，一方面是因为，东亚历史上存在大量的"非帝国"共同体，另一方面它存在被滥用和误用的风险。② 本文尝试回归文明范式，即用"文明"作为历史书写的主要单位。之所以回到"文明"，是基于以下几点考虑。

第一，与民族国家相比，"文明"的边界具有模糊性，法国人类学家莫斯认为它们是属于"没有清晰边界的社会现象"，而且"在空间上超越了单一民族国家的领土范围，在时间上超出了单一社会的历史时段。它们的存在方式在某种程度上是超民族国家的"。③ 无疑，莫斯所描述的"文明"概念更契合前

---

① Giovanni Arrighi, Takeshi Hamashita, and Mark Selden, *The Resurgence of East Asia：500，150 and 50 Year Perspectives*, London：Routledge，2003，pp. 4 – 10.

② 魏孝稷：《汉学主义范式的空间结构——以〈哈佛中国史〉为中心的考察》，《全球史评论》第 13 辑，中国社会科学出版社，2017，第 185 ~ 190 页。

③ 马塞尔·莫斯、爱弥尔·涂尔干、亨利·于贝尔：《论技术、技艺与文明》，蒙养山人译，世界图书出版公司，2010，第 36 ~ 37 页。

现代共同体的特征。

第二，与"世界体系"和"东亚世界"的叙事框架相比，"文明"范式更显开放和包容。沃勒斯坦认为"世界体系"分为现代世界体系和前现代世界体系，现代世界体系的本质是资本主义的，而前现代世界体系是以贡赋制为基础的"帝国"，上文已经指出，"帝国"范畴不适合于东亚区域史的书写。西嶋定生提倡的"东亚世界"以"儒家、汉字文化圈、佛教（大乘佛教）、律令体制"为主要内容，东亚世界的外延包括中国、日本、朝鲜半岛、越南和琉球。① 很明显，西嶋氏采用文化均质性的特征定义"东亚世界"，基本上排除了异质性的中亚、东南亚甚至北方游牧世界，就像阿里吉等人所批评的，用文化均质性的特征出发定义东南亚和东亚都是不合理的，西嶋定生所指的"东亚世界"内部差异性亦十分明显，而他们文化均质性的存在恰恰是彼此之间深度的文化互动造成的。从互动视角观察东亚世界，其内涵当然应包括中亚、东南亚和北方游牧世界。

第三，"文明"概念本身蕴含着中心与边缘的结构。戴维·威尔金逊认为，"典型的文明由于其特征在空间上并非到处一致，由于其特征是集中表现在中心部位的，由于有些部位所表现出的不一致性是相同的，由于这不一致性本质上是同文明的扩展史相关联的"，所以文明本身包含中心、半边缘、边缘三重结构。② 威尔金逊的观点揭示了文明共同体的圈层性差异。本文着重参考这一理论。

总体来看，东亚区域史书写的"文明"范式可以走出马赛克拼盘式的国别史叙事范式（从帝国到民族国家）、本质主义叙事范式（东亚文化圈）以及亚区域叙事范式（"内亚中心论"和"泛东南亚论"）的各自陷阱，通过阐释文明内部的交往和互动，进而可能书写一个更具包容性的后本质主义的东亚文明史。

---

① 西嶋定生：《东亚世界的形成》，高明士等译，刘俊文主编《日本学者研究中国史论著选译》第 2 卷，中华书局，1993，第 88 ~ 103 页。

② 威尔金逊的观点明显受到沃勒斯坦世界体系论的影响。沃勒斯坦把现代世界体系的空间结构分为中心区、半边缘区和边缘区，但是沃氏认为现代世界体系的核心是现代资本主义的不平等，它起源于 16 世纪的西欧，然后向世界扩张，威尔金逊认为单一的中心文明形成于公元前 1500 年。参见 David Wilkinson, "Civilizations, Cores, World Economies, and Oikumenes," in A. G. Frank and B. Gills, eds., *The World System: Five Hundred or Five Thousand Years?*, London: Routledge, 1993, p 229。

二　区域互动与东亚文明的交往网络

用文明范式叙事东亚的历史，首先要面对的问题是，"东亚文明"的空间范围是什么，它何以成立？前文提到，阿里吉和滨下武志等人在《500年、150年和50年视角下的东亚复兴》这本书的"导言"里，划定东亚的范围包括东北亚、东南亚和"内亚"，这样的划分存在一定的问题，比如，东北亚和"内亚"的概念比较含混，争议性较大，而且没有在自然地理层面予以划定。这本书更让人遗憾的是，它是一本论文集，主编们的观点在正文中没有得到很好的体现，"导言"阐发的理念显得略而不详。

然而，阿里吉和滨下武志等人划分东亚范围的标准和原则极具意义。他们认为，应该从"相互依存"和"相互交往"的角度定义包括东亚在内"世界区域"。但是，这一互动视角带来新的问题，即各个"世界区域"之间也存在彼此的交往和联系，如果不加以区分，"世界区域"的边界就会变得模糊，甚至消失。阿里吉和滨下武志等人认识到其中的问题，他们进一步论述，东北亚、东南亚和"内亚"之所以在19世纪之前形成一个单一的世界区域，是因为，这些次级区域内部和区域之间的相互交往关系比起它们与别的区域间的交往要重要的多。① 也就是说，东亚世界内部各次区域之间的交往更重要、更密集、更集中，这是东亚共同体得以形成的根本。阿里吉和滨下武志等人列出了几个重要的交往内容：移民、私人贸易以及以中国为中心的封贡贸易。② 显然，东亚世界内部的交往和互动远超这些内容，还有其他同样重要的互动进程值得关注。

本文参考阿里吉和滨下武志等人关于东亚范围划分的标准和原则，也采取以互动视角观察东亚历史的方法，同时予以完善。在本文中，我们首先给东亚的自然地理范围一个限定，它包括：西至乌拉尔山、西南至喜马拉雅山、东北至白令海峡、南部达到东南亚诸岛的广大地区。这一地理单元可大致分为三个区域：西北部的草原地带和游牧区，中部农耕区，东南部沿海海岛区。从气候

---

① Giovanni Arrighi, Takeshi Hamashita, and Mark Selden, *The Resurgence of East Asia：500，150 and 50 Year Perspectives*, pp. 5 – 7.

② Giovanni Arrighi, Takeshi Hamashita, and Mark Selden, *The Resurgence of East Asia：500，150 and 50 Year Perspectives*, pp. 8 – 9.

来看，东亚分为寒带、温带和热带三个温度带，又可以细化为寒温带、中温带、暖温带、亚热带和热带。地理的多元性决定了东亚社会内部的多元性和复杂性。这里有两点需要注意：一是，东亚的多元性特点是不同社会交往的基础，而东亚社会表现出来的文化同质性恰恰是互动带来的后果；二是，处于暖温带和亚热带的中部农耕区是东亚社会交往的中心区，此地区既是地理交通的中心，也是物质生产的中心，基于此形成了文明中心，即中华文明中心。文明中心的周边地区形成了半边缘和边缘。因此，互动的网络结构和中心－边缘结构共同构成了东亚文明。

因此，本文第二部分讨论东亚文明的网络结构和交往动力，第三部分讨论东亚文明的中心－边缘结构。

实际上，中外许多学者已经就东亚文明网络与一体性问题展开了讨论，这主要集中于以中国为中心的封贡体系（或者朝贡体系）的研讨。[①] 而且，相关研究成果也相当丰富。[②] 然而，一些学者也质疑东亚历史上封贡体系到底存在不存在，它到底是中国人臆想的神话，还是历史事实？杨联陞认为，"讨论中国的世界秩序，尽可能分清神话与事实是很重要的，两者都可以彼此影响"。[③] 而滨下武志更加确信封贡体系的存在。他侧重于以封贡贸易为基础考察封贡体系的体制、内容、结构与变迁。滨下武志提出："朝贡制度长期以来被狭隘地理解为对每个朝贡国的国王的承认和册封。从更广泛的意义来理解，朝贡制度

---

① 陈尚胜认为，"朝贡"一词仅表示单向性活动，把"中国与周边邻国"之间的关系称作"朝贡关系"是不准确的，他主张称"册封朝贡关系"，简称"封贡"关系。本文采用这一说法。参见陈尚胜《中国传统对外关系研究》，中华书局，2015，第 17～18 页。

② 目前关于封贡体系的研究成果蔚为壮观，代表性理论主要有费正清的"中国的世界秩序"论、滨下武志的"朝贡贸易体系"论、何芳川的"华夷秩序"论、黄枝连的"天朝礼制体系"论、高明士的"中国的天下秩序"论、西嶋定生的"册封体制"论和堀敏一的"羁縻体制"论等。参见费正清编《中国的世界秩序：传统中国的对外关系》，杜继东译，中国社会科学出版社，2010；滨下武志《近代中国的国际契机：朝贡贸易体系与近代亚洲经济圈》，朱荫贵等译，中国社会科学出版社，1999；滨下武志《中国、东亚与全球经济：区域和历史的视角》，王玉茹等译，社会科学文献出版社，2009；何芳川《"华夷秩序"论》，《北京大学学报》1998 年第 6 期，第 30～45 页；黄枝连《天朝礼治体系研究》，中国人民大学出版社，1992～1995；高明士《天下秩序与文化圈的探索：以东亚古代的政治和教育为中心》，上海古籍出版社，2008；西嶋定生《东亚世界的形成》，刘俊文主编《日本学者研究中国史论著选译》第 2 卷；堀敏一《隋唐帝国与东亚》，韩昇等译，云南人民出版社，2002；黄纯艳《中国古代朝贡体系研究的回顾与前瞻》，《中国史研究动态》2013 年第 1期，第 55～65 页。

③ 费正清编《中国的世界秩序：传统中国的对外关系》，第 20 页。

显示了一种维护中国中心的外部等级关系的结构。但是，事实上，这个制度是国内统治秩序的扩展，从帝国中央对外的延续。换句话说，朝贡体系是一个联结中心和边缘的有机关系网络，包括各省和附属国、土司和藩部、朝贡国和贸易伙伴。更广泛地说，朝贡体系构成了一个经济圈——东亚国家和亚洲东南、东北、中部西北的其他实体都参与其中。"① 也就是说，封贡体系（朝贡体系）不纯粹是一种政治或外交关系，也包含经济关系。在滨下武志看来，经济关系或者贸易关系是"朝贡的根本特征"。② 滨下武志还言简意赅地总结了封贡体系内的政治经济关系，他说："在这个统治结构内，朝贡关系的基本性质可以概括如下：维持朝贡关系的基本原则是地方统治者到北京觐见皇帝并接受册封，确认朝贡的使命即俯首称臣。这种关系的性质是宗主国与藩属的关系，朝贡国家、地区部族要定期向中国进行朝贡以示忠诚。作为交换，朝贡不仅得到了统治者的承认，而且还获得了回馈的礼物和从事奢侈品贸易的机会。"③ 这种政治与经济并行交互的封贡体系被张国刚称作"丝路政治经济学"。④

封贡体系的研究从整体上揭示了东亚文明内部的网络结构，但是仍然不够。封贡体系主要涉及官方层面或者带有官方背景的交往，实际上，东亚文明内部的互动要复杂得多，民间和私人交往亦是常态。另外，东亚文明的网络包含多个维度，是封贡体系不能概括的。如果从不同侧面论述东亚文明网络，还应包括以下几个领域。

第一，物品交流与贸易网络。在经济领域，除了官方背景的封贡贸易之外，存在大量的民间贸易，甚至走私贸易。王赓武通过考察中国的海上贸易发现，虽然中国文献中记载了丰富的关于封贡贸易的资料，但是私人贸易的数量和价值都远超官方贸易。⑤ 珍妮特·阿布－卢格霍德受到沃勒斯坦"世界体系"理论的启发，认为"世界体系"的出现要比沃勒斯坦说得早，在13、14世纪便已形成，并认为14世纪之后，这一世界体系崩溃，强大的中国也退出

---

① 滨下武志：《中国、东亚与全球经济：区域和历史的视角》，第17~18页。
② 滨下武志：《近代中国的国际契机：朝贡贸易体系与近代亚洲经济圈》，第36页。
③ 滨下武志：《中国、东亚与全球经济：区域和历史的视角》，第20页。
④ 张国刚：《丝绸之路上的政治经济学》，《南风窗》2015年第10期，第98~99页。
⑤ 珍妮特·L.阿布－卢格霍德：《欧洲霸权之前：1250—1350年的世界体系》，杜宪兵、何美兰、武逸天译，商务印书馆，2015，第308页。

了。① 她还提到，当时存在八个相互联系的亚体系，进而可以划分为三大中心，即西欧、中东和远东（东亚）。② 阿布 – 卢格霍德所说的"世界体系"主要是"世界贸易网络"，"世界贸易网络"是否构成"世界体系"无疑值得讨论。尽管如此，她忽视明清时期中国贸易继续发展的事实。③ 另外，阿布 – 卢格霍德对 13 世纪之前的"贸易网络"也没有充分重视。研究表明至少 6 世纪之前东亚世界的贸易网络已经比较成熟，这一时期中国为中心的陆上丝绸之路和海上丝绸之路"呈互相连接此起彼伏的发展态势"。④ 在东亚世界的贸易网络中，中亚和东南亚既是更大范围内贸易网络的中转站，同时也是东亚贸易网络的边界。越过东南亚和中亚，进入了中东和南亚为中心的贸易网络。这也可以说明，世界贸易网络的形成时间比阿布 – 卢格霍德所说的更早，她划分的贸易中心也早已形成。

中原地区无疑是东亚贸易网络的中心，周边地区一方面与中心区展开物品交换，另一方面，作为沟通中心区和东亚以外世界的大通道，在世界范围内的商品交换网络中，发挥了难以替代的作用。

第二，技术的传播与交流。技术的传播与交流促进了东亚社会相互之间技术水平的发展，刺激了经济增长，也是扩大东亚文明内部交往的重要动力。其中，军事技术和交通技术的影响往往被低估了。这两种技术的进步是区域秩序扩展和区域整合的直接力量。我们可以选择两个关键的时段来考察军事技术和交通技术进步的影响。

第一个时期是秦汉时期。这一时期，骑兵作为一个兵种在战争中的作用越来越大，骑兵作用的凸显始于赵武灵王的"胡服骑射"改革，而赵国的北部边疆处于农业文明与草原游牧文明的过渡地带，"胡服骑射"直接得益于游牧文明的刺激。尽管秦代骑兵还不是主要兵种，秦陵兵马俑的再现也表明秦朝对骑兵的重视。汉代骑兵已经取得与步兵同等重要的地位，也是击破匈奴的主要力量。可以说，骑兵技术在农耕文明与游牧文明之间的往还为秦

---

① 参见珍妮特·L. 阿布 – 卢格霍德：《欧洲霸权之前：1250—1350 年的世界体系》。
② 珍妮特·L. 阿布 – 卢格霍德：《欧洲霸权之前：1250—1350 年的世界体系》，第 40 页。
③ 参见贡德·弗兰克《白银资本：重视经济全球化中的东方》，刘北城译，中央编译出版社，2010；彭慕兰、史蒂文·托皮克《贸易打造的世界：1400 年至今的社会、文化与世界经济》，黄中宪等译，上海人民出版社，2018。
④ 石云涛：《三至六世纪丝绸之路的变迁》，文化艺术出版社，2007，第 463 页。

汉时期两种文明之间的互动带来波澜壮阔的史诗画卷，也是两种文明交融嵌合的内在因素。秦汉时期交通技术的进步也是明显的，而且与军事技术的演变并肩而行。秦朝为加强国家建设，修建了直道、驰道和五尺道等陆路交通网络，还开筑一条著名的运河——灵渠，沟通长江流域和珠江流域，打造南方地区的水陆交通网。秦朝还在这些道路的沿线建立了大量的亭、烽隧和邮驿等设施，形成一套较为完备的国家通信制度。汉承秦制，继承了秦朝的交通系统和交通管理制度。汉通西域之后，中原地区与西北地区、中亚的交通大开，交通网络范围进一步扩大。秦汉时期的水陆交通网与周边地区交通道路的对接，构成了更大范围的交通网络，也使得东亚文明内部交往进入了新的时代。①

　　另一个时期是唐宋变革时期。此一时期，东亚游牧社会的力量与农耕文明的力量出现了平衡甚至逆转。中原地区的军事管理体制和火器大大提高游牧社会的军事力量，再加上游牧社会本身具有的骑兵优势，使得战国时期到唐代中原地区的军事优势不再。② 这也是 10 世纪以后北方游牧文明多次入主中原的重要原因。另一方面，中心区和半边缘区军事技术的进步加速了边区社会与中心区社会的一体化进程。宋代以后海上交通的发达得益于造船技术和航海技术的发展。造船技术的改进包括模型造船技术的创造，榫合板连技术的采用，水密隔舱技术的推广等。③ 航海技术进步的主要体现是指南针的应用。宋代造船技术和航海技术的进步在很大程度上源于战争的刺激，而技术的发展最终带来的还是中原地区与东南亚甚至印度洋地区日益深化的联系。

　　唐宋之际海上交通网络的发展与北方游牧社会融入中原地区，都体现了这

---

① 白寿彝：《中国交通史》，商务印书馆，1937，第 55 ~ 101 页。

② 威廉·麦克尼尔注意到唐宋之际游牧社会通过吸纳农耕社会的军事技术，在军事组织和军事实力方面"超越了早期的部落局限"。他说道："游牧民族的军事力量通过和文明社会的互相渗透而不断提高，在 13 世纪达到了顶峰。成吉思汗几乎将所有的草原民族联合成单一的指挥结构。他的军队编制也按照十进位制，十人、一百人、一千人为一个单位，各级指挥官都由立过战功的人担任。这支军队强大可畏，而且不断扩大（草原上的敌方败兵直接编入这支军队，从列兵当兵开始）。当他们渗入中国北方和中亚的文明地区时，蒙古指挥官吸收了他们所遇到的一切新式武器。就这样，他们在 1241 年的战役中把中国的炸药带进了匈牙利……忽必烈首先合并了南宋海军，后来又将它改造成远洋舰队，以便向日本和海外的其他国家发动进攻。"参见威廉·H. 麦克尔《竞逐富强：公元 1000 年以来的技术、军事与社会》，倪大昕等译，上海辞书出版社，2013，第 51 ~ 52 页。

③ 王兆春：《中国古代军事工程技术史》，山西教育出版社，2007，第 158 ~ 164 页。

一时期区域秩序的扩展与整合进入了一个新的阶段。

第三，封贡政治体系。东亚的政治互动，有暴力和战争，更多的是和平交往。也不排除某些政权处于一种半孤立的状态，但是这些东亚社会最终还是进入了以中国为中心的政治交往体系。① 在费正清看来，这个以中国为中心的政治交往体系与欧洲三十年战争之后形成的国际秩序是不同的，用"国际"（international）甚至"国家间"（interstate）关系来形容它是不合适的，他认为可以称"中国世界秩序"（Chinese world order），而这个"中国世界秩序"就是封贡关系。② 前面已经说到，滨下武志把封贡体系看作以贸易为核心的政治经济体系，为了叙述的方便，可以把封贡体系分为两部分，经济的一部分是封贡贸易，政治的一部分可以称作封贡政治或者封贡政治体系。滨下氏根据中国中央政府对朝贡地区和国家的影响程度分为由内而外的几个层次：（1）来自西南地区的土官和土司的朝贡。（2）诸如女真部落的羁縻地区的朝贡。（3）关系最近的朝贡国，如朝鲜。（4）与其他国家交叉的双重朝贡关系的国家，如琉球，从17世纪开始同时向日本派遣朝贡使团。（5）位于外缘地区的朝贡国家，如泰国。（6）被中国看作朝贡国，但实际是从事互惠贸易的国家，如俄罗斯和欧洲其他国家。③ 在这个封贡政治中，中国是体系的中心，还存在若干个卫星体系，比如琉球同时向中国和日本朝贡，日本和越南也分别建构自己的小华夷体系。④ 很明显，滨下武志的分类主要参考的是明清时期的封贡体系。实际上，包含封贡政治在内的东亚封贡体系在两汉时期便形成了。⑤

第四，移民。移民是跨文化互动的重要内容，也是区域网络构建的动力之一。然而，当前东亚的移民史研究往往囿于国别史和亚区域史的研究框架，缺少从整体上观察东亚移民的格局。⑥ 从东亚整体视野理解移民格局仍然离不开

① 史华慈：《中国的世界秩序观：过去与现在》，费正清主编《中国的世界秩序》，第 294 页。

② John King Fairbank, ed., *The Chinese World Order: Traditional China's Foreign Relations*, Cambridge: Harvard University Press, 1968, p. 2.

③ 滨下武志：《中国、东亚与全球经济：区域和历史的视角》，第 21 页。

④ 滨下武志：《中国、东亚与全球经济：区域和历史的视角》，第 24 页。

⑤ 何芳川："华夷秩序"论》，《北京大学学报》1998 年第 6 期，第 32 页；李云泉：《朝贡制度史论——中国古代对外关系体制研究》，新华出版社，2004，第 16 页。

⑥ 葛剑雄主编《中国移民史》，福建人民出版社，1997；韩昇：《东亚世界形成史论》，中国方正出版社，2015；贺圣达：《东南亚历史重大历史问题研究》上册，云南人民出版社，2015。

文明中心区的枢纽作用，也就是说，中原地区作为中心，长期与周边地区进行人口迁徙往来，构成东亚多元共融的移民格局与族群布局。

总体来看，从移民迁出地的视角来看，历史上东亚社会的移民可以分为以下几种：第一，中原地区向周边地区的人口迁徙，这又可以分为四个方向。（1）西北方向。从汉朝以后，由于驻军、屯田、贸易、战争、饥荒等种种原因，中原地区持续不断地向西北地区移民。① （2）东北亚方向。汉代和唐代对辽东地区以及朝鲜半岛的治理掀起多次移民潮，而中原地区向日本的移民对当地社会产生了持续的深远影响。② （3）西南方向。以横断山脉峡谷区域为主体的藏彝走廊自古以来就是中原人民和西南地区人民交往和族群迁徙的大通道。③ （4）东南亚方向。唐朝末年，福建广东的华人受到黄巢之乱的影响，南迁到苏门答腊地区，这是有确切历史文献记载的第一次大规模东南亚移民。自此以后，华人移民东南亚史不绝书。④

第二，周边地区向中原地区的人口迁徙。中原区与周边地区的人口迁徙是双向的，但是，与中原地区作为迁出地的情况不同，周边地区人民向中原地区迁徙有一个特点，即东北地区和西北地区南迁中原的人口和规模远远大于西南和东南亚地区向中原区迁徙的人口数量。在历史上，匈奴、鲜卑、突厥、回鹘、高句丽、契丹、女真、蒙古、羯、羌等北方族群都曾纷纷南下，有的在中原地区建立了政权。而且，相当数量的中亚甚至西亚地区的人也来到中原，并最终华化。⑤

第三，半边缘区和边缘区互为迁出地的人口迁徙。靠近中原的半边缘区和边缘区在地理上更为相似，两地的人口也处在不断迁徙的过程当中。比如中国东北和朝鲜半岛向日本群岛的人口迁徙，月氏、匈奴、突厥、回鹘、契丹（西辽）、蒙古等长城边疆族群向中亚地区的迁徙，华南人口向东南亚地区的移民，中南半岛的族群向东南亚海岛地区的移民等。

---

① 李洁、郭琼：《历史上新疆汉族移民的类型及其作用》，《烟台大学学报》2008 年第 3 期，第 100~106 页。

② 韩昇：《东亚世界形成史论》，第 58~94、321~385 页。

③ 关于藏彝走廊的研究，参见李星星《李星星论藏彝走廊》，民族出版社，2008；石硕《交融与互动——藏彝走廊的民族、历史与文化》，四川人民出版社，2014。

④ 李恩涵：《东南亚华人史》，东方出版社，2015，第 13 页。

⑤ 参见向达《唐代长安与西域文明》，河北教育出版社，2001；陈垣《元西域人华化考》，上海古籍出版社，2000。

　　杰里·本特利认为，"大规模的移民为所涉及地区的政治、社会、经济与文化转变带来了潜在的可能性"。① 东亚各社会之间绝不是封闭的，大山、河流、荒漠和海洋阻挡了移民的脚步。长期的多向度的移民进程无疑为东亚文明的发展带来巨大影响。总体而言，东亚文明人口迁徙形成了"你中有我，我中有你"的多元一体格局，加深了东亚世界内部的联系，促进技术和文化交流，扩大了东亚区域交往网络，是东亚一体化进程中的重要动力。

　　第五，思想文化的交流与碰撞。西嶋定生认为，"'东亚世界'是以中国文明的发生及发展为基轴而形成的……随着中国文明的开发，其影响进而到达周边诸民族，在那里形成以中国文明为中心，而自我完成的文化圈"。在西嶋定生看来，"中国"文明向周边地区传播形成了一个以"中国"为中心的文化圈即是东亚。他给出东亚文化圈的基本要素包括四项，即汉字文化、儒教、律令制、佛教。西嶋氏基于该定义的东亚范畴之外延亦相当狭隘，他明确指出，东亚世界是以"中国为中心，包括其周边的朝鲜、日本、越南以及蒙古高原与西藏高原中间的河西走廊地区东部诸地域"。② 也就是说按照西嶋氏的理解，"中国"文化未对河西走廊以西的地区、蒙古高原、青藏高原、中亚、东南亚产生文化方面的影响，因而它们不属于中国，也不属于东亚。他这种本质化的认知在前文已经指出其缺陷，这里不再赘述。

　　不可否认，西嶋定生看到东亚文明中心的思想文化向周边地区辐射的史实，但是目光仅限于朝鲜半岛、日本和越南，其实中心区的思想文化对周边地区的影响也不仅限于这四项。比如，道教信仰以及一些民间信仰对朝鲜半岛和东南亚地区也产生了影响，至今不绝。汉字和儒家思想的传播达到新疆甚至中亚地区。③

　　前文提到，东亚文明的构成不能只考虑文明中心区向外辐射而形成的均质化的各种要素。东亚文明是多元社会互动联系而形成的共同体。周边地区对中心区的影响同样重要，思想文化层面也是如此。周边地区作为文化主体或者文

---

①　杰里·本特利：《跨文化互动与世界历史分期》，夏继果、本特利主编《全球史读本》，北京大学出版社，2010，第 127 页。

②　西嶋定生：《东亚世界的形成》，刘俊文主编《日本学者研究中国史论著选译》第 2 卷，第 88～90 页。

③　杨军、张乃和主编《东亚史：从史前至 20 世纪末》，长春出版社，2008，第 148 页；魏良弢《西辽时期汉文化对中亚的影响》，《历史研究》1985 年第 4 期，第 45～53 页。

化中介向文明中心区输送了大量的思想文化产品，比如佛教、祆教、伊斯兰教、医学医药、天文历法、音乐、舞蹈、杂技等。这些思想文化产品进入中心区，与当地的思想文化发生了交流、碰撞和本土化的过程，成为中心文明的一部分，比如，禅宗、回族及其文化传统、戏曲等。

以上我们从贸易网络、技术交流、封贡政治体系、移民和思想文化交流等五个方面论述了东亚社会的交往网络，当然，东亚交往网络的内容远不止这些，以上仅是举其要者。尽管如此，我们仍然可以看出东亚文明一体化的动力和进程。但是，到这里，我们论证东亚文明共同体得以成立的理由仍显得牵强，有人会提出疑问，仅仅一个网络结构能说明东亚是独立意义上的文明共同体吗？交往网络是完全开放的，东亚的交往网络与其他交往网络也是无缝对接的，那么东亚交往网络与其他交往网络有没有一个较为明显的分野？[①] 如果有，划分的依据是什么？

要回答上述问题，还要探讨东亚文明的其他结构。

三　中心－边缘视角下东亚文明的三重结构与东亚共同体的构成

东亚文明交往网络的节点不是完全均匀分布的，各个节点在空间上的功能和作用力也是不均衡的。中原农耕区人口密集，物产丰富，国家和社会治理较为成熟，交通网更为发达，作用最凸显，它像一个旋涡，对周边形成了很强的辐射力和吸纳力。相对于中原区，靠近中原地区的北方游牧区和西南山地农牧区处于边缘的位置，在经济上严重依赖中原区，受到中原区的辐射和吸纳，或主动或被动融入中原区；同时，相对于中亚的游牧区和东南亚，它们又起到中心的作用；中亚的游牧区和东南亚地区距离中原区相对较远，受到中原区的影响也相对较小，同时与其他文明接壤，接受其他文明辐射。总之，它们是东亚文明与其他文明相互影响的过渡地带，构成了东亚文明的边疆。因此，东亚文明内部出现了较为明显的功能性分区，而且分区是围绕中心区的远近展开的，这就是东亚文明的圈层结构，即中心圈（区）、半边缘圈（区）、边缘圈

---

① 麦克尼尔认为旧大陆世界性网络形成于公元前后，约翰·R. 麦克尼尔、威廉·H. 麦克尼尔：《人类之网：鸟瞰世界历史》，王晋新等译，北京大学出版社，2011，第2~3页。

（区）。中心圈的中心性决定了东亚文明的特点和自主性，而边缘圈的存在划定了东亚文明的边界。①

（一）文明中心区

东亚文明的中心区也是中华文明的中心区，空间范围大致是指北到长城沿线，西南至横断山脉，南到南海，东到东海的区域。当然，中心区一开始也不是这个规模，春秋战国时期中华文明中心区经过族群大融合和政治兼并，文化版图北到辽河流域，南到长江流域，西到陇西，东到大海。河西走廊、福建、两广地区尚不属于文明中心区。经过秦汉魏晋南北朝时期更广泛的族群融合，特别是南方"蛮族"的兴起，中心区扩大到闽江流域和珠江流域。② 也就是说至少到隋统一全国之前，东亚文明中心区的空间范围大致固定下来。

关于文明中心区的特点，西嶋定生总结了四点。许倬云提到了三点，即市场交换网、编户齐民和文官、汉文字系统。③ 葛兆光对许倬云的三点做了补充和完善，他也提到三点。一是包括郡县制在内的制度。二是文化，又包括三个部分，即中国知识、思想与信仰世界逐渐形塑出的文化传统，皇帝主导的国家祭祀塑造的一个神圣信仰，历史书写构造的共同历史。三是士大夫阶层所统治的社会阶层。④ 笔者对文明中心区的特点也有一点思考，限于篇幅不做进一步论述，这里仅列纲目：一是农业根基，经济繁荣；二是律令体制，君臣共治；三是礼治社会，宗族团结；四是汉字书写，儒家文教；五是怀柔远人，天下一体。

当然，任何一种表述都不可能是全面的。这只是概括了中心区的典型特

---

① 也有不少学者提倡"三圈（区）"说，费正清认为，中国为中心的中国世界秩序包含三个区域，第一个是汉文化区，由中国、朝鲜、越南、琉球群岛组成，日本在某些短暂时期属于此区域。第二个是"内亚"区，由亚洲内陆游牧或半游牧民族等属国和从属部落构成。第三个是外区域，包括在贸易时应该进贡的国家和地区，如日本、东南亚和南亚其他国家，以及欧洲。王铭铭在前人的基础上从人类学的角度也提出了"三圈"说，他的三圈包括汉族农村和民间文化为研究对象的"核心圈"，以中国少数民族为研究客体的"中间圈"，以"外国"为研究对象的"外圈"。参见 John King Fairbank, ed., *The Chinese World Order: Traditional China's Foreign Relations*, p. 2；王铭铭《中间圈——"藏彝走廊"与人类学的再构思》，社会科学文献出版社，2008，第 53～54 页。

② 万绳楠整理《陈寅恪魏晋南北朝史讲演录》，黄山书社，1987。

③ 许倬云：《说中国：一个不断变化的复杂共同体》，广西师范大学出版社，2015，第 2 页。

④ 葛兆光：《历史中国的内与外》，香港中文大学出版社，2017，第 71～79 页。

点。在东亚文明交往网络的结构中，三个圈层相互影响，因此，中心区本身也带有半边缘区、边缘区甚至其他文明的一些特征，比如，汉语普通话受到阿尔泰语系的深刻影响。[①] 另外，中心区的自身也在不断变化当中，先秦的儒家思想、秦汉时期的中央集权体制到了明清时期发生了多次变化。东亚文明不是一种本质化的文明，文明中心区也不是本质化的中心区。

尽管如此，中心区的典型特征仍然具有很强的延续性。许多学者已经从学理上解释这种延续性。余英时致力于阐释中国思想传统的现代意义。[②] 陈来借用雅斯贝尔斯的"轴心期"理论主张"轴心时代中华文明形成的基本价值成为主导中华文明后来发展的核心价值"。[③] 苏力引用格尔茨的"地方性知识"理论和哈耶克的"有限理性"理论借以说明，中国现代制度的创造要依赖"本土资源"。[④] 还有一位学者的理论值得注意，那就是布迪厄的"文化再生产"理论，中心区的传统得以延续的主要机制就是文化传统被持续地"再生产"。[⑤] 文明中心区文化传统的延续表明东亚文明的基轴没有发生根本性的变化。中心区在东亚交往网络中的地位和影响也没有发生较大变化。简而言之，中心区的作用包括两个方面：辐射源和引力场。

中心区作为辐射源，向半边缘区和边缘区或者通过半边缘、边缘区向其他文明传播商品、技术、思想、制度等文明产品。这些产品包括：金银等货币、丝绸、瓷器、茶叶、漆器、"四大发明"、金属冶炼技术、农耕技术、汉字、儒家思想、中国化的佛教、国家治理的制度、战争技术和军事体制等。中心区作为引力场从半边缘区和边缘区或者以半边缘、边缘区作为媒介从其他文明那里吸纳大量的商品、艺术、技术、思想文化等文明成果，诸如土特方物、香料、医学医药、农耕技术、杂技、宗教信仰，以及大量外来人口。

（二）文明半边缘区的有限自主性

半边缘区几乎包围着中心区，与中心区关系最为密切。半边缘区的范围大

① 桥本万太郎：《北方汉语的结构发展》，《语言研究》1983 年第 1 期，第 88～99 页。
② 余英时：《中国思想传统的现代诠释》，江苏人民出版社，2006。
③ 陈来：《中华文明的核心价值：国学流变与传统价值观》，三联书店，2015，序言，第 3 页。
④ 苏力：《法治及其本土资源》，中国政法大学出版社，1996，第 17～20 页。
⑤ P. 布尔迪约、J.－C. 帕斯隆：《再生产：一种教育系统理论的要点》，邢克超译，商务印书馆，2002。

致包括朝鲜半岛、日本、琉球群岛、山海关以北的森林草原区、蒙古高原、葱岭以东敦煌以西的西域、青藏高原、横断山脉区、云贵高原、越南半岛北部地区、台湾岛。半边缘区的形成也经历了很长的时期，而且地理范围也是不断变化的，比如青藏高原进入半边缘区较晚，而日本、朝鲜半岛、越南北部地区在唐宋之际在很大程度上发展本土文明，有意识地疏远中心区，出现了再边缘化的趋势。总体来看，半边缘区主要是中国历史上的羁縻区、土司管辖区。

沃勒斯坦曾描述现代世界体系中半边缘区的中间地位。他说，半边缘区"相比于中心国家呈现边缘化状态，相比于临近的边缘国家呈现中心性状态"。[1] 从文明史的角度观察，东亚文明的半边缘区也具有类似的特征和地位。拉铁摩尔曾经非常凝练地总结了"长城地带"的中国边疆史上的意义，他说："汉族文化达到某种成熟的水平，却是建立整个草原政治生活的必要先决条件。当汉族确实占领了长城边疆，搅乱了过渡地区的散漫部落之后，草原上的游动才具有政治的意义。从此，对于汉族是边缘的长城地带，对整个的亚洲内陆却是一个中心。"[2] 在拉铁摩尔看来，游牧区农耕区的过渡地区——"长城地带"，对农耕区来说是边缘，但是对中国的"内亚"边疆来说，又是中心，"长城地带"兼具这两种属性。然而，这是拉铁摩尔得出的论断。如果从更广泛的东亚视角来看，葱岭以东到外兴安岭的游牧区、横断山脉及两侧的青藏高原和云贵高原也具有这种特征，也就是说，半边缘区对中心区来说是边缘，但是对边缘区来说，又是中心。即便如此，用"既是边缘又是中心"这样的话语描述半边缘区的特点仍然过于简单化，有必要具体谈论半边缘区的特点及其在东亚交往网络的地位。

第一，地方自主性。不可否认，半边缘区的族群和部落拥有自身的某些特点，在文化上与以汉族为主体的中心区群体也存有一定的差异。但是，这些差异实际上被"内亚"中心论者和泛东南亚论者放大并绝对化了。比如"新清史"极力渲染"满洲特性"和"满人认同"，赞同"新清史"的中国学者也阐释了"内亚"传统的独特性。当然，半边缘区的地方特性和族群认同是存在的，但是这种自主性是有限的，换句话说，在更大程度上它依存于中心区。

---

[1]　Terence K. Hopkins and Immanuel Wallerstein, eds., *World System Analysis: Theory and Methodology*, London: Sage Publications, 1982, p. 47.

[2]　拉铁摩尔：《中国的亚洲内陆边疆》，唐晓峰译，江苏人民出版社，2010，第 327 页。

以下半边缘区的特点说明了这一点。

第二，半边缘区经济上严重依赖中心区。相关的问题已经有多位权威学者论述。中国蒙古族学者札奇斯钦早在 20 世纪 60 年代就敏锐地发现，"北方游牧民族因自然环境，以及生产方式的限制，在经济上不得不依赖南方的农业民族，因此时常在政治上会受到很大的影响。"经济上依赖的方式包括和平的贸易手段以及和平贸易遭到破坏而产生的军事掠夺。① 俄罗斯著名学者阿纳托利·哈扎诺夫（Anatoly M. Khazanov）在《游牧族群与外部世界》一书中也倡导此说，他认为，游牧世界的经济生产方式不能自给自足，因此，游牧世界必须与外部农耕世界产生各种互动方式，以获得能够延续的外部资源。他也提到几种互动方式，包括贸易、归顺和军事征服。② 美国人类学托马斯·巴菲尔德从人类学的角度研究中北方游牧社会与南方农耕社会之间的共生关系，他也认为，北方游牧社会严重依赖中原社会，因此，在中原地区形成强大的国家时，游牧社会也从分散走向联合，建立强大的游牧政权，以便从中原地区汲取更多资源，而当中原王朝国家衰落时，北方游牧政权也趋于瓦解。③ 几位学者的研究都表明，半边缘区游牧社会在经济上不能自足，需从中心区输入大量物资才能生存和发展。西南半边缘区也面临同样的状况，例如，青藏高原上的藏民通过茶马古道从四川地区和云南地区输入大量茶叶，有学者统计，两宋时期四川地区年茶量 3000 万斤，其中 1500 万斤茶销往藏区。④

第三，中原政权与半边缘区政权的分合交互。正如札奇斯钦所说，半边缘区在经济上依赖中心区，在政治上必然受到其深刻的影响。政治上的影响大致分为以下几种形式：第一，半边缘区的族群和政权进入封贡政治体系；第二，入侵中心区，建立区域性或全国性的政权；第三，中心区往往出于防御的需要，在半边缘区建立管辖权。也就是说，除了封贡政治之外，半边缘区和中心区处在政权分合的交互过程当中。从总体的历史进程来看，中心区和半边缘区政权分合交互的状况在唐宋变革之际也发生了变化。宋代之前，中心区政权的

① 札奇斯钦：《阿尔泰语系游牧民族与农业汉民族间和平、战争与贸易之关系》，《书目季刊》第 2 卷第 1 期，1967，第 79 ~ 93 页；第 2 卷第 2 期，1967，第 79 ~ 87 页。

② Anatoly M. Khazanov, *Nomads and the Outside World*, transl. by Julia Crookenden, Madison：The University of Wisconsin Press，1994.

③ 巴菲尔德：《危险的边疆：游牧帝国与中国》，袁剑译，江苏人民出版社，2011。

④ 石硕：《茶马古道及其历史文化价值》，《西藏研究》2002 年第 4 期，第 51 页。

管辖范围多扩大到半边缘区，秦代兼并巴蜀、岭南，汉代并入西域、辽东、朝鲜半岛、西南地区、越南北部，唐代兼有中亚、北亚、辽东、安南。宋代之后，半边缘区政权在军事实力上赶上中心区，甚至出现逆转，往往能占有中心区之地，或建立全国性的统治权，辽、金、西夏、蒙古、清统治者都兴起于半边缘区。需要指出的是，中心区和半边缘区政权的分合交互的动力都不是单向的，而是双方共同作用的结果。

第四，半边缘区族群往往存在更高一级的中华认同。族群认同带有原生性。半边缘区族群的身份认同自然也不能忽视。① 不管是半边缘区政权还是中心区政权，统治区域内生活着多个族群，由于汉语书写的缘故，各个政权内的族群关系多表现为汉人和非汉人之间的关系。尽管如此，汉人与非汉人之间的关系绝不仅仅是充满张力的，② 双方的共生共融是中心区和半边缘区历史发展的主流，这其中包括中心区和半边缘区族群在自身认同之上还存在更高一级的中华认同。

两宋时期，辽、西夏、金、喀喇汗等半边缘区王朝虽然与宋长期对峙，而且在汉化问题上他们内部也存在斗争，但是，他们对中华文明的认同也是显而易见的。辽朝以中国"北朝"自居，并接受了"中华正统"的观念，以"正统"自居。③ 党项人攀附拓跋后裔，将王室血统追溯到北魏，北魏是汉化比较自觉的朝代。西夏自称"西朝"，按照五行理论，西与白色对应，因此，西夏又自称"太白上国""太白高国"，建构优越于辽金和宋的"正统"观。金占有中原，自信"中原即中国"，同样认同"中华"。④ 建牙帐于蒙古高原上的回鹘人被迫西迁，其中一支建立跨越葱岭东西的喀喇汗王朝。喀喇汗王朝的大汗加尊号称"桃花石汗"，"桃花石"即中国，而且，喀喇汗王朝在铸造的钱币上印大汗称号为"蔑力克-蔑什力克-沃·秦"，意思是"东方和中国之君"。

---

① 族群认同的原生主义范式参见安东尼·斯密斯《民族主义：理论、意识形态、历史》，叶江译，上海人民出版社，2011，第 55～61 页。

② 魏孝稷：《汉学主义范式的空间结构——以〈哈佛中国史〉为中心的考察》，《全球史评论》第 13 辑，第 196～197 页。

③ 刘浦江：《德运之争与辽金王朝的正统性问题》，《中国社会科学》2004 年第 2 期，第 189～180 页；赵永春、王观：《10～13 世纪民族政权对峙时期的"中国"认同》，《陕西师范大学学报》2018 年第 1 期，第 24 页。

④ 赵永春、王观：《10～13 世纪民族政权对峙时期的"中国"认同》，《陕西师范大学学报》2018 年第 1 期，第 24～25 页。

多种证据显示，喀喇汗王朝在认同上属于"中国"。① 金灭辽，耶律大石率残部西迁，建立西辽。西辽延续辽的制度，未接受伊斯兰教，因此，元人修《辽史》将西辽史附于《本纪》之后，也承认西辽是中国历史上的王朝。② 著名内亚史学者丹尼斯·塞诺也认为，草原的游牧族群一旦"文明化"，"宁可丧失自己的身份，也不愿回到从前的状态"。他举例说，回鹘人和契丹人（主体）最终接受了汉化的生活方式。③

一般认为，蒙古人建立的元朝汉化程度低，并没有认同"中国"。萧启庆指出，这是受赵翼的观点影响，赵翼说"元代不惟帝王不习汉文，即大臣习汉文者亦少也"。萧氏认为，赵翼之说"不尽正确"。在他看来，元代中后期的统治者对汉文化造诣颇深。④ 即使，元统治者学习汉文化虽然不能与认同华夏画等号，但是，从忽必烈发布《建国号诏》中称"绍百王纪统"，到元顺帝修《辽史》《宋史》《金史》三史，都表明元朝最高统治者超越了蒙古人的族群意识，接受了"中华正统"观念。⑤ 清朝满人统治者的汉化程度极高，这是毋庸置疑的。"新清史"学者强调满人认同和"内亚"体制，但是，从康熙帝到宣统帝的认同观念来看，"新清史"的观点过于褊狭。甘德星从《康熙遗诏（台戊本）》及《尼布楚条约》等原始满文政治文件当中发现，康熙帝具有明确的超越满汉意识的"中国"认同。⑥ 韩东育则从雍正皇帝《大义觉迷录》到《清帝逊位诏书》等一系列的表述中研究了满人的"华夷一家"和"大中华"意识。⑦

因此，从契丹到满人等来自半边缘区的统治者身上可以看出，他们族群意识和中华认同并不冲突，因为这两种认同不是同一级别上的，自身族群认同属于低一级别的族群认同，中华认同属于高一级别的文化认同或国家认同。另

---

① 参见张广达《文书、典籍与西域史地》，广西师范大学出版社，2008，第 62～66、69～70 页。
② 魏良弢：《西辽时期汉文化对中亚的影响》，《历史研究》1985 年第 4 期，第 49 页。
③ 丹尼斯·塞诺：《丹尼斯·塞诺内亚研究文选》，北京大学历史系民族史教研室译，中华书局，2006，第 2～3 页。
④ 萧启庆：《内北国而外中国——蒙元史研究》，中华书局，2007，第 470～471 页。
⑤ 向燕南、罗炳良、王东平：《历史文化认同与中国统一多民族国家》第 3 卷，河北人民出版社，2013，第 151～226 页。
⑥ 甘德星：《康熙遗诏所见大清皇帝的中国观》，汪荣祖主编《清帝国性质的再商榷》，远流出版事业股份有限公司，2014，第 109～114 页。
⑦ 韩东育：《清朝对"非汉世界"的"大中华"表达——从〈大义觉迷录〉到〈清帝逊位诏书〉》，《中国边疆史地研究》2014 年第 4 期，第 1～16 页。

外，还需指出的是，即使是低一级的族群认同也不能绝对化和本质化，它的表现形式或强或弱，或明或隐，总体上是模糊的、多变的。这是不同于"新清史"学者所持的认同决定论的立场。

第五，经过短期性族群交融与周期性族群大交融，大部分半边缘区人口融入中心区。上文提到，东亚的移民是构成交往网络的重要内容。从总体上看中心区和半边缘区的移民进程，北方边区向中心区迁徙的人数居多，中心区向南方半边缘区迁徙的人数居多。从时段上看，有短期性的移民，也有长期性甚至周期性的移民进程。前者比如汉武帝时期，成千上万的汉军投降匈奴，也有同等规模的匈奴人投降内地；630 年，唐灭东突厥，塞外迁徙到内地的人口一年达 120 万之多。[①] 一般认为，中心区和半边缘区周期性的移民和族群大融合在秦汉以后有两次，一次是魏晋南北朝时期，一次是辽宋夏金元时期，实际上，隋唐时期、明清时期族群融合也未曾中断。可以说，从秦汉时期开始，中心区和半边缘区的族群融合一直是持续的，在某一时期更为集中。

以上半边缘区的五点特征足以表明，半边缘区的独立性或自主性是有限的，而一味地强调半边缘区的独立性甚至中心性，显然缺少整体性的视野。

（三）文明边缘区

边缘区位于半边缘区的外侧，一般情况下不与中心区接壤。半边缘区的范围包括葱岭以西的中亚地区、亚洲俄罗斯以及东南亚地区。朝鲜半岛、日本和越南北部地区在唐宋之际出现与中心区离心的自我意识，经历了再边缘化的过程，也属于边缘区。

边缘区无论相对于中心区还是半边缘区都是边缘性的，但是，半边缘区相对于边缘区可以说又是中心。半边缘区与边缘区的相互影响力在很大程度上是不对等的。半边缘区对边缘区的影响更大，而不是相反。游牧社会的强大族群，比如，大月氏、匈奴、厌哒、突厥、回鹘、契丹（西辽）、蒙古都是崛起于半边缘区，并将力量推及边缘区。大月氏败于匈奴，西迁中亚，建立了贵霜帝国。匈奴受到汉朝的打击，被迫西迁，可能经中亚辗转迁徙到欧洲。厌哒起于塞北，西迁之后长期对波斯和印度造成威胁。突厥人建立了从

---

① 葛剑雄：《中国移民史》第 1 卷，福建人民出版社，1997，第 261～262 页。

大兴安岭到咸海的游牧王朝，突厥王朝灭亡之后，中亚的突厥化进程方兴未艾。回鹘被黠戛斯打败之后陷入分裂，其中一支建立了喀喇汗王朝，王朝势力西及河中之地。汉化程度较高的西辽政权臣服东西喀喇汗王朝和花剌子模，有学者认为西辽时期是汉唐之后汉文化对中亚影响的又一高峰。① 蒙古西征以及察合台汗国、伊尔汗国、钦察汗国对中亚的统治也彰显了半边缘区的影响。

西南半边缘区对东南亚的影响从新石器时代就开始了。学术界一般认为，东南亚分布着四大族群，即澳大利亚－美拉尼西亚人、南岛语系人、南亚语系人和汉藏语系人。其中第一个族群可能是原始族群，后三大族群人数更多，主要从东亚大陆陆续迁徙而来。伴随着人口迁徙，东亚大陆的稻作技术、青铜器冶炼技术向东南亚传播。② 人口迁徙和技术传播的通道主要是西南半边缘区流经东南亚的伊洛瓦底江、萨尔温江、湄公河、红河及其支流形成的河谷地带。而后来的“藏彝走廊”和西南丝绸之路也与这些河谷地带的分布相关。中心区向东南亚的文化辐射经由这一大通道实现。③ 唐宋以后海上交通更为便捷，中心区对东南亚的影响转向了海上。

相对于中心区和半边缘区，中亚、东南亚是东亚文明的边缘区，然而，如果放在更大的视野来看，它们又是其他文明中心的边缘。多元文明的共享性是边缘区的核心特征。

中亚在地缘上也与波斯文明、印度文明、阿拉伯伊斯兰文明接壤，16 世纪俄罗斯的崛起，中亚又与东正教文明交界，同时受到接壤文明的辐射，构成了接壤文明的边缘。公元前 6 世纪生活在中亚的斯基泰人被波斯人征服，起源于波斯的琐罗亚斯德教（祆教）被及中亚。此后，西方的希腊化文明、阿拉伯伊斯兰文明、俄罗斯文明，来自南方的印度文明，来自东方的中华文明及其半边缘区族群大月氏、匈奴、突厥、回鹘、契丹、蒙古相继在中亚扮演重要的角色，他们的影响或是短暂的，或是持续的，有的影响至今，比如 10 世纪以后逐步形成的突厥化和伊斯兰化，18 世纪以后出现的俄罗斯化都是持续性的。

---

① 魏良弢：《西辽时期汉文化对中亚的影响》，《历史研究》1985 年第 4 期，第 46 页。
② 参见贺圣达《东南亚历史重大历史问题研究》上册，第 133～277 页。
③ 童恩正：《试谈古代四川与东南亚文明的关系》，伍加伦、江玉祥主编《古代西南丝绸之路研究》，四川大学出版社，1990，第 10～29 页；李绍明：《论西南丝绸之路与藏彝走廊》，江玉祥主编《古代西南丝绸之路研究》第 2 辑，四川大学出版社，1995，第 89～102 页。

由于来自东方、南方、西方诸多文明的深刻影响，中亚也成了多元文明交汇之地，欧亚大陆诸文明横向传播的桥梁。

东南亚与中亚的历史十分相似。它也受到多个文明中心的辐射，北方是中华文明，西方是印度文明（包括波罗门教和印度教）。12 世纪前后，伊斯兰教开始在东南亚传播，1511 年，葡萄牙人占领马六甲，西方基督教文明进入东南亚。当下东南亚各国的人口及宗教分布状况反映了多元文明影响下的格局。总体上看，越南、柬埔寨、泰国、缅甸以佛教为主，其中越南的佛教为北传的大乘佛教，其他国家信仰小乘佛教；马来西亚、印度尼西亚、文莱以伊斯兰教为主；菲律宾主体信仰基督教；东南亚华人人口在 3000 万以上，拥有华人血统者更多，新加坡是以华人为主体的国家。与中亚的作用很相似，东南亚作为多个文明共享的边缘，同时也是多元文明交流的大通道，是海上丝绸之路和西南丝绸之路的必经之地。

所以，中亚和东南亚既可被视为文明的边缘，也可以看作文明的桥梁，或者桥梁文明。桥梁文明不是文明中心区和半边缘区的附庸，它们有自身的文化特征，比如各自的族群记忆和多种原始宗教信仰，文明中心的辐射也经过了本土化，带上了明显的地方特色。也就是说，越趋于边缘区，文明的中心性越弱，文明多元性和交叉性越明显，同时，这也意味着东亚文明与其他文明在边缘区出现了分野。

以上先后从网络结构和圈层结构论述了东亚文明共同体的构成。值得注意的是，这两个结构是不能分开的，其实它们是东亚文明共同体空间结构的一体两面，只是叙述的侧重点不同而已。总体来看，东亚内部的网络结构和圈层结构在两汉时期出现，东亚文明共同体于此时形成。后来的发展总体趋势是东亚文明内部各亚区域之间的关系越来越紧密，相互依存度越来越高。这说明，16 世纪初期西方殖民势力分别从海上和路上侵入东亚文明之前，东亚文明共同体已经存在了一千多年。但是东亚历史发生革命性变化的时间还是 19 世纪，整个东亚文明相继沦为西方国家（包括日本）的殖民地和半殖民地，东亚文明共同体被纳入全球资本主义体系，进入激烈的转型阶段。20 世纪中期以后去殖民化进程迅速完成，东亚世界从一个文明体系变成全球性的国民国家体系（nation-state system）的重要组成部分。然而，东亚文明史的伟大遗产虽然经历了风雨，仍会在东亚未来的道路上发挥难以估量的作用。

四　中心区与半边缘区的稳定结构
与中国的历史空间

还有一个问题值得思索，即在东亚文明共同体的空间结构当中，国家空间处在一个什么位置？现代中国和其他国家的疆域是否具有一个历史基础？对此，一些学者提出了相关思考。例如，葛兆光认为，中国的"内"与"外"应该放在历史进程中考察，"中国"的疆域是移动的，作为中国外部的"周边"也是移动的。他说："中国的'周边'不仅仅是现在仍然在国境之外的朝鲜、日本、（外）蒙古、印度、越南、缅甸、巴基斯坦等等'外国'，也许还应当包括已经在现代中国国境内，但历史上不一定是'中国'的'周边'，如古代的南蛮北狄东夷西戎，近代的满蒙回藏苗彝地区等等。"[1] 他还提到："历史研究者不能退用现代'中国'（大清、民国、中华人民共和国）的领土与族群倒推历史，把发生在现代中国境内的历史统统算成中国历史，而是要从当时的历史状况来看，什么才是进入'中国'的历史。因此，汉之于匈奴，唐之于突厥、吐蕃，宋之于契丹、女真、西夏、大理，均应看成是国际的历史，他们之间的战争在当时也不是'国内战争'，而是'国际战争。'"[2]

笔者认为，"历史中国"的疆域不能等同于汉族王朝国家的疆域，否则，匈奴、鲜卑、突厥、回鹘、吐蕃、契丹、女真、西夏、大理、鞑靼、瓦剌都在中国之外了。同时，也不能从中原汉族立场出发来讲述"历史中国"，不能以所谓的汉族文化区作为划定"中国"内与外的标准，应该承认与汉族关系密切的呈现"交错"关系的非汉族人口也属于"中国"，他们深刻影响了中国文化或者汉族文化。而且，在论及历史"中国"和现代"中国"时，应区分前现代语境中的"国"和现代语境中的"国家"的含义。否则，就会一方面批评那种采用从现代中国疆域倒推历史中国疆域的做法，[3] 另一方面又不自觉地把现代语境中的"国家"概念倒推到前现代的历史中去，与前现代"国"的概念等同化。

简而言之，现代语境的"国家"具有政治属性，拥有明确的主权、边界

---

①　葛兆光：《历史中国的内与外》，第26页。

②　葛兆光：《历史中国的内与外》，第128页。

③　葛兆光：《历史中国的内与外》，第68～69、80页。

和人口，前现代的"国"不具有主权、边界等政治属性。中国古代史籍所载之"中国"，实际上主要指带有文明属性的中心区，所谓"华夷之防"的"华夷"概念也只能在文明的视野下来理解。因此，从现代政治的角度理解前现代的"中国"范畴是不恰当的。

那么，如何认识"中国历史空间"，并避免出现中原汉族立场和现代政治国家视角的局限呢？本文也倾向于回归文明史范式，即从东亚文明史视角理解中国历史的空间。

首先应区分三个"中国"概念，第一个是文明中心区中国，秦汉以后文明中心区中国大致包括北到长城、西到嘉峪关、南至南海、东至东海的地区，明清之后包括云贵高原，这个"中国"可以称为"中国Ⅰ"；第二是包含"中国Ⅰ"以及周边地区的"历史中国"，这个"中国"可以称作"中国Ⅱ"；第三是现代中国，即清朝以来的中国，可以称作"中国Ⅲ"。"中国Ⅰ"和"中国Ⅲ"的空间范围一般是没有什么争议的，但是对于"中国Ⅱ"的空间却存在较大争议。葛兆光认为是移动的，大多数汉学家认为是不存在的，他们叙述的中国历史就是汉族的历史，也就是他们只承认"中国Ⅰ"的存在。① 中国的主流意见认为它是存在的，它的疆域主要由现代中国的疆域（清代统一之后的疆域）划定。② 因此，我们要考虑的问题，作为实体的"中国Ⅱ"是否存在？如果存在，它的疆域包括哪些地区？它与"中国Ⅰ"和"中国Ⅲ"是什么样的关系？

实际上，回答了第三个问题，第一个问题也迎刃而解了。在回答这个问题之前我们要介绍一下关系主义方法论。费孝通在 20 世纪 50 年代参与"民族识别工作"中发现汉族与其他少数民族的历史呈现出了"你来我去、我来你去、我中有你、你中有我"状态，王铭铭据此提倡"关系主义民族学"。③ 费孝通和王铭铭等学者都认识到理解汉族离不开周边的少数民族。本文叙述的东亚文

① 参见魏孝稷《汉学主义范式的空间结构——以〈哈佛中国史〉为中心的考察》，《全球史评论》第 13 辑，第 183~198 页。
② 谭其骧总结绘制《中国历史地图集》划定历史上中国疆域的原则时说："十八世纪五十年代清朝完成统一之后、十九世纪四十年代帝国主义入侵以前的中国版图，是几千年来历史发展所形成的中国的范围。历史时期所有在这个范围之内活动的民族，都是中国史上的民族，他们所建立的政权，都是历史上中国的一部分。"参见谭其骧《历史上的中国与中国历代疆域》，《中国边疆史地研究》1991 年第 1 期，第 34 页。
③ 王铭铭：《中间圈——"藏彝走廊"与人类学的再构思》，第 191 页。

明史注重考查东亚文明的交往网络和圈层结构，也可以说是关系主义文明史。从关系主义文明史视角观察，中心区与半边缘区形成了一个相对稳定的关系结构，这个结构的纽带前文已经述及，包括经济交流和贸易，特别是半边缘区对中心区的经济依赖；技术传统与交流；封贡政治；中原政权与半边缘区政权的分合交互；共享高于族群认同的中华认同；短期性族群移民与周期性族群大交融；中心区和半边缘区的制度文化交流等。通过此种关系纽带，中心区和半边缘区结合成了一个相对独立的共同体单元。而边缘区与中心区关系相对较疏，自主性更强，地方性文化色彩浓厚，且受到其他文明共同影响，文明多元性特征突出，中心性色彩淡化。因此，边缘区属于东亚文明的一部分，但很难说它是中国历史空间的一部分，准确地说，它们构成了中国历史空间的外围。所以，综合来看，离开半边缘区谈中心区或者离开中心区谈半边缘区都是不可能的，他们共同组成了作为实体的"历史中国"，即"中国Ⅱ"。东亚文明结构中的中心区和半边缘区变成了中国的内地和边疆。

这是从空间关系主义的视角理解中国历史的空间。关系天然具有历史性，也就是说，还有一种历史关系主义。从长时段看，中心区和半边缘区的人口、文化以及它们之间的互动关系都处在一个再生产的过程当中，尽管半边缘区域的人口（匈奴、突厥、回鹘）有时向中亚边缘区迁徙，但大部分人口要么融入中心区，要么留在半边缘区。中心区和半边缘区关系结构的持续性再生产也是定义"历史中国"的重要内容，同时也是"现代中国"的疆域的合法性基础。

随之而来的问题是，中国的历史空间什么时候真正地形成了呢？这依据两个方面的考量，一是中心区和半边缘区规模的形成，二是中心区和半边缘区关系结构的塑造。从这两方面看，汉晋时期中国的历史空间得以形成。周秦之际，中原地区的戎狄等半游牧半农耕部落出现了分流，大部融入华夏，小部回迁到草原地带，出现了"专化游牧业"（specialized nomadic pastoralism），[①] 这也是中国历史上草原游牧区与中原农耕区出现较为明显的分野。接下来的两三个世纪里，匈奴国家的崛起统一蒙古草原，汉代在朝鲜半岛设置郡县，高句丽兴起并汉化，日本部分地区进入封贡体系，中原文化向东北地区、朝鲜半岛和

---

① 王明珂：《游牧者的抉择：面对汉帝国的北亚游牧部族》，上海人民出版社，2018，第94页。

日本持续性传播，都标志着北方半边缘区的形成。秦汉王朝向南方和西南地区扩张，岭南地区和云贵地区纳入郡县体制，中原势力随即引入，意味着南方和西南半边缘区形成。中心区和半边缘区的关系结构确立的时间虽然较长，但有足够的证据显示了它的存在：封贡体制已现雏形；历史记载的双向移民事件时有发生；两汉政府把管辖范围扩展到半边缘区的西域；南匈奴内附中原并建立中原式政权；北方半边缘区族群除匈奴外，羌羯氐鲜卑纷纷南迁，随匈奴人建立华夏政权，并伴随着长期的大规模移民进程和族群融合。386 年，鲜卑族的拓跋氏建立国号为"魏"的政权，在中心区和半边缘区关系结构的塑造过程中也颇具有象征意义，标志着一轮政权分合交互过程的完成。因此，我们可以说，汉晋时期东亚文明的中心区和半边缘区已经形成一个互嵌的稳固空间。这个稳固空间随着历史的发展越来越固定紧密，而且由于半边缘区范围的稳定性，中国的历史空间范围也是大致稳定的。

中国的历史空间当然不是一成不变的，宋元时期经历了一场调整。变化主要来自半边缘区。从宏观上看，半边缘区出现了两个变化，一是，东北地区、蒙古高原、西北地区、青藏高原、云贵高原等半边缘区加快融入中心区。前面已经论述，宋元时期的契丹、女真、蒙古、回鹘具有超越自身族群意识的中华认同，形成了多族群统一的认同观念。国家体制方面产生了行政主权合一化的过程，经过辽、夏、金、大理、吐蕃的边疆治理和元朝的统一与行省化，"历史中国"具有统一的行政主权属性。

半边缘区的第二个变化是，朝鲜半岛、日本、越南北部地区出现了再边缘化趋势。虽然这些地区与中心区的联系依然密切，但是再边缘化的趋势是明显的。这主要表现在两个方面。第一，政治上的离心化。968 年，越南丁朝建立，越南北部地区正式脱离中心区的主权管辖。唐末，日本停止派送遣唐使，两宋时期日本从未向宋朝贡，长期游离封贡体制之外。第二，自我中心意识的兴起。日本停止遣唐使之后，降低了对"唐风"的兴趣，开始推崇国风文化，显示出现了自我中心意识的萌芽。元朝远征日本刺激了日本自我中心意识的增长，逐步在东北亚建立以日本为中心的小华夷体系。[1] 越南仿制汉字创立本国

---

[1]　杨军、张乃和主编《东亚史：从史前至 20 世纪末》，第 234 页；葛兆光：《何为中国？——疆域、民族、文化与历史》，牛津大学出版社，2014，第 7 页；王屏：《近代日本的亚细亚主义》，商务印书馆，2004，第 47 页。

特色的文字——字喃，受到上层人士的欢迎。同样模仿封贡体制在东南亚建立以越南为中心的小华夷体制。12 世纪中期，高丽人采撷神话传说和汉文史料编撰《三国史记》，保存了高丽人的历史记忆，标志着自我历史意识的觉醒。这些证据表明日本、朝鲜半岛、越南北部地区经历了中心区长期而持续的影响之后，出现离心现象，重新边缘化，与东北地区、蒙古高原、西北地区、青藏高原、云贵高原等半边缘区的历史相比产生了明显的分异化进程。

　　此后半边缘区的范围固定下来，中国的历史空间在鸦片战争之前大体上没有发生变化。明王朝虽然没有继承长城以北的疆域，但是，北元和蒙古人都自称元朝的继承者，这一事实也得到明朝人和清人的承认。① 因此，清朝的疆域可以说是中心区和半边缘区人民互动的必然结果，更有历史渊源。所以，谭其骧绘制《中国历史地图集》时制定的以 18 世纪中期清朝疆域作为中国历史空间基础的原则也是合理的。

---

① 胡钟达：《明与北元－蒙古关系之探讨》，《内蒙古社会科学》1984 年第 5 期，第 44 ~ 55 页。

国家转型：明代还是清代？

——有关明清国家性质的新理论与新研究

鱼宏亮[*]

近一个多世纪以来的明清史研究范式，是建立在这样一个隐含的但又"坚实"的假定之上的：以欧洲为代表的西方资本主义与市场经济迅速崛起与以中国为代表的自给自足的小农经济社会形成的巨大反差，成为研究明清历史的当然背景。这里既有 19 世纪以来的经典论述，比如"没有历史的国家""停滞的帝国""东方专制主义"等论断，当然也有相反的观点，比如"明清资本主义萌芽""白银帝国"甚至"唐宋变革"等理论。这些研究都隐隐约约依托或者反对着这样一种二元对立的历史观。

很遗憾，这些假定大多是主观建构的，非历史的，更没有经过批判性思考的审视。

大多数资本主义与现代性制度只是在 17 世纪以后才开始逐渐在欧洲核心区域形成。在此之前的欧洲政治与社会经济，还是一个以封建领地、公国、自治城市、地方市镇组成的松散的联合体。在民族国家形成的浪潮之前，大多数欧洲国家权力的行使形式都是由王室成员带来若干税务官员造访其领地的皮包式权力模式。[①] 确定的国家领土意识和统一制度在《威斯特伐利亚条约》以后的若干个条约中逐渐形成共识。仅仅在三百多年前，资本主义制度与市场经济的推广是不可想象的。而这三百多年逐渐形成的东西，被 18 世纪以来的政治家、哲学家、历史学家想当然地当作东西方社会永久的鸿沟。由此催生的东方

---

[*] 中国社会科学院中国历史研究院古代史研究所，原文刊于《中国史研究动态》2018 年第 5 期。

[①] 里夫金：《欧洲梦》，杨治宜译，重庆出版社，2006，第 154 页。

性、"内亚"性、亚细亚模式、资本主义萌芽、唐宋变革论等历史学范式，禁锢了几代学人的思维。

20 世纪 90 年代以后，中国史研究的范式逐渐开始具有更多的本土特色，其表现为更注重中国视角，更深入地挖掘全球收藏的中国文献，重新建立中国历史的解释模式。一些中国史家开始从中国历史演变的特征提出若干更为贴近本土意识的历史解释框架，给人以耳目一新的感觉。比如赵轶峰提出的"明清帝制农商社会"，[①] 万明提出的"明代白银货币化与国家转型"，[②] 楼劲提出的王朝国家与中国历史（《北魏开国史探》自序，中国社会科学出版社，2017），[③] 都从更深入的层面为重新认识中国古代国家结构与社会性质提供了精彩的新视角与新范式。

倪玉平新近出版的《从国家财政到财政国家——清代咸同年间的财政与社会》（简称《从国家财政到财政国家》）、《清代关税：1644—1911 年》[④] 为我们从实证的角度来看待明清大历史提供了宝贵的实证研究案例。《从国家财政到财政国家》一书将有清一代的财政发展分为清前期至嘉道时期，咸同之际的太平天国运动，以及同光以后的影响期。以清代国家财政的主要机构户部银库与关税等国家财赋数据作为基础，全面对比了清前后期国库财政的总量和构成比例，以及经过太平天国运动后这种比例发生的重大变化，通过对比土地税与厘金、商业关税（包括国内市场的常关和海外市场的洋关）在国家财政中所占比重的变化，来说明清代国家由农业型转化为工商型的历史过程。而《清代关税：1644—1911 年》一书则以基本保存完整的清代关税资料为主体，详细梳理了构成关税的各种材料的数据，揭示出关税在有清一代的变化趋势。在清中期以前，常关税保持稳定，但在太平天国以后，常关税下降幅度达到一半。而洋关税则大幅度增加。两种关税合计的总额从清前期的每年 500 万两增加到清末的每年 3500 万两。其位于港口的各洋关税则增长迅速，直接反映出沿海对外贸易迅猛发展的势头。

通过修正这些数据，考察其与人口、物价指数的关系，作者得出了关税史的研究可以看出清朝从传统农业财政向以商业为基础的新型财政的转变。由此

①　赵轶峰：《明清帝制农商社会研究》初编，科学出版社，2018。
②　万明、徐英凯：《明代〈万历会计录〉整理与研究》，中国社会科学出版社，2015。
③　楼劲：《北魏开国史探》，中国社会科学出版社，2017，自序。
④　均为科学出版社 2017 年出版。

而引发的一系列变化，关税管理、财政机构改革、实业贸易机构的设立，我们才能据此做一综合性判断：从洋务运动以后，清朝逐渐开始了其面向现代国家的转型，这种转型从经济史的角度或者财政的角度来讲，作者称为从国家财政到财政国家的转变。

这一结论与《白银资本》《大分流》等西方中国学著作的结论存在不少差异，但数据的来源与性质相比前者而言更可靠、更可追溯，因而更具有比较研究的基础。

当然，财政国家的形成并不是一个单一的链条。其背后隐藏一系列重要的变迁。这种变迁需要配合制度史、观念史、文化史等诸多领域的研究，才能看得更为清楚。财政这一概念，是近代以来引进的西方国家制度形式之一。明清时期以度支、国库、国帑等概念来指称国家财赋，以赋、税、租、钱粮、榷、关、徭役等概念来指称国家敛取财赋的形式。从光绪中后期开始，中央整顿形色不一的财税制度的呼声开始大量出现，在各种奏议中，将整顿财政作为一主要内容。光绪二十六年（1900），庚子之变全面失控，导致实际掌控中央权力的慈禧太后挟光绪皇帝西逃避难。在这个过程中，慈禧集团不得已再次回到改革的道路上来，下了一道谕旨："法令不更，痼习不破，欲求振作，当议更张。着军机大臣、大学士、六部、九卿、出使各国大臣、各省督抚各就现在情形，参酌中西政要，举凡朝章国故，吏治民生，学校科举，军政财政，当因当革，当省当并，或取诸人，或求诸己，如何而国势始兴，如何而人才始出，如何而度支始裕，如何而武备始修，各举所知，各抒所见，通限定两个月，详悉条议以闻。"[1] 这是清朝中央政令中首次使用财政这一词的开端。在此之前，马建忠在《适可斋纪言纪行》、李鸿章在上奏中都曾将财政作为变法的重要内容加以提出。由此可见，所谓财政国家的形成，最终形成于清朝晚期开始实行宪政改革的时期。这与《国家财政与财政国家》所得出的结论若合符节，证实了该著作研究的严谨和可靠。

财政国家的概念，还伴随着现代西方财政、经济学在中国引入及其选择性吸收的过程。金观涛在《从"经世"到"经济"——社会组织原则变化的思想史研究》一文中，对这些学科名词在中国的确立过程与社会运动的互动关系做了深刻的剖析和揭示：现代经济学一词，来源于古希腊的家政之学。亚里

---

[1] 《清实录》，光绪二十六年十二月。

士多德在《家政学》一书中明确指出，以家庭生计为主的家政学与城邦政治学完全不同。"财产是家庭的一个部分，获得财产的技术是家务管理技术的一个部分。"[①] Economy 作为家庭财产管理技术是必需的、体面的。但超出家庭财产管理之外的商业活动因从他人之处获利而应受到指责。

但中国传统社会将国家看作家庭的放大，家国具有同构的特征。家庭作为社会组织的基本细胞，也是国家政治与经济活动的基本载体。梁启超就注意到，在众多学科中，生计学这门学科在中国古代比西方更为发达。早在秦汉时期，众多思想家就税收、理财、盐铁专卖、货币等问题有经典论述。而古代士大夫的知识体系中，并不仅仅围绕着道德与人性的探寻，还包含着另外一套"经世济民"的学问。比如《朱子语类》中说："陆宣公奏议末数卷论税事，极尽纤悉。是他都理会来，此便是经济之学。"所以，财税与度支等知识，在传统儒家道德秩序的国家中有其重要的地位，但要获得专门性学科的地位，还需要进行现代性转换。这个过程又与现代西方经济学在中国的引入同步。

西方现代经济学从洋务运动开始传入中国。在一八八五年翻译刻印的傅兰雅《佐治刍言》一书中，指称西方现代经济学的 Economy 被翻译为"伊哥挪迷"。到了严复翻译亚当·斯密的经济学名著 *An Inquiry into the Nature and Causes of the Wealth of Nation* 一书时，将意为"对国民财富的本质及原因的探寻"的书名翻译为《原富》，可谓简洁而准确地传达出了这部著作的核心思想。严复将 Economy 译为"计学"，并且指出日本将 Economy 翻译为"经济"，从经济一词在中国传统文化中的含义来讲，经邦济世范围涵盖一切围绕着儒家社会秩序所对应的行动与学问，并不能专指西方特定的经济学科。

张之洞在《劝学篇》中将"中国史事、本朝政论"称为"中学经济"，将"西方各国政治、兵制、学校、财赋、商务"统称"西学经济"。可以看出，在经济之学日益成为一门专门之学的强劲势头之下，还有人试图将其纳入传统文化框架。正是在这种拒斥与接纳的多重变奏中，中国的国家治理形式发生了根本的转变，这一转变的核心是将实现某种道德秩序的社会组织形式转换为实现特定政权功能的管理模式，在这种模式中，经济或者财政不再直接以实现道德蓝图为目标，而是以形成"自我持续增长、能够通过借贷手段解决财政支

---

① 金观涛、刘青峰：《观念史研究——中国现代重要政治术语的形成》，香港中文大学当代中国文化研究中心，2008，第283页。

出问题，并且能够通过税收保证偿还"的现代财政国家。

　　根据倪玉平的研究，我们从明清社会经济史的角度观察到的中国社会所呈现的画面与近来学界提出的若干论断还有着较大的分歧与断裂。比如"明清帝制农商社会"概念的提出，将农商社会作为明清社会的主要特征，[①] 这无疑为学界摆脱过去"自给自足的封建社会"等论调对中国史研究的束缚有着重要作用。万明根据对《万历会计录》的研究提出明代从传统赋役国家向赋税国家转型的国家转型说，进一步推演出中国从农业社会向商业社会的转型、从传统国家向现代国家转型这样一些结论。但这种农商社会的具体情形，中央到地方的实际运作还需要进一步的实证研究。从《清代关税：1644—1911年》一书来看，清代前中期财政收入的比例以土地税占绝对优势，从87%向70%左右缓慢递减，直到1841年，土地税的比例依然占到了69%。而反映商业流通税的关税则从2.6%缓慢增长到10.2%。所以，倪玉平指出："1850年前的关税只占财政收入中很小的一个部分，低于总收入的15%，甚至比盐税还少，财政收入的主要来源是土地税。数据清晰地表明1850年以前的清代社会仍是农业性质的，具有农业为基础的财政结构。"关税和商业税收也只是在17、18世纪以来成为西方社会的主要财政工具。

　　倪玉平《从国家财政到财政国家》一书通过详细分析占有第一手档案史料，从国家财政的角度首次梳理出一个从农业型社会向工商型社会转变的历史脉络。其中最主要的依据就是各项财政收入、支出在国家财政中所占地位的变化。根据农业税负和工商业税负在清代前后期所占比重的详尽分析，清代国家在咸丰、同治年间由于太平天国农民起义所带来的财政压力与危机，新设立的厘金和关税才逐渐成为国家财政收入的主要部分。这一重大变化既带来了国家财政收支格局的重大改变，也带来了中央与地方财政的权重发生重大变化。而这两大变化，正构成了近代以来国家转型的底层原因。如果从现代化叙事的路径来看，财政研究无疑为学界提供了又一基本的研究框架。

　　那么，农商社会的性质该如何看待，商业在明清时期的地位如何体现，进一步说，国家转型的发生，到底发生在明代末期还是清代末期？17世纪是否存在一个中国式的现代转型？在我们抛弃了资本主义萌芽等研究范式后，以国家转型来取代资本主义萌芽是否相同问题的再次提出？这都需要学界进行更深

---

　　① 　参见赵轶峰《明清帝制农商社会研究》初编。

入的思考。

　　利用统计方法与数字来进行历史研究，是一条充满陷阱的途径。一方面因为史料本身的性质，我们通常会将残存的数字当作历史的全部来处理，大量推断与修正性数字的使用会使得建立于其上的各项推论发生差之毫厘谬以千里的失误。另一方面，数字与统计极度简约化了复杂的历史过程，容易引发简单片面的历史结论。例如，明清对外贸易的重要形式，贡赐贸易的总量，可以根据明清两代藩属国的朝贡时间、规模以及贡赐物品的种类进行某种描述，这种实物贸易很难还原到当时的对外贸易总量中去，所以由洋关税额所揭示的中外贸易量还需要加一补充参数。如《大清会典则例》规定："俄罗斯国贸易，人不得过二百名，隔三年来京一次。在路自备马驼盘费。一应货物，不令纳税。犯禁之物，不准交易。"① 这些被纳入关税的对外贸易总量，尚不止俄罗斯，其他几十个藩属国，都有类似规定。另外，东南沿海大量存在的民间贸易、走私贸易的规模会牵涉粤海关等洋关的数据，这些隐匿的经济活动对判断国家转型亦有重要参考价值。其三，传统边疆贸易存在大量以实物作为等价物进行的交换，比如库伦、恰克图等地就长期以砖茶和其他零碎百货作为货币进行结算，这种现象在西北部许多地方都长期存在。这对于估计这些地区的商业活动有着重要影响。

　　历史学既是一门有关事实与真相的学问，更是一门有关历史理解的学问。同时，也是一门有关缺憾的学问。如果我们不能深刻地理解这种缺憾，野心勃勃地以为了解了详尽的历史真相，便极易陷入主观性论断的陷阱。这正是倪玉平在选择清代关税数据中所注意的问题。在清代所有的经济数据中，关税数据保留得基本相对完整，才使得我们得以通过统计与分析得出若干历史结论。历史学家对历史最基本的的敬畏即表现为对缺失的尊重。历史数据的缺乏导致用现代工具分析历史问题的空白，这种空白就必须留在那里。正如中国书画中的留白艺术一样，留白使得水墨更加真实而有韵味。历史的空白也将彰显支离破碎的历史记录的可贵，那种试图用现代社会科学方法完全填补历史空白的做法，在理论上是错误的，在实践中更是有害的。充分注意到历史学本身的局限，正是史家的一项基本素质。

---

　　①　乾隆《大清会典则例》卷142《理藩院·典属清吏司》。

陈廷敬与清初社会秩序重建

朱昌荣[*]

清军入关，"定鼎燕京"，标志着以满洲贵族为主体的新王朝建立。王朝鼎革在较长时间内带来社会秩序的大动荡，加剧了晚明以降伦理道德体系的混乱。信奉程朱理学的官僚群体，顺应历史潮流，在清廷最高统治者的大力支持下，从伦理道德体系和社会秩序两方面推动了清初社会重建。[①] 其中，陈廷敬是重要参与者和实践者。

一　敦行教化

在清初士人看来，晚明以降，社会伦理道德领域处于混乱局面，所谓"昧义命，鲜羞恶，而礼义廉耻之大闲，多荡而不可问"。[②] 乃至于理学名儒孙奇逢大声疾呼称："仆尝谓世界之坏，人心为之也。试观今日之世界，不必问今日之人心；观今日之人心，固应有今日之世界耳。一家仁，一国兴仁；一家让，一国兴让；人人亲长而天下平。迩来人心何如哉？素不良于行，不习父兄之教者不必言，所称礼义之家、诗书之子而不亲不逊之极，满腔恣睢，百事乖谬，比比而是。目击心伤，真可痛哭。"[③]

因此，通过加强教化来重建社会伦理道德体系就成为清初君臣的共同政治主

---

[*] 中国社会科学院中国历史研究院古代史研究所，原文刊于《南方文物》2018 年第 4 期，系王思治、高翔、朱昌荣《陈廷敬与康熙时代》（未刊稿）的阶段性成果。

[①] 详参朱昌荣《程朱理学官僚与清初社会重建——基于学术思想史与社会史结合的考察》，《历史研究》2013 年第 4 期。

[②] 李颙：《二曲集》卷 10《南行述》，中华书局，1996，第 76 页。

[③] 孙奇逢：《夏峰先生集》卷 2《与杜君异》，中华书局，2004，第 46 页。

张。康熙九年，康熙帝发布上谕说："朕维至治之世，不以法令为亟，而以教化为先。其时人心醇良，风俗朴厚，刑措不用，比屋可封，长治久安，茂登上理。盖法令禁于一时而教化维于可久，若徒恃法令而教化不先，是舍本而务末也。"① 而"圣谕十六条"的颁布则是清初最高统治者力行教化的政治宣言。文云：

> 敦孝悌以重人伦，笃宗族以昭雍睦，和乡党以息争讼，重农桑以足衣食，尚节俭以惜财用，隆学校以端士习，黜异端以崇正学，讲法律以儆愚顽，明礼让以厚风俗，务本业以定民志，训子弟以禁非为，息诬告以全良善，诫窝逃以免株连，完钱粮以省催科，联保甲以弭盗贼，解仇忿以重身命。②

康熙帝要求"内外文武该管各官督率举行"，并谕令礼部"详察典制定议以闻"。③

与最高统治者的主张相呼应的是，一大批理学名臣旗帜鲜明地倡导"王道首教化"思想。④ 江苏巡抚赵士麟"孜孜以劝学明理，兴教化之本为急，讲堂肆启，环函丈而听者常千万人，风气为之一变"。⑤ 有"当代真儒"之称的张沐，在内黄知县任上，"敦教化，重农事，注六谕敷言，反复譬喻，虽妇孺闻之，亦憬然改过也"。⑥ 陈廷敬则从教化关乎国家政权能否实现稳定的高度指出："国家久安长治之基，关于风俗；风俗盛衰之故，系乎人心。正人心厚风俗之机，存乎教化。"⑦ 对他来说，按照儒家"养民教民"思想，实现"四时成序于不言，万国同风而遵道"是其政治理想。⑧ 他尤为强调发挥"礼"在

---

① 《圣祖仁皇帝实录》卷34，康熙九年十月癸巳，《清实录》第4册，中华书局，1985，第461页。

② 张玉书等奉敕编《圣祖仁皇帝御制文集·初集》卷2《谕礼部》，《景印文渊阁四库全书》第1298册，台湾商务印书馆，1986，第51页。

③ 张玉书等奉敕编《圣祖仁皇帝御制文集·初集》卷2《谕礼部》，第51页。

④ 《清史稿》卷263《魏象枢传》，中华书局，1977，第9906页。

⑤ 徐文驹：《吏部左侍郎赵先生士麟行状》，钱仪吉纂《碑传集》卷19，中华书局，1993，第610~611页。

⑥ 陈康祺：《郎潜纪闻三笔》卷8《汤文正许张仲诚为真儒》，中华书局，1984，第786页。

⑦ 陈廷敬：《午亭文编》卷30《劝廉祛弊详议定制疏》，《景印文渊阁四库全书》第1316册，第452页。

⑧ 陈廷敬：《午亭文编》卷29《经筵讲章》，第441页。

教化中的积极作用，认为："欲上安其君，下治其民，莫善于礼。"① 陈廷敬对康熙帝说："齐家治世莫善于礼。礼本天下之至严，用之各得其分，则至和。故齐家者，与其过于和，宁过于严；与其过于严，宁准于礼。准乎礼则无过严之失，而有至和之美矣。"②

二　兴起学校

在做好人的培养和教育，就必须重视学校在教化施行中的积极作用，康熙帝说："学校者，教化所从出，将以纳民于轨物者也。"③ 不少理学官僚也纷纷向朝廷上疏，要求兴起学校。熊赐履在《应诏万言疏》中明确恳请朝廷"隆重师儒，兴起学校"，为士子"讲明正学。非六经语孟之书不得读，非濂洛关闽之学不得讲，敦崇实行，扶持正教。一洗从前浮薄偏曲之陋习，与空虚荒诞之邪说"。④

陈廷敬无疑是朝廷政令的坚定支持者。康熙十九年（1680），陈廷敬丁母忧，在家守制。本年，陈廷敬撰有《与刘提学书》《与守令学官士绅书》《与里中乡绅书》等，具体阐述了其对学校教育的基本观点。陈廷敬指出："学校者，人材之渊薮。人材者，国家之桢干。"⑤ 陈廷敬注意到"尤可悲者，天下在学生徒寥寥焉，减昔十之七八矣"。而造成这一问题的原因是"司文者既不以教养为心，又从而摧辱之、剥削之，其谓之保等者，取其资，保其不出三等者也。又最甚者，其始故置劣等，扬言于外，不肖州县学官为之通关说，贿而后置之三等，谓之拔等"。⑥"投递书札，过付财贿，大半出于学官。学官者，朝廷教养士子之官，非为学道作牙侩而设也。"⑦ 对于学校考试中的"请托""货贿"等积弊，陈廷敬也有清醒认识，他说："货贿显行，请托无忌，学校

---

① 陈廷敬：《尊闻堂集》卷41《孝经刊误述释有序》，李豫主编《阳城历史名人文存》第4册，三晋出版社，2010，第130页。
② 陈廷敬：《午亭文编》卷29《讲筵奏对录》，第433页。
③ 张玉书等奉敕编《圣祖仁皇帝御制文集·初集》卷17《学校论》，第175页。
④ 熊赐履：《经义斋集》卷1《应诏万言疏》，《四库全书存目丛书·集部》第230册，齐鲁书社，1997，第220页。
⑤ 陈廷敬：《午亭文编》卷39《与刘提学书》，第571页。
⑥ 陈廷敬：《午亭文编》卷39《与刘提学书》，第571页。
⑦ 陈廷敬：《午亭文编》卷39《与守令学官士绅书》，第572页。

之地，公然为贸易之场，此乃国典所不宥，而有志之士忿悁含怒之日久矣。"①
进而，陈廷敬提出了解决这一问题的措施，即"惟愿郡邑贤侯及我绅士，或
以书达，或以面言，共致此情，主持公道"。②

三　整治淫词小说

淫词小说关乎教化。康熙帝明确宣称应当警惕其害，他说："淫词小说人
所乐观，实能败坏风俗，蛊惑人心。朕见人乐观小说者多不成材，是不惟无
益，而且有害。至于僧道邪教，素悖礼法，其惑世诬民尤甚。"陈廷敬等坚决
予以支持，他说："邪教之书惊愚惑众，实关世道人心。圣见及此，诚为深
远。"③ 他在回答有人问郑风二十一篇，《集传》明确认定的"淫奔之诗"有
十四首，而孔子论"为邦"时又说要"放郑声"，却存之如此其多的原因时，
再次阐述淫词、淫诗危害的看法，他说：

> 此乃所以为放之也。盖其淫泆骀荡，作者或不自知其情之何以至是，
> 而其情欲之感于中而接于外者，非必无羞恶之心焉，特以为未必暴露于天
> 下，传流于后世，谓可閟而私之云尔。使其知简册书之，圣人存之，必至
> 暴露尔流传焉，则其善恶至心未遂，有泯然绝灭之理，或不至于如此也，
> 后之览者不可以为鉴也哉！此所以为放郑声也。④

最高统治者力行教化，取得了良好成效，在士大夫群体中尤为显著。但
是，如何把朝廷的教化思想深入人口占绝大多数的老百姓中去，则是一个亟待
解决的问题。编写、刊刻教化类书籍是重要手段。魏裔介撰《教民恒言》，将
《圣谕十六条》衍为通俗言语，"反复开阐，以训愚蒙"。⑤ 又著《劝世恒言》
一卷，"意主化导下愚"。⑥ 陆陇其利用巡行机会，对州、县奉行的《六谕》进

---

① 陈廷敬：《午亭文编》卷39《与里中乡绅书》，第572页。
② 陈廷敬：《午亭文编》卷39《与守令学官士绅书》，第572页。
③ 中国第一历史档案馆整理《康熙起居注》第2册，康熙二十六年二月十六日甲子，中华书局，1984，第1595页。
④ 陈廷敬：《尊闻堂集》卷38《经解诗·郑风》，第123页。
⑤ 永瑢等：《四库全书总目》卷97《教民恒言》，中华书局，1965，第823页。
⑥ 永瑢等：《四库全书总目》卷125《劝世恒言》，第1084页。

行集解并予以梓行，旨在教化乡民。① 陈廷敬在反思国家法度修明，"士大夫几几有怀刑之风，而鄙野之甿触禁未止"的历史现实时，积极肯定了编写、刊刻教化类书籍的积极意义，他说：

> 今国家修明法度，中外凛然，士大夫几几有怀刑之风，而鄙野之甿触禁未止。夫圣天子之加意教化至矣，而民不悟。意有司者文法密深，罕所譬晓，无以发其天良，使渐渍染濡，驯至于刑措之盛与。予观宁陵吕新吾先生增述其先公渔隐闲翁《小儿语》及所自为《宗约歌》，自闾阎童稚、闺阁妇人、牧夫估人、野谚巷语，约以精理，谐为音声，是固无密深之艰，而有譬晓之易者也。夫杀人者抵，民未有不知，乃犹贸贸焉犯而莫之顾者，非其不知人不可杀，而人之所以不可杀之故，凡民之知之者或鲜矣。此二编者，虽非独为此而作，然童而闻之，熟于口耳而悦于心，人之所以不可杀之故，将深知其意。长焉老焉，谨而避之，民之犯于刑者亦鲜矣。则以是仰佐圣明教化之指，岂谓无补哉。②

四　强力抓社会治安

社会治安的好坏从来都是影响社会秩序稳定与否的重要问题，历代统治者都重视对其进行管理。清初，京畿地区盗案频仍引起了统治者的高度重视。为妥善解决这一问题，政府采取了旗、民分治政策，③ 推行保甲制度等措施。但结果是旗、民分治政策出现了实际操作中的保甲仅行于汉民村庄，在满洲庄屯内不得施行的结果。满洲庄屯内"公行盗贼"的现象尤其严重，不少旗人"挟矢张弓，成群驰骤，出入无忌"。一些地方官员畏首畏尾，既不敢公开处理这类问题，也不敢向上申报奏闻。针对这种弊端，不少理学官僚要求划一地方上的保甲之法，建议朝廷"将杂居满屯汉民，家家编排保甲，不拘与旗下

① 吴光西等：《陆陇其年谱》，中华书局，1993，第125页。
② 陈廷敬：《午亭文编》卷35《合刻吕氏二编序》，第510页。
③ 最高统治者以"辇毂之下，满、汉杂处，盗贼难稽"为由，特谕商民人等"尽徙南城"（魏象枢：《寒松堂全集》卷1《小民迁徙最艰圣恩垂念已至等事疏》，中华书局，1996，第3页）。

人夥居散居，务要十家凑成一牌，旗下人另为一牌，若不足十家者，四五家亦可立为一牌”，并对其中一些具体细节也做了规定。①

尤为重要的是，尽管政府采取了旗、民分治，推行保甲等措施，但盗案频发仍是困扰统治者的严峻社会问题。康熙二十三年十二月十二日，康熙帝召集都察院满汉诸臣暨五城御史讨论京畿治安问题说："京畿重地，理宜肃清，近闻盗窃公行，居民不得安静。且盗贼各有窝主，马匹器械昼则藏匿其家，夜则出而为盗，大约多在坟园荒僻之处为其窟穴。即如向所拿获开人窑，诱卖人口，必有藏匿处所。盗无窝主，何以能行？其令五城严缉，务在必获正法，则盗源自绝。"并要求"此等事须令严察"。御史李时谦条陈建言令五城司坊兼管，部议不行。陈廷敬鉴于"五城御史衙役甚少……若止衙役数人，于事实无济"。认为李时谦之议可行，朝廷应当"令五城管辖，则臣等严饬使察拿盗贼不法等事，可使人各尽力"，康熙帝命"尔等酌议"。② 当外朝集议时，诸臣以"请设汉军兵甚众，至不能夺"。陈廷敬力言再四，众议乃定"汉军兵得不出正阳等门，捕营兵及番役令五城兵马司坊得同辖"。议上，康熙帝说："议是。"③ 李光地的记载能很好说明陈廷敬在此事中发挥的作用，他说："时议欲移旗兵屯城外，缉盗贼。御史李时谦言其不便，部议非之。上以问公，公力陈李时谦言是。事遂止。"④

陈廷敬是始终抱持着"以国事为家事，尽心尽力，岂得复计一己之利害"⑤ 的心思来关注社会治安问题的。二十四年八月，陈廷敬经过长时间的悉心访察、周知地方民生利弊后，再次阐述他对督理京城社会治安的思想，他明确提出"兴利不如除害，御暴即以安良"的见解，说：

　　近见京城种种不法之徒，恣意妄为。辇毂之下，岂容狐鼠昼行，魍魉肆虐！若不亟为剪除，则将民不聊生，视法纪为具文矣。除一面行五城严拿禁除外，拟合出示条禁，为此示仰各军民人等知悉。嗣后如遇后开不法之事，务痛

---

① 魏裔介：《兼济堂文集》卷 2《指陈畿辅盗贼疏》，中华书局，2007，第 44 页。
② 中国第一历史档案馆整理《康熙起居注》第 2 册，康熙二十三年十二月十二日癸卯，第 1265～1266 页。
③ 陈廷敬：《尊闻堂集》卷 65《五城管兵记》，第 202 页。
④ 雍正《山西通志》卷 200《皇清诰授光禄大夫经筵讲官文渊阁大学士兼吏部尚书说岩陈公墓志铭》，《中国地方志集成·省志辑·山西》第 7 册，第 211 页。
⑤ 陈廷敬：《尊闻堂集》卷 54《与巡城御史书》，第 174 页。

省前非，各保身命，毋视泛常，致滋后悔。今将各条禁约开列于后：

一、禁盗源。凡盗贼窃发，必地方有窝线之家，阴为勾引藏匿。故欲弭盗，务在澄源，此保甲当严而觉察宜慎也。乃更有一种拨兵为盗，殊属骇闻。借巡警之名，持现成之械，暮夜登场，害民尤甚。徒知卫民而设兵，孰意添兵而生盗！嗣后地方总甲，仍然巡察不严，并将弁纵兵为盗者，一经发觉，参究匪轻。

一、禁唆逃。夫逃之人一被擒获，尝有奸棍教唆，指扳仇家富户。好恶逞于胸臆，患害出之口中。逃者受贿，坚供不移。民间谚语谓之"拉铁橛"，每致无辜受害，有口难分，及至审雪，身家已破。更有一伙驾逃讹诈者，名曰"放鹰"，或捏称曾寄物件，或假托尝通往来，任其鱼肉饱餍方休。此等流毒，民何以堪！嗣后逃人拿获，止究真正窝主，如有教唆妄扳，及驾逃唬诈等情，定按光棍律治罪。

一、禁抄抢。夫情关骨肉，孰不爱（原作"受"，据文义改——引者注）之欲生；谊切夫妻，断无恶之欲死。修短有命，祸福自天，非人之所能挽回也。近见出嫁之女病死夫家，遂即视为奇货，罄家全往抄抢一空。或吓诈赀财讲和，或逼令罄产殡殓。少有不遂，仍以人命捏告。以致死者暴尸，生者失业。习悍无良，莫甚于此。嗣后毋许借尸抄抢，兴词捏告。倘有轻生自尽者，听该地方官查验明白，据理发落。如有故违，即以盗贼劫财物例拿究。

一、禁赌博。大都游手匪类，平居无事，呼卢博簺，竟成锢疾。先则倾家荡产，继则为盗为非。甚有一等奸棍，设局开场，以致良家子弟，误罹网罗者不知几许。嗣后如有赌博，许地方邻佑，即鸣所在官司拿究。如富家子弟误坠彀中，许其父兄伸告，开豁处分。

一、禁诬扳。每见地方失事，番快四出踚缉。或得一盗，不问真假，先以非刑拷（原作"捞"，据文义改——引者注）打，授意供扳，择人而食，谓之教点。不报真名实姓，止供外号排行。纠党行拿，排闼入户，掠其财资，辱其妻女，诬盗诬窝，蔓引株连。真盗尚无的据，平良早受奇殃。肆毒若斯，真堪发指！嗣后番快拿获盗贼，即解当官审问，不许授意冤扳。敢有犯者，许被害禀告，以凭尽法究处。

一、禁斗殴。凡民之生，孰无血气？一朝之忿，忘身及亲。良由强悍成风，是以迷而不醒。每见亡命之徒，或因平日微嫌，或因口角细故，一旦相值，俨若不共戴天，秽口毒詈，赤体挥拳，傍观袖手，莫能救护。尤可异者，身负重伤，犹以骂不绝口为好汉。一经殒命，贻累地方。此种强悍，肆害愈惨。嗣后如有当街肆毆，该地方总甲番役，即行救护，公同拿究。

一、禁盘放。通财之义，何处无之，急中称贷，在所不免。独是近日放债者，乘人缓急，加倍取利，甚至折数不堪。大约不出三月，辄行转票，利上盘利。一年之外，总筹子母，数不可问。于是折产倾家，靡所不至。若遇势债，则煢焦万状，辱及妻孥，举家星散，性命随之。如此灭理丧心，金穴铜山能长保乎？嗣后放债者，毋论旗民，概以三分行利。敢有犯者，以违禁取利定罪。

一、禁小里。城市纷纭，岂无鼠窃？青天白日，难纵苟偷。近有一等偷骡盗马剪绺揢包者，概系旗厮积贼，三五成群，公行无忌。番捕居奇而故纵，傍人目击以吞声。掩人所有，大具神奇，党与四布，播恶何极！嗣后如有不法，地方捕不行严缉者，定以知情故纵，一并究治。

一、禁倒毙。有等奸恶总甲，无赖棍徒，专以睚眦杀人，飞猎而食。或因小忿畜怒，或见奇富可吞。几遇有病倒毙之人，即为无端勒诈之媒。暗里谋移，明中唬嚇，拖累牵连，口莫能辩。如此之辈，移害匪轻。嗣后如有疾病倒毙之人，总甲报明该管官员，即着地方掩埋，并不许干连平民。若有移尸讹诈者，即从重法处之。

一、禁蠹役。每闻积习巨滑，必借衙门为护身符。是以剔奸除恶之途，反为丛奸薮恶之地。近见城营司坊等衙门，番役总甲皂头人等，积年巨蠹，盘踞衙门。萑浦贼盗依此辈为泰山，蓬荜小民畏此辈如猛虎。逢时遇节，宴请馈遗，则违条大事，曲为庇护。微嫌小隙，不谙弥缝，则清白良民诬为逃盗。凡盗窝盗线，城市多事，莫不由此辈而生。至于毁钱为铜，法在不宥，所当严缉。乃有指查小钱，扰患市民，尤可痛恨。嗣后如有此辈平空生事，本官不行严查拿究，即行从重参处，决不姑纵。

以上十条，法在必行，该地方官不行严查禁除，仍蹈前辙者，或经本院访闻，或经被害首告，一有发觉，官则特简题参，蠹棍立正大典。法网森严，毋以身触，须至告示者。①

---

① 陈廷敬：《尊闻堂集》卷79《都察院堂示为严饬剔病民十大弊以靖地方以安民生事》，第221～224页。

可见，陈廷敬督理京城社会治安的思想主要包括：

第一，督理京城社会治安的根本思路是"兴利不如除害，御暴即以安良"。

第二，解决京城社会治安问题的措施有"禁盗源""禁嗉逃""禁抄抢""禁赌博""禁诬扳""禁斗殴""禁盘放""禁小里""禁倒毙""禁蠹役"等十条。

第三，在督理京城社会治安问题上，陈廷敬明确强调要严格执法，"法在必行，该地方官不行严察禁除，仍蹈前辙者，或经本院访闻，或经被害首告，一有发觉，官则特简题参，蠹棍立正大典"。

应当说，陈廷敬所论诸条是"切中时弊，棘棘不苟同"的分析。①

---

① 李元度：《国朝先正事略》卷 6《陈文贞公事略》，岳麓书社，1991，第 165 页。

礼仪与政治：清朝礼部与理藩院对非汉族群的文化治理

张永江*

本文讨论的主题是清朝的礼部及其在治理清朝这个多族群①国家中所发挥的独特而重要的作用。清代礼仪作为文化的重要部分，自然不乏研究成果。中国学者关注的焦点，或者是制度、政策评述，② 或者是宫廷礼仪，③ 或者是中外关系中的"礼仪之争"，④ 基本集中在文化视域。个别成果虽与边疆教化治理相关，但局限在西南一隅，可以视为文化"同化"的个案。⑤ 在欧洲，谈起清朝，人们经常注目的依然还是满洲强大的武力和独特的军事制度。很少有人认真细致地讨论清朝统治者在文化建设和礼仪制度方面付出的努力，以及这些制度对于维系和巩固这个庞大而且文化多元的国家的意义。反之，美国的清史研究者，则异常重视清代文化特别是统治核心满洲所代表的满族文化与政治的关联。其中，围绕清朝的统治及其成功的原因，曾出现过两种对立的意见——"汉化"派和"保持满洲传统"派的激烈争论。代表性的学者如柯娇

---

*　中国人民大学清史研究所，原文刊于《清史研究》2019 年第 1 期。

① 由于近年来国内学术界在汉语"民族"一词的定义和内涵方面存在明显分歧，本文暂且使用"族群"概念指代汉语"民族"概念出现之前的民族共同体，包括文化上自成一系的部落和部族。

② 如张仁善《清代官员相见礼仪述评》，《文史杂志》1993 年第 4 期；王文东《清代的文化政策与礼仪伦理建设》，《满族研究》2005 年第 3 期。

③ 如陈东《清代经筵制度研究》，山东大学博士学位论文，2006；张美娜：《清代后宫制度研究》，贵州大学硕士学位论文，2009。

④ 代表性的有王开玺《清代外交礼仪的交涉与论争》，人民出版社，2009；陈维新《清代对俄外交礼仪体制及藩属归属交涉》，黑龙江教育出版社，2009。

⑤ 谢晓辉：《帝国之在苗疆：清代湘西的制度、礼仪与族群》，《历史人类学学刊》2013 年第 2 卷。

燕从"政治意识形态"的角度注意到满洲统治者建构"话语知识"的努力，但关注点集中在最具控制文化资源雄心壮志的乾隆帝所组织的大量礼仪文献编写方面。① 而罗友枝则明确宣称，"清朝成功的关键因素是其针对帝国之内亚边疆地区主要的少数民族采取富有弹性的不同文化政策的能力"。她通过清朝的宫廷礼仪阐述了这一能力——主要表现在祭祀、萨满教、藏传佛教及私人礼仪方面。② 但是这些统治"创新"，毕竟是面向满洲宫廷、至多是皇族成员的内部，虽然由于"满蒙联姻"会对少数草原贵族产生辐射作用，但对广大的藩部族群民众能发挥多少作用却难以估计。换言之，她们虽然意识到了满族统治精英在利用"内亚"文化资源建构国家意识形态方面的重要性，却没能给予充分有力的证明。而且，满洲精英的上述努力，究竟是为了抗拒"汉化"而在文化上另起炉灶，还是在工具意义上操弄文化资源服务于统治需要？仍须认真讨论。有鉴于此，这里从更重要的国家礼仪制度层面，重新探讨清廷整合非汉族群以促进藩部（相当于西方学者指称的"清朝内亚"部分）族群对清朝认同的政治价值。当然，这一观察是把清朝的统治置于中国历史发展的连续性之下为前提的。如同清朝只是古代中国漫长的王朝链条中的一环一样，清朝重视礼仪制度在国家政治生活中的地位，设立礼部作为最高管理机关的做法，并不是自己的独创，在相当大的意义上不过是继承了中国存在数千年之久的古老的"以礼治国"的传统。清朝的创造性，体现在她能根据自己的需要对"礼治"传统加以改造，增加新的内容，加入自己及塞外族群多元的文化和传统，最终使之成为清朝新的大一统的制度和传统。其突出表现，乃在于创设理藩院这一中央机构并赋予其规范整合塞外族群礼仪制度的权力，以弥补礼部功能之不足。在这一过程中，满洲精英明显不是以塞外族群文化（或者称"内亚"）代表的姿态对抗汉文化，而是站在"大一统"的政治高地，以高于塞外族群文化和中原汉文化的姿态，对二者进行资源整合调处，创造一种新的大一统的意识形态，以便适应领土广袤、族群众多、文化各异的"天下"型国家治理的需要。

① 柯娇燕：《中国皇权的多维性》，刘凤云、刘文鹏编《清朝的国家认同——"新清史"研究与争鸣》，中国人民大学出版社，2010，第63~65页。
② 罗友枝：《清代宫廷社会史》，周卫平译，雷颐审校，绪论及第六、七、八章，中国人民大学出版社，2009。

一 中国历史上的"礼治"与清朝礼部的权力空间

从文化的角度看，礼是中国古老的价值观念。商代甲骨卜辞中就有了"礼"字。基本含义是敬神的观念和行为。"礼"的字义，先扩展为"敬意"，又扩展为"表达敬意的仪式"，最晚到春秋时代，已经泛指人类社会的道德和行为规范，即制度和仪轨。从实践的过程看，最早，它是远古时代人们祭神求福的一种仪式，也是中国最早的行为规范体系。随着早期国家（夏、商、周）的出现，礼逐渐被君主利用，礼的内容也由原来单纯的习俗仪式，发展成为约束人们婚姻、血统、亲续、君臣等社会关系的一种开放性的行为规范。

礼最早被确定为治国理论始于西周王朝，更确切地说始于周公。"先君周公制周礼。"① 但是，按照周代《礼记》的阐述，五礼系统已经相当完备、复杂，涉及人类社会生活的各个领域，调整着人与人、人与自然的关系。《尚书·舜典》说虞舜"修五礼"，故清代学者说"五礼之名肇自虞书，五礼之目著于周官"。② 所谓"五礼"指的是吉、凶、军、宾、嘉五礼。以吉礼事邦国之鬼神祇，即祭祀；以凶礼哀邦国之忧，即哀悼；以军礼同邦国，即征伐；以宾礼亲邦国，即朝觐；以嘉礼亲万民，即冠婚。礼的作用是多方面的："道德仁义，非礼不成；教训正俗，非礼不备；分争辨讼，非礼不决；君臣上下，父子兄弟，非礼不定；宦学事师，非礼不亲；班朝治军，莅官行法，非礼威严不行；祷祠祭祀，供给鬼神，非礼不诚不庄。"③ 北宋皇帝赵佶进一步阐述说：

> （五礼）正人伦、定尊卑、别贵贱也，故有君道焉，有臣道焉，有父道焉，有子道焉。夫倡而妇随，兄友而弟恭，莫不有序，人伦正也。上不可以逼下，下不得以僭上，大不可以凌小，小不得以加大，无得而逾，尊

---

① 《左传·文公十八年》。《逸周书》也提到："周公制礼作乐，颁度量，而天下大治。"
② 秦蕙田：《五礼通考·凡例》。
③ 《礼记·曲礼》。

卑定也，朝廷邦国乡党遂序有典、有则、有伦、有节、有条而不紊，贵贱别也。……夫人伦正，尊卑定，贵贱别，则分守明；分守明，则人志一；人志一，而好乱者未之有也。下不好乱，上不僭差，而天下不治者亦未之有也。①

礼的基本精神是别尊卑、序贵贱，在区分等级差别的前提下确定秩序，纳天下于一统，在宗法政治基础上建立稳定的大一统的王朝统治。

春秋战国时期，社会动荡，"礼崩乐坏"，思想界则异常活跃。儒家提出了自己的关于个人、家庭、社会、国家的秩序观念，即以伦理为中心的社会秩序观。概括地说，即君臣、父子、夫妇三者直接的主从关系，即后世概括的"三纲"。同时儒家又提出了仁、义、礼、智、信这些重要的道德概念，后世称为"五常"。三纲五常，构成了儒家理想的秩序世界："正心、诚意、修身、齐家、治国、平天下"。他们相信，理想的道德观可以塑造出具有理想人格的国民，从而支撑起和谐、稳定的社会和国家。在当时，这一理论完全适合基于农业生产方式和宗族社会立国的王朝国家状况。由于儒家的代表孔子服膺周朝，主张以礼治国，认为"不学礼，无以立"；儒家的改革派荀子主张兼取各长，吸收法家的"法治"精神，推行"隆礼重法"，将礼与法结合起来，对后世影响很大。儒家认为，礼的作用在于区分上下贵贱尊卑，维持等级制度，孝亲尊君，进而稳定社会秩序，加强君主专制。正因为如此，中国历代统治者、政治思想家均将礼视为治国安邦的根本指导原则。西汉时期，汉武帝"罢黜百家，独尊儒术"，儒家从此成为中国王朝时代正统的政治思想。《左传》云："礼，王之大经也。""礼，经国家、定社稷、序人民、利后嗣者也。"孔子所倡导的"为国以礼"也就成为中国传统的治国模式，以后历代王朝，逐步将其加以完善，相沿未改，一直到清朝。《清史稿》说：

自虞廷修五礼，兵休刑措。天秩虽简，鸿仪实容。沿及汉、唐，讫乎有明，救敝兴雅，咸依为的。煌煌乎，上下隆杀以节之，吉凶哀乐以文之，庄恭诚敬以赞之。纵其间淳浇世殊，要莫不弘亮天功，雕刻人理，随

---

① 赵佶：《大观五礼之记碑》。咸丰《大名府志》卷5《艺文》。原碑坐落在河北大名县城东三公里石刻博物馆内。

时以树之范。故群吁蒸蒸，必以得此而后足于凭依，洵品汇之玑衡也。斟
之酌之，损之益之，修明而讲贯之，安见不可与三代同风！①

正是认识到了礼制对治国的强大功用，清朝入关后，以马上征服为擅长的满洲
统治者迅速接受了这项传统的汉族制度。"世祖入关，顺命创制，规模闳远。
顺治三年，诏礼臣参酌往制，勒成礼书，为民轨则。"② 当然，这距离他们在
关外首次尝试设立礼部，建立礼仪制度，已经过去了 15 年。其间足以积累起
相当丰富的经验，并形成自己的传统仪式。新的大清礼制是满洲礼制与明朝礼
制的结合，注定了它带有浓郁的内陆亚洲狩猎、游牧民族特点。而且，随着王
朝边疆区域的拓展，各非汉族群源源不断地加入，这些特点就更加丰富和
鲜明。

与汉族建立的明朝相比，满洲人建立的清朝在制度上对前朝有明显的继承
性。作为国家重要机关的礼部，其基本职能与明代相同，都是以掌管国家的文
化、教育事务为主。清代礼部作为最重要的国家机关之一，位列六部中第三
位。以现代观点看，它所掌管的事务不多，且不那么重要。《大清会典》说，
礼部"掌天下礼乐、祭祀、册封、朝贡、燕享、贡举之政令"。③ 相当于今日
国家的文化、教育、宗教、外交事务及部分官员选拔事务。但在传统中国，祭
祀礼仪与军事武备同等重要。《左传》说"国之大事，在祀与戎"。礼部掌管
这些事务，却只有 4 个司，加上附属机构，不过 7 个部门，主事以上官员只有
45 人。该部门的政务处理特点是制定礼仪制度和原则，实际操作事务较少。
礼部官员经常扮演的是仪式指导官的角色。

因为以"天下"为治理范围，既有境内庶政，也有关于藩属和外国的
"外交"事务。二者位于不同的空间，构成了礼部面对的两重世界。所不同
者，明清两朝礼部所管辖范围和具体事务有差别。明朝无处理境内非汉族群事
务的专门机构，故境内部分的蒙古（明代称"三卫"）族和西南各族（"土
官"）事务归礼部。清代有理藩院，蒙藏回各族的庶政由其负责。其他北方各
族的事务也归理藩院管理。但礼仪角度的管理，如蒙古、西藏贵族的朝贡、册

---

① 《清史稿》卷 82《志五十七·礼一·吉礼一》。
② 《清史稿》卷 82《志五十七·礼一·吉礼一》。
③ 康熙《大清会典》卷 40《礼部一》。

封、赐祭、宴赍，仍归礼部。清朝的礼部和理藩院，在职责方面既有区别，也有重合、交叉之处。例如，在境外族群的事务方面，理藩院管理西北陆路属国和外国；礼部管理朝鲜、海路属国和外国。这种分类，既反映了清朝统治阶层对"内外""华夷"等族群、文化观念的认知；相应地，也展示了清帝国"差别待遇"内外族群的文化政策。

明清两朝，都以"天下"为施政范围和权力空间，但以领土（版图）为基础的主权范围，清朝远较明朝广大。领土之内，以军政控制力为表征，可称为主权空间。主权之外的藩国或者属国世界，实际上是一个象征性的权力空间，特点是对象和范围都是模糊的和不确定的，这个空间以文化主要是礼仪的控制力为表征，可称为文化权力空间。两重空间之间界限及外部边界在特定情况下是可以改变的，可以收缩或延展。以明清两代比较而论，清前期外蒙古、回部和西藏地区的加入极大扩展了清朝的第一重即主权空间，而外重文化权力空间也大为展拓，西北远至中亚。但 19 世纪后半期，不仅外重文化权力空间瓦解，宣统三年（1911）以后，作为主权空间的外蒙古也不复拥有。清朝对两重空间的控制手段有明显不同，前者是综合的，政治、军事、经济、文化手段综合并用；而对后者，则以单一的文化手段（礼仪）为主。政策的目标也不相同，前者是实际的统治，后者则只需保持名分上的"藩服"关系即可。当然，两者之间有重叠和交叉的部分，主要表现在某些礼仪上，如朝贡和接待。这一方面表明，主权空间的扩展是一个持续较长的过程，政治过程本身就具有半自治等过渡性形态，政策上也须有相应的过渡性以适应；另一方面，新加入王朝版图的空间及其族群在文化上拥有自己的系统和特点，这一点与外重文化权力空间的族群相同，适用相同的礼仪也不难理解。质言之，制度并不总是反映结果，也常常呈现过程。

二　族群分类与"教化之道"

清朝大一统事业的成功，无疑加大了清朝皇帝教化管理"天下万民"的难度，但继承了"普天之下，莫非王土"的帝王政治理念的清帝，不会放弃自己的"责任"。康熙二十九年（1690）编纂完成的《大清会典》提到"国家一统之盛，超迈前古。东西朔南，称藩服、奉职贡者，不可胜数。凡蒙古部落，专设理藩院以统之。他若各番土司，并隶兵部。其属于主客司、会同馆者，进贡之年有期，入朝之人有数，方物有额，颁赏有等"。① 这是史官从朝贡礼仪的角度，对两重空间中的非汉族群（统治族群满洲，当然不在其列）的管理所做的分类。这一说明并不全面，在当时，属理藩院管理的，还有俄罗斯及中亚、南亚的一些国家和部族政权。乾隆二十九年（1764）成书的《大清会典》专从礼部管理的视角说明："凡四夷朝贡之国，东曰朝鲜，东南曰琉球、苏禄，南曰安南、暹罗，西南曰西洋、缅甸、南掌。西北夷番见理藩院。"② 这个分类，反映的是七十余年后两重空间边界变化后的情况。这个变化就是《清史稿》说的"清初，蒙古北部喀尔喀三汗同时纳贡。朔漠荡平，怀柔渐远。北逾瀚海，西绝羌荒。青海、厄鲁特、西藏、准噶尔，悉隶版图。荷兰亦受朝敕称王，名列藩服。厥后至者弥众，乃令各守疆圉、修职贡，设理藩院统之"。清朝灭亡以后，史家的认识逐渐清晰起来，即"清初藩服有二类，分隶理藩院、主客司。隶院者，蒙古、喀尔喀、西藏、青海、廓尔喀是也；隶司者，曰朝鲜，曰越南，曰南掌，曰缅甸，曰苏禄，曰荷兰，曰暹罗，曰琉球。亲疏略判，于礼同为属也。西洋诸国，始亦属于藩部，逮咸、同以降，欧风亚雨，咄咄逼人，觐聘往来，缔结齐等，而于礼则又为敌"。③ 综合来看，显然，第一类是版图之内的蒙古各部（包括喀尔喀、厄鲁特、青海、准噶尔）、西藏，都隶属理藩院，构成了第一层级；第二类是朝鲜、越南、南掌、缅甸、苏禄、荷兰、暹罗、琉球，归礼部管理，也包括廓尔喀等理藩院管理的国家。第三类则是无政治关系（敕封）的贸易国家，如俄罗斯及西洋诸国。

对如此众多、情况各异甚至完全陌生的族群和文化，清朝只能采取分类管理的方式。这种分类管理，既体现在处理各国及外番族群事务所属的行政机构上，也表现在礼仪制度的等级差异上。分类的原则是与清朝关系的亲疏远近，既包括政治方面，也包括文化和情感方面。

通过礼仪教化各族群，是礼部施政的总的原则。教化之道，主要包括两部分，一是仪式本身，展示的是清朝的观念、态度；二是仪式所必需的符号性的工具和手段，包括食物、冠服、仪仗、印信、金钱、乐器，也包括文字、音乐

---

① 康熙《大清会典》卷 40《礼部一》。
② 乾隆《大清会典》卷 56《礼部》。
③ 《清史稿》卷 91《礼志·宾礼·藩国通礼》。

和舞蹈等。教化的途径体现在诸多方面，重点是明确等级高低，展示贵贱亲疏。以下重点观察仪式中的差别。

朝贺仪式。属于嘉礼系列。国家最重要的庆典是皇帝登极仪式，在仪式中，"班位"（队列与位置）极其重要，法律性质的《会典》中专设"班位"一级加以规定。清初规定：朝鲜使臣和外藩（蒙古）使臣排在文武百官之后。元旦朝贺仪式上，天聪六年（1632）的规定是蒙古贝勒排在满洲贝勒之后，朝鲜使臣在最后。崇德年间，两者位置颠倒过来。① 不过，从顺治年间开始，清廷为蒙古王公确定了年班制度，每年必须在指定时间轮流朝觐皇帝，在京居住和任职为官的蒙古额驸（皇室女婿）除外——他们不必再每年参加元旦朝贺。此外，蒙古王公、台吉可以在常朝日（每月初五日、十五日、二十五日），觐见皇帝行礼。而"外藩模范"朝鲜，只能在极特殊的盛京朝会上觐见，且站班在百官之后，而不像蒙古王公那样位列满洲王公之后。② 乾隆二十三年（1758）以后，朝贺队列里又陆续增加了属哈萨克的右部哈萨克、哈萨克阿布赍汗子阿第勒素坦，哈萨克杭和卓之弟阿噶岱、哈萨克汗瓦里苏勒坦之弟多索里苏勒坦，属回部的回子伯克，蒙古的土尔扈特郡王策楞德勒克，云南边境土司猛拱头目兴堂扎，中亚霍罕使臣及同来的玛木克，安南国王等。朝觐者的族群复杂，身份各异，必须及时调整班位顺序。③ 乾隆二十五年以后规定，哈萨克贵族入蒙古王公班，位置在相应级别蒙古人之后，其后是回部人（一般指有爵位者）；其官员按品级排在满汉官员之后，后定在三品官之末。④ 乾隆三十五年定，霍罕使臣来京，入于三品班之末行礼。土尔扈特郡王策楞德勒克来京，于蒙古王公之后行礼。猛拱头目兴堂扎，随五品大臣班之末行礼。"向例外国使臣另班行礼，以朝鲜国为领班"，朝鲜、琉球、南掌、暹罗四国使臣于百官之末行礼。但如果安南国王来京，班次在和硕亲王之次，明显高于使臣待遇。所体现的只是国王的身份高于使臣。

道光七年（1827）皇帝重新做了一次严格清晰的规定：

> 向来元旦受贺，蒙古台吉等，本有一定班次，因理藩院不派熟谙典礼

---

① 康熙《大清会典》卷40《礼部》。
② 光绪《大清会典事例》卷296《礼部·朝会》。
③ 光绪《大清会典事例》卷296《礼部·朝会》。
④ 光绪《大清会典事例》卷296《礼部·朝会》。

之员带领，以致多有参差。嗣后元旦朝贺，蒙古汗、王、贝勒、贝子、公，仍照旧入于内地王公之次行礼；其札萨克台吉以下，着按照品级，列于东边行礼内地大臣官员各排之次。其各部落回子伯克、土司等，若照理藩院所议列于内地大臣之次，殊失体制，着另为一班，列于西边行礼内地官员之末。如遇廓尔喀年班来京，按照向来班次，列于回子伯克、土司之末。着理藩院先期于司员内，择其熟谙典礼并通晓蒙古语者，每项派出二员，届期带领行礼。①

由此，我们可以清楚地看到每年元旦朝觐行礼参加者的前后行列顺序：第一层级，内地（满洲）王公→蒙古王公→哈萨克王公→回部王公；第二层级，内地大臣东班→蒙古札萨克台吉，内地官员西班→回子伯克、土司→廓尔喀；第三层级，朝鲜、琉球、南掌、暹罗。清帝国两重空间中的族群政治秩序，一目了然。这就是礼仪的作用。礼仪与政治的关系，不言而喻。

册封仪式。嘉礼。按照规定，蒙古王公、台吉受封袭位，册封仪式由理藩院办理。蒙古王公的夫人（福晋）、女儿（格格），照满洲王公之例，每五年集中册封一次，礼部派使者携带文书前往。乾隆二十年（1755）以后，青海、外蒙古等偏远蒙古地区，改由理藩院系统颁给文书。② 蒙古之外，回部王公的亲属，立功情形下，也可以得到册封。嘉庆五年（1800）和七年，郡王衔贝勒哈迪尔的母亲和妻子，同治八年（1869）已故郡王伯锡尔的夫人，都获得了册封。③ 其他族群有无册封，未见记录。

颁朔仪式。嘉礼。颁朔，即颁授时宪书（历书）。这在古代是一项隆重典礼，具有浓厚的政治含义。"修职贡，奉正朔"，向来是臣服的标志。颁朔典礼于每年十月初一日黎明在午门外举行，是国家级典礼。届时，王公贵族以至文武百官必须参加，无故不到者，要受处分。朝鲜国要遣派专使参加。参加者依次跪领。内地各省，则逐级颁发。"乃颁布民间。山陬海澨。无有不遍。伪造者论如律。外藩蒙古部落，内外札萨克，诸边番夷，由驿给发。"④《会典事例》提到的蒙古部落就有内札萨克科尔沁等二十四部落，外札萨克喀尔喀等

① 光绪《大清会典事例》卷296《礼部·朝会》。
② 光绪《大清会典事例》卷307《礼部·册封》。
③ 光绪《大清会典事例》卷307《礼部·册封》。
④ 光绪《大清会典事例》卷315《礼部·颁朔》。

十五部落，青海札萨克王台吉，杜尔伯特部落等。

　　清代的时宪书中，除了时间、节气信息外，包含着时政信息。乾隆时期，新纳入主权空间的地区，或者原被忽略的边疆区域，都被要求标注在时宪书中。如乾隆二十年（1755）"奉旨，准噶尔诸部尽入版图，其太阳出入节气时刻，宜载入时宪书。颁赐正朔，以昭中外一统之盛"。① 二十二年，增黑龙江、吉林、伯都讷、三姓、尼布楚太阳出入节气时刻，载入时宪书。伊犁等蒙古部落，并巴里坤、吐鲁番二十处太阳出入节气时刻，增入时宪书，一例颁发。这一年，钦天监将新增有回部二十六处的时宪书颁发天下。三十七年蒙古土尔扈特部从俄国回归中国，于是添入土尔扈特、和硕特等二十四处北极高度及偏西度。次年，按照《钦定清汉对音字式》，改正时宪书内所载地名标注。四十二年，新增大小金川及各土司地名，北极高度及偏西度载入时宪书内。时宪书中也增加了内地直省甚至外藩属国的天文地理信息，如四十年，时宪书内增刻安徽、湖南、甘肃三省北极高度及偏东西度。乾隆五十四年，安南照朝鲜之例，将北极高度及偏西度载入时宪书。嘉庆八年（1803），嘉庆帝令钦天监衙门于颁行时宪书内将"安南"二字改为"越南"，永遵正朔。嘉庆十四年，令将琉球国星度节候详细推算，增入时宪书内以垂久远。② 一部历书，简直可以看作是清朝两重权力空间的象征，难怪清廷如此重视颁朔之典。③

　　宴享仪式。嘉礼。大宴仪凡国家例宴，礼部主办。这种宴会包括元日宴、冬至宴、元会宴、千秋宴、凯旋宴、外藩宴等名目。

　　元日宴，即每岁元旦（正月初一日）日中午举行的大型宴会，在朝会仪式之后举行。发端于盛京时代，参加者主要是满洲、蒙古王公，宴会所用的食物，如肉、酒都由参加者自备，具有重要节日聚会庆贺的意思。完全由国家招待，大概从康熙时期开始。雍正四年（1726）确定的元旦宴仪式是：

　　　　是日巳刻，内外王、公、台吉等朝服集太和门，文武各官集午门。设御筵宝座前，内大臣、内务府大臣、礼部、理藩院长官视设席。丹陛上张黄幔，陈金器其下，卤簿后张青幔，设诸席。鸿胪寺官引百官入，理藩院

---

① 光绪《大清会典事例》卷 315《礼部·颁朔》。
② 光绪《大清会典事例》卷 315《礼部·颁朔》。
③ 参阅王元崇《清代时宪书与中国现代多民族国家的形成》，《中国社会科学》2018 年第
　　5 期。

官引外藩王公入。帝御太和殿，升座，中和韶乐作，王大臣就殿内，文三品、武二品以上官就丹陛上，余就青幔下，俱一叩，坐。……中和清乐作，分给各筵食品，酒各一卮，如授茶仪。乐止，蒙古乐歌进。毕，满舞大臣进，满舞上寿。对舞更进，乐歌和之。瓦尔喀氏舞起，蒙古乐歌和之，队舞更进。每退俱一叩。①

《会典事例》中记载的情况稍有不同：

> 凡三大节大燕之礼。是日卯时，内外王、贝勒、贝子、公、台吉、塔布囊、伯克等，俱朝服在太和门会集。文武大臣、有顶戴官员俱朝服，暨朝鲜等国来使，在午门外会集。领侍卫内大臣、礼部、内务府、理藩院堂官，共视设席。……是时礼部堂司官，引庆隆舞于丹陛上，司章歌作。小司舞、大司舞，司舞人以次进舞。……舞毕。次吹筚吹人员进殿，奏蒙古乐曲。次掌仪司官，引朝鲜、回部各掷倒伎人、金川番子番童等，陈百戏毕，俱退。内外王等以下公以上、台吉塔布囊伯克、文武大小官员及各国来使等，各于坐次行一跪三叩礼兴。②

这应该是乾隆朝平定金川以后的规定仪式。

综合起来看，这套复杂仪式中，值得注意的是：（1）主办者，包括内务府、礼部、理藩院，代表着皇室和国家；（2）仪式的主角是皇帝和几大族群代表——满洲王公、文武百官（满汉两族）、外藩蒙古王公、回子伯克，各国来使似乎处于旁观者角色；（3）舞乐配备，除了继承自汉族的传统宫廷乐丹陛大乐、中和韶乐和中和清乐外，还有满洲舞、蒙古乐、瓦尔喀乐舞和回部、金川（藏族）、朝鲜的杂技表演，巧妙地整合了境内外、汉与非汉各族群的文化，极具代表性。

冬至宴。顺治间制定，仪式如元旦宴仪，但很少举行。

元会宴。也在初一日，但只在一些特定年份举行。参加者主要是百官大臣。但乐舞中使用外藩各族群乐舞。"歌阕，筚吹进，番部合奏进，内府官引

---

① 《清史稿》卷88《志六三·礼七》。
② 光绪《大清会典事例》卷515《礼部·燕礼·大燕礼》。

朝鲜俳、回部、金川番童陈百戏，为稍异耳。"①

千秋宴。是为高寿耆年者（60 岁以上者）举办的祝寿之宴，设于畅春园，有时设于乾清宫，参加者包括境内各族群代表人物，境外属国使臣也可参加。如乾隆五十年（1785），"设宴乾清宫，自王公讫内外文武大臣，暨致仕大臣、官员、绅士、兵卒、耆农、工商，与夫外藩王公、台吉，回部、番部土官、土舍，朝鲜陪臣，齿逾六十者，凡三千余人"。②

凯旋宴。始自崇德七年（1642），顺治十三年（1656）定制，凡出征将帅得胜凯旋时，皇帝接见并赐宴。乾隆朝，定金川，宴瀛台；定回部，宴丰泽园；平两金川，赐宴紫光阁。"其时所俘番童，有习锅庄及甲斯鲁者；番神傩戏，亦命陈宴次，后以为常。"③

外藩宴。包括两类，一类是专为境内的蒙古王公台吉预备的，举行时间是每年的除夕（十二月三十日）和上元节（正月十五日），主办机构是内务府和理藩院。宴会地点设于保和殿，赐蒙古王公等，仪式包括就位、进茶、馈爵、行酒、乐舞、谢恩，如同元日宴。

除了上述集中宴请外，蒙古各部临时来朝进贡，送亲入觐者，或御赐恩宴，或宴于礼部，按皇帝指示办理。除蒙古部落外，还有索伦部落、西藏达赖喇嘛使者，甚至还有俄罗斯使者被宴请的记载。

另一类是针对诸国朝贡使臣的，如朝鲜、安南、琉球、荷兰遣使来京，也有例宴。乾隆间，缅甸使臣陪宴万树园，以其国乐器五种合奏。其后凡遇筵宴，备陈准部、回部、安南、缅甸、廓尔喀乐。④ 配置的是广义的外藩族群音乐。

尽管看上去蒙古和朝鲜都受到宴请，但实际上差别很大。比如，朝鲜使者能够参加的宴会很少，而且，制度上明确规定，宴席规格上，蒙古用四等席，而朝鲜用五等席。

当然，教化"异族"是一项复杂工程，仅有短暂呈现性质的仪式是不够的，它还需要更长久、更容易随时感知的象征性手段和工具来辅助。其中有些是物质形态的，例如印信、服饰、仪仗、祠庙（包括牌位塑像）及诏敕等；

---

① 《清史稿》卷 88《志六三·礼七》。
② 《清史稿》卷 88《志六三·礼七》。
③ 光绪《大清会典事例》卷 1188《内务府·典礼》。
④ 《清史稿》卷 88《志六三·礼七》。

也有的是无形的抽象的，例如语言文字、音乐舞蹈等。有些情况下，二者可以配合起来使用。

最容易观察的是印信。它是权力的符号和象征。在清代，通过印信的形制、材料、规格及附着其上的文字，至少被赋予了五种以上的名称，如宝、印、关防、图记、条记等，虽然功能相似，但每种的具体含义都不同。文字使用上，所有印信，都必须使用满文，包括境外的朝鲜国王印、琉球国王印。亲王、郡王印，中央各部院衙门印信，都是满文、汉文对照。但理藩院使用满蒙汉三种文字。各地方政府印信，印文也不相同。蒙古札萨克印、盟长印，满蒙文对照。驻在并统辖蒙古地区事务的官员印信，都附有蒙古文或者卫拉特蒙古文（托忒文）。但在官印上使用满汉文以外的文字，仅限于蒙古。其他族群，无一例外，都只能使用满汉文对照印信。无论是驻藏大臣还是西南、西北的各级土司。① 当然，西藏活佛（呼图克图）、札萨克达喇嘛印信，用满蒙藏三体对照或满汉对照。② 至于回子伯克，虽然也有品级，却不给颁发印信，实际上并不作为正式官员对待。各族的政治地位于此可见一斑。

礼仪乐舞的族群多元化也承载着清朝"布邦教"于远人的理想。清代专门设有乐部，由礼部大臣兼管。乐舞作为仪式的不可或缺的部分，祭祀、朝会、宴享都离不开，清廷非常重视。"协之以声歌，播之以器物"，"以格幽明，以和上下"。乐舞可以沟通人神两界、和谐上下关系，作用匪浅。

清代整理继承了中国传统的宫廷乐之中和韶乐、丹陛大乐，又新设了蒙古乐曲、朝鲜国俳乐、瓦尔喀部乐、回部乐、番子（金川藏族）乐、廓尔喀部乐、越南国乐、缅甸国乐。这些新乐舞总称"筵燕乐"，主要用于不同的宴会仪式上，由乐部和声署和内务府掌仪司掌管。八种新乐使用的具体乐器如下。

凡筵燕乐有九。一曰蒙古乐。器用筚吹之笳、胡琴、口琴、六弦筝各一。番部合奏之云锣、箫、笛、管、笙、筝、胡琴、琵琶、三弦、二弦、月琴、提琴、轧筝、火不思、拍版各一。一曰朝鲜乐。器用朝鲜之笛、管、俳鼓各一。一曰瓦尔喀部乐。器用瓦尔喀部之觱篥、奚琴各四。一曰回部乐。器用回部之达卜、那噶喇、哈尔札克、喀尔奈、塞他尔、喇巴卜、巴拉满、苏尔奈各一。

---

① 光绪《大清会典》卷 34《礼部·铸印》记载驻藏大臣印文字为满、汉、回（维吾尔）文，似不确。应为长方形关防。从乾隆中期以后档案原件中钤盖的关防看，则是满汉合璧式。

② 光绪《大清会典》卷 34《礼部·铸印》。

一曰番子乐。器用金川之得梨、拍且尔得勒窝各一，班禅之得梨二，龙思马尔得勒窝四。巴汪、苍清各一。一曰廓尔喀部乐。器用廓尔喀之萨郎济三，丹布拉、达拉、达布拉各一、公古哩四。一曰安南国乐。器用安南之丐哨二，丐鼓、丐拍、丐弹弦子、丐弹胡琴、丐弹双韵、丐弹琵琶、丐三音锣各一。一曰缅甸国乐。器用粗缅甸之接内塔兜呼、稽湾斜枯、聂兜姜、聂聂兜姜、结莽聂兜布各一，细缅甸之巴打拉、蚌札、总稿机、蜜穹总、得约总、不垒、接足各一。遇筵燕皆用之。①

史书中还详细记载了各种乐器的材质、形制、制作工艺及简单演奏技法，于此不赘述。

此外，在婚丧仪式、祭祀仪式、朝贡仪式、使者接待、抚恤赏赐、行围狩猎等几乎所有涉及仪式制度的场合，都显示出各族群的差别对待。通过这些差别待遇，皇帝头脑中各族群及其上层与自己、与清朝的远近亲疏得以展现。而场景化再现的最终目的，则是使疏远者努力变得亲近，使亲近者更亲近，从而实现"怀柔远人"的教化目标。

三　优遇蒙古：以礼仪制度教化境内族群的样板

在清代，蒙古人获得了仅次于满洲人的政治地位和社会地位。清前期，蒙古的文化地位，官方定位也居于汉文化之上，尽管其事实上的影响力没有汉文化那么大。清朝优礼蒙古的政策源自努尔哈赤时代开始的满蒙两族休戚与共的历史同盟关系以及长期的通婚联姻关系。② 与通过征服或军事威慑加入帝国的汉族等其他族群迥然不同，满蒙族群上层之间形成了血缘上、政治上甚至文化上的一体关系。当然，由于蒙古的各个分支与清朝的机缘不同，内部仍然存在着相当大的差异。尤其是青海蒙古和卫拉特蒙古，与清廷的关系远不像内蒙古那样密切。外喀尔喀蒙古则处于两者之间。因此，作为一个族群整体，蒙古仍然是教化对象，但同时又树立为教化其他族群的榜样。

政治上，蒙古是境内各族群中获得较高自治权利的族群（尽管不是全部

---

① 光绪《大清会典》卷41《乐部》；光绪《大清会典事例》卷527《乐部·乐制陈设》。
② 有关满蒙贵族通婚的状况及其巨大影响，参见杜家骥《清代满蒙联姻研究》，人民出版社，2003。

成员），清朝主要为管理边疆族群事务专设的理藩院，就是从盛京时代的"蒙古衙门"发展而来的。处理蒙古事务，占到理藩院全部工作的七成以上。有关蒙古族通过理藩院获得的权利和优遇，这里不拟讨论。仅仅从礼部的视角观察，我们同样可以获得上述认识。

蒙古语文地位。早在清初，蒙古语文即取得了满、汉语文之外的法定三种官方语言之一的地位。国家政务中枢内阁专设有"蒙古房"，翻译各种公文为蒙文，也兼翻译回部、西藏文字。在印信、宫殿匾额、诏敕、国史（如历朝《实录》）、钦定《大藏经》及官方编纂的语言对照字典中，都有其一席之地。[1] "时宪书"也有专门印制的蒙文本，而朝鲜、越南都只能使用汉文本。面对八旗序列中的蒙古人，国家专设了单独一个系列的科举考试——蒙文翻译科。[2] 京城中从太学到义学，设立了各级蒙古官学，以此培养专门的蒙古语文人才。[3]

冠服仪仗。清代规定，各蒙古王公子嗣及闲散台吉、塔布囊，年满 16 岁者，按定例给以应得品级官顶（顶戴）。这项权利，甚至超过了天潢贵胄的皇族宗室子孙，以致乾隆帝大为惊异："宗室中除承袭封爵及现有官职外，其闲散宗室，向无按品给顶之例。"于是决定"嗣后着将王、贝勒、贝子、公子嗣及闲散宗室年已及岁者，俱照蒙古王公、台吉、塔布囊之例，分别给予品级官顶"。[4] 仪仗方面，蒙古王公享有仅次于满洲同级别王公的规格，可以使用不同数量的伞、枪、旗帜等，遇有行围、出师场合都可以使用。唯有马缨不得使用金黄色和紫色，这两色是皇家专用的。当然，兼有皇室成员身份的蒙古额驸不在此限，另有规定。[5]

祭祀仪制。清代的国家祭祀有大祀、中祀和群祀三种。从高到低的三个祭祀层次中，蒙古都取得了一定的地位。大祀，主祀天地、太庙。天帝、地祇，以清朝皇帝配祀；而太庙则以功臣配祀。蒙古的超勇亲王策凌和博多勒噶台亲王僧格林沁，其神位分列东西两庑。前者出身于外蒙古的赛音诺颜部，后者出自内蒙古科尔沁部，都曾为清朝立过重大功绩。而全部 13 人的配祀队伍中，

① 光绪《大清会典事例》卷 13 ~ 15《内阁》。
② 《清史稿》卷 88《志六三·礼七》。
③ 参见张永江《清代八旗蒙古官学》，《民族研究》1990 年第 6 期。
④ 光绪《大清会典事例》卷 326《礼部·冠服》。
⑤ 光绪《大清会典》卷 29《礼部四》。

满洲而外，就只有蒙古二人和汉族的代表张廷玉了。中祀，其中有祭祀京师历代帝王庙中的帝王名臣。明朝出自自身的正统观念，有意压抑北方民族，帝王中只有忽必烈一人入祀。清朝则根据自己的观念进行调整。顺治年间，增加了辽金元三朝帝王名臣，如元太祖成吉思汗、木华黎、伯颜等蒙古君臣。嘉庆帝也曾遥祭元太祖、元世祖陵寝。群祀，群祀中有祭祀人物的贤良祠、昭忠祠，也有岳、镇、海、渎和天下名山大川的自然神祭祀。作为名臣典范，前述的策凌入祀京师贤良祠，而僧格林沁除了在京师入祀昭忠祠，并拥有自己的显忠祠外，在山东曹州、安徽蒙城、天津和东北奉天，都拥有专祠。清帝巡幸盛京，也会令理藩院派人祭奠蒙古王、额驸、功臣坟墓。为了扩大这种人物祭祀的影响力，清中期以后这种专祠甚至建到了塞外的边疆民族区域。例如，宣统朝在蒙古旗中建立了潘万才祠。① 清朝还有意识地在边疆民族区域选择自然神祭祀对象，从而扩展祭祀范围。如东北的长白山神，广西的海阳山神，新疆伊犁的阿布拉山诸神，西藏的瓦合山神。最多的还是在蒙古族群分布的地区，包括协义昭灵兴安大岭神，祭于木兰围场；博格达山神，祭祀于新疆省城乌鲁木齐；格登山神等五座山神，祭祀于伊犁；楚呼楚山等三座山神，祭祀于塔尔巴哈台；汗山神、肯特依山神，祭祀于库伦；河源神、星宿海神，祭祀于西宁口外；灵显宣威青海（库库诺尔）神，祭祀于西宁府城。② 神祇的分布格局，无言地昭示着清朝统辖下远盛于明朝的疆土和族群。

物质优待。蒙古王公来北京朝见皇帝，会受到全方位的优待。前面提到了蒙古王公可以参加各种国宴，另外，皇帝大婚、公主下嫁、万寿圣节（即皇帝生日）设宴，都会邀请蒙古贵族。上元节（正月十五日）皇帝会在圆明园的正大光明殿，为外藩蒙古设宴，皇帝亲临，内务府、礼部、理藩院具体负责接待礼仪。除了国家机关设宴接待外，每年八旗中下五旗王府还要再设"王府筵燕"接待，但负责组织协调的是礼部和宗人府。"外藩蒙古王公朝贺来京，由礼部奏请于元旦后在五旗王府筵宴五次；由礼部将筵宴日期及宴席羊酒数目开列礼节，咨呈宗人府转行各王府办理。"③ 由八旗各王府款待蒙古贵族的传统，始自天聪十年（1636），一般在初一日以后择日举行，具体规定如下。

---

① 《清史稿》卷 87《志六二·礼六》。
② 光绪《大清会典》卷 36《礼部十一》。
③ 光绪《大清会典》卷 40《礼部一五》。

　　凡王府筵燕，各王府设席。备外藩亲王、郡王、贝勒、贝子、公、额驸各席一；台吉、塔布囊等二人共席；随王等侍卫等官十员共席。每二席，蒙古羊一。每三席，酒一瓶。又用大蒙古羊三。于元旦后择吉，正红、镶白、镶红、正蓝、镶蓝五旗王公各筵燕一次。每旗主席，以亲王或郡王一人，就府中设席。其余本旗诸王、贝勒、贝子、公咸赴陪燕。①

　　朝廷因故不能举行筵宴时，也会按照规格数量赏给王公相应的羊、酒。所有这些宴席食用的大蒙古羊、牛，朝廷全部采购自蒙古地区。

　　除宴请外，蒙古、西藏活佛来京，清廷还会给予丰厚的饩廪（食物），按日发给。以哲布尊丹巴呼图克图为例，每日给蒙古羊一，鹅二，鸡三，牛乳七旋。每十日给牛一，二两重黄茶一百五十包，酥油五斤，棉花八两，盐十八斤，二两重黄蜡烛五十枝，白蜡烛十枝，灯油十斤，酱五斤八两，醋一斤，苹果、柿各一百枚，槟子、梨各一百五十枚，栗、枣各十斤，葡萄十五斤，核桃三百个。回程路费给牛一只半，天池茶一百包，酥油五斤，二两重黄蜡烛五十枝，盐二十四斤。随行护送的喇嘛、台吉、宰桑、护卫等，照例各按品级给予银两。②

　　蒙古王公及下嫁蒙古的公主、格格辞世，清廷除遣礼部、理藩院官员前往宣读祭文外，还要赐给抚恤用的牛羊，通常是折成银两赏给。皇帝还常常赏给治丧银两。

　　教化之道即是以五礼"赞上导万民"，③ 具体操作方法，则不外乎劝与惩两种。劝就是规定、引导、鼓励。惩则相反，是禁止和惩罚。两者都可以在指导蒙古风俗的规定中找到例证。前者是乾隆五十三年（1788），阿尔泰乌梁海部巴牙尔图旗老兵默多尔沁年满103岁，乾隆帝认为"默多尔沁年逾期颐，身体强健，寿祥远届蒙古部落，洵为升平嘉瑞"。命礼部查例赏赐。④ 还有嘉庆二年（1807）"察哈尔站兵吹扎布之妻一产三男，礼部题请照直省民人之例，赏给米五石、布十匹。蒙古以牲畜为养生之资，赍以米布，在本家俱不适用。

---

① 光绪《大清会典事例》卷 518《礼部·燕礼》。
② 光绪《大清会典事例》卷 521《礼部·饩廪》。
③ 光绪《大清会典》卷 26《礼部一》。
④ 光绪《大清会典事例》卷 405《礼部·风教》。

着交该都统等核照米五石、布十匹所值，折给马牛羊等项牲畜，俾资生计"。并就此成为一项定例，"嗣后蒙古地方有一产三男者，照此赏赉"。① 如若蒙古风俗出现背离朝廷愿望的苗头，也会得到及时的制止和纠正。如道光八年（1828），皇帝针对蒙古出现追求娱乐、学习唱戏等浮华风气，专门谕令管理旗务的札萨克官员大力清除，以恢复其"纯朴旧俗"。咸丰三年（1853），皇帝借官员毓书呈奏机会，又一次就外藩蒙古人学习汉文汉语、起用汉名，发出禁令，并通过理藩院传达到整个蒙古区域："蒙古地方，素性淳朴，不事浮饰。近来蒙古人起用汉名，又学习汉字文艺，殊失旧制。兹据毓书奏称，蒙古人词讼用汉字，更属非是。若不严行禁止，断然不可。着理藩院通行晓谕内外各札萨克部落，嗣后凡蒙古人务当学习蒙文，不可任令学习汉字，以副朕敦厚蒙古淳朴风俗之至意。"② 这些事例都被收录到《大清会典事例·礼部·训饬风俗》中，作为定制保持着法律性效力。

四　思想资源："华夷"观念的异变
与"内外"族群的认知

如上所述，与基于"华夷有别"观念的明朝相比，清朝礼制的最大特色便是浓郁的多元化族群色彩。在许多仪式中，边疆族群已经由旁观者或配角成为主角之一。这种礼制新格局的形成，一方面是清朝出于政治统治的需要，另一方面，也深刻地反映着来自北方的统治族群的满洲对于本族及其他边疆族群的文化价值的认知和认同。其集中体现，就是重新定位华夷观念。清前期，作为华夷对峙格局中"夷狄"的一方满洲，虽然在政治上颠覆了对手——以"华夏"自居的汉族明朝，但在文化地位上的较量才刚刚开始。较之武力对抗，文化较量更加艰苦。清朝最终打赢两场战役：一是雍正初年皇帝与明遗民曾静之间展开的"华夷"论战。针对曾静宣传其老师吕留良的"盖华夷之分，大于君臣之伦。华之与夷，乃人与物之分界，为域中第一义"，从而把满洲视为动物而非人类的理论，奋起辩驳。认为华与夷的区别，只是居住的地域之别，不意味着文化高下。华夷地位平等。满族对中国有大功，它创立了幅员辽

① 光绪《大清会典事例》卷 406《礼部·风教》。

② 光绪《大清会典事例》卷 400《礼部·风教》。

阔的国家，统一了蒙古诸部，中外一家，不应该再有什么华尊夷卑的区分。雍正帝引用孟子的"无父无君，是禽兽者"的话，认为不讲君臣之道者才是禽兽。① 强调满蒙汉各族平等，本朝"夫满、汉、蒙古，并无歧视"。② 不但满蒙不是夷，所有清朝境内的族群都不再是夷，而是平等的臣民。乾隆十四年（1749）乾隆帝针对满洲大臣阿灵阿奏折中使用"夷汉"概念，特别指出，"以百余年内属之蒙古，而目之为夷，不但其名不顺，蒙古亦心有不甘"。③ 乾隆二十年甘肃巡抚鄂昌甚至因所作诗中"称蒙古为胡儿"，被斥为"自加诋毁"，勒令其自尽。④ 在清帝看来，所有境内的族群都是中国人，都属中华范畴。只有敌对的族群，如当时的准噶尔和境外的族群如俄罗斯才可以称为"夷"。这样，就完成了清代"夷狄"观念的第一次转换。这是清朝礼仪制度更新、发展的思想资源。另一场战役是在文化上重构满洲的族群文化和认同意识，即吸收蒙古、新满洲甚至汉族文化的成分，构筑全部旗人为主体的满洲文化。其方法包括编纂书籍，如《八旗满洲氏族通谱》、《满洲源流考》和《钦定满洲祭神祭天典礼》（以后又扩展为《满洲四礼集》）等。通过这些努力，清廷在化解了境内可能的族际文化冲突的同时，精心地构筑了以礼仪制度为基础和纽带的两重秩序空间，构建多族群的文化象征体系，它的形象展示之一就是《皇清职贡图》。这些努力，性质上同属于文化建设，目标当然是从内外两个维度来巩固清朝的合法性及其统治。

乾隆末年，随着西洋人再度来华并提出各种要求，清帝意识到新的对手正在接近。马戛尔尼使团被乾隆帝称为"英夷"。道光以后，随着双方关系的紧张，西洋各国人都成为新的"夷狄"。最明显的就是道光、咸丰、同治三朝编纂的《筹办夷务始末》。而原来的境外属国，如朝鲜等反而被摘掉了"夷"的帽子，中性地称为"外国"，至多是稍有贬义的"外番"。"夷狄"的含义和指称又一次发生重大变化。这一次，不仅仅是族群上、文化习俗上的差异，更是政治上的竞争和冲突，是国际秩序的重构。在与新的强大文明对峙当中，千百年来，中国依靠礼仪和教化来巩固政治统治的法宝最终失效，中华文化失去了她的魔力。

---

① 《大义觉迷录》卷1，《清史资料》第4辑，中华书局，1983。
② 《清世宗实录》卷130，雍正十一年四月己卯。
③ 《清高宗实录》卷354，乾隆十四年十二月戊寅。
④ 《清高宗实录》卷489，乾隆二十年五月庚寅。

　　评价清朝"教化"边疆族群的成效，必须承认在清朝的绝大多数时间里，就政治秩序而言，这个秩序空间是稳定的。清朝的教化努力，成功地强化了自己的"天下共主"的地位和文化上的凝聚力，收到了积极的效果。少有的几次来自边疆和境外族群的挑战，并未酿成严重危机。相反，我们甚至看到僻处西北的哈萨克汗阿布赉上表"愿率哈萨克全部，归于鸿化，永为中国臣仆"①的事例，看到东南海隅的苏禄王国国主要求奉上象征主权的土地、人民图册的事例。② 至于清末及民国时代的外蒙古和西藏的分离运动，主要不是来自体系内的冲突，而是俄国、英国等文明对手的操控。

　　与中国的历史学家总是在纵向的王朝历史经验比较中阐释清王朝的成败利钝不同，欧美学者更倾向于横向比较奥斯曼王朝、罗曼诺夫王朝和清王朝等共时性帝国的历史经验，来寻求解释。濮德培认为，"清朝并不存在所谓的'少数民族'"，他们对差异性非常宽容，"他们能够创造多元化分类方法与管理方式的原因，在于他们是满族人，而不是吸收了汉族儒家文化。来自边陲的落后民族找到了解决方案"。③ 这一看似简明无疑的解释并不能说明清朝成功的本质。因为不是所有来自边陲的少数民族和落后民族都天然"对差异性非常宽容"，蒙古建立的元朝就是一个显然例证。恰恰相反，对汉族王朝政治文化的恰当吸收，按照统治需要重新阐释"华夷之道"，当然也包括重视和吸纳与本族文化、性格相近的其他塞外族群以平衡汉族的"体量"优势，这些政治上的新创意都关乎满洲人统治的成功。若要简化问题，毋宁从满洲族群生成过程中孕育的以中国传统礼法为核心的复合型文化特质及由此赋予的善于吸收他族文化的禀赋和能力去解释更为有效。

① 《清高宗实录》卷543，乾隆二十二年七月丁未。
② 光绪《大清会典事例》卷503《礼部·朝贡贡物一》。
③ 濮德培：《比较视野下的帝国与国家：18世纪中国的边疆管辖》，牛贯杰译，《新史学》第16辑，大象出版社，2016，第132页。

试论藏传佛教的王朝化与国家认同

——以清朝敕建藏传佛寺为中心的考察

祁美琴　安子昂[*]

　　美国历史学者罗友枝有一个非常著名的论断，她认为清朝之所以能够建立一个庞大的帝国，走向成功和强盛的关键是，其有能力对清帝国之内居住在"内陆亚洲"地区的非汉民族实行灵活性的、具体的文化政策，以获得他们对清王朝的政治认同。实际上，这种观点认识到了清朝政治文化的多元性与王朝统治成功之间的历史关系，而其中提及的清朝国家统治"内陆亚洲"民族最为重要的政治文化之一即是藏传佛教的政治作用力。学术界对于清代藏传佛教政治意义的认识多沿袭"兴黄安蒙"的传统思维路径，认为藏传佛教是清朝统治者笼络、利用和统治蒙藏民族的政治工具。但是，这种认识可能在有意无意中将宗教同国家之间的关系做单向性处理，使我们极有可能忽视了藏传佛教对于清朝统一多民族国家形成历程的主动参与与政治认同。因此，本文力图消弭这种政教关系的对立性思维，尝试从宗教的"王朝化"政治特征去解释藏传佛教在清代多民族国家认同形成中的历史意义。

　　笔者赞同楼劲的观点，即王朝是"古代中国最富特色和最为显著的存在方式"，同时也是"古代'中国'的全称代词"，中国历代王朝就是古代中国的国家形态。[①] 在中国历史上，尤其是入主中原的北方民族政权，其政治体制发育成熟的典型特征就是王朝化，王朝化是其制度、文化获得正统性、"成为中国"的标志。藏传佛教的王朝化是清时期"藏传佛教中国化"在政治上的

　　* 祁美琴：中国人民大学清史研究所；安子昂：中国人民大学清史研究所。原文刊于《清史研究》2019 年第 1 期。

　　① 楼劲：《近年"中国"叙说和构拟的若干问题》，《中国社会科学评价》2017 年第 1 期。

本质表现。清朝与以往中国王朝最大的不同之处是，在承续以"礼法"立国的传统儒家思想和统治秩序的同时，亦将蒙藏等民族中存在的"政教一体"的思想观念和管理体制融入边疆治理体系，从而使藏传佛教成为清朝主流意识形态的一部分，也成为清代的王朝特性之一。这是本文将这一历史过程用"藏传佛教的王朝化"表述的核心要义所在。

清代藏传佛教王朝化的历史特征可以从皇帝的宗教观念、寺庙建设、制度安排、政治文化等多个层面进行分析。本文以敕建寺庙为观察视角，讨论其在藏传佛教王朝化与国家认同中所扮演的角色。清朝皇帝所敕建的寺庙，分布于京城、满洲、蒙古、藏区、新疆甚至直省，其分布之广泛、规模之庞大、营造之精美、地位之显赫，都达到一种无与伦比的境地，堪称清代历史上一道独特的宗教政治景观。从宗教政治学意义上考量，敕建寺庙不仅仅是佛教的基本组织单位和宗教载体，也是一种特殊的政治场域，充当了宗教与国家之间发生并展开关系的桥梁和平台，使敕建寺庙的过程成为宗教信仰及其相关民族被纳入中国王朝体制的历史过程。学术界对于清代敕建藏传佛寺的研究成果虽然不少，但主题大多集中在寺庙建筑、宗教信仰、文化比较等方面，从"政治场域"角度分析的研究尚不多见。①

一　清朝统治者对敕建藏传寺庙的认知与建设

基于萨满宗教的历史传统和"满蒙联合"的政治需求，满洲统治者对于

---

① 在此，我们力求在前人研究的基础上，围绕清前期诸帝敕建藏传佛寺的言论行为、管理目标以及宗教影响力等问题，讨论清朝统治者将藏传佛教融入清朝国家治理体系并进而实现蒙藏等非汉族群对清朝国家的认同过程。从政治史角度考察清代敕建藏传佛寺的代表性研究成果主要有陈庆英《章嘉·若必多吉与清朝皇室兴建的喇嘛寺院》，《青海社会科学》1987 年第 5 期；王家鹏《乾隆与满洲喇嘛寺院——兼论满族宗教信仰的演变》，《故宫博物院院刊》1995 年第 1 期；中国承德市文物局、荷兰莱顿大学《承德普乐寺》，中国旅游出版社，2003；费迪南德·莱辛《雍和宫——北京藏传佛教寺院文化探究》，向红笳译，中国藏学出版社，2007；陈波《清代五台山：一个历史人类学的观察》，《四川大学学报》2010 年第 4 期；李勤璞《西藏的佛国境界：盛京四郊喇嘛寺塔的敕建》，《美术学报》2012 年第 2 期；李凤民《沈阳皇寺三百年》，东北大学出版社，2012；常建华《康熙帝敕建西安广仁寺》，《紫禁城》2012 年 4 期；张羽新、张双智《清朝塞外皇都——承德避暑山庄与外八庙研究》，学苑出版社，2013；李勤璞《景观转换：蒙古地区喇嘛寺院建筑样式和空间构造》，《西部蒙古论坛》2015 年第 4 期；杜娟、张鹏举《政治优礼下的召庙广建与类型植入——内蒙古地域藏传佛教建筑形态影响因素解析》，《城市建筑》2015 年第 28 期；尕藏加《清代藏传佛教研究》，中国社会科学出版社，2016；常建华《祈福：康熙帝巡游五台山新探》，《历史研究》2016 年第 2 期；任月海《内蒙古汇宗寺》，民族出版社，2017。

藏传佛教及其寺庙一直持有尊崇、保护的政治态度。这种宗教认知和观念经历了一个从朴素的庇护、存续到"以教驭边"的策略性运用，再到以宗教"护持国家"并与大一统政治理念相融合的历史过程。清朝在统一多民族国家的形成过程中，通过新建、复建、改建等多种形式建设了一个"内聚集、外分散"的敕建寺庙网络体系，即北京、盛京、承德、五台山等皇家庙宇的集中建设和内外蒙古、新疆、西藏、康区等地的分散式敕建，形成了颇具地缘宗教特质的王朝宗教格局。

（一）清朝统治者对寺庙的认知

满洲民族接触佛教始自努尔哈赤时代，其中既有自中原传入的汉传佛教，也有通过蒙古传入的西藏佛教。寺庙是佛教最基本的宗教单位，满洲人对于它的认知和态度随着时间的推移逐渐形成一种稳定、成熟的政治观念。

立国初期，后金就对一切佛教寺庙都采取不分汉藏，一律予以保护、存留的政治态度。① 后金统治者颁布的关于保护佛教寺庙的法令，比较早的见于天命六年（1622）十一月努尔哈赤的谕令："任何人不得拆毁庙宇，不得于庙院内拴系马牛，不得于庙院内便溺。有违此言，拆毁庙宇、拴系马牛者，见即执而罪之。"② 这里所谓的"庙宇"应当是泛指各种宗教建筑，因为在满文的表达认知中，汉译的"庙"字往往可以对应佛寺、道观甚至教堂等多种概念，所以，这一时期统治者对于藏传佛教寺庙的保护还属于泛泛的规定。③ 皇太极于天聪六年（1632）征讨蒙古和明朝时，就已经颁布保护佛寺的"战时条例"："凡大军所至，勿毁庙宇。……勿取庙中一切器皿，违者死。勿扰害庙内僧人，勿擅取其财物。……不许屯住庙中，违者治罪。"④ 此时，后金控制地区已经囊括了大量的藏传佛寺，且皇太极已经征服了广大漠南蒙古部落，对于藏传佛教寺庙的认识和保护意识更加清晰了。清朝入关之后，对于藏传佛教寺庙的保护政策发展得更加细致和完善。如顺治三年（1646）三月十六日，

---

① 杨健：《清王朝佛教事务管理》，中国社会科学出版社，2008，第 330 ~ 332 页。
② 中国第一历史档案馆编译《内阁藏本满文老档·太祖朝·汉文译文》第 29 册，辽宁民族出版社，2009，第 99 页。
③ 张羽新认为，这里所说的"庙宇"主要指佛寺，因为当时后金辖区没有其他宗教庙宇。这一说法仅供参考。张羽新：《清政府与喇嘛教》，西藏人民出版社，1988，第 8 ~ 9 页。
④ 《清太宗实录》卷 11，天聪六年正月乙未。

在为保护庄浪地方寺庙所颁布的诏令中，表示"为君者务必崇尚以理治世"，要求"全体官吏及军民所有人，势必尊崇。寺院众喇嘛依旧修炼，自愿烧香礼佛"，并规定"寺院、田园、牧场及所有牲畜、财产，任何人不得占有，不得劫掠"。①

清朝统治者对于藏传佛教寺庙的这种政治态度，缘于满洲人的信仰传统和现实政治的双重需要。满洲像其他北亚地区的民族一样，有着浓厚悠久的萨满教传统。这种萨满信仰对其接纳和承续其他宗教尤其是佛教起到了一定的助推作用。按照满洲人自己的表述："我满洲秉性笃敬，立念肫诚，恭祀天、佛与神，厥礼均重。惟姓氏各殊，礼皆随俗。凡祭神、祭天、背灯诸祭，虽微有不同，而大端不甚相远。"② 可见，在满洲人的宗教视域中，凡天、佛、神等一切信仰，皆与萨满一样，具有神圣崇拜的精神礼俗共性，这是满洲人能够接受藏传佛教的原因之一。从现实方面考量，由于满洲奉行"满蒙联姻"的国策，蒙古人又是清朝统治者得以纵横天下的得力"扈从"，无论从皇室婚姻生活还是政治维系上考虑，都需要尊奉藏传佛教，以慰笃信喇嘛教的蒙古人。

盛清时代的君主对于敕建藏传佛寺则有更加明确的政治目标，希望通过营建藏传佛寺来绥服蒙藏。康熙帝曾经发出过"建造一座庙，胜抵十万兵"的慨叹。正是认识到寺庙这种特殊的宗教建筑及其组织对于政治开拓的神奇功效，清朝统一多民族国家的发展史上，基本遵循了康熙帝"兵""庙"并举的政治路线，军事征伐与宗教建设同步进行。康熙三十年（1691）多伦会盟之后，康熙帝在此敕建汇宗寺，作为章嘉呼图克图的驻锡地。雍正帝意识到敕建寺庙是朝廷以"弘扬佛法"的形式塑造自身的护法形象，也是获取宗教性的合法统治资源的有效途径，故而遵循乃父遗愿，于雍正五年（1727）拨库银在库伦敕建庆宁寺以供哲布尊丹巴呼图克图驻锡。雍正帝对此的解释是："盖宣扬释教，得有名大喇嘛出世即可宣扬，岂仅在西域一方耶？"清帝希望通过敕建宏伟的国家大寺供两位蒙古大活佛驻锡，以隆重他们的政教身份，使其在教界得以与西藏达赖、班禅教主分庭抗礼，达到制衡的效果。但在名义上，雍正帝仍要坚持"弘扬佛法"的旗帜，表示："朕如此推广教法，建造寺宇，一

---

① 《顺治帝以庄浪海塔寺系佛教圣地赐其原名令众僧禅居弘法之诏书》，顺治三年三月十六日，希都日古编译《清内秘书院蒙古文档案汇编汉译》，社会科学文献出版社，2015，第72页。
② 金毓黻辑《钦定满洲祭神祭天典礼》第5册，辽沈出版社，1985，第3097页。

如西域令喇嘛居住讲习经典，于伊等蒙古之诵经行善亦甚便易。盖礼佛行善，无分远近，宣扬释教之处愈多，则佛法可以日广。"① 乾隆帝关于朝廷为何要不遗余力地敕建藏传佛教寺庙，也有明确的阐释："诸所营建，实以旧藩新附，接踵输忱，其俗皆崇信黄教，用构兹梵宇，以遂瞻礼而寓绥怀，非徒侈巨丽之观也"；② 是"崇祖制也，绵慈禧也，安列服也，阐宗乘也，而修寺之缘起讵复有逾乎此哉？"③ 敕建规模宏大的藏传佛教寺庙，清朝皇帝也面临巨大的政治压力。帝王热衷于营建大型工程，尤其是皇家建筑工程，都极易招致臣民谤议。乾隆帝从政治文化角度进行的阐释，不仅可以靖天下人之口，更是将兴建寺庙提高到安邦治国之经的高度，强调这是遵循太祖太宗以来尊崇佛教的祖制，为国家和民众绵延仁慈和福祉，安辑辽阔的疆域和广大的藩众，阐发光大深邃的佛法，是根基于清王朝祖制、文教、国法、教法的综合考量后的必然选择，体现出清朝统治者高度自觉的政教策略。

虽然清朝统治者也不乏辟佛和限制佛教势力的政治言行，④ 但是，清代帝王的排佛言行主要是对宗教超验义理的质疑，以及人口赋税等经济方面的考量，而其中绝大部分是针对汉传佛教而言的。对于藏传佛教之于清朝绥服藩部的特殊政治意义，清朝统治者则持有非常清醒的理性立场。从更广的政治意义上讲，藏传佛教之于清朝国家的意义不仅限于招抚蒙藏等非汉族群的归附，它同儒家文化一样，成为清代中国国家政治意识形态的重要组成部分，尤其在"大一统"王朝的构成与治理方面彰显出十分典型的中国化特征。唐代佛教高僧不空大师曾经提出"政教互为利益"的观点，"认为护国与护法是互为利益的，佛法护佑国家，国家扶持佛法，相得益彰。但能使国家扶持佛法，其前提在于佛法有益于国家，因而护国更为关键"。⑤ 满洲统治者在立国之初，就确立了"以佛法护国"的政治方针，其佛教政治理念不是对内陆亚洲佛教文化的刻板复制，而是延续中华佛教文化的轨迹发展而来的。⑥

这种"佛法护国"的政治理念，经常在清帝敕建藏传佛寺的时候作为一

---

① 《清世宗实录》卷 63，雍正五年十一月庚午。
② 乾隆御制《出山庄北门瞻礼梵庙之作》，诗文刻于热河普陀宗乘庙万法归一殿之内。
③ 于敏中等编纂《钦定日下旧闻考》卷 107《郊坰》，北京古籍出版社，1983，第 1789 页。
④ 参考杨健《清王朝佛教事务管理》，第 413～436 页。
⑤ 末木文美士主编《东亚佛教研究》（二），宗教文化出版社，2014，第 127 页。
⑥ 赖永海主编《中国佛教通史》第 13 卷，江苏人民出版社，2010，第 28～29 页。

种公开的政治信条得到阐释。顺治十五年（1658），为了纪念顺治帝同五世达赖喇嘛的南苑相会和满足皇家礼佛活动的需要，朝廷在南苑皇家行宫敕建德寿寺。乾隆帝在追溯德寿寺的敕建缘起时阐发道："洪惟我世祖肇造区夏，乂安元元，出水火而衽席之，凡可利益斯民者，罔弗修举。念大雄氏教能福佑群生，虔致崇奉，即一游豫亦不忘邀福庇民德意。兹寺之所为作也。"① 乾隆帝有意从主观上将世祖敕建德寿寺的历史渊源同"邀福、利民"的政治期许相联系，无疑显示出在"安辑藩部"的目的之上，对于弘扬黄教有着更高层次的政治追求。与此类同，康熙帝对于顺治帝专供恼木汗大活佛驻锡的北京东黄寺的敕建，也解释为"与帝王弘济群生之至意亦有合焉"。② 五台山诸敕建寺庙则是清朝皇帝传达护国政治理念的一个聚焦点。康熙帝在撰写菩萨顶碑文时，对于五台山寺庙文化的蕴意有一个总体性定位："我朝建鼎以来，岁有给赐，为国祝釐。盖其境域过清，不可以业四民，故于禅栖为宜。……然象教所感，伊蒲之供，率集于四方。居其地者，亦类能谨教律，严心行，致其洁虔，以一归于慈氏之训，庶克称国家优厚之意焉。"③ 朝廷希望通过在五台山兴建佛寺，承续五台山佛教，最终达到"为国祝釐""归于慈氏之训"的政治效用。乾隆五十一年（1786），在巡幸五台山礼拜佛寺时，乾隆帝面对五台山重山群寺，发出了"曼殊师利寿无量，宝号贞符我国家"④ 的慨叹，流露出一位盛世君王希冀佛刹庇佑他万里江山的心声。嘉庆帝也对盛京佛寺的构建体系有过阐发，对于环绕盛京的四座白塔寺，以一首诗概论："四塔森环卫，祥开祖业兴。梵言微一统，国语译三乘。启运法轮转，能仁宝筏登。同文钦圣化，景福锡云仍。"⑤ 他将四塔环绕盛京城的构造形式解释为国家一统，欲令满洲龙兴之地缭绕着一层佛教的神秘光环。《盛京通志》的撰写延续了这种说法，"四寺俱敕建，用喇嘛相地术，每寺建白塔一座，云能一统，相传为异"。⑥

质而言之，藏传佛教在清朝统治者的政治视域中，已经不仅仅是笼络蒙古

---

① 《钦定日下旧闻考》卷 74《国朝苑囿》，第 1248 页。
② 《钦定日下旧闻考》卷 107《郊坰》，第 1786 页。
③ 玄烨：《菩萨顶大文殊院碑文》（康熙十年），周祝英编《五台山诗文撷英》，山西人民出版社，2000，第 175 页。
④ 《清高宗实录》卷 1250，乾隆五十一年三月戊午。
⑤ 李凤民：《沈阳皇寺三百年》，东北大学出版社，2012，第 55 页。
⑥ 吕耀曾修、魏枢纂、雷以诚续修《盛京通志》，何建明编著《中国地方志佛道教文献汇纂·寺观卷》第 47 册，国家图书馆出版社，2013，第 141 页。

西藏的宗教驾驭工具，而是从意识形态上融入中国王朝国家的"大一统"政治理念之中，成为构建"中国认同"的凝聚性力量。

（二）清朝敕建藏传佛寺的建设

从长时段历史进行观察，可发现清代藏传佛寺的敕建史与清朝统一多民族国家的建立发展史，两者在时空上呈现出高度趋同的历史特征。清入关前，在满洲政权由"金"向"大清"演进的过程中，敕建寺庙也经历了从"汉藏混合"到藏传佛寺独立发展的过程。张羽新的研究揭示："后金时期的和尚、喇嘛是住在同一寺庙的，并不区分汉族佛教与喇嘛教，因此，我们可以肯定，努尔哈赤所建七大庙中的'三世诸佛'的佛寺，应是蒙藏喇嘛庙与汉式佛寺融合而成的一种佛寺形式。"[①] 后金时期这种"汉藏不分"的混合式佛寺，是因为当时仍具有很强的地方割据政权特质，对于宗教单位的建设尚没有成熟的自觉意识。1636年，皇太极正式建立"大清"，改元"崇德"，满洲政权抛弃了具有狭隘民族特征性的"金"国号，转而成为一个谋求中原法统承续的"清"政权。两年以后，也就是崇德三年（1638），清太宗敕令修建了清朝第一座藏传佛寺——实胜寺（又称皇寺）。作为具有成熟国家形态的清王朝拥有了真正意义上的藏传佛教寺庙，脱离了过去"汉藏混合"的寺庙建造初级形态。顺治、康熙朝，随着清军入关和全国统一进程的推进，清廷对藏传佛寺的敕建重心也逐渐由满洲转向中原。仅在京师地区，顺康两朝便敕建了十几座藏传佛寺，遍布京城的不同位置，奠定了清代都城构建的佛教性特质。顺治十三年（1656），朝廷敕令将五台山菩萨顶改造为藏传佛寺，康熙朝又将多座汉传佛寺改建为藏传佛寺，力行清王朝在中华佛教圣地五台山"改青为黄"的宗教改造工程。除此之外，康熙帝还在近边蒙汉交界地区的热河、多伦兴建了一系列著名的藏传佛寺。雍正、乾隆朝，清朝国力进入鼎盛，王朝的疆域大大拓展，敕建藏传佛寺也呈现出总量激增、单体寺庙体量增大、寺庙建造成群落式发展以及敕建范围向遥远边疆地区拓展的历史特征，这些都是清代敕建藏传佛寺事业进入全面繁荣期的表现。据笔者统计，雍乾时期仅在京城地区敕建藏传佛寺即达16座之多，热河避暑山庄"外八庙"的工程也在乾隆朝全部完工，京师－热河成为清王朝当之无愧的"佛都"。此外，这一时期出现了一些之前

---

① 张羽新：《清政府与喇嘛教》，第7页。

不常见的大体量的单体寺庙，如京师地区的清漪园大报恩延寿寺、香山宗镜大昭之庙，热河地区的须弥福寿之庙、普陀宗乘庙等。雍乾时期的敕建寺庙普遍存在"群落式"建造，诸如京师地区的香山寺庙群、北海寺庙群，热河避暑山庄寺庙群等。

值得注意的是，五台山藏传佛寺的新建和改建工程则在雍乾时期基本停止。雍乾时期，由于蒙藏各族的归附和清朝藩部空间的拓展，朝廷的敕建藏传佛寺事业超越此前仅在内地近边地区发展的区域局限，延伸到遥远的边疆地区。雍正帝在青海地区敕建了弘善寺、广惠寺、佑宁寺、广教寺等重要的藏传大寺，以及四川泰宁城的惠远寺。乾隆帝的武功事业将王朝版图开拓到极致。清廷在新疆地区敕建了绥定城兴教寺、惠远城普化寺，以及喀尔喀库伦的丹巴多尔济寺、科布多城普宁寺、金川地区的广法寺，以及西藏地区的功德林寺。乾隆朝以降，敕建寺庙的工程几乎都已经停止，基本没有再敕建新的寺庙，这与清朝统一多民族国家疆域的最终定型有密切关系。

本文所讨论的敕建藏传佛寺主要包括三种类型：一是由清廷敕令新建的藏传佛寺，这类寺庙构成了清代敕建藏传佛寺的主体，也是最具清朝特色的宗教单位；二是前朝所修建的藏传佛寺，但其寺庙主体已经基本损毁或彻底废弃，经由清廷敕令重建或复建的藏传佛寺；三是原本并非属于藏传佛教的寺庙，如汉传佛寺、宫殿以及其他宗教建筑，经清廷敕令改建的藏传佛寺。根据今天所见前人修撰寺庙志文献以及历史遗存，以上三类清朝敕建藏传佛教寺庙，按照地域分布列举如下。

　　盛京城寺庙：实胜寺（皇寺）附嘛哈噶喇楼、广慈寺（南塔）、永光寺（东塔）、延寿寺（西塔）、法轮寺（北塔）、长宁寺、兴庆寺；

　　蒙古贞寺庙：隆昌寺庙（娘娘庙）、瑞昌寺（黑地庙）、瑞应寺（佛喇嘛寺，蒙语"葛根苏木"）、佑安寺；

　　京师寺庙：慈度寺（黑寺）、长泰寺、净住寺、永安寺（白塔寺）、东黄寺、普胜寺（石达子庙）、西黄寺、德寿寺、同福寺、圣化寺、法渊寺、永慕寺、普度寺（嘛哈噶喇庙）、慈保寺、嵩祝寺、宏仁寺（旃檀觉卧寺）、成化寺、长龄寺、福佑寺、月地云居（清净地）、雍和宫（噶丹敬恰林）、阐福寺（大佛寺）、实胜寺、梵香寺、宝谛寺（菩萨顶）、大报恩延寿寺、须弥灵境、西天梵境、宝相寺、方圆寺、新正觉寺、宗镜大昭之庙；附：清东陵隆福寺、清西陵永福寺；

热河寺庙：溥仁寺、溥善寺、普宁寺、普佑寺、安远庙、普乐寺、普陀宗乘庙、广安寺（戒台）、殊像寺、须弥福寿之庙、广缘寺；

五台山寺庙：菩萨顶（大文殊寺）、演教寺、台麓寺、三泉寺、罗睺寺、寿宁寺、万寿寺（玉花池）、金刚窟、善财洞、普庵寺、涌泉寺、七佛寺、慈福寺；

蒙古地区寺庙：汇宗寺、善因寺、庆宁寺（巴雅尔-巴雅斯呼朗图希特）、丹巴多尔济寺（沙信尼巴达拉古鲁克齐寺）、普宁寺（图格默里阿木尔吉古鲁赫齐苏默）；

陕、甘、川寺庙：弘善寺（巴州佛教兴旺洲）、弘仁寺、广仁寺、广惠寺、惠远寺、佑宁寺、广教寺、广法寺；

新疆、西藏寺庙：兴教寺、普化寺、功德林寺。①

由是，一个由清朝统治者构建的王朝化敕建藏传佛寺体系出现在辽阔疆域之上，并由内而外形成以盛京、北京、承德京畿地区的皇家寺庙群为中心，以蒙古贞、多伦诺尔近京蒙边寺庙群和五台山寺庙群为重心，以川边、甘青、伊犁、库伦等环边寺庙点为辐射区域，具有王朝特征的地缘宗教格局。

毋庸置疑，盛京、北京是清王朝入关前后的两个"京城"，同时也是两大佛教中心。至于承德，由于清朝前期皇帝有频繁且长期驻跸的惯例，因此从某种意义上它具有"京城"的某些政治职能和角色，所以斯文·赫定将其称为"泱泱大国的两个政治中心之一"。② 乾隆帝对于热河的宗教地缘也有清楚的认知，在《御制溥仁寺碑文》中写道："念热河之地，为中外之交，朕驻跸清暑，岁以为常。而诸藩来觐，瞻礼亦便。"③ 需要注意的是，某些学者因为热河特殊的宗教意义便将其与北京分别视为清帝国宗教与世俗的两个都城。比如

---

① 敕建佛寺的统计主要参考文献：《钦定日下旧闻考》、《盛京通志》、《钦定清凉山志》、《钦定热河志》、《西宁府新志》、《卫藏通志》、波兹德涅耶夫《蒙古及蒙古人》，以及近人著作：释妙舟《蒙藏佛教史》、尕藏加《清代藏传佛教研究》、才吾甫甫《新疆蒙古藏传佛教寺庙》和甘肃民族出版社系列丛书"中国藏传佛教寺院大系"等。

② 斯文·赫定：《帝王之都——热河》，赵清译，中央编译出版社，2011，第151页。

③ 《溥仁寺碑文》（康熙五十三年），张羽新：《清政府与喇嘛教》，第281页。

菲利普·弗雷特认为，清帝"同时承担起汉族臣民的皇帝、满蒙居民的大汗和喇嘛教徒的菩萨的责任，这导致了三个首都体制的形成：一个在满洲（盛京），一个在中原（北京），一个在内蒙古（承德），承德也是西藏宗教之都"。① 这种观点存在着明显的问题，因为仅从敕建藏传佛寺的因素考察，清朝在热河敕建了 12 座佛寺，而在北京敕建的寺庙达 30 余座之多，所以即便是从宗教而非世俗政治的角度来说，北京依然是清王朝的第一宗教中心，承德在政教上是从属于北京的。

　　蒙古贞②地区是清朝早期朝廷营建的一个蒙古政教中心。同漠南蒙古的其他佛教中心如库伦旗和归化城相比，蒙古贞的特点在于，它是一个典型的以清代敕建寺庙为中心发展起来的佛教重镇。它东临后金（清）的都城盛京城，又毗邻东蒙古科尔沁部落，从地缘上处于满洲与蒙古联结的关键地带，在此大举敕建佛寺能够更好地起到与蒙古缔结政教同盟的作用。至于多伦诺尔城的政教区位，康熙帝在敕建汇宗寺碑文中明确交代了其选址的原因："斯地川原平衍，水泉清溢，去天闲刍牧之场甚近，而诸部在瀚海龙堆之东西北者，道里至此亦适相中。"③ 五台山则被誉为清王朝的"神京藩屏"。《清凉山志》中对五台山区位的描述是："况复文殊圣宅，遥连紫塞之烟云，大士名区，近作神京之屏翰。"④ 清朝初年受敕封驻锡五台山的大喇嘛老藏丹巴也对五台山的宗教形胜有一番宏观表述："地连雁代，盘礴数州，周五百余里。左临恒岳，右俯滹沱，北凌朔塞，南瞰中原，为大国之屏藩，作幽燕之襟带。"⑤ 乾隆帝在《清凉山志》的御制序中也赞美道："兹山耸峙于雁门云中之表，接恒岳而俯滹沱，横临朔塞，藩屏京畿。"⑥ 从热河到北京，从蒙古贞、多伦诺尔到五台山，无不体现清朝皇帝在有意识地塑造着一个个王朝的宗教重镇，以期达到双重的政教目标：既转移北方蒙古人的宗教圣地，使得宗教吸引力尽可能发

---

① 菲利普·弗雷特：《在承德热河建设皇家景观：满族的景观计划》，芝加哥大学博士学位论文，1992，第 10 页，转引自罗友枝《清代宫廷社会史》，第 19～20 页。
② 蒙古贞，意为"蒙古的"，今阜新地区，蒙古兀良哈部归附后金，被皇太极编成札萨克佐领安置于此，崇德元年其首领善巴被敕封为达尔汉镇国公。
③ 《汇宗寺碑文》（康熙五十年），张羽新：《清政府与喇嘛教》，第 278 页。
④ 《钦定清凉山志》卷 1《圣制》，常峥嵘点校，宗教文化出版社，2015，第 9 页。
⑤ 老藏丹巴撰《清凉山新志》卷 1《化字》，常峥嵘点校，宗教文化出版社，2015，第 1～2 页。
⑥ 《钦定清凉山志》卷 1《圣制》，第 17 页。

生由番而汉的转变；又以地缘为凭恃，引导藩部佛教信仰逐渐纳入中华佛教体系。

在王朝的边疆地区，则形成了喀尔喀库伦、科布多城、西宁、金川、泰宁、新疆绥定城和惠远城、西藏拉萨等宗教中心。朝廷在边疆地区的庙宇敕建呈现出分散化的特征，在蒙藏各部的政治中心或民族聚居地区，投入建设一二所规模宏大、政教地位显赫的藏传佛寺。这些地区大多在清王朝的统一进程中经历了不同程度的战火洗礼，其原有宗教场所遭到严重的损毁，社会秩序陷入停滞甚至混乱。清廷在战争之后紧跟着建设佛教庙宇，有助于在改造和重建藩部社会秩序的同时树立起王朝的政教权威。

总而言之，清朝通过敕建藏传佛寺所形成的地缘宗教格局，基本上呈现在以京畿为轴心向外延伸的同时，又兼具中心、重心与辐射区域的层级结构。这种宗教地理结构恰巧表明清朝的政教体系绝不是"内陆亚洲"和中原社会的机械性缝合，而是遵循了中国传统中央集权政治体制的"向心性"构建模式，说明基于藏传佛教的宗教政治结构与中国传统政治体制之间在本质上是高度内合的。

二　敕建寺庙中王朝化政治元素的植入与影响

王朝的核心要义是"家国一体"，这种政治特性又集中体现在皇权是王朝的政治轴心和最高国家象征，此外，官衙及其官僚体制是皇权的重要政治附属。清朝统治者通过在敕建藏传佛寺中植入皇权及其国家制度元素，实现了将藏传佛教纳入王朝化政治轨道的历史目标。

（一）皇家元素的植入与政教文化的合一

皇家文化是清朝国家政治文化的最重要的组成部分。清朝统治者将皇家文化的元素通过各种巧妙的形式，植入敕建藏传佛教寺庙之中，造成其宗教建筑与清王朝皇家文化的融合，既实现了王朝体制下皇权对佛教的强势介入，又顺理成章地使得佛教成为构成皇权、赞歆皇权的宗教性组成部分。

清朝敕建藏传佛寺最为显著的皇家元素，是在营造手法上采取佛教庙宇与皇家宫殿相结合的形态。盛京长宁寺原为太宗皇帝的御花园，同时也是皇家的

"避痘之所"。顺治十三年（1656）敕令将御花园与昭陵喇嘛庙合并组建新的长宁寺。① 长宁寺即是清代早期皇家苑囿宫殿与藏传佛寺合二为一的典型范例。京师阐福寺原为太素殿遗址，"康熙中皇祖临驻西苑，常奉太皇太后避暑于此，后以其地奉安仙驭几筵，遂相沿为内廷迁次之所"，乾隆十一年（1746）奉皇太后之命改建为藏传佛寺。② 京城巴沟的圣化寺，康熙年间敕建，其为皇家行宫一部分，其寺遗留大量清代皇帝御制诗文。③ 五台山台麓寺由康熙帝敕令改建，后为历代清帝巡幸五台山的驻跸行宫。④ 最为典型的还是乾隆九年由雍亲王潜邸改建的雍和宫。乾隆帝表示这项改造工程效法雍正帝而行，"曩我皇考孝敬昭事我皇祖，凡临御燕处之适且久者，多尊为佛地"。⑤ 实际上揭示了清代"宫寺关系"的一种成例，即帝王"燕处且久"的宫殿很多被改建为佛教寺庙。最为经典的宫寺结合是热河避暑山庄及其周围的藏传佛寺的建造组合，值得注意的是，避暑山庄不仅外被藏传佛寺环抱，其内建造的"内九庙"永佑寺、水月庵、碧峰寺、旃檀林、汇万总春之庙、鹫云寺、珠源寺、斗姥阁、灵泽龙王庙，皆为汉传佛寺，从结构布局上可以看出，热河宫寺建筑群以避暑山庄为中心，形成了"内汉外藩"的宫寺布局特征，所体现的正是清朝统一多民族国家的政治架构。

　　除皇家殿宇苑囿之外的敕建寺庙，有些也被朝廷授予使用皇家规制的殊荣，以彰显这些敕建寺庙特殊的政教地位。五台山菩萨顶（大文殊寺）系中华古刹，经清初改建为藏传佛寺后成为清朝国家的皇家大寺，是历代清帝巡幸五台山首拜之寺。康熙帝为凸显菩萨顶的"首刹"名分，"重建五顶殿宇，改覆本寺大殿琉璃黄瓦"，只对大殿进行修改犹嫌不够，后来又敕令"遍寺皆易黄色琉璃，以示隆重"。⑥ 黄顶乃典型的皇族专享之配色，将其特赐菩萨顶，以昭示将此中华古寺正式纳入清朝皇家藏传佛寺序列。同样被御赐使用黄顶的寺庙，还有蒙古科布多城的敕建普宁寺，该寺因此被当地蒙古人称作

① 李凤民:《沈阳皇寺三百年》，第 75～77 页。
② 《钦定日下旧闻考》卷 28《国朝宫史》，第 398 页。
③ 《钦定日下旧闻考》卷 78《国朝苑囿》，第 1303～1304 页。
④ 王轩、杨笃等纂《山西通志》卷 81，《续修四库全书》第 643 册，上海古籍出版社，1989，第 340 页。
⑤ 《钦定日下旧闻考》卷 20《国朝宫室》，第 265～266 页。
⑥ 《清凉山新志》卷 2《伽蓝》，第 42 页。

"黄庙"。① 此外，"九龙壁"② 也是清朝用以破格赐建于敕建佛寺的一种"恩赏"建筑。乾隆二十四年（1759），在北海之北敕建的西天梵境大寺之前，乾隆帝特旨修建一座"九龙壁"，此壁一直被保留至今，仍屹立在今北海公园之内。雍正初年，青海和硕特蒙古罗卜藏丹津反叛期间，西宁郭莽、却藏二寺毁于战火，雍正帝下令在原处分别敕建广惠寺、广教寺，其中广教寺特准修建"九龙壁"一座，广惠寺则获得"九龙九狮"的殊荣。广惠、广教二寺远在西北藏区，将皇家文化元素植入其中，既能通过敕建寺庙彰显朝廷的权威以震慑藩部，又能体现清帝不拘一格的浩荡皇恩。

清朝统治者还在敕建藏传佛寺中供奉历代帝后像，以求达到皇家祭祖与佛教祭祀合二为一的政治效果。顺治八年（1651），朝廷在蒙古贞地区敕建瑞昌寺时，便在寺中修建清帝塑像庙宇九间，以资供奉。雍正六年（1728），平息了卫藏战争之后，雍正帝在四川泰宁敕建惠远寺，令供奉清朝历代帝王及将军彩绘，意图将王朝威仪播撒康区"蛮化"之地。乾隆帝对祖父康熙帝十分崇敬，不惜以佛教法力赞誉祖父，称"我皇祖圣祖仁皇帝，以无量寿佛示现转轮圣王，福慧威神，超轶无上"，③ 并在避暑山庄永佑寺悬挂供奉康熙皇帝御像。清代敕建藏传佛寺中供奉清帝像最为隆重的当属雍和宫，乾隆帝将其父雍正帝的画像供奉在雍和宫永佑殿内，呼其为"神御殿"，"弘历按着季节亲自在此行礼上祭，并每天都有喇嘛在雍和宫正殿和后殿念经。从这时起，雍和宫已改为清帝供祭先人的影堂了"。④ 据内务府的档案记载，"乾隆二年二月，雍和宫后殿供奉世宗宪皇帝圣像，奉旨每逢朔望日供献事"。⑤ 嘉庆朝时期，朝廷又敕令制作"太宗皇帝所御冠服挂屏"一件，供奉于盛京长宁寺之中，与佛祖同享祭祀。⑥ 将逝去的清朝皇帝祀奉于佛寺之中，令无上佛法护持，音容

① 阿·马·波兹德涅耶夫：《蒙古及蒙古人》第 1 卷，刘汉明等译，内蒙古人民出版社，1989，第 351 页。

② 九龙壁是雕刻有九条龙图案的影壁墙，历史悠久，在清代一般仅皇帝及其宗族可以建造使用，象征着皇权的庄严和威仪，北京故宫皇极门即建造一面"九龙壁"。

③ 《永佑寺碑文》，张羽新：《清政府与喇嘛教》，第 369 页。

④ 金梁编纂，牛力耕校订《雍和宫志略》，中国藏学出版社，1994，第 11 页。

⑤ 《内务府总管海望奏为雍和宫后殿供奉世宗圣像奉旨每逢朔望贡献事折》，乾隆二年二月十七日，《清朝皇家喇嘛庙秘档（一）》，张羽新、张双智主编《唐宋元明清藏事史料汇编》第 45 册，学苑出版社，2009，第 114 页。

⑥ 李凤民：《沈阳皇寺三百年》，第 74 页。

笑貌俱在，通过宗教途径传达了在位君主对先帝的追思，同时也借先帝威德加持政教功业。

　　除此之外，清朝皇帝还惯于将皇家御用之物赐予朝廷敕建的藏传佛寺，作为"圣物"予以供奉。开启这种政治先例的是清太宗。崇德三年（1638）清太宗在盛京敕建实胜寺，他将太祖努尔哈赤的甲胄弓箭供奉于盛京实胜寺之中。从"寺内供奉迈达里佛并恭藏太祖太宗甲胄弓矢"① 的记载看，皇太极的甲胄也被后人供奉其中，成为清王朝开国的"镇国圣物"。自康熙帝始，历代清帝东巡盛京祭祀祖先都会亲临实胜寺拜谒观瞻。嘉庆帝御制《盛京赋》中便透露了相关细节："癸卯（乾隆四十八年，1783）秋巡，携予小子及成亲王、庆郡王，周历川原，展谒陵寝，登实胜寺西阁，敬观弓铖，垂训谆谆。"② 还是皇子的永琰陪同父亲乾隆帝东巡时，就曾经在实胜寺"敬观弓铖"，所谓"垂训谆谆"大概就是听乾隆帝讲述当年太祖、太宗父子开创满洲基业时的筚路蓝缕和赫赫武功。将太祖、太宗"甲胄弓箭"置于敕建寺庙之中，便巧妙地将礼崇佛祖与祭祀祖先两种历史场景融合于同一历史空间之中，达到宗教与政治的文化统一。顺治十三年（1656）敕建的盛京长宁寺中，则将清太宗的寝具、大小蟒缎枕头、龙冠、龙袍、缎秀、弓箭等物品予以祀奉。③ 此外，明末受五世达赖和四世班禅指派去盛京传法，被清太宗奉为上师的西藏高僧色钦曲杰·金巴嘉措，亦受到顺治帝的尊奉，顺治帝封其为"钦赐灌顶普慧弘善大国师"，并在青海敕建巴洲寺，后赐名"弘善寺"。该寺作为西藏与清朝之间早期交往的里程碑，获得顺治帝御赐的皇冠、朝服、佛珠等御用之物。④ 雍正元年（1723）敕建京城福佑寺，这座寺庙的原基础是康熙皇帝儿时患天花时的"避痘之所"，雍正帝为表达对先帝的追念，敕令在福佑寺"正殿恭奉圣祖仁皇帝大成功德佛牌，东案陈设御制文集，西设宝座"，并御书匾额"慧灯朗照""佛光普照""圣德永垂""泽流九有""慈育群生"。⑤ 乾隆二十六年（1761）二月，乾隆帝御驾临幸五台山，令在奉敕改建藏传佛寺的台麓寺菩萨

① 翟文选等修《奉天通志》，《中国地方志佛道教文献汇纂·寺观卷》第47册，第289页。
② 李凤民：《沈阳皇寺三百年》，第195页。
③ 王佳：《东北藏传佛教历史源流和发展现状研究》，黑龙江教育出版社，2017，第115页。
④ 拉科·益西多杰：《藏传佛教高僧传略》，青海人民出版社，2007，第410～411页。
⑤ 《钦定日下旧闻考》卷41《皇城》，第641页。

顶座前，供奉御书《心经佛塔》一轴。^① 乾隆帝回銮京师之后，因念念不忘五台佛法圣地，遂"御写殊相寺文殊像而系以赞"，敕令在香山宝谛寺旁兴建宝相寺，将御写文殊"肖像其中"。^② 此外，清朝皇帝也惯于将"万岁牌位"陈列于寺庙之中。蒙古贞瑞昌寺和热河普宁寺就供奉有"皇帝万岁万岁万万岁"金牌位。由于这两座寺庙处于近边蒙区，是蒙古僧俗上层经常光顾的宗教场所，礼拜佛祖的同时也朝拜了清朝皇帝。甚或远在外蒙古库伦的庆宁寺中，也供奉着"圣祖仁皇帝宝座及銮舆等项"^③，该寺是外蒙古最高宗教领袖哲布尊丹巴呼图克图的驻锡寺，将康熙銮座供奉其中，不啻是皇权对蒙古政教的安排与改造。

（二）官衙元素的植入与宗教威权的掌控

敕建寺庙不仅仅是供奉佛教神祇的庙宇，清朝统治者还在一些寺庙中安置重要的政教机构和官僚，这种制度元素的植入使得相当一部分敕建寺庙成为王朝的统治枢纽，其中最为重要的机构是喇嘛印务处。作为理藩院附属机构的喇嘛印务处是中央政府主管藏传佛教事务的重要行政机构。驻京喇嘛印务处先安设于康熙帝敕建的弘仁寺内，晚清移至雍和宫，又称"总管驻京喇嘛印务处"，负责蒙藏喇嘛年班朝觐、僧职授夺、活佛选任、宗教典礼以及政教联络与协调等多重政教使命。驻京印务处的主要职务均由高级活佛和达喇嘛担任，其中掌印札萨克达喇嘛由皇帝简任，章嘉呼图克图、敏珠呼图克图均掌管印务处多年。^④ 在京城之外，设置于朝廷敕建寺庙的喇嘛印务处还有盛京实胜寺、多伦诺尔汇宗寺、热河普宁寺、五台山菩萨顶等，各喇嘛印务处分别由掌印札萨克达喇嘛、副掌印札萨克达喇嘛、札萨克喇嘛、达喇嘛、副达赖、苏拉喇嘛等官员构成，其掌印达喇嘛亦经理藩院核准任命，由蒙藏活佛充任，形成了系统的等级化喇嘛官僚序列，成为敕建寺院"官衙化"的政治支撑。^⑤ 这不仅说明这些寺庙俨然成为代表国家行使政教大权的统治机关所在，也反映出政教制

① 《钦定清凉山志》卷7《巡典》，第113页。
② 《钦定日下旧闻考》卷103《郊坰》，第1700页。
③ 《三绷奏为拟将广教寺供奉之宝座銮舆等项移在库伦庙内供奉等因一折》，宣统二年三月初九日，《库伦奏议》，《唐宋元明清藏事史料汇编》第39册，第276页。
④ 金梁编纂《雍和宫志略》，第18页。
⑤ 喇嘛职衔详见赵云田点校《钦定大清会典事例·理藩院》卷974《驻京喇嘛》，中国藏学出版社，2006，第149～154页。

度融贯和连体的特质。

在蒙藏民族地区，朝廷通过敕建寺庙来塑造区域性的政教中心，使其成为王朝施政藩部、控驭藩众的据点。雍正年间，由于青海郭莽寺、郭隆寺、却藏寺等大寺"随青海谋逆，被官兵焚毁"，① 朝廷随即在西宁地区敕令修建广教、广惠、佑宁三座大寺以延续被毁诸寺的统绪，其中著名的佑宁寺为章嘉呼图克图之本座寺，在清朝的支持下发展成为"湟水北岸诸寺之母"，"边方数百年之患，一朝永息"。② 乾隆中期，清朝平定准噶尔蒙古，由于长期战乱，漠西蒙古"琉璃宝刹久灭"，"僧众投异俗"，佛寺的破灭使得准噶尔故地陷入社会秩序瓦解的动荡局面。③ 乾隆帝为恢复准噶尔的宗教秩序，乾隆二十七年（1762）于绥定城敕建兴教寺，这是朝廷首次在新疆地区直接兴建的藏传佛教寺庙。乾隆三十二年，朝廷再于惠远城敕建普化寺，驻寺堪布由理藩院从驻京喇嘛中直接派遣，将其塑造成清代新疆伊犁寺庙之总庙，配合新疆最高军政长官伊犁将军共同治疆。④ 在西北边地的科布多城，乾隆帝敕建了一座名为"普宁寺"的喇嘛庙，并命厄鲁特蒙古的呼图克图驻锡寺庙成为当地的政教首领，"他也和所有有自主权的地方长官一样"，同乌里雅苏台将军一样直接向清朝皇帝负责。⑤

在川藏交界地区，红教派、本教集团以及土司势力形成长期对抗清廷统治的政治威胁。乾隆朝的金川战争耗费了朝廷大量的国力，小小的金川之所以极难攻克，其原因之一是土司与寺庙结为同盟抵抗清廷。乾隆帝平定金川之后，以"番俗有黄教、红教之分，红教者释氏中之邪教"，彻底清理川藏反清宗教势力。乾隆四十一年在原来本教寺庙的基础上敕令修建广法寺，其驻寺堪布亦由理藩院从驻京喇嘛中直接选任，强化了中央对金川地区的政教控制。乾隆帝还特旨将广法寺列为清朝四大"皇寺"之一，由于广法寺的政教效应，"该土司地方俱兴建喇嘛庙，学改黄教"。⑥ 自此以后，广法寺逐渐成为嘉绒藏区各部土司番众部落的政教统治中心。马长寿这样评价清朝在金川地区的宗教成

---

① 《西宁府新志》卷 15《祠祀·番寺》，青海人民出版社，1988，第 380 页。
② 《西宁府新志》卷 15《祠祀·番寺》，第 386 页。
③ 《兴教寺碑记》（乾隆二十七年秋八月辛卯），张羽新：《清政府与喇嘛教》，第 397 页。
④ 张羽新：《清政府与喇嘛教》，第 420 ~ 421 页。
⑤ 阿·马·波兹德涅耶夫：《蒙古及蒙古人》第 1 卷，第 360 页。
⑥ 《清高宗实录》卷 1067，乾隆四十三年九月丙辰。

就："嘉戎区域十八土司部落百姓，选僧八十五名，至寺学经。自此，钵教中心改为黄教中心，于是钵教又失一重镇。"① 在西藏，清廷基本上不直接介入寺庙的兴建，唯独一座寺庙具有特殊而鲜明的"王朝化"性质，即功德林寺。乾隆五十七年，在平定廓尔喀之乱后，乾隆帝特许将军福康安与海兰察在拉萨兴建一座藏传佛寺，乾隆六十年，"御赐庙名曰卫藏永安，颁四译字匾额，建在磨盘山之南麓"。② 嘉庆元年（1796），又赐名"卫藏功德林"，永安寺遂获功德林寺之名。功德林寺建成之后，作为西藏摄政活佛达察呼图克图的府邸，即著名的济隆摄政的行政官邸，实质上是西藏政坛上与达赖喇嘛、驻藏大臣并立的第三支政治势力，也是代表朝廷摄理藏政的最高宗教官僚机构。③

　　总而言之，清朝通过机构、僧职、寺庙的三位一体融合，使得敕建寺庙在政治上逐渐具备了"官衙化"的特征，成为清王朝有效统治边疆民族的"治所"。从宏观角度观察，清朝在广大蒙古、西藏地区的统治是一种"政教双轨制"政治模式，不仅依靠由八旗驻防将军、都统、办事大臣等世俗官僚构成的"官衙边疆控制体系"，同时还以另外一种相对比较隐性的宗教的"寺院边疆控制体系"为重要支撑，由皇帝敕令修建的寺庙在这一体系中居于核心地位。

三　敕建寺庙与王朝政治文化认同

　　敕建藏传佛教寺庙成为清朝统治者主导构建政治认同、藩部首领表达倾诉政治认同的场域和通道。清廷通过对敕建寺庙政治缘起、空间场域、物质形态等各方面的设计，力求营造并渲染一种"内外一家"的融汇局面。另一方面，藩部首领及其族众常常对朝廷敕建寺庙的行动表达各种政治情感，甚至一些首领亲临敕建庙宇，直观感受到清廷宗教建设带来的政治震撼并表达对王朝的折服。

（一）清朝对敕建寺庙政治文化认同的主导性构建

　　清朝统治者在敕建寺庙的神圣场域中营造多民族共同体国家的政治凝聚效

---

① 马长寿：《钵教源流》，《藏事论文选·宗教集》（上），西藏人民出版社，1985。
② 松筠：《卫藏通志》卷6《寺庙》，西藏人民出版社，1982，第281页。
③ 参考丹曲、扎西东珠编著《西藏藏传佛教寺院》，甘肃民族出版社，2014，第77~80页。

应，致力于构建一种"宇内一统""中外一家"的政治图景，并以之引导非汉族群对于王朝国家的归附与认同。清朝入关之前，清太宗曾经敕建实胜寺与嘛哈噶喇楼供奉由察哈尔蒙古贡献的"大黑天"护法神。关于这座寺庙的营造，满洲人还特别编造出一个历史传说："天聪九年，元裔察哈儿林丹汗之母以白驼载吗哈噶喇佛金像并金字喇嘛经、传国玉玺，至此驼卧不起，遂建此楼。"①白骆驼载着圣物在盛京城止步不前，满洲人以此作为敕建佛楼的缘起，很明显是刻意编织一个蒙古归附的导向性故事。盛京实胜寺象征着满洲开国史上早期多民族国家的初成。

　　盛清时代，敕建寺庙与多民族国家认同的主导性构建主要体现在热河寺庙群的营造之上。皇家行宫避暑山庄外的藏传佛寺基本上都与清代民族融合有着密切关系。康熙朝的溥仁寺、溥善寺是蒙古王公会盟热河为康熙帝祝寿时所请建，普宁寺是乾隆帝平定准噶尔蒙古之后所敕建，安远庙是纪念准噶尔蒙古达什达瓦部归附清朝所建，须弥福寿之庙则是六世班禅朝觐乾隆帝的驻锡之所。嘉庆帝对于清朝的热河佛教事业有一番历史性总结："蒙古等皆敬宗喀巴黄教，故于山庄之北建此梵刹，聚黄衣者流而唪梵呗，且达什达瓦余众归降者，向风慕化，咸使安居乐业。兹令演步踏法事，俾众观之，并成是什。"②《钦定热河志》对于清王朝宗教一统的政治图景有着生动的刻画："穹碑一拱读，犹见众藩诚。怀畏至今切，河山亦世盟。伊余守家法，远域奉朝政。陨越数勉役，惕乾易凛情。"③

　　此外，多伦诺尔汇宗寺则成为直接联结众蒙古与清廷关系的纽带。康熙帝钦定"令各部落居一僧以住持，朕或间岁一巡，诸部长于此会同述职焉"。④据历史记载，乾隆帝在木兰围场行猎之后，亲临多伦汇宗寺接见蒙古王公贵族，并由章嘉国师陪同主持法会，为众蒙古首领摸顶赐福、讲授佛法。⑤多伦诺尔的敕建寺庙作为清朝会盟蒙古以及共同举行佛教法会的圣地，是大漠南北蒙古民族归附清廷的永恒象征。五台山敕建寺庙群则成为清廷消弭蒙古人尤其

① 《盛京通志》，《中国地方志佛道教文献汇纂·寺观卷》第47册，第140页。
② 道光《承德府志》卷19《寺观》，清道光十一年刻本，《中国地方志佛道文献汇纂·诗文碑刻卷》第25册，第150页。
③ 和珅等：《钦定热河志》卷79《寺庙三·溥仁寺》，文海出版社，1966，第2755页。
④ 张羽新：《清政府与喇嘛教》，第278页。
⑤ 土观·洛桑却吉尼玛：《章嘉国师若必多吉》，陈庆英、马连龙译，中国藏学出版社，2007，第99页。

是漠南蒙古对于西藏的宗教崇拜，将其信仰寄托转移至内地的宗教标杆，嘉庆帝所撰五台山御制碑有云："携蒙古藩王同来，从其所欲，共谒梵寺，示中外一家之心，昭熙朝大同之治，非徒供游览悦豫也。"① 具有悠久历史的中华佛教名山在清代获得政治上的新寓意，五台山由此成为王朝宣誓与北方蒙古民族"中外一家"的宗教文化象征。远离京师的藩部敕建寺庙中，清朝统治者也极力融入这种"宗教认同"的历史记忆。如雍正朝耗费八十余万两敕建的泰宁惠远寺，"殿宇佛像，堂皇壮观"，并在寺中敕立果亲王允礼诗文碑一块，其文曰："曙色欢声动列屯，西南属国共朝元，滴酥煎芋充供奉，宣值还分柏叶樽。"② 果亲王建构的"西南属国共朝元"的政治图景，将清廷对西南藏区统一过程中的残酷政治斗争和军事征伐化作颇具宗教色彩的"普天同庆"场景，同敕建惠远寺一起刻画进了川藏土司民众的历史记忆之中。

清朝对于政治认同的主导性构建还见诸敕建寺庙的建筑形态。从寺庙的营造形制上看，清代敕建寺庙不是对西藏、蒙古式庙宇的简单复制，而是在吸纳藏蒙元素的同时，注重宗教建筑的"中国化"取向。清朝统治者在敕建寺庙的建造中采取一种"美美与共"的形制融合艺术，将对蒙藏建筑风格的"仿制"与汉藏建筑形态的"合璧"营造手法相结合，从寺庙建筑实体上彰显宗教王朝化的政治寓意。

首先，清朝在统治的核心区域的敕建寺庙中，多将藏蒙式建筑形制吸纳其中，使其在彰显王朝兼容并蓄的文化取向的同时，增加这些宗教场所对蒙藏民族的吸引力和对清廷的认同感。如盛京四郊敕建藏传佛寺中"白塔"建筑的融入，开启了清代最为流行的藏汉融合的"塔寺"结合形制，亦见诸后世各类藏传佛寺的营造。③ 再如蒙古贞的瑞应寺，整个建筑格局，自南而北，中央突出，两旁的辅助建筑相对地居于次要地位，仿西藏布达拉宫，因之有"东藏"之美称。④ 热河普宁寺仿西藏桑耶寺，吸纳中原传统风格，采取前汉后藏建筑，保持中轴基准两厢对称的格局，象征儒、释、道殊途同归，以寓中原与边疆一统于大清政权，以为人天咸皈佛法，各营本土，黎庶安生，普天同乐，

---

① 颙琰：《清凉山碑记》，崔正森等：《五台山碑文选注》，第 130 页。
② 《视察道炉甘孜百瞻雅江七县报告书》，《唐宋元明清藏事史料汇编》第 94 册，第 146 页。
③ 参考李勤璞《西藏的佛国境界：盛京四郊喇嘛寺塔的敕建》，《美术学报》2012 年第 2 期。
④ 阜新市文史资料委员会编《阜新文史》第 5 辑，阜新市人民政协，第 195 ~ 197 页。

国基永固。① 须弥福寿之庙仿日喀则扎什伦布寺，普陀宗乘之庙仿西藏布达拉宫。普宁寺、普佑寺、安远庙、普乐寺"伽蓝七堂"布局的后部建造是以藏传佛教为主题的建筑，也都使用了典型的"曼荼罗"形制和"都纲法式"，与前部汉式建筑形成鲜明对比。② 安远庙则仿新疆伊犁固尔扎庙的样式，体现了漠西准噶尔蒙古的佛教建筑风格。青海佑宁寺，其建筑形制是传统中原汉式屋顶结构与藏式立面结构相融合的样式，组成一个完整的汉藏合璧式的建筑群。③ 乾隆朝敕建的北京香山方圆庙，"其制皆平顶有堞，如碉房之式，中建佛楼"，④ 据学者推断，方圆庙应当是仿照西藏萨迦派寺院的建筑形式。⑤ 乾隆朝敕令改建的雍和宫，在原先汉式宫殿的基础上加盖了西藏样式的屋顶，使其成为汉藏融合的建筑体。总而言之，清朝统治者在统治中心地区敕建寺庙建筑形制上对于非汉族群文化的摄取，彰显了一种王朝主导性构建下的文明内聚力。

此外，在蒙古地区的敕建寺庙当中，清廷则特别注重在营造中确立汉式形制的主体性地位。如著名的多伦诺尔汇宗寺、善因寺，基本上采取了中原传统建筑形态，其整体结构与内地汉传佛教寺庙具有高度的相似性。乾隆朝敕建的库伦丹巴多尔济寺，寺庙全部由汉族工匠建造而成，清廷"要求该寺永远保持皇庙的所有特点和标志"，并同时在寺庙的不同部分融入了西藏和蒙古建筑元素。⑥ 再如科布多城敕建普宁寺，其主殿与配殿结构，基本采用了汉式建筑的结构体系。⑦ 据建筑学者对于蒙古地区寺庙的研究，在统治者的推崇和重视下，其敕建佛寺建筑更多见于汉式，以"内蒙古等地区为代表，建筑了大批汉风浓郁的帝敕庙宇"。⑧ 清朝在蒙古地区敕建的寺庙更多地体现出汉地建筑的特征，不仅仅是出于对汉化的文化追求，其根本原因仍然在于政治。因为元明以来蒙古民族极端崇奉西藏佛教，蒙古贵族官

---

① 中国承德市文物局、荷兰莱顿大学：《普乐寺》，序言，第 22 页。
② 傅清远、王立平：《承德外八庙》，中国建筑工业出版社，2015，第 22 页。
③ 蒲文成：《青海藏传佛教寺院》，甘肃民族出版社，2014，第 72～73 页。
④ 《钦定日下旧闻考》卷 103《郊垌》，第 1700 页。
⑤ 参考陈庆英、李德成《北京藏传佛教寺院》，甘肃民族出版社，2014，第 216 页。
⑥ 阿·马·波兹德涅耶夫：《蒙古及蒙古人》第 1 卷，第 618～620 页。
⑦ 阿·马·波兹德涅耶夫：《蒙古及蒙古人》第 1 卷，第 361～362 页。
⑧ 杜娟、张鹏举：《政治优礼下的召庙广建与类型植入——内蒙古地域藏传佛教建筑形态影响因素解析》，《城市建筑》2015 年第 28 期。

民一度以追求"藏式"为修庙之金科玉律。清朝统治者有意识地凭借政治强力在蒙古地区植入汉式庙宇，以消弭西藏在蒙古地区的宗教竞争性因素，引导边疆地区的宗教向心力产生"由番而汉"的转移，进而实现汉蒙藏融合的格局。

（二）藩部首领对敕建寺庙政治文化认同的表达

有学者从宗教人类学的角度阐释过一个关于藏传佛教的观点："佛教为信仰者的宗教实践提供了'神圣空间'的文化背景，这种神圣的空间场域为信仰者的生活拥有了一种特殊的向心力，从而使他们寰居于自然与人工形成的具有信仰寄托的特殊场域之中，并进行神圣物及神灵的创造。信仰者以此来寻求精神的慰藉和情感的表达。"① 清朝统治者正是通过敕建藏传佛寺的形式制造了一种特殊的政教场域，使得信仰该宗教的民族获得文化认同得以寄托和表达的窗口，这一场域进而又成为凝聚这种文化认同的催化剂和动力源，并逐渐进化为具有政治认同的情感归属。

许多重要的藏蒙宗教文献都反映了藩部首领对清朝敕建寺庙的政治认同表达。在三世章嘉国师若必多吉的传记中，可以看到这位常驻京城的西藏大喇嘛对于清廷兴建佛寺的总体性评价："天神大皇帝为了增胜佛教和众生的幸福，历年不断地修建了不可思议的众多佛殿和身语意三所依（经、像、塔）。总而言之，凡是西藏有的，这里无所不有。"② 在章嘉国师看来，清廷所营建的藏传佛教业绩已然不亚于西藏，清王朝已经拥有了自己的"佛国圣地"。六世达赖喇嘛仓央嘉措甚至也对清朝产生了宗教上的向往，他希望"遍访五台、京师、珞珈山等地"。③ 乾隆九年（1744），当听闻雍王府被敕令改造为藏传佛寺的消息，七世达赖喇嘛奏疏乾隆帝，代表"众寺庙喇嘛、十三万藏人感戴欣喜"，认为此举"实乃从古至今资助佛教之绝妙善事"。④ 敕建雍和宫后来成为蒙藏僧俗人士能够观瞻祭祀的理想圣地。乾隆朝准噶尔蒙古使者安儿、敦多布

---

① 白佩君：《论塔尔寺的神圣空间及圣迹文化圈构建》，《青海社会科学》2016 年第 3 期。
② 土观·洛桑却吉尼玛：《章嘉国师若必多吉》，第 163 页。
③ 阿旺伦珠达吉：《情天喇嘛——六世达赖喇嘛情歌及秘传》，于道泉、庄晶译，中国藏学出版社，1999，第 52 页。
④ 《驻藏办事大臣索拜奏闻达赖喇嘛敬谢京中修庙大兴黄教折》，乾隆九年六月初八日，赵令志主编《雍和宫满文档案译编》，北京出版社，2016，第 173 页。

曾经获准入寺参拜。使者极为欣喜，惊叹雍和宫的建筑艺术，表示"其佛尊楼阁，如何建成耶？目睹者，信其人造，似我等未睹之人，定以为断非人为，乃天工所成也"。使者因雍和宫的壮丽奇幻而深受震慑，向清朝内大臣陈奏："大皇帝乃统领天下之主，造此佛寺，皆仗大皇帝之福力。若非因弘扬黄教之至意，佛天助成，断难造就，委实神奇至极。"① 准噶尔蒙古长期与清朝对抗，即便如此，仍相信雍和宫的雄伟神奇，认同清帝"弘扬黄教"、赞襄佛法的情怀和作为。

五世达赖喇嘛和六世班禅额尔德尼曾经赴京朝觐，朝廷都以敕建寺庙来接待两位西藏教主，这些壮观的寺庙也给他们留下了极为深刻的记忆。顺治帝曾经敕建西黄寺作为五世达赖在京期间的驻锡之所，在五世达赖的自传中曾经这样记述这座寺庙："在距转轮圣王大都治下语言各异、具有二利的禁城北京有两俱卢舍之遥的地方，皇帝用就万两白银作顺缘，专门建起称为'黄房'的精舍作为我的行辕，它有如天神的林苑，围墙环绕着房舍，正中的内室和外室之间没有间隙，色彩上，用了大量金箔，光彩夺目。"② 五世达赖为这座巧夺天工的寺庙所震撼，将其谓之"天神的林苑"，言语间流露出对顺治帝的感激之情。乾隆帝的手笔则达到空前的境界，仿照日喀则扎什伦布寺敕建了须弥福寿之庙，"黄教寺院与汉式庙宇隐约可见，群山雄伟壮观，真是一块无所不有的宝地"，六世班禅感动之余为该寺赋诗一首："城市乡宅遍环绕，珍宝楼阁帝释宫。遥望彼等诸奇观，欢喜浪涛泛心田。"③ 据嘉木央活佛撰写的传记，"大皇帝耗银万两，加行顺缘，为班禅修建的扎什伦布宫、佛殿、两所大殿及其它小室如同后藏的扎什伦布寺，野兽形象逼真威严，佛法故事壁画栩栩如神，圣天园林美丽如画，整个扎什伦布寺被坚固的城墙围绕"。④

而在远离京师的民族地区敕建寺庙，也使藩部政教领袖产生了深刻的记忆和宗教认同感。雍正帝在青海敕建的佑宁寺，因其是章嘉呼图克图的母寺，所

---

① 《内大臣海望等奏闻准噶尔来使于雍和宫达喇嘛处谈话情形折》，乾隆十三年四月十五日，《雍和宫满文档案译编》，中国藏学出版社，1997，第 271 页。

② 阿旺·洛桑嘉错：《五世达赖喇嘛传》上册，陈庆英等译，中国藏学出版社，1997，第 242 页。

③ 嘉木央·久麦旺波：《六世班禅洛桑巴丹益希传》，许得存、卓永强译，西藏人民出版社，1990，第 471 页。

④ 嘉木央·久麦旺波：《六世班禅洛桑巴丹益希传》，第 475～477 页。

以获得国师大喇嘛的极力推崇，他指出："安多地区是法王宗喀巴的诞生地，是被宗喀巴加持过的特别地方……佑宁寺是先辈章嘉活佛们的根本道场。"[①]《安多政教史》的撰写也不忘神化佑宁寺的宗教形象，记载（湟水地区）当选择寺院（佑宁寺）地址时，出现了"许多吉兆"，并"同时出现了三座佛像，寺院周围出现了泉水"。[②] 川藏交界地带噶达（即泰宁）敕建的惠远寺，曾经作为七世达赖喇嘛的临时驻锡地，又是十一世达赖喇嘛的降生地，"康人遂目之为圣地"。[③] 章嘉国师若必多吉在为达赖撰写的传记中记述道："关于噶达地方，系法王松赞干布时期大臣噶尔（禄东赞）从汉地出逃脱险之地。附近有当年噶尔敬神处的噶尔俄博。……汉族堪舆家皆预言此处地灵……大德所加持、具足功德圣地之中心……经堂共三层，建筑奇特……奠定了喇嘛伟业的基础，故此地成为吉祥圆满之圣地。"[④] 七世达赖喇嘛认为，敕建惠远寺的选址建造集成了藏族的历史文化和宗教神圣以及中原"堪舆"文化的博大精深，将其视作"圣地之中心""伟业的基础"和"吉祥圆满之圣地"，极尽溢美之词。雍正帝在库伦敕建的庆宁寺，据俄国旅行家波兹德涅耶夫记述："尤其是它的敕建寺地位，寺院中又有一些与众不同的圣物，因此在喀尔喀人的心目中声望很高。哲布尊丹巴呼图克图的呼毕勒罕们尽可能经常地前来朝拜这座寺院。所有的喀尔喀人对阿穆尔—巴雅斯呼朗图寺都抱有同样的虔诚之心。"[⑤] 敕建庆宁寺俨然已经成为清朝在漠北蒙古的政治和精神象征，从活佛到喀尔喀民众都将他们对于王朝的归属感化作释迦伽蓝中不绝的佛烟云绕。

需要说明的是，清代敕建藏传佛寺的建设与维系在嘉庆朝以降便趋于没落，此后不但朝廷的敕建行动基本上停止，而且原有的敕建庙宇也大多难以为继，其中很多庙宇甚至被荒芜废弃。正如晚清时期英国人李提摩太在北京雍和宫见闻的那样："我问喇嘛，喇嘛教是在繁荣昌盛呢，还是正在衰落。他的回答是，毫无疑问，喇嘛教正在衰落。就像海潮，涨落有时，宗教也有自己的潮

---

① 土观·洛桑却吉尼玛：《章嘉国师若必多吉传》，第 139 页。
② 智观巴·贡却乎丹巴饶吉：《安多政教史》，吴均等译，甘肃民族出版社，1989，第 61 页。
③ 尚诚：《康北的圣地·泰宁》，《唐宋元明清藏事史料汇编》第 94 册，第 153 页。
④ 章嘉·若贝多杰：《七世达赖喇嘛传》，蒲文成译，中国藏学出版社，2006，第 102~103 页。
⑤ 阿·马·波兹德涅耶夫：《蒙古及蒙古人》第 1 卷，第 43 页。

流，现在喇嘛教正处在低潮。"①

　　总之，清朝通过敕建一系列藏传佛教寺庙建设了王朝基本宗教场所，不期然构成了一个皇朝政治主导下的"国家寺庙体系"。这个体系同蒙古、西藏僧俗贵族所营造的"藩部寺庙体系"形成对照。敕建藏传佛寺作为一个历史载体，将来自制度、文化以及信仰的王朝化内涵集成于一个有限的政教空间之内，体现出藏传佛教王朝化的重要表征。在寺庙体系的构建过程中，一方面，清朝国家逐渐树立起自己的宗教威权主体性，掌控了代表国家的宗教政治场域，并借由这一场域将王朝对信仰的主导权植入藩部地区，实现对边疆民族地区的权力宣示和政治治理，同时促使藩部的信仰中心逐渐发生"由番而汉"的客体转移；另一方面，藏传佛教也由部分非汉族群的宗教信仰逐渐被纳入王朝国家的政治文化进程中来，不仅成为清代"大一统"国家政治意识形态的一部分，也成为中国多民族共享政教经验和历史记忆的文化见证。一言以蔽之，无论在何处，敕建庙宇就代表着"国家就在这儿"，这是由宗教的政治属性决定的。与此同时，宗教也并非一定是国家和文明发展的对立性因素，在某种意义上，它还可以成为国家治理的重要资源。

---

① 李提摩太：《亲历晚清四十五年——李提摩太在华回忆录》，李宪堂、侯林莉译，天津人民出版社，2005，第191页。

湖广"苗疆"地区"改土归流"进程考论

安介生　周　妮*

引　言

迄今为止，学术界关于"改土归流"方面的研究可谓成果丰硕。就学术史基本脉络而言，国内"改土归流"专门性研究始于 20 世纪 50 年代；60～70年代，研究基本处于停滞阶段，未产生具有影响力的成果；至 80 年代则进入研究复兴与发展阶段，研究成果无论在数量上，还是内容上都有很大的发展，尤其研究内容较之以往有新的突破，为之后"改土归流"研究指明了方向。①进入 21 世纪，尤其是 2010 年以后至今，研究又有了新的突破与发展。据笔者通过"中国知网"进行检索，截至 2018 年，直接以"改土归流"为标题之论

---

* 安介生：复旦大学历史地理研究中心；周妮：云南大学历史与档案学院。原文刊于《社会科学》2019 年第 3 期。

① 参见嘉弘《论明清封建皇朝的土司制度及改土归流》，《四川大学学报》1956 年第 2 期；钟诚《广西壮族地区的改土归流初探》，《中央民族学院学报》1979 年第 3 期；侯绍庄《清代贵州"改土归流"试探》，《贵州民族研究》1980 年第 1 期；冉光荣等《羌族地区的土司制度与"改土归流"》，《四川大学学报》1980 年第 4 期；陈一石《赵尔丰与四川藏区的改土归流》，《四川师院学报》（社会科学版）1981 年第 3 期；张永国《略论贵州"改土归流"的特点》，《贵州文史丛刊》1981 年第 3 期；龚荫《试论土司制度和"改土归流"》，《昆明师范学院学报》1983 年第 2 期；李世愉《试论清雍正朝改土归流的原因和目的》，《北京大学学报》1984 年第 3 期；李世愉《清雍正朝改土归流善后措施初探》，《民族研究》1984 年第 3 期；韦文宣《谈对广西土官制及改土归流的评价问题》，《学术论坛》1984年第 6 期；陈涛《"改土归流"以来湘西黔东北的民族关系》，《贵州民族研究》1985 年第1 期；曹相《明朝云南社会经济的发展与改土归流》，《云南师范大学学报》1986 年第 1期；伍新福《试论湘西苗区"改土归流"——兼析乾嘉苗民起义的原因》，《民族研究》1986 年第 1 期；吴永章《论清代鄂西的改土归流》，《中央民族学院学报》1987 年第 5期等。

文有 300 余篇，硕士学位论文 21 篇，博士学位论文 1 篇。这些成果既有综合性研究，以概述方式论及全国性或区域性改土归流之基本情况；也有专题性成果，如讨论"改土归流"原因、目的以及实施过程，以及"改土归流"之善后问题，"改土归流"与地方政治、经济、文化、民族之关系问题等。

然而，对于"改土归流"研究中的一些关键性问题，迄今并没有得到很好的讨论与解决。如就政区建置而言，土司政区与"流官"政区的关系问题、"改土归流"的进程问题等，都没有较为全面的成果与公认的结论。而这些关键性的问题相互关联纠结，在湖广"苗疆"等地区表现相当突出，有必要进行全面的梳理、总结与分析，在中国政区沿革历史的宏观背景下进行重新思考。

一　学界关于"改土归流"进程问题之讨论

"改土归流"，又称"改土为流""改土易流""改土设流"等。其进程问题，包括起始时间、过程及完成时间等，是历史时期"苗疆"及土司史研究中的一个核心问题。尽管已有研究成果较少直接以"改土归流"进程问题进行专门探讨，但是，大多数"苗疆"及土司史相关研究成果都不可避免涉及"改土归流"进程的相关讨论，因此，有必要对这一问题的研究成果与现状进行一番梳理与分析。经过梳理分析，笔者认为学术界对"改土归流"进程的认识大致可分为两大类，即"长时段说"与"短时段说"。所谓"长时段说"，指历史时期的"改土归流"很早就已开始，是一个持续的过程。而"短时段说"则聚集于明清"改土归流"措施实施之后。

作为最早研究"改土归流"问题的学者之一，嘉弘明显坚持"长时段说"。他认为土司制度的基础奠定于元，而其根源可溯至秦汉。具体到不同时期表现为秦开五尺道置官吏，汉置都尉属县，蜀汉置军，晋宋梁陈置刺史、太守，唐设羁縻州、都督府，宋设羁縻州县等。并且提出中央能全部控制某地某族，即有所谓"改土归流"之制，其实质为封建皇朝中央要用统治阶级之民族特点和它的封建制强加在土司区各民族人民头上。[①] 按此，则其认为"土"始于秦汉，"改流"从实质而言亦始于秦汉。

---

① 嘉弘：《论明清封建皇朝的土司制度及改土归流》，《四川大学学报》1956 年第 2 期。

继嘉弘之后，林建曾也较早关注"改土归流"起始时间，并对进程问题进行了专门讨论。他将"改土归流"作为一项政策，认为其经历形成与推行多个阶段。如他认为北宋广西羁縻州改置州县，即可视为"改土归流"开始之代表，不过只能看作"改土归流"的个别事件，并未完成制度化；至明代，随着土司制度的完善，以贵州建省等事件为标志的"改土归流"政策逐步形成与确立；至清时，伴随土司制度的完备周密，"改土归流"政策全面完善与推行。① 显然，林建曾将"改土归流"作为一项中央逐步控制地方的政策，认为其始于羁縻州向正州县或土司转化之时，其进行的程度与土司制度发展成正比例关系，即土司制度越完善，"改土归流"越是深入与彻底。

龚荫对于中国土司制度研究用力很深，著述宏富。他将中国土司制度之历史发展按不同历史时期划分为不同阶段，他认为土司制度滥觞于秦汉，萌芽于三国，肇始于晋，雏形于唐宋，定型于元，鼎盛于明，衰落于清，残存于民国。② 从具体研究内容及结论来看，龚荫与嘉弘之观点基本一致，皆认为土司制度之历史可以追溯至秦汉时期，但具体言及"改土归流"时仍以明清时期为中心。

当然，学者们也注意到不同区域间的差异。如蓝武《广西土司制度的历史渊源与改土归流开始时间辨析》一文提出对广西"改土归流"开始时间的思考。他综合分析学界对广西"改土归流"起始时间之看法——大致存在三种观点，一为"宋代说"，一为"明初期说"，一为"明中期说"。因其认为"改土归流"之"土"指土司制度，将土司制度是否真正确立作为衡量"改土归流"进程的关键标准，因而最后认同第二种观点，认为广西土司制度真正意义之改土归流始于明朝。③

方铁在西南边疆史地研究中，也非常注重"改土归流"之研究。他提出"改土归流"始于明，彻底推行于清，并且提出"改土归流"遍及云贵、川西南、广西、湖广等地，其所改流区域既包括土司辖地，又包括未设土司之山间僻地。④ 此处所提出"改流"区域包括未设土司之山间僻地，是对改土归流中

---

① 林建曾：《试论"改土归流"政策形成、推行的几个阶段》，《广西民族研究》1988 年第 2 期
② 龚荫：《中国土司制度史》上编，四川人民出版社，2012。
③ 蓝武：《广西土司制度的历史渊源与改土归流开始时间辨析》，《广西文史》2011 年第 4 期。
④ 方铁：《从土官制度到改土归流》，《文史知识》2016 年第 4 期。

"土"的重新审视，突破以往以"土"即为土司制度或土司相关之狭碍定义。近来，李世愉《关于"改土归流"一词的使用》一文重新梳理了学界各方家对其词的看法，并且以《辞海》《汉语大词典》《中国历史大辞典》为例，说明改土归流即为废除世袭土官，并代之以流官统治。①

可以说，目前大部分研究者通常是以"短时段说"来概括"改土归流"之进程："改土归流"始于明，全面推行于清，即明清为实施之主要阶段。就各类通行的历史辞典而言，也皆以明时期为"改土归流"之起始时间。如《清代典章制度辞典》言"改土归流，亦称'改土设流'、'改土为流'或'改土易流'。明清两代改西南少数民族地区世袭土官为流官的措施……实行与内地相同的行政制度。"②

近来，也有部分研究者以个别土司为案例，讨论某一土司"改土归流"之开始、深入与结束时间。其结论是将善后工作之完成，即设置州县，视为"改土归流"最后完成的标志。③ 如覃芸认为桑植土司改土归流始于雍正四年，深入于雍正六年，最后完成于雍正十三年，那么在叙述桑植改土归流时应以何为准确时间？《中国行政区划通史》清代卷对此则记为"雍正七年改土归流，置桑植县。"④ 说明学界对于"改土归流"时间之认识并未达成一致意见，且古籍记载本身亦存在众多建置时间不一之状况。

除一些细节性问题外，结合以上各家的讨论，笔者认为：如欲对"改土归流"进程问题做出更为合理的解释与判断，很有必要对与"改土归流"进程相关的一些问题进行深入的辨析与说明。

首先，何者为"土"，何者为"流"。"改土归流"之"土"究竟是"原始土酋"，还是朝廷认可之"土司"（或"蛮夷官"），这种认识差异是导致不同学者对改土归流时间认识差异的根本原因之一。按嘉弘、龚荫二位学者之观点，即将"原始土酋"作为"改土归流"之对象，那么，土司制度之起源可追溯至秦汉时期，则"改土归流"之起始时间即可追溯至秦汉时期。而林建曾以官府认可"土司"为标准，将北宋"羁縻州"设立正州县作为"改土归流"起始之最早时间，提出"改土归流"始于北宋，是目前已有研究中将

---

① 李世愉：《关于"改土归流"一词的使用》，《遵义师范学院学报》2015 年第 3 期。
② 朱金甫、张书才主编《清代典章制度辞典》，中国人民大学出版社，2011，第 340 页。
③ 覃芸：《清代桑植土司"改土归流"研究》，吉首大学硕士学位论文，2017。
④ 傅林祥等：《中国行政区划通史（清代卷）》，复旦大学出版社，2013，第 356 页。

"改土归流"时间推至最早时代的学者。但是，这一观点并未得到广泛认可。笔者认为：所谓"土"应不仅仅局限于特指朝廷任命的、有职衔的"土司"或"蛮夷官"，而应指历史时期中央王朝一切"羁縻"形式下管理地方之世袭土酋或土官。历史时期土司制度也有一个曲折的发展过程，元明时代建立的土司制度无疑是一场重大变革，但是，不能以此否认此前土司之客观存在。

其次，是"改土归流"与设置郡县之关联问题。不少土司研究专家均将土司制度的发展追溯至秦汉时期，正是将"改土归流"之萌发与郡县制度的建立保持相同之步伐。很显然，在同一区域内，如果清代新置州县视为"改土归流"之结果，那么，清朝以前"苗疆"所置州县是否可归为"改土归流"呢？答案显然是肯定的。在同一区域之内（即"苗疆"），普通政区之建置与"改土归流"之对象——土司设置有必要等量齐观，才可看到区域建置与开发之全貌。事实上，湖广"苗疆"地区自秦汉时期，已着手全面推行郡县制度，设置有黔中郡及武陵郡，与其他地方无异，理应视为"改土归流"之始。而秦汉之后，湖广西部地区普通政区设置仍然在延续，虽有反复，并未中止。古代学者已意识到了这个问题，如云："至南楚苗疆，地境广阔，今辰、沅、永、澧、靖各府州，皆是历来剿抚安置。"① 将辰州、沅州、永州、澧州等州的设置，视为"剿抚安置"，显然是有失偏颇的，有敌意的，应该视作"改土归流"之深入过程。

再次，如果仅仅将设立州县作为"改土归流"的一种结果，或将部分土司直接划入州县，纳入已有州县管理，"改土归流"就圆满完成，不免过于简单化了。"改流"不仅仅指朝廷指派"流官"施政，更应指一个地方政治制度上之根本变化，即中央王朝在原本"羁縻之地"完全以"流官"取代"土官"，设立与"内地"相同的行政建制，将"羁縻地"之民纳入版籍，皆可称为特定意义上之"改土归流"，而不以其时"改土归流"一词是否出现为标准。"改土归流"的真正完成，还是一个较长的过程。

总之，在土司历史及"改土归流"进程研究中，很有必要引入"全域性"与"长时段"的视角，以郡县设置与土司制度发展作为两项关键性的标志与

---

① 乾隆《永绥厅志》，《南京图书馆藏稀见方志丛刊》第 154 册，国家图书馆出版社，2014，第 49 页。

尺度。下面，笔者即根据这样的观点对湖广"苗疆"地区进行一个全域性及长时段的考察。

<h2 style="text-align:center">二 湖广"苗疆"地区"改土归流"
进程之长时段考察</h2>

文献中所云"苗疆"涉及区域广阔，本文仅以湖广"苗疆"为例进行探讨。湖广"苗疆"包括湖北"苗疆"与湖南"苗疆"两大区域，其具体地域范围，据《清实录》及各地方志记载，湖北"苗疆"主要为今鄂西南地区，以今天恩施土家族苗族自治州为核心；湖南"苗疆"则是包括湘西、湘西南在内的区域，主要涉及今湖南常德市、张家界市、湘西土家族苗族自治州、怀化市等所辖市县。

湖广地区"苗疆"所属区域政区建置历史相当复杂，若以湖广"苗疆"各州县建置时间作为一种"改土归流"最重要的指标来看，那么，湖广地区"改土归流"时间可上溯至秦汉时期郡县制度之全面推行。湖广"苗疆"境内郡县最早自秦汉时已开始设置，以汉、隋唐、宋、清四个时期置县最为集中。与之相关联，湖广"苗疆"地区"改土归流"进程大致可分为隋唐以前、隋唐到两宋、元明及清四个时段。

第一阶段：隋唐以前湖广"苗疆"县级政区之设置，可谓之草创时期。此时段之政区建置以黔中及武陵郡为核心。

首先，其境汉时所置州县在秦时多属黔中郡管辖，研究者认为：秦代黔中郡之设置，应肇始于先秦之楚国，所谓"楚黔中"，其所辖地域广阔，几乎覆盖了洞庭湖西部、南部的澧水，沅水中下游的湖南常德（今市）地区，湘西（土家族苗族）自治州和怀化（市）各县市。其东部至少到达了湘江中游及湘中一带地方。[①] 因此，汉代改黔中为武陵郡，在行政归属上更加明确，同一区域内州县数量的增多，无疑表现中央王权控制之深入，也意味着将原属黔中郡之羁縻地纳入王朝正式行政体系直接管理。

据《史记·秦本纪》记载，秦昭王三十年（前277），"蜀守若伐取巫郡及江南，为黔中郡"。《正义》引《括地志》云："黔中故城，在辰州沅陵县

---

① 参见伍新福《楚黔中郡与"巴黔中"》，《江汉论坛》1986年第2期。

（治今湖南沅陵县西南）西二十里江南，今黔府（黔州都督府）亦其地也。"① 先秦时代的辩士苏秦曾游说楚威王云："楚，天下之强国也；王，天下之贤王 也。西有黔中、巫郡。"《正义》释云："今朗州，楚黔中郡，其故城在辰州西 二十里，皆盘瓠后也。"② 这样一来，似乎楚国已设置有黔中郡。不过，其他 学者似乎并不认同。如《后汉书·南蛮传》记云："秦昭王使白起伐楚，略取 蛮夷，始置黔中郡。汉兴，改为武陵。"李贤注文称："黔中故城，在今辰州 沅陵县西。"③《资治通鉴》同样将周赧王三十八年（即秦昭王三十年）定为 黔中郡的"初置"时间。④

西汉初年，改黔中郡为武陵郡（治湖南溆浦南）。《史记·集解》引徐广 之言曰："今之武陵地。"⑤ 胡三省曾对黔中郡沿革过程进行了较为详细的考 定。然而，胡三省的考订，其实来自唐人李吉甫的《元和郡县图志》。隋唐时 期改黔州为黔中郡（治重庆彭水县），遂与秦之黔中郡相混淆，故而李吉甫等 人特为之辨正："其秦黔中郡所理，在今辰州西二十里黔中故郡城是。汉改黔 中为武陵郡，移理义宁，即今辰州叙浦县是。后汉移理临沅（今湖南常德市 西），即今辰州是。今辰、锦、叙、奖、溪、澧、朗、施等州，实秦、汉黔中 郡之地，而今黔中及夷、费、思、播，隔越峻岭，东有沅江水，及诸溪并合， 东注洞庭湖。西有延江水，一名涪陵江，自牂柯北历播、费、思、黔等州，北 注岷江，以山川言之，巴郡之涪陵，与黔中故地，炳然分矣。"⑥

与后世郡县范围相比较，秦汉时代的武陵郡境土广阔。如《武陵记》曰： "武陵郡境四千余里。"⑦ 我们看到，从东汉开始，湖广境内的蛮族势力大有增 强之势，中央朝廷及地方郡县的实际管控能力大受影响。"光武中兴，武陵蛮 夷特盛。建武二十三年，精夫相单程等据其险隘，大寇郡县。"⑧ 当时"蛮族" 集团按所居郡县分为"长沙蛮""武陵夷""零陵蛮""澧中蛮""零阳蛮" "溇中蛮"等几支。可见当时蛮族分布之广、数量之大，并不局限于武陵郡之

① 《史记》卷 5《秦本纪》，中华书局，1995，第 213、216 页。
② 《史记》卷 69《苏秦列传》，第 2259 页。
③ 《后汉书》卷 86《南蛮西南夷列传》，中华书局，1995，第 2831 页。
④ 《资治通鉴》卷 4 胡注，中华书局，1997，第 146 页。
⑤ 《史记》卷 69《苏秦列传》，第 2259 页。
⑥ 李吉甫：《元和郡县图志》卷 30，中华书局，1983，第 735～736 页。
⑦ 李昉等：《太平御览》卷 168，中华书局，2006，第 818 页。
⑧ 《后汉书》卷 86《南蛮西南夷传》，第 2831 页。

内。又《沅陵记》曰："五溪十洞颇为边患，自马伏波征南之后，虽为郡县，其民叛扰，代或有之，盖恃山险所致。"① 然而，武陵郡及属县之设置并不被废弃，而是一直延续下来。

第二阶段：隋唐至两宋时期。隋唐是湖广 "苗疆" 地区政区建置的重要发展时期。郡县数量大为增加，显示开发与治理强度有了很大的提升。如隋代在原武陵一郡境界内，划分出了四郡：清江郡、澧阳郡、武陵郡、沅陵郡，下辖 18 个县级政区。至唐代，湖广 "苗疆" 之地，分别设置有黔中道东部之施州、溪州、辰州、锦州与巫州，与江南西道西部之澧州、朗州等，下辖县级政区多达 30 余个。

作为在边疆及民族地理政区设置问题上的调整及适应方式，唐代在边疆及边远地区广设羁縻府州，然而，湖广 "苗疆" 地区所置州县，均被视为 "正州"，并没有纳入所谓 "羁縻州" 的范围。② 但是，许多州县为新辟区域，则是确定无疑的。如 "垂拱二年，分辰州麻阳县地，并开山洞置锦州及四县"。③ 当然，从 "蛮夷地" 至正州县之设立，纳入王朝行政管理体系，是一个复杂而曲折之过程。据后世方志追溯，部分州县在置县之后，在相当长时间内仍处于为 "羁縻" 之状态，如泸溪县 "自唐初置县，壤地辽廓，时皆苗猺岗寨，羁縻而已，编户之民，供赋之士，入版籍者无几"。④

两宋时期在政区建置上延续隋唐两代，并有所突破，如北宋设置有荆湖南路与荆湖北路。"苗疆" 之地有辰州、澧州、鼎州、沅州、靖州以及夔州路的施州等。湖广 "苗疆" 境内，除隋唐及以前已置州县区域外，其余地区基本分属晃州、波州、奖州、峡州等羁縻州（此处所指不包括由羁縻州改为土司之永顺、保靖，即清时设县之羁縻州），这些羁縻州基本为 "五溪之酋"⑤ 管控，如晃州 "五季以来，蛮酋田氏据守处"。⑥ 这一时期通过广设寨堡，如 "令相度沅州所乞于宜、洽州地分修寨，波、晃州地分建堡"。⑦ 在奖州设奖州

① 《太平御览》卷 171，第 835 页。
② 唐代所置 "羁縻州" 名称，参见《新唐书》卷 43 下《地理志·羁縻州》。
③ 《旧唐书》卷 40，中华书局，1995，第 1622 页。
④ 乾隆《泸溪县志》，《故宫珍本丛刊》第 163 册，海南出版社，2001，第 170 页。
⑤ 钱若水：《太宗皇帝实录》卷 27，《四部丛刊三编》本。
⑥ 乾隆《沅州府志》卷 9，《稀见中国地方志汇刊》第 40 册，中国书店，1992，第 504 页。
⑦ 李焘：《续资治通鉴长编》卷 358，中华书局，2004，第 8574 页。

寨（后又改曰奖州铺）①；在峡州设安江寨等逐步"蚕食"之方式，进行军事管控，逐渐进入和影响这些区域，进而设置州县。南宋时期，"苗疆"地区建置的一个重大进展，就是常德府的建置。隆兴二年（1164）升鼎州为常德府（治今湖南常德市），而鼎州之地为荆湖北路之治所，正是隋唐之前武陵郡之所在。常德府之设置，充分说明了南宋对于湖广"苗疆"地区的重视。

但是，在实际上，两宋政区建置同样没能阻挡湖广地区蛮族势力的进一步扩长。如《宋史·蛮夷传》特别提及唐代后期南方形势的变化："唐季之乱，蛮酋分据其地，自署为刺史。"②而"蛮夷"势力的扩张，直接影响到政区的建置。"元祐初，傅尧俞、王岩叟言：沅、诚州创建以来，设官屯兵，布列砦县。募役人调戍兵，费巨万，公私骚然。荆湖两路为之空竭。又自广西融州并开道路达诚州，增置浔江等堡。其地无所有，湖广移赋以给一方，民不安业。愿斟酌废置。朝廷以沅州建置，至是十五年，蛮情安习已久，但废诚州为渠阳军，而沅州至今为郡。"③元祐年间，湖广地区非汉民族势力进一步增长，而宋廷务在怀柔。"诸路所开道路，创置堡砦并废，自后五溪郡县弃而不问。"④实际上放弃了"苗疆"地区所置郡县。

第三阶段，元明两代。随着南方地区开发及地理认知的深入，湖广及西南地区的"蛮夷"问题出现了一个"再认识"及"再重视"的趋势。元明时期湖广地区政区建置中出现一个重大突破，就是所谓"湖广土司"的被认可，或得到正名，当时习称"蛮夷官"。

元朝进据西南之初，对于当时土司施行怀柔政策。"西南诸蛮夷官吏、军民，各从其俗，无失常业。"⑤元朝在政区建置上同样大举更张，全面推行土司制度。如湖广行省就设置有 15 个安抚司，1 个管番民总管。时至明代，土司之建置呈现出全面扩展之势，对于土司的肯定与支持也达到历史上之顶点。清人所撰《明史》为"湖广土司"单独列传，与四川土司、云南土司、贵州土司及广西土司并列，地位之尊崇，不容小觑。其下土司名称有：施州（施南宣抚司、散毛宣抚司、忠建宣抚司、容美宣抚司）、永顺军民宣慰使司、保

---

① 乾隆《沅州府志》卷 22，第 634 页。
② 《宋史》卷 493《西南溪洞诸蛮上》，中华书局，1995，第 14172 页。
③ 《宋史》卷 493《西南溪洞诸蛮上》，第 14181 页。
④ 《宋史》卷 493《西南溪洞诸蛮上》，第 14181 页。
⑤ 《元史》卷 10《世祖纪七》，中华书局，1995，第 213 页。

靖州军民宣慰使司。① 明代湖广"苗疆"地区新置州县数量不多,而"改土归流"已开始尝试。②

最后阶段,清代前期是湖广"苗疆"全面推行"改土归流"时期。清朝前期,土司势力之膨胀以及违背法度行径已然引起王朝高层及各级官府的强烈不满。③ 而湖广"苗疆"地区土司势力强盛,又被清朝官府选为"改土归流"的首选目标,并取得了重大进展,鄂西地区建置施南府,原有土司均归入县级政区。④ 湘西地区则新置永顺府以及多个直隶厅。如康熙年间设置凤凰厅、乾州厅,乾隆年间置永绥厅。⑤

可以说,清廷处理苗疆"改土归流"的举措是相当成功的,这也就形成了所谓"苗疆之例"。"苗疆之例"为雍正及群臣所定,⑥ 后来获得乾隆等人的肯定。如乾隆后来处理金川地区土司问题时,就强调"苗疆之例"的参考价值:"朕观金川情形,虽不可遽照'苗疆之例'改土设流,或分置卫弁,统辖汛兵;或亦派大员弹压,田赋狱讼,听金酋自行经理,简节疏目,驯扰羁縻,期于绥靖地方,约束蛮众。不致如土司之专有,其人易于蠢动,可以永除后患。朕意如此,是否于该省情形相合,着庆复、张广泗悉心从长商酌。"⑦

余　论

"改土归流"一词有着较为丰富的内涵,其作为一项重大政治举措,在明清时期就是全面推行中央集权下郡县管理制度,改变原有的众建土司、分权分

---

① 《明史》卷 310《湖广土司传》,中华书局,1995,第 7981~7998 页。

② 例如刘志阶《明弘治年间城步改土归流的原因及其结果》(《吉首大学学报》1990 年第 2 期)与刘益兴《城步雍乾苗民起义与改土归流》(《中南民族学院学报》1992 年第 4 期)均认为,这一时期城步设县,使其境内苗民"入户纳粮",为湖广"苗疆"境内"改土归流"之始。

③ 参见吴丽华、魏薇《雍正"改土归流"辩》,《云南师范大学学报》2011 年第 1 期;瞿州莲、瞿宏州《湖广土司改土归流原因新探》,《中南民族大学学报》2014 年第 2 期等。

④ 参见吴永章《论清代鄂西的改土归流》,《中央民族学院学报》1987 年第 5 期;刘东海《雍正朝在鄂西的改土归流》,《鄂西大学学报》1987 年第 3 期。

⑤ 参见伍新福《试论湘西苗区"改土归流"》,《民族研究》1986 年第 1 期。

⑥ 《世宗宪皇帝上谕内阁》卷 89,《景印文渊阁四库全书》第 415 册,台湾商务印书馆,1986,第 398~399 页。

⑦ 来保等:《平定金川方略》卷 2,《景印文渊阁四库全书》第 356 册,第 47 页。

立局面。实际上，"改土归流"应有广义与狭义之区分，广义之"改土归流"，正是州县设置之过程，在原来归属于世袭土酋、首领所管辖的区域内，建立起统一的州县，中央王朝直接派驻地方、管理地方之官员。而狭义之"改土归流"，则专指明清时期针对土司制度所进行之一系列措施，由流官完全取代土官，取消土官世袭，其"土"专指土司制度下之土司或土官。因此，从广义而言，湖广"苗疆"之改土归流起始时间，应由秦汉时代该区域内创设州县算起。

早在秦汉时代或更早时期，湖广地区原为非汉族聚集区，当地土酋之存在，为不争之事实。《后汉书·南蛮传》称长沙武陵蛮"有邑，君长皆赐印绶，冠用獭皮，名渠帅曰精夫，相呼为姎徒"。① 又"谨按：辰州，蛮戎所居也，其人皆盘瓠子孙，或曰巴子兄弟，入为五溪之长"。② 然而，秦汉时期全面推行郡县制，却没有真正顾及当地非汉族居民的权益，故而引发了强烈的对抗。如从秦汉至隋唐之前，湖广地区以武陵郡为核心的郡县建置遭受重大挫折，数百年间，其所辖县及户籍人口数量处于长期停滞乃至倒退状态。直至两宋时期，湖广地区非汉民族势力扩张，"蛮酋分据"，"土酋"势力显著，同样与中原政权形成对抗之势，因此，出现了羁縻州的设置，当地土酋的权益开始得到认可。

至元明，随着土司制度的推广与完善，实际上进入了一个"土司"的权益得到全面重新认可的时期。湖广土司大量出现并得到官方认可，土司制度由此成为传统时代王朝行政体系的一个特殊组成部分。当然，土司制度终究与中央集权行政体系相冲突，随着其势力膨胀，矛盾与冲突已无法调和。至清代前期，随着开发程度的加深以及交通设施之完善，湖广苗疆"土司"势力逐渐失去了存续之基础与必要，"改土归流"的彻底实施，最终完成了湖广地区政区建置的统一与整合。

① 《后汉书》卷86《南蛮西南夷传》，第2830页。
② 《元和郡县图志》卷30，第746页。

青浦教案及鸦片战争后条约体系的突破

王海岑*

1848 年发生三名英国传教士违约进入青浦，引发冲突，造成中英交涉，英国领事采取炮舰政策解决的案件。青浦教案作为中国近代史上第一起教案，在传教士来华宣教史上具有重要意义。学界关于青浦教案，或者以条约解读，或者探讨中方官员交涉手段，[①] 主要在条约框架内考察。本文将在前人研究的基础上，考察英方以交涉和解决青浦教案为契机，来突破鸦片战争后所确立的条约体系，[②] 逐步拓展条约框架限制，通过"法律"的手段进入内地，进而扩大在华利权的过程。青浦教案处理结果所造成的影响，对条约体系的调整和重塑，与鸦片战争后中外关系的发展与演变有密切关系。笔者将结合第一手的档案文献，以及其他相关史料，对青浦教案以及鸦片战争后条约体系加以研究。

一 青浦教案及中英交涉焦点

（一）传教士进入青浦是否违约

1848 年 3 月 8 日，英国伦敦会传教士麦都思（Walter Henry Medhurst）、慕维廉（William Muirhead）以及医生雒魏林（William Lockhart）三人，拂晓以

---

* 中山大学历史学系，原文刊于《浙江学刊》2019 年第 2 期。

① 马洪林：《一八四八年青浦教案与中英交涉》，《上海师范大学学报》1986 年第 2 期；倪玉平：《李星沅与"青浦教案"》，《史学月刊》2003 年第 5 期；坂野正高：《1848 年青浦事件的考察》，《近代中国外交史研究》，岩波书店，1970。

② 条约体系指第一次鸦片战争后至 1858 年《天津条约》签订前，以不平等条约为核心所组成的体系，并构成中西交往的基础。主要包括《南京条约》《虎门条约》《望厦条约》《黄埔条约》。

前从上海出发，租船到青浦，将船停泊在离青浦县城约五里的地方，然后进县城在城隍庙前场地上（今青浦区曲水园西，庙前街一带）散发"善书"，恰巧有几名看守停运漕船的山东籍水手，向他们讨取"善书"，但遭拒绝，双方发生冲突。雒魏林在街上挥舞手杖，"把最前排一人的脸给搌伤"，其他水手投了更多的石子，并愤愤回船邀人前来报复。懂得中国话的麦都思和雒魏林见势不妙，立即带着慕维廉逃出县城，在东门外不到半里路的地方，被追来的 40 余名漕船水手打伤。青浦县令金镕闻讯，立即派差役制止，从愤怒的水手中救出了三名传教士。他一面派人将其送回上海，一面下令捉拿"凶犯"。①

本来事件可以到此结束，但英国领事阿礼国（Rutherford Alcock）闻知后，欲借此机会，谋取英国在华更大的利益。当时正值漕粮船队在上海出洋，阿礼国的施压手段主要是命令英船停止交纳关税、用兵舰阻止漕船离港，以及派兵舰到南京要挟两江总督李星沅。阿礼国在给英国驻华公使德庇时（John Francis Davis）的信中自鸣得意地表示："我采取的三种手段里，一个比一个更厉害，但他们是互相关联的。如果停付关税长久之后，中国就会受不了，这样就可使他们不至于将事拖延。1000 只粮船不准出口，这当然会立刻引起地方官员的注意，但是他们还是敷衍，而且他们想以假的罪犯来冒充真的罪犯。当然封港这件事情如果不被中国上级官吏晓得，他们还是无所谓，到了我派副领事去南京后，他们晓得已无法，这才害怕起来，苏州一知道这件事后立刻派臬台来。"② 清廷在谈判开始即处于被动局面。

事件发生后，中英交涉的主要问题是传教士进入青浦是否违约。1848 年 3 月 9 日，苏松太道咸龄在给麦都思的信中表示："我认为你到青浦不符《虎门条约》的规定。"③ 咸龄所指的是《虎门条约》第六款，对外人在华游历范围的规定，"广州等五港口英商或常川居住，或不时往来，均不可妄到乡间任意游行，更不可远入内地贸易，中华地方官应与英国管事官各就地方民情地势，

---

① 青浦教案过程的描述，参见 *Chinese Repository*，Vol. 17，1848，pp. 151 - 157；福禄堪《青浦事件信稿》，《近代史资料》总第 2 期，1957。

② F. O. 405：*Correspondence relative to an assault committed on three British subjects at Tsingpoo, in the neighbourhood of Shanghae*，Consul Alcock to Sir J. Davis，March 31，1848，Inclosure 12 in No. 54，pp. 139 - 140. 本文征引的英国外交档案 F. O. 405 的翻译，采用马洪林发表在《上海师范大学学报》1986 年第 2 期《一八四八年青浦教案与中英交涉》一文中的翻译，特此说明。

③ F. O. 405：*Heen, the Taoutae, to Mr. Medhurst*，p. 17.

议定界址，不许逾越，以期永久彼此相安"。① 之后，咸龄给两江总督李星沅的信中亦认为传教士违约："二月初四日，英夷麦都思等三名，违约至青浦县地方散书，与看守粮船舵手争殴，受有微伤，该县获犯二名枷责，并将麦都思等送回上海。"②

两江总督李星沅等则依据中英签订的外人条约口岸游历范围协议，认为传教士进入青浦违反条约。这份协议是 1846 年英国驻上海领事巴富尔（George Balfour）与苏松太道宫慕久签订的，规定"以早出晚归，不准在外过夜为断"。③ 李星沅、耆英、陆建瀛依据这项协约认为："上海口岸，前经英夷德酉会同前任苏松太道宫慕久议定，该夷行走之地，以一日往还为断。前夷目巴富尔照会苏松太道文内，亦有准其雇买船只轿马，水陆往来，均不得在外过夜之语。今青浦县离上海九十里，来回一百八十里，穷日之力，断难往返，该夷违约远行，地方官公事繁多，安能照料周遍？"④ 相比咸龄仅提及《虎门条约》，李星沅等指控英方违约所依据的协议更加具体，更为充分。

而阿礼国坚持三位传教士进入青浦没有违约，是在条约规定的活动范围内。麦都思等认为青浦距离上海三十英里，"上海与青浦可以在二十四小时内往返，因此这样做并没有违反规定"。⑤ 阿礼国在给咸龄的照会中表示："三位传教士早晨出发，事件发生后，于夜里十点钟返抵上海。"⑥ 他不仅将咸龄给麦都思的信退回，并抗议咸龄指责传教士进入青浦违约的说法。有学者称阿礼国将中英双方议定的"一日往返"的规定，曲解为二十四小时。⑦ 传教士早晨出发，深夜返回上海，自然没有违反外人游历的时间限制。在与上海道台交涉无果的情况下，阿礼国决定将事态升级，直接与李星沅交涉。阿礼国在给李星沅的信中仍坚持说："他们到青浦旅行，是在规定范围以内。"⑧

---

① 王铁崖编《中外旧约章汇编》第 1 册，三联书店，1982，第 35 页。
② 齐思和等整理《筹办夷务始末》（道光朝），中华书局，2014，第 3131~3132 页。
③ 中国第一历史档案馆编《鸦片战争档案史料》第 7 册，天津古籍出版社，1992，第 853 页。
④ 齐思和等整理《筹办义务始末》（道光朝），第 3141 页。
⑤ F. O. 405：*Declaration of Missionaries deposing to the circumstances of the attack made upon them near Tsingpoo*，p. 14.
⑥ F. O. 405：Consul Alcock to the Taoutae，March 11，1848，p. 18.
⑦ 马洪林：《一八四八年青浦教案与中英交涉》，《上海师范大学学报》1986 年第 2 期；采用同样观点的还有倪玉平《李星沅与"青浦教案"》，《史学月刊》2003 年第 5 期。
⑧ F. O. 405：*Consul Alcock to the Governor-General at Nanking*，p. 42.

从上述讨论可知，麦都思等三名英国传教士进入青浦，显然违反了中英双方所议定的外人在上海周边游历，以"一日往返，不得在外过夜"的规定。但是英方坚持青浦距上海三十英里，可以在二十四小时返回上海，并认为符合条约规定。英方理解的时间和距离的限制依据何在？接下来有必要分析英方对条约限制的讨论。

（二）突破条约：英人对协议限制的讨论

中英双方所依据的条约和协议，一份是《虎门条约》第六款，规定外人可在五口游历，但"外国商人到四乡去，也不得超出一定的短距离以外，这个距离由当地官厅会同英国领事商定"，① 另外一份是1846年巴富尔与苏松太道宫慕久签订的五口游历范围协议。这份协议对游历时间做出限制，但并没有空间以及边界限制，即一天究竟能够到达多远的距离。而英方在同意中方时间限制的同时，设定空间限制，从而造成中英双方矛盾的根源。

英方坚持的空间限制，根据马士在《中华帝国对外关系史》中的论述，"在英国领事的倡议下，游历的范围规定为游历者可以在一天内往返的路程，这就可以远达运河交叉处的乡村。在以后的几年内，游历的范围约定为三十英里的距离"。② 一天游历三十英里来自巴富尔的限定，巴富尔在英国下院陈述他与中国官府认定的是"二十四小时"，他认为"外国人一天能够游历大约三十英里的距离，这是最充分的……超越时间限定将不被授权"。③ 巴富尔做出限制目的在于"我不能回答两个国家之间的和平，除非将与内地的交往置于一些限制中"。④ 巴富尔将中英双方所议定的外人游历时间限制，即"一日往返"，曲解为二十四小时，这是阿礼国等一直坚持没有违反条约时间限制的依据所在。

即使在英方曲解外人在上海周边游历的时间限制的情况下，关于青浦与上海的距离，以及在二十四小时之内是否能够往返，在华英文报刊进行了一系列讨论。青浦与上海的距离，《广州纪事报附刊》（*Overland Register and Price*

---

① 威罗贝：《外人在华特权和利益》，王绍坊译，三联书店，1957，第345页。
② 马士：《中华帝国对外关系史》第1卷，张汇文等译，上海书店出版社，2000，第400～401页。
③ *China Mail*, April 6, 1848, Vol. 4, No. 164, p. 55.
④ From our Overland Edition, *China Mail*, April 27, 1848, Vol. 4, No. 167, p. 66.

Current）认为是二十八英里，① 《中国之友》（Friend of China）认为是二十七英里，但是《中国丛报》（Chinese Repository）认为是三十英里。② 《德臣报》（China Mail）有评论认为："非常确信麦都思和他的伙伴在二十四小时之内，不管是通过陆地，或者通过运河，不能够往返青浦。"③ 《广州纪事报附刊》同样持这种观点，"青浦超越了中国官员与巴富尔之间关于外国人游历的限制"，作者认为"传教士在二十四小时之内不能回来，不管是通过陆地或者运河"。④

新任香港总督兼驻中国公使文翰（Samuel George Bonham）⑤，也怀疑传教士进入青浦不能在二十四小时之内返回上海，他在给英国外相巴麦尊（Henry Palmerston）的信中承认："我不能不认为这几个传教士到青浦去已经超过中英两国官吏所规定的限制，上海的英侨现在有权利白天去外面漫步，而晚上一定要回到家里。青浦离上海三十英里，所以传教士以为如果他们不受人阻止的话，他们当天是可以回来的，这种说法是毫无理由的。"⑥

综上可知，阿礼国等坚持的传教士在二十四小时内往返青浦，没有违反条约，是建立在巴富尔曲解中英约定外人上海游历的时间"一日往返"为二十四小时的基础上。但条约中还规定"不准在外过夜"，所以传教士进入青浦明显违反条约。另一方面，当时交通不便，传教士也不可能在二十四小时之内从上海往返青浦。阿礼国虽然表面坚持传教士没有违反条约，但实际很清楚事实并非如此，他关于青浦教案的态度在给上海道台的信中表露无遗，他强硬地表示："如果麦都思因此违反规定或者任何条约条款，超越了中英关于游历的限制，但这是英国领事的责任，而不是你。"⑦ 可见阿礼国并不介意传教士进入青浦是否违约，目的在于通过青浦教案来达到自己的目的。

① *Overland Register and Price Current*，March 29，1848，Vol. 3，No. 3，p. 9.

② *China Mail*，April 13，1848，Vol. 4，No. 165，p. 58.

③ From our Overland Edition，*China Mail*，April 27，1848，Vol. 4，No. 167，p. 66.

④ *Overland Register and Price Current*，May 24，1848，Vol. 3，No. 5，p. 17.

⑤ 1848 年 3 月 21 日开始担任香港总督兼英国驻中国公使。

⑥ No. 62，Mr. Bonham to Viscount Palmerston，May 11，1848，*Correspondence Respecting Insults in China*，London：Printed by Harrison and sons，1857，p. 176.

⑦ F. O. 405：*Consul Alcock to the Taoutae*，March 11，1848，p. 18.

二 炮舰政策：阿礼国解决教案办法

青浦教案发生后，阿礼国要求咸龄给予完全的赔偿、惩凶，咸龄则以"斗殴细故，不足深诘"将其驳回。阿礼国异常恼怒，竟当场"语侵观察，适持长枋折叠扇在手，乃以扇拍观察之首而击之"。咸龄拂衣而入，并对上海县令金咸说："番汉杂处，平民斗殴，此犬兔之逐耳。执民以媚夷，吾不为也。"①

阿礼国在依靠条约明显不利的情况下，决定采取武力解决。这时正值英国军舰"吉尔特"号（Childer）开到上海，上面装有十尊大炮。"爱尔考克（即阿礼国）即决定利用这条船的威力以达到他的目的，而树立一次惩一警百的榜样，不过这时他的上司，英国驻华全权公使远在香港，如去请示，往返周折至少需数个星期的工夫，并且还要防到公使或不赞同这种举动。"②

1848 年 3 月 13 日，阿礼国向咸龄发出警告："如果在四十八小时以内，没有把十个'祸首'解到上海来审问和惩罚，他将采取进一步的措施。同时他命令所有英国船停付关税，漕船不能离开港口。"③ 咸龄请求法、美、比三国领事斡旋，要求延长十天，"但他们和阿礼国沆瀣一气，拒绝了延长十天的要求，而提出了从十五日中午起延长二十四小时的期限"。④

当延长二十四小时的期限届满时，中方并没有逮捕十名"祸首"。在这种情况下，阿立国立即下令"吉尔特"号（Childer）驶进黄浦江，停泊在漕船队下游中央最有效的封锁位置上，横阻住了此次海运漕粮的沙船 851 只，包括漕粮 10813115 石余。⑤ 漕船不能如期出发，地方官就有被革职的危险，所以咸龄命令漕船分批绕过英国炮舰。阿礼国发现后对咸龄进行战争威胁，他再次照会道台说："请把主犯带到上海在英国官吏面前受惩罚，粮船不能过去，如果偷渡的话，英国军舰要开火，等到案件圆满解决，我将收回命令。"⑥ 在阿礼

---

① 夏燮：《中西纪事》，岳麓书社，1988，第 148 页。
② Ernest O. Hauers：《百年来的上海演变》，越裔译，世界文化出版社，1946，第 25 页。
③ F. O. 405：*Consul Alcock to the Taoutae*，March 13，1848，p. 21.
④ F. O. 405：*Minute of a Conference with the Consular Agents of Foreign Powers at Shanghae*，p. 28.
⑤ 福禄堪：《青浦事件信稿》，《近代史资料》总第 2 期，1957，第 3 页。
⑥ F. O. 405：*Consul Alcock to the Taoutae*，March 18，1848，p. 36.

国的命令下，"吉尔特"号果然开炮轰击强行通过的漕船，将急于出海北上的船队堵在黄浦江内。这次英国封锁上海港长达十四天之久，阿礼国还把扣留的巨额关税"归还英侨"。①

如此多运往北京的漕船被阻止在黄浦江内，阿礼国并不满意，在与上海道台交涉没有达到满意的情况下，阿礼国决定直接诉诸两江总督。1848 年 3 月 19 日阿礼国派副领事罗伯逊（Robertson）等乘坐军舰闯入长江，去南京要挟李星沅。② 阿礼国在给罗伯逊的信中表示："尽你最大努力，不要妥协。"③

3 月 24 日，李星沅得知罗伯逊等来南京控诉的报告后，即与江苏巡抚陆建瀛会商，派江苏臬司倪良耀、候补道吴健彰驰赴上海查办。同时令"沿江各营县严密防范，晓谕居民毋庸惊慌。并委素谙夷务之京口右营游击陈柏龄、署高资营都司张攀龙同镇江府知府沈濂，由长江迎赴下游，相机拦截"。④ 3 月 25 日夜，罗伯逊等人至下关寄达碇，陈柏龄等"告以省垣大宪已委司道前往查办，获犯多名，解赴上海，此时案必结。即有呈件，亦可代投，令其即速回掉"。⑤ 罗伯逊以及翻译官巴夏礼（Harry Smith Parkes）坚持不允，因奉阿礼国所派，若不见两江总督，必被谴责。他们坚欲前进，于三十日抵达南京之八字沟。随后李星沅接见了罗伯逊等人，英方指责"道台没有尽职，应该将他撤职"。⑥ 李星沅被迫表示"因查苏松太道咸龄办理此事，原欠紧速，有无措置失当，以致远来申陈，自应暂行撤任，饬委江宁藩司傅绳勋再往查办"。⑦

但是阿礼国仍不罢休，又照会傅绳勋，要求"水手应照抢夺等律定拟，帮官县令均应科办"。⑧ 最终，在阿礼国的强硬施压下，清廷分三批从青浦抓获倪万年、王明付等十名水手，枷号到黄浦江边，阿礼国要求在未提付审判之前，一律在江海关前处以一个月站笼。又怕中方官员应付了事，"明系昼则枷

---

① Inclosure in No. 66, Consul Alcock to Mr. Bonham, June 26, 1848, *Correspondence Respecting Insults in China*, p. 184.

② F. O. 405: *Consul Alcock to Sir John Davis*, March 17, 1848, p. 5.

③ F. O. 405: *Consul Alcock to Vice - Consul Robertson*, March 19, 1848. p. 46.

④ 中国第一历史档案馆编《鸦片战争档案史料》第 7 册，第 846 页。

⑤ 中国第一历史档案馆编《鸦片战争档案史料》第 7 册，第 846 页。

⑥ F. O. 405: *Vice - Consul Robertson to Consul Alcock*, April 7, 1848, p. 37.

⑦ 中国第一历史档案馆编《鸦片战争档案史料》第 7 册，第 846 页。

⑧ 福禄堪：《青浦事件信稿》，《近代史资料》总第 2 期，第 7 页。

号，夜则放松"，要求派英国官员"眼同封固"。① 在正式判决时，中方官员本打算判以口角和打架性质，但阿礼国要求定性为"抢劫罪"，将水手处以极刑。结果"以殴打和抢夺财物的罪名，王明付、倪万年被诬为'首犯'，王明付被打一百板，充军三千里外，倪万年被打一百板，充军三年，其他八个犯人照法律严办"。②

值得一提的是，阿礼国在青浦教案中采取炮舰政策完全是他自作主张，并没有事先请示文翰。但事实上，文翰并没有介意，他不仅反对阿礼国在青浦教案中做出任何让步，反而派军舰前去上海支持阿礼国。而且文翰在给本国外交部的报告中则甚为称赞阿礼国的精明强干和这次维持国家之尊严的功绩，并请加以升迁。③ 青浦教案交涉完成后，文翰在给巴麦尊的信中表示"祝贺领事的成功，自从我们开始与中国交往以来，第一次打开南京以及总督衙门的大门"。④ 由此看出，在这个交涉过程中，文翰一直支持阿礼国的行动，并对阿礼国高度赞扬。

三　青浦教案的处理与条约体系之突破

青浦教案交涉完毕后，为防止破坏条约事件的再次发生，阿礼国向在上海居住的英国公民发布公告。在这份公告中，阿礼国首先提及"部分公民经常游历，直接以及恶意违反《虎门条约》第六款"，将导致英国政府与中国处在一个错误的位置上，以及剥夺前者在条约中宣称给予的保护，最后阿礼国呼吁英国公民"阻止类似行为发生"。⑤ 值得一提的是，阿礼国承认"口岸游历的趋势在逐步扩大，确实在几次事件中已经被官府宽恕，但要通过法律的手段移除条约限制"。⑥

值得注意的是，公告并没有提及《虎门条约》第六款，违反条约是由中国政府逮捕并移交英国领事做适当的惩罚，即"倘有英人违背此条禁约，擅

---

① 福禄堪：《青浦事件信稿》，《近代史资料》总第 2 期，第 4 页。
② Inclosure 2 in No. 63, The Officiating Taoutae to Consul Alcock, May 19, 1848, *Correspondence Respecting Insults in China*, p. 179.
③ Ernest O. Hauers：《百年来的上海演变》，第 27 页。
④ F. O. 405：*Mr. Bonham to Viscount Palmerston*, Hong Kong, April 24, 1848, p. 64.
⑤ Notification, *Chinese Repository*, Vol. 17. No. 6, pp. 318 – 319.
⑥ Notification, *Chinese Repository*, Vo. 17. No 6, p. 318.

到内地远游者，不论系何品级，即听该地方民人捉拿，交英国管事官依情处罪"。① 不管是阿礼国忘记提及或者蓄意不提"违约治罪"条款，青浦教案的解决，使得英国条约权利在口岸成功实施。英国领事不仅证明传教士无罪，而且几乎没有人注意到，《虎门条约》第六款加诸他们身上。阿礼国完全指责中国，蛮横地封锁口岸直至得到满意的解决。但有评论认为阿礼国采用武力解决青浦教案"倾向在我们自己公民中传播关于条约权利的错误想法"。②

在此，有必要论述《虎门条约》第六款，以显示这一条款与青浦教案的关联，以及在条约体系中的重要性和影响。第一次鸦片战争后，中英签署《中英五口通商章程》，第十三款规定："倘遇有交涉词讼，管事官不能劝息，又不能将就，即移请华官公同查明其事……其英人如何科罪，由英国议定章程、法律发给管事官办理。"③ 这一条款使得中国被迫给予英人治外法权，在这种情况下，青浦教案中违约的三名传教士，对他们的处罚以及制裁将依据《虎门条约》第六款，即依赖英国领事官。由于中国在《虎门条约》中给予英国最惠国待遇特权，因此之后的美国、法国均自动享有英国所享有的特权。在中国被迫给予外人治外法权的前提下，更加突显《虎门条约》第六款的重要性。青浦教案交涉的原因以及结果，均显示这一条款在条约体系中占据重要地位。

（一）青浦教案处理结果的影响

青浦教案处理结果对条约产生严重影响，这将导致英国公民对他们的条约权利产生误解，即不遵守条约，违约进入内地，并不会遭到中方或者英方的惩罚。此外，《虎门条约》第六款并没有在青浦教案中实施，原因在于英国公民在条约口岸的治外法权，中方没有权利惩罚违约的英国传教士，而英方在解决教案的过程中有意无意忽略了这一条款。随后发生的外人进入苏杭的游历，印证了青浦教案对《虎门条约》第六款的突破。青浦教案后，一部分外国人到苏州和杭州参观，到苏杭的游历历时几天，远远超过条约规定，但并没有遭到任何惩罚。《德臣报》有评论认为领事在青浦教案中"积极以及决定性的决

① 王铁崖编《中外旧约章汇编》第 1 册，第 35 页。
② *China Mail*, June 15, 1848, Vol. 4, No. 174, p. 94.
③ 王铁崖编《中外旧约章汇编》第 1 册，第 42 页。

策，毫无疑问会导致个人故意超越条约的界限"。去苏杭的游历被质疑违反条约，"但领事并没有抱怨和惩罚，这是《虎门条约》第六款的规定"。①

青浦教案后，阿礼国得到许多英国团体的高度赞扬，没有人再批评他超越了领事的权限。有评论认为："这显示外国人的权利已经在提高，他们可以超越条约限制多次进入附近的地区，领事是有责任的，这可能被认为是合理的。"②《德臣报》有篇文章对阿礼国采取的炮舰政策，以及青浦教案的影响做了分析，"阿礼国在青浦教案中采取的强有力措施，外国人的权利被公开扩展并被官府默认支持，自然导致许多人游历到以前没有进入的地区，一旦与中国人发生交涉，当然依赖于领事的保护来确保他们无罪"。③

阿礼国采取炮舰政策处理青浦教案，不仅造成苏松太道咸龄去职，而且迫使中方官员默认外人在口岸的游历。1848 年英国人詹姆斯（James MacDonald）雇船去苏州，所引发的与中国官府交涉，即是青浦教案对中国官员影响的体现。1848 年 8 月詹姆斯和他的同伴雇一艘船去苏州，他们花费几天的时间游历。在被发现后，中国官员没有惩罚詹姆斯，而是逮捕了船工，并扣押了他的船。④

詹姆斯有责任为船工的遭遇负责，他宣称将求助领事阿礼国，以此来威胁地方官员。由于青浦教案的影响，最终地方官员妥协，释放了船工，归还了被扣押的船。阿礼国得知此事后非常生气，"因为他的名字被用来对付中国人，他的权力被用来作为威胁"。詹姆斯被罚以一周监禁，以及五十英镑的罚款，然而他仅仅支付五十英镑的罚款后就被释放了。有评论认为"这是一个对公平的颠覆，几乎让人难以相信"。⑤

青浦教案交涉完成后，阿礼国和他的家人，以及翻译巴夏礼，离开上海去旅行，游历一周多仍没有回去。其他人从上海去宁波游历，花了两三周时间。⑥ 这显示外人在上海的游历范围逐步扩大，条约允许的活动范围，以及时间限制均被突破。而地方官员再发现后，并没有任何惩罚和抱怨，而是予以默

① *China Mail*，June 15，1848，Vol. 4，No. 174，p. 94.

② From our Overland Edition，*China Mail*，April 27，1848，Vol. 4，No. 167，p. 66.

③ *China Mail*，August 24，1848，Vol. 4，No. 184，p. 134.

④ *China Mail*，August 24，1848，Vol. 4，No. 184，p. 134.

⑤ *Overland Register and Price Current*，August 29，1848，Vol. 3，No. 8，p. 30.

⑥ Security enjoyed by foreigners，*Chinese Repository*，Vol. 17，No. 12，p. 651.

认。正如《中国丛报》所评论的，"帝国的官员，没有例外，将从来不反对这些游历，除非一些特殊的情况要求，为了显示尊重条约规定"。①

（二）新定界址：外人在口岸游历范围拓展

青浦教案后，1848 年 5 月 4 日，两广总督徐广缙为防止类似事件发生，照会各国公使，重申外人在通商口岸游历的规定。为此他照会美国驻华代办伯驾（Peter Parker），请求他"照会各国公使，通行各口领事官等，嗣后各国人在上海游行，总以早出晚归，不准在外过夜为断。否则内地民人众多，良歹不一，地方官照料难周，倘若滋生事端，转非和好之道。又领事官等遇有事件，应申诉省垣大宪者，尽可备具伸陈，封送地方官递送，听候核办，切勿亲赴省垣投递，致骇观听，而免不虞等因"。② 而伯驾则根据《望厦条约》第 17 款要求与中方商定口岸界址，并扩大外人在口岸的游历范围。伯驾 1848 年 5 月 25 日致信徐广缙："凡合众国人出外游行，亦准其尽一日可以往返程途为断。至于设或本国民人住上海、宁波、福州、厦门、广州五口，遇有紧急公事要事速赴别口，其时风势不便驶船，必须在陆地行走者，则由领事等官照知地方官，酌量给与牌照，以便启行，又不在一日往返之例。如接有贵大臣覆准照议，本摄理即为速饬各口领事官查照施行，以归划一。"③

伯驾在给徐广缙的照会中，提出"准其尽一日可以往返为断"，以及"遇到紧急公事要事速赴别口，其时风势不便行船……又不在一日往返之例"，伯驾的照会事实要打破原先中英议定的"早出晚归，不准在外过夜"的规定。因此徐广缙 1848 年 5 月 30 日回复指出"乃来文尚请以尽一日往返为断，所见殊与本大臣不同，若必欲如此办理，则此议之行已非一日，合众国人自可循照办理，不必复行酌定也。至遇有公事远赴别口，在陆路行走之处，中国向无此例，外国人在中国亦向无此事。按照条约，尚不得远赴内地乡村市镇，何况由内地远赴别口。且如由上海赴粤，海程数日可到，内地行走必须数月，他口可以类推，欲速反迟，既为非计，而沿途（遇）有事端，地方官公事繁多，势

---

① Open and secret excursions into the country, *Chinese Repository*, Vol. 18, No. 7, p. 392.
② "中研院"近代史研究所编《中美关系史料（嘉庆、道光、咸丰朝)》，编者印行，1968，第 113 页。
③ "中研院"近代史研究所编《中美关系史料（嘉庆、道光、咸丰朝)》，第 114~115 页。

难料及，反为不美，殊属窒碍难行，应毋庸议，相应照复贵公使查照"。①

最终 1848 年 7 月 17 日中美完成交涉谈判，美国代理领事吴利国（Henry G. Wolcott）宣布美国人在华活动范围的公告。《中国丛报》认为"这是第一份美国公民在华游历范围的公告，超越以前他们不能去的地方，公告中并没有出现'刑罚以及治罪'的处罚"。② 这份公告使得美国公民可以去他们想去的地方，甚至可以花费三天或者四天去游历，原先条约对外人游历的限制被拓展。之后吴利国与其他人去苏州游历，地方官员没有反对，也没有向外国领事抱怨。③

结　论

中英双方围绕青浦教案的交涉原因，以及教案处理结果的影响，均与《虎门条约》第六款有关，这涉及鸦片战争后条约体系的调整和重塑。鸦片战争后，中国被迫签订的不平等条约，虽然允许外人在"五口"通商范围游历，但做出严格限制，即《虎门条约》的规定，在华传教士和英国商人一直对这一规定不满。对于传教士来说，基督教虽然弛禁，但他们仅能在"五口"活动，对宣教事业为莫大阻碍。随着英国商业的发展，"五口"通商已不能满足其商业市场需要。对此，1848 年前后，在华英文报刊公开呼吁修改条约。《中国丛报》就认为："非常明显，这些适当的限制是持续矛盾的根源。"④ 因而争取到内地游历、经商、传教等权利成为列强的当务之急，由此可以看出，《虎门条约》亦与鸦片战争后中西关系的发展有密切关联。

青浦教案的爆发，给英方以契机来打破条约限制。而中方严格限制外人在"五口"活动范围，并按照条约规定处理青浦教案，这造成双方对条约认识的差异，也是矛盾的根源所在。因此英方在条约明显不利的情况下，采取武力解决，不仅首次造成中方官员因教案去职，迫使中国地方官默许外人进入内地游历的事实。英方以此突破条约限制，逐步扩大在华权益。青浦教案处理结果使得英国公民误解自身条约权利，即违约进入内地，英国领事有责任为他们的违

---

① "中研院" 近代史研究所编《中美关系史料（嘉庆、道光、咸丰朝）》，第 115 页。

② *Chinese Repository*，Vol. 17. No. 8，p. 432.

③ *Chinese Repository*，Vol. 17. No. 8，p. 432.

④ General remarks，*Chinese Respository*，Vol. 17. No. 6，p. 317.

约负责，并不会遭到惩罚。而《虎门条约》第六款"若违约，交英国管事官依情处罪"，在青浦教案中并没有得到执行，从而对鸦片战后条约体系造成严重影响。青浦教案交涉完毕后，阿礼国颁布公告，要求英国公民遵守条约，虽然或者无意或者蓄意没有提及"违约治罪"条款，但事实上，青浦教案的处理结果，导致《虎门条约》第六款形同虚设。因《中英五口通商章程》被迫给予英人治外法权，在外人拥有治外法权的前提下，对《虎门条约》的突破将进一步鼓励外人进入内地游历。加之地方官员的默许，外人在通商口岸游历范围逐步扩大。

美国领事在教案后颁布的公告，规定了美国公民在通商口岸游历范围，相比条约规定，这份公告规定的范围更大，直接突破了条约体系的限制。更为重要的是，这份公告进一步实现了阿礼国所宣称的通过"法律"的手段逐步进入内地的目的。为1858年《天津条约》以法律条款保护外人进入内地游历奠定基础。

青浦教案的交涉原因和结果，从实际行动突破了鸦片战争后所确立的条约体系，导致外人在华利权进一步扩大，从而开始了西人扩大在华权益的过程，青浦教案是第二次鸦片战争前后外人扩大在华权益的开端，而《天津条约》正是这一过程的结果。

中国古代专制说的前奏

——1899 年前君主国定位的形成与演变

邓华莹[*]

近代以来，"中国古代专制"几乎可以说是人所共知的论断，虽偶有学者如钱穆等人提出质疑，但终究影响有限，无法改变这一普遍认识。近些年来，得益于学术视野的拓宽与研究取径的多元化，中国古代尤其是秦以降的王朝政治能否完全统称为"专制"在学界再次引起不小的争论。侯旭东通过"知识考古"论证"帝制时代的中国政体为专制政体"是"亚里斯多德以来的西方人对东方的偏见"，并为 19 世纪末以后的中国知识分子所接受。对此，黄敏兰综合考察中国本土思想资源和国人接受专制说的具体情形，指出"中国古代专制"这一学说"符合中国历史的特征"。此后不少学者陆续加入这场论争，从辨析"专制"的内涵以及中国古代政治制度的特征等角度入手，对"中国古代专制说"能否成立各抒己见。[①] 综观既有研究成果可以发现，由于各人对存续时间极长且各朝皇权体制变化多端的古代政治以及"专制"的基本内涵

---

[*] 原文发表时作者单位：中山大学历史学系；现单位：浙江大学人文学院。原文刊于《烟台大学学报》2018 年第 6 期。

[①] 侯旭东：《中国古代专制说的知识考古》，《近代史研究》2008 年第 4 期；黄敏兰：《质疑"中国古代专制说"依据何在——与侯旭东先生商榷》，《近代史研究》2009 年第 6 期。其他关于"中国古代专制说"的生成历程及其能否成立的讨论，可参考赵利栋《中国专制与专制主义的理论谱系：从戊戌到辛亥》，《近代史学刊》第 4 辑，华中师范大学出版社，2007；黄敏兰《近年来学界关于民主、专制及传统文化的讨论——兼及相关理论与研究方法的探讨》，《史学月刊》2012 年第 1 期；阎步克《政体类型学视角中的"中国专制主义"问题》，《北京大学学报》2012 年第 6 期；蒋凌楠《晚清"专制"概念的接受与专制历史谱系的初构》，《史学理论与史学史学刊》2015 年卷；张昭军《"中国式专制"抑或"中国式民主"——近代学人梁启超、钱穆关于中国古代政治制度的探讨》，《近代史研究》2016 年第 3 期。

与特征的认识不尽一致，中国古代是否属于"专制政治"依旧难有定论。

不过，争议之下也不是没有共识，各方大体承认使用"专制"这一特定概念指称中国古代政治是受日本的影响，真正流行于1899年"东学"大规模输入后。本文无意直接就中国古代专制与否这一庞大议题展开讨论，而是试图在上述共识的基础上，进一步探讨鸦片战争前后至光绪戊戌年间，西方传教士带来的君主、君民共主、民主的国家分类学说如何影响时人对中国政治类型的定位，并逐步产生与后来流行的"中国古代专制说"十分接近的观念。梳理1899年前西学影响下中国政治类型认知的演变历程，不仅有助于理解"中国古代专制说"何以能够迅速成为一种支配性论断，而且这也应该是今人讨论中国古代是否属于"专制政体"首先要解决的问题之一。

一　君主、君民共主、民主国家分类法的生成

在西方国家分类学说传入前，中国古代严格来说并没有区分国家类型的学问。《汉书》有言："五帝官天下，三王家天下，家以传子，官以传贤。"[1] 官天下、家天下无疑是两种不同的政权形式，但由于五帝时期已相当久远，秦以降又一直延续家天下的格局，这样的认识最终没有演变出系统的国家分类知识。

就目前可见的传世文献而言，明末来华的意大利耶稣会士高一志最早将西方国家类型学说引入中国。他大约在1630年代撰成的《治平西学》写道："夫政固有三种：一曰一人且王之政；二曰教人且贤之政；三曰众人且民之政是也。盖治人之权凡系乎一人者，即谓帝王之政；凡系乎明智之数士，即谓贤者之政；又凡民中无君臣、无尊卑之殊，而权悉系于众者，即谓民众之政。"[2] 这显然是古希腊学者亚里士多德的国家分类学说，所谓帝王之政、贤者之政、民众之政，今人一般译作王制（君主政体）、贵族（贤良）政体、共和政体。[3] 介绍完这三种政治后，高一志接着说，"三政之孰善孰稳孰恒者，先知者以为难定"，但他还是明确指出，"古往近来，明哲较参三政者，以帝王之政为善

---

① 《汉书》卷77《盖宽饶传》，中华书局，1962，第3247页。
② 高一志：《治平西学》，黄兴涛、王国荣编《明清之际西学文本：50种重要文献汇编》第2册，中华书局，2013，第614页。
③ 亚里士多德：《政治学》，吴寿彭译，商务印书馆，1983，第133～134页。

且稳"。① 高一志写下这段话时，确立君主立宪制度的英国光荣革命仍未发生，开启近代民主制的美国独立战争、法国大革命更在一个多世纪之后才爆发，欧洲各国仍在君主制的笼罩之下，故不难理解其积极维护帝王之政的动机。《治平西学》在当时并未正式刊行，最初可能仅有少数国人获读此书，故亚里士多德的国家分类知识流传不广。

鸦片战争前后，中西交通日渐频繁，来华传教士及有远见的国人纷纷译撰各种有关西方各国国情的史地书籍。此时英、美、法等国已相继转型为君主立宪或民主共和国家，随着这些论著的传播，欧美丰富多样的国家类型陆续进入国人视野。学界对此现象已有较充分的探讨，这里仅举数例以说明近代中国早期介绍西方国家类型的特征。如英人麦都思撰写、1819 年出版的《地理便童略传》指出，"花旗国之朝廷"与英国略像，"都有两大会，治理法律、粮税等事"。但美国无国王，"只有一人称总理者治国家的事，期在任四年，然后他人得位"。② 君主立宪制度也渐为人知，如《海国图志》写道，荷兰"国王不得专制其国，惟听绅士会议施行"。③ 值得一提的是，关于亚洲各国政制的论述也被译介到中国，如"缅甸、暹罗、安南政事大略与东方各国相同，权柄专制于王，百官不得专擅"。④

传教士和国人早期译撰的史地论著往往通过具体描述制度如何运作介绍各国政治，缺乏简明扼要的概念，也未将不同国家类型放在一起讨论。不过这种情形很快得以改变。1847 年，葡萄牙人玛吉士辑译的《新释地理备考全书》指出："欧罗巴中所有诸国，政治纷繁，各从其度，有或国王自为专主者，有或国主与群臣共议者，有或无国君，惟立冢宰执政者。"⑤ 这是近代文献所见最早系统阐论不同类型国家的论述。以上内容流传甚广，除被魏源收入《海国图志》外，其他史地译著中亦多有出现，1854 年前后出版的慕维廉译《地理全志》即沿袭玛吉士的说法："州内朝政不一，或君自主，或与群臣共议，

---

① 高一志：《治平西学》，黄兴涛、王国荣主编《明清之际西学文本：50 种重要文献汇编》第 2 册，第 614 页。
② 麦都思：《地理便童略传》，转引自熊月之《西学东渐与晚清社会》修订版，中国人民大学出版社，2010，第 85 页。
③ 《海国图志》，《魏源全集》第 6 册，岳麓书社，2004，第 1157 页。
④ 《海国图志》，《魏源全集》第 4 册，第 446 页。
⑤ 玛吉士：《新释地理备考全书》，《丛书集成新编》第 97 册，新文丰出版公司，1984，第 734 页。

或无国君，立冢宰执政。"①

在 1856 年出版的《大英国志》中，慕维廉继续使用之前的国家分类法，认为"天下万国，政分三等"：第一，"礼乐征伐自王者出，法令政刑治贱不治贵，有国者西语曰恩伯腊（译即中国皇帝之号）"，如中、俄等国；第二，"以王者与民所选择之人共为政，君民皆受治于法律之下，有国者西语曰京（译即王，与皇帝有别）"，如英国；第三，"又有无帝无王，以百姓推立之一人主之，限以年数，新旧有代，西语曰伯勒西顿（译即为首者之称）"，如美国。② 这三种国家类型在 1881 年的修订版中被概括为"帝为政""君民共为政""民为政"。③ 与之前明显不同的是，《大英国志》将所有国家都囊括在原本用来描述欧洲政治的三种国家类型中，且明言中国属于"帝为政"。1861 年的《大美联邦志略》也有与慕维廉《大英国志》近似的说法，仅表述略异。此书称"宇内之国政"有"权由上出，惟君自专"、"君民同权，相商而治"和"君非世及，惟民所选，权在庶民，君供其职"三种。④

不难判断，"国主与群臣公议""君民共为政""君民同权"等描述的是君主立宪政治（Constitutional Monarchy），"无国君，惟立冢宰执政""民为政"等则对应民主共和（Democracy/Republic），那么"国王自为专主""君自主""帝为政""权由上出，惟君是专"究竟对译哪些西文概念呢？可根据当时各种英华字典中与以上表述近似的翻译推测其对应的西文。1847~1848 年出版的麦都思《英华字典》将意为非立宪君主国的 Monarchical Government 译作"一人专主国统"，⑤ 卫三畏《英华韵府历阶》将意为专制君主的 Despot 译作"自主"，⑥ 罗存德《英华字典》将意指 an emperor, king or prince invested with absolute power 的 Despot 翻译为"皇、自主之君"，⑦ 马礼逊《英华字典》、罗

---

① 慕维廉：《地理全志》卷 2，王西清编《西学大成》寅编，上海醉六堂书坊印，光绪乙未年（1895），第 13 页。

② 慕维廉：《大英国志》，墨海书院，1856，"凡例"，第 1 页。

③ 慕维廉：《大英国志》，益智书会，1881，"凡例"，第 1 页。

④ 禆治文：《大美联邦志略》，王西清编《西学大成》卯编，第 50 页。

⑤ Walter Henry Medhurst, *English and Chinese Dictionary*, Shanghae: Printed at the Mission press, 1847 - 1848, p. 852.

⑥ Wells Williams, *An English and Chinese Vocabulary, in the court dialect*, Macao: Printed at the Office of the Chinese Repository, 1844, p. 68.

⑦ Wilhelm Lobscheid, *English and Chinese Dictionary*, Hongkong: Printed and Published at the Daily Press Office, 1866, p. 603.

存德《英华字典》则分别翻译意指绝对权力的 Absolute Authority 为"凡事己为主的权柄"和"独主其权、自己作主、自主权柄、无限之权势、自然之权势"。① 也就是说，"国王自为专主"等表述对译的英文应与 Monarchical Government/Despot/Absolute Authority 等直接相关，它们对应的国家类型是 Monarchy/Despotism/Absolutism，它们的含义颇接近，今人一般理解作"专制政治"。

可佐证"国王自为专主"等译文对应 Despotism 等词语的另一显例是"呆呆子"1876 年 5 月 4 日发表在《申报》上的《论西报英王加号议爰及中国帝升王降之说》。此文写道"泰西立国有三，国主之称谓亦有三"，分别是美、法等民主国的"伯勒格斯"，英国等君民共主国的"密施"，俄罗斯等君主国的"的士坡的"。② "呆呆子"明确指出君主国国主的称谓是"的士坡的"。君主国是"国王自为专主"这种国家在后来的简称（详后文），"的士坡的"明显是 Despot 的音译，可见在西文语境中，"国王自为专主"应与 Despotism 等国家类型有关。

有意思的是，移译 Despotism 除有"国王自为专主""权由上出，惟君是专"这些较为明确的表明国君独掌权力而不受限制的词语外，又有"君自主""礼乐征伐自王者出"等从汉文语义上看颇为正面，至少不算负面的表述。来华传教士的译作多由中国士人代笔，这些话不管是他们认可君主乾纲独断而有意为之，还是无法找到合适的译词而含混表达，从客观上来讲，都说明"国王自为专主"这种国家在国人心目中最初并非负面消极的。

与此相关，传教士身边的翻译助手也认可用西方国家类型知识定位中国为"帝为政""权由上出，惟君是专"，并在随后迅速产生的中西政治优劣的对比中积极维护中国的君主制度。1859 年 5 月 6 日，王韬在日记中记述他与蒋敦复言及"男女并嗣""君民同治""政教一体"为"西国政之大谬"，而西人伟烈亚力不以为然。在伟烈亚力看来，西国政治"下悦而上行，不敢以一人揽其权，而乾纲仍弗替"。基于以民为先的意识，"有事则归议院，而无蒙蔽之愚；不足则筹国债，而无捐输之弊"。相反，中国"政事壅于上闻，国家有

---

① 马礼逊：《华英字典》第 6 卷，大象出版社，2008，第 7 页；Wilhelm Lobscheid, *English and Chinese Dictionary*, p. 7.

② 呆呆子：《论西报英王加号议爰及中国帝升王降之说》，《申报》1876 年 5 月 4 日，第 1 版。

所兴作，下民不得预知"。他认为中国可通过报纸沟通君民。或因当时风气未开且比较顾及听者的感受，伟烈亚力未直接提出中国应设议院，但言语间已微露此意。王韬反驳道："中外异治，庶人之清议难以佐大廷之嘉猷也。"中国要做的，"上增其德，下懋其修，以求复于太古之风"而已。① 言下之意，"一人揽其权"比"君民共治"更适合中国。

　　和王韬一样，曾协助慕维廉翻译《大英国志》的蒋敦复既不认为"君民共为政"比"君为政"好，也不认为它适合中国。1860 年，他为《英志》撰写序言时说，"立国之道"主要有"君为政""民为政""君民共为政"三种。他详细介绍英国的"君民共为政"（文中又称作"君民共主"）：在英国，由上、下两院组成的"巴力门"，"操君民政教之权"。"君有举措，诏上院，上院下下院。民有从违，告下院，下院上上院。国中纳赋必会议乃成，律法定自两院，君相不能行一法外事。"在蒋敦复看来，"天下有道，礼乐征伐自天子出。天下有道，庶人不议"。若议院行于中国，允许庶人议政，将破坏君臣之分、上下之别，实"大乱之道也"。②

　　针对威妥玛 1866 年初在向清政府呈交的《新议论略》中曾谈及中国将来能否"常为自主之国"，③ 蒋敦复撰写《拟与英国使臣威妥玛书》予以反驳，他继续强调中国应固守"君自主"。威妥玛的本意其实是指中国能否保持主权独立，蒋敦复则将其理解为中国皇帝能否始终独掌国权，更自信地说威妥玛的意思"他人不解，仆则解之"。蒋敦复解释说，"泰西各国，政有三等"，即"民为主"、"君民共为主"和"政刑大事，君自主之"。"西国有是三等，故称中国为自主之国而鳃鳃焉。"那么威妥玛是"恶中国而利其不能"，还是"爱我中国，惟恐不能而望其能"呢？如果是后者，则"我中国从未有不能自主者。五帝官天下，其传贤也，君主之。三王家天下，其传子也，亦君主之。秦以前天下为侯国，侯国各有主，天子为侯国之主，秦以后天下为郡县，郡县皆有主，皇帝为郡县之主。仁如尧舜，民之主也，暴如桀纣，亦民之主。君臣之际，名分甚严，恩礼至重。名分严，故莫敢为主，恩礼重，故共戴一主。惟其能也，故名曰自主之国"。若"西国民为主、君民共为主之政行于中国，此

---

① 方行、汤志钧整理《王韬日记》，1859 年 5 月 6 日，中华书局，1987，第 112～113 页。
② 蒋敦复：《英志自序》，《啸古堂文集》卷 7，《清代诗文集汇编》第 628 册，上海古籍出版社，2010，第 523～524 页。
③ 蒋敦复在文中说是赫德提出这个问题，实际上应是威妥玛。

大乱之道也"。"中国所以能常为自主之国者，在德不在力。以无道行之，虽强必亡。以有道守之，虽弱必昌。"蒋敦复坚信中国未来必能"君自主"，所以他觉得威妥玛所想的是"将来西国协力以攻中国，中国地方瓜分而瓦裂，如是则不能常为自主之国"，亦即"利吾中国之不能自主"。① 蒋敦复认为中国皇帝不能自主对西国未必有利，反而可能有害。

王韬、蒋敦复不仅已经接受按照君、民在国家统治中的权力关系区分国家为三种的学说，且承认中国属于"君自主"一类，其观念与来华传教士的分歧仅在于西方的"君民共为主""民为主"是否比中国的"君自主"先进以及是否需要向其学习。

蒋敦复用"君自主""君民共为主""民为主"概括鸦片战争后逐渐流行的国家三分法，无疑更简明清晰，便于记忆与流行。此表述亦为王韬所承袭，后者在《普法战纪》中说，"泰西诸邦立国有三等"，即"君为主""民为主""君臣共为主（君民共为主）"。② 正如潘光哲所言，这种国家分类观念后来被进一步简化为君主、民主、君民共主，并广为流行。③

二　中国的君主国定位及其负面化

自君主、君民共主、民主的国家分类法传入中国后，传教士和国人都承认中国是君主国，区别在于传教士认同君民共主国与民主国，并引导中国转向君民共主，中国士人则坚信君主国是唯一合适的选择。但约自 19 世纪 70 年代起，在与欧美国家的对比中，中国旧有的政治体制开始备受批评。1873 年 12 月 20 日，《申报》所载《皇帝不可微行论》说："欧罗巴各国与中国殊，或为专权之国，或为合众之国。"合众国即"君与臣民相同"，皆不能专主，有政事须共同谋议。专权国则是"政令虽出自国君"，但亦不能不与臣民商议，故国君、臣民"不大相悬隔"。作者进而比较中国与西方国家，认为中国在三代

---

① 蒋敦复：《拟与英国使臣威妥玛书》，《啸古堂文集》卷 3，《清代诗文集汇编》第 628 册，第 486～487 页。
② 王韬：《普法战纪》，弢园王氏藏版，光绪乙未年（1895）重镌，"凡例"，第 1 页。
③ 潘光哲：《晚清中国士人与西方政体类型知识"概念工程"的创造与转化——以蒋敦复与王韬为中心》，台北《新史学》第 22 卷 3 期，2011 年 9 月。此文对君主、君民共主、民主国家分类法在近代的生成历程有相当细致的梳理。

以上尚算"君民一体",自秦以降,"君日尊,臣日卑",至赵宋废三公坐论之礼,"民之于君,更如隔万里而遥"。① 中国自秦以后君民悬隔是旧有认知,如今在国民可以参与政事商议、决策的西方国家的对照下,中国不仅与合众国差距甚大,甚至连专权国都不如。

另一方面,在君主、君民共主、民主国家类型体系中,君主国的负面意义也逐渐凸显。1878 年 1 月 12 日,《申报》刊登的《论泰西国势》详细介绍君主、君民共主、民主三种国家,并比较其优劣。君主国"世及为常,权柄操之自上",民主国元首"由众推举,任满而去,与齐民无异",君民共主国设有由勋爵贵人及牧师组成的上议院和由庶民推举的才识兼优、学问淹博者构成的下议院,"尤为泰西土风所尚"。且不论作者对西方政制的描述是否完全符合实情,关键在于他如何看待这三种国家。在他看来,"君臣同体,上下相联,初无贵贱之分"则"情伪可以周知,灾患无不共任",于是去害趋利,国由此而强。但这也是泰西"变乱易滋"的根源,因为"生民有欲,无主乃乱。天泽之分不明,则觊觎之私渐启。神器既无专属,凡身居草莽者亦得奋其私智,各立党徒,以期暗于大命"。② 此文主要以改成民主国后多有变乱的法国为例说明此观点。作者虽然也强调君臣大防、天泽之分,但与 19 世纪五六十年代王韬、蒋敦复等人对君民共主毫无好感相比,已明确认可其可以使"君臣同体、上下相联",由此亦可见时人开始对君主国信心不足。

在中西竞争的过程中,越来越多的人感觉到西强中弱、西治中乱,这引发的后果之一是对君主国的不满以及对西方君民共主、民主国的追慕。在这方面,王韬显得最具典型性。王韬 1883 年首次刊行的《弢园文录外编》收录有《重民》一文,分上、中、下三篇,具体写作时间未能确定。③《重民下》指出:"泰西之立国有三:一曰君主之国,一曰民主之国,一曰君民共主之国。"王韬接着细说这三种国家的差异,君主是"一人主治于上而百执事万姓奔走于下,令出而必行,言出而莫违";民主是"国家有事,下之议院,众以为可行则行,不可则止,统领但总其大成而已";君民共主是"朝廷有兵刑礼乐赏罚诸大政,必集众于上下议院,君可而民否,不能行,民可而君否,亦不得行

① 《皇帝不可微行论下》,《申报》1873 年 12 月 20 日,第 1 版。
② 《论泰西国势》,《申报》1878 年 1 月 12 日,第 3 版。
③ 萧永宏:《王韬与〈循环日报〉:王韬主持〈循环日报〉笔政史事考辨》,学习出版社,2015,第 161～167 页。

也，必君民意见相同，而后可颁之于远近"。他认为君主制须有尧、舜一类明君才能长治久安，民主制则因法制变更频繁、心志难专一而不无流弊，唯君民共治可恰如其分地使"上下相通"。中国"三代以上，君与民近而世治；三代以下，君与民日远而治道遂不古若。至于尊君卑臣，则自秦制始"。简言之，三代以上是君民共主，三代以下则逐渐走向君主，这一趋势自秦以降彻底定型，君民隔膜也日益加深。因此，王韬一改之前批判君民同治的立场，反而主张中国重返君民共治，"君主于上，而民主于下，则上下之交固，君民之分亲"，国家亦可富强。①

也有时人借日本立宪之机批评君主国，揄扬君民共主国。"述戬子"1885年12月3日在《申报》发表的《书日本议设国会后》指出，日本明治维新后一改政事"悉由大将军为主，日皇拥虚名"的旧局面，"事无大小，悉禀命于皇而后可行"，天皇独揽乾纲。自"臣主之国改为君主"后，因担忧"设施或有所不当，下情或壅于上闻"，日本又计划开国会，以期"上下相交，与民共治"。"述戬子"进而引用君主、君民共主、民主的国家分类法发表其看法。他明显对中、俄等政令"皆出于君，而民不相干预"的君主国不甚满意，而偏向于认同君民共主及民主，因为这两种国家"设有上下两议院，国家有事，先与上议院议之，议成授于下议院，使之议，议同则禀于君与总统而行之，不成则作罢论"。在"众议金同，君无妄举"的君民共主、民主的对比下，他认为君主国亦应"舆情悉洽，而后可以为政"。②

在与君民共主、民主的比较中，君主益趋落于下风。在时人印象中，泰西君主国"盖不多焉"。③ 甚至有人说欧美不是民主就是君民共主，中国则数千年来"皆以君为主，一人端拱于上，而兆民听命于下"，这些言论背后潜藏的中西政治高下优劣的判断不言而喻。既然意识到中西因"为治不同"而"取效亦异"，师法富强的西方也就是顺理成章的事。仿行君民共主的诉求反过来又强化了中国君主专权独断的观念。该论者说，中国上古之时，"君与民近，上与下通"，自秦以后，"尊君卑臣"，乃"古今以来之一大变"，延续直至今日。在中西交通、列国竞争的背景下，若仍沿用"汉唐以来，默定一尊，独

---

① 王韬著，楚流等选注《重民下》，《弢园文录外编》，辽宁人民出版社，1994，第34～36页。

② 述戬子：《书日本议设国会后》，《申报》1885年12月3日，第1版。

③ 《中西会议情形不同说》，《申报》1887年1月18日，第1版。

操魁柄"的旧办法治国，将无法强国富民。故中国应"仿泰西之制，设立国会、议院于京师及各省会城"，以使"上下之情通，官民之心浃"。①

在日益高涨的仿效君民共主的呼声中，经与国民在不同程度上通过议会参与政治的君民共主国、民主国相比，君主国与君主"惟所欲为""专权独裁"的勾连愈趋紧密、明显。如1888年7月8日《申报》的《论重民则国以富强》一文说，中国兴盛的根本在于设议院使上下之情相通，"一如英德等国之君民共主"。若有"开天继圣之人，借君政之余威"，开创君民共主之政，则"君权虽有限制，反能常保尊荣，民气得以常伸"。换言之，中国此前的君权并无限制。在作者看来，尧舜之时为官天下，属民主之政，夏商周为家天下，属君民共主之政，秦汉以后则是君主之政，君权独尊。自秦灭六国后，"生杀予夺，惟所欲为，而君主之权遂永成定制"，历经汉晋唐宋元明二千年，积重难返，"民势愈衰，君与民遂成隔绝"。② 在此文的表述中，中国自秦以降变成君主国后，君权日盛，民权日衰。

因对君主国的内涵认识不一，一些时人眼中的中国甚至连君主国都不如。格致书院学生许象枢1893年回答郑观应所出的议院论课题时写道，君主国"权操于上，议院不得擅施行，弊在独断"；民主国"权落于下，议院得以专威福，弊在无君"；君民共主国兼容并包，"君可民否，君不得擅行，民可君否，民不得擅作，立法独为美备"。但这三种国家"上情可以下逮，下情可以上达则一也"。他又认为中国"地利不能尽，国用不能充，弊政不能革，刑罚不能简，民困不能苏，国威不能振，下有贤才不能遽用，上有庸佞不能遽退"是因为无议院。③ 明显可以看出，在主张中国转向君民共主的许氏看来，中国连专权独断的君主国都算不上，毕竟后者还有议院。

因痛恨外人欺凌、将士不能战、大臣不变法、官师不兴学、百司不讲求工商，愤世嫉俗之士纷纷提倡兴民权、开议院。④ 不过需要注意的是，直至光绪戊戌年，这种观念仍经常遭受批评。1898年6月13日《申报》的《变法当先防流弊论》一文就对君民平权不以为然，认为"国之有君，犹家之有主"，"君得总揽其权，故愚民皆帖然相安，即桀骜不驯之徒亦不敢斩木揭竿，突然

① 《论宜通民情》，《申报》1887年5月1日，第1版。
② 《论重民则国以富强》，《申报》1888年7月8日，第1版。
③ 许象枢：《议院利害若何论》，郑振铎编《晚清文选》，吉林人民出版社，1998，第317页。
④ 张之洞：《劝学篇》，赵德馨主编《张之洞全集》第12册，武汉出版社，2008，第166页。

而起"。西方君民共主国、民主国设议院平议朝政，"似乎民之权与君各得其半，甚至民得以主持清议，进退臣僚"，实则"议院诸员惟详陈土俗民风，俾民隐不致壅于上闻，并不得稍稍僭窃政柄"。作者认为，"君权必不可下移"，"尊君亲上之义"不可变，故"议院必不可设"。但"民情则断宜上达"，方法是"地方官不自高其位置，绅商士庶凡有所见，立时可以直陈，方面大员则据实奏闻，不稍讳饰"，如此即可"君与民联为一体"。①

另一篇反对开议院的文章说，在西方民主国、君民共主国中，"君之权力有限制，是以凡有大事，不得不询于大众"。但议员集议时往往结党成群，各立门户，龃龉纷起。至于中国，"君权特重"，自尧舜以至今日，从无民主及君民共主之说，亦不用设议院，"使君权渐分，国是遂纷更不定"。作者认为愤世嫉俗之士因外人欺凌日甚、朝臣蒙蔽益深而想借重民权，让议院将国势民情上陈朝廷，以"审知利弊，及时整顿，一洗从前因陋就简之风"。其实，中国虽无议院，但朝廷"凡有大举措，亦断不致任情喜怒，独断独行"。其理据是，"外而疆吏，内而谏垣，苟有所言，无不交部议奏，亦有通饬各省将军督抚各抒所见，奏请施行"，这与"泰西凡事先交上议院核议之意"相通。此外，"一省有公事，绅民禀白有司，有司即举以申详大吏"，此即"泰西下议院以所议之事上之上议院之意"。批评者说君主专权独断是基于国民无法直接通过议院参政议政这一事实，此文以疆吏谏垣可向朝廷奏陈政事、绅民可向有司大吏禀白意见为例进行反驳，不但没对准焦点，反而容易予对手方以口实。作者又指出，主张开议院的人"欲绌君权而伸民权"，但"君权既绌，民权亦必致渐不得伸"，反而"将四万万忠君爱国之民人胥变为异服异言而后止"。②

连反对开议院的士人都承认中国是君主总揽权力而无限制，可见君主、君民共主、民主国家分类法影响国人思维已甚深。随着"以君治民"被视作落后、不合时宜，设议会与民共治，③ 使"君权与民权合"成为潮流，④ "君权特重"的君主国自然备受非议。

由上文又可发现，从君权、民权程度高低的角度认识君主、君民共主、民

---

①　《变法当先防流弊论》，《申报》1898年6月13日，第1版。

②　《中国不可设议政院说》，《申报》1898年8月1日，第1版。

③　汪康年：《论中国参用民权之利益》，《时务报》第9册，1896年10月27日，第3~4页。

④　梁启超：《古议院考》，《时务报》第10册，1896年11月5日，第3页。

主三种国家逐渐定型。薛福成 1891 年 2 月 7 日就在出使日记里说，君主国皇帝有"全权于其国"，民主国"政权全在议院，而伯理玺天德（译作总统）无权"，君民共主国"政权亦在议院，大约民权十之七八，君权十之二三。君主之胜于伯理玺天德者无几，不过世袭君位而已"。[①] 有意思的是，1890 年 5 月 14 日，《申报》刊载的《纵论欧洲时局之变迁》指出，泰西有民主国、君民共主国，虽偶有君主国，"而终若不洽于民心"。如果从国民的角度来看，"民主胜于君主，不啻倍蓰，君民共主尚虑有上下意见互异之处，则不若民主之为愈"。作者预计百年后泰西各国"皆将变而为民主之国"。[②] 从民权由低向高发展的角度将西方国家想象成一个从君主过渡到君民共主，最终变成民主的演进历程，不能不说颇有进化的眼光。

康有为也以民权程度的高低为标准比较君主、君民共主、民主三种国家的优劣。在 19 世纪 80 年代末至 90 年代初撰写、修订而成的《实理公法全书》中，康有为评论各种政治说，"立一议院以行政，并民主亦不立"是"最有益于人道"的统治形式，因为"法权归于众，所谓以平等之意用人立之法者也"。民主制虽也是"以平等之意，用人立之法者，但不如上法之精"。至于"君民共主，威权有限"，则已"失几何公理之本源"。"君主威权无限"更是"大背几何公理"。[③] 康有为的门生梁启超后来受其三世说影响，在《论君政民政相嬗之理》一文中更加明确地将君主、君民共主、民主等国家形式置于一个逐级进化、不能躐等的"三世六别"序列中。所谓三世，即始为"多君为政之世"，继而是"一君为政之世"，最后是"民为政之世"。这三世又分别包括前后两个阶段，多君世是酋长之世与封建及世卿之世，一君世是君主之世与君民共主之世，民政世是有总统之世与无总统之世。[④]

很明显，在康梁的观念中，君主、君民共主、民主并非相互平等，而是表现为一种从野蛮到文明、从低级到高级的进化次序。在此认知体系下，君主国成为最落后的政治，其特征是"君主威权无限"，中国是典型代表之一。

---

① 薛福成：《出使英法义比四国日记》，钟叔河主编《走向世界丛书》，岳麓书社，1985，第 286 页。
② 《纵论欧洲时局之变迁》，《申报》1890 年 5 月 14 日，第 1 版。
③ 康有为：《实理公法全书》，姜义华、张荣华编校《康有为全集》第 1 集，中国人民大学出版社，2007，第 152～153 页。
④ 梁启超：《论君政民政相嬗之理》，《时务报》第 41 册，1897 年 10 月 6 日，第 1 页。

三　戊戌后君主国与专制政体的接榫

综观上文，类分国家为君主、君民共主、民主三种主要是以欧美的政治经验为基础，其主要依据是有无世袭君主以及君主、国民在国家统治中的权力关系，这种权力关系以有无代表民权的议院为判断的标准。在设议院的君民共主国、民主国的对比下，描述君主国的常是"国王自为专主""帝为政""权由上出，惟君是专"等词语。受此国家类型知识影响，国人很早就定位中国为君主国，不过最初并未认为它是一种落后的政治形式。但随着不少趋新士人在内忧外患的刺激下纷纷提倡通过开议院方式伸张民权，君主国越来越多地与君主独断、纯用君权、君权不受限制等内涵关联起来，日益负面化。见识过人的康有为、梁启超更从进化的视角阐论君主、君民共主、民主，君主国彻底沦为最低级、最落后的国家形态。与此同时，国人又将中国作为君主国的历史上溯至秦朝，认为秦到清是君权日盛，民权日衰。

戊戌后受日本影响而广泛流行的"专制政体"一词最常见的意涵是国家缺乏三权分立，特别是没有由国民参与议政立法的议院制度，由于当时民主共和国多设有议会，"专制政体"往往就是君主专制的代名词。① 不难发现，演进至光绪戊戌年时，中国旧有的君主国与日本译自西学、作为立宪政体的对立面存在的"专制政体"没有太大差别，只是后者更加醒目，意义更加明显。其实，在鸦片战争前后的史地译著中，"专制"很早就被用来指称君主专权独断，与设议院议政相对，如《海国图志》有荷兰"国王不得专制其国，惟听绅士会议施行"的说法。只是"专制"的这种意涵尚处于初步构建中，后来也并未十分流行。而且彼时国人脑海中仍以君主乾纲独断为理所当然，故与独揽权柄相关的"专制"的意义也还不算负面。

正是因为君主国的内涵与"专制政体"极其近似，梁启超接受日本书籍中区分国家为专制、君主立宪、共和三类的知识后，马上毫不犹豫地将其与君主、君民共主、民主对应。他1899年在转译自加藤弘之的同名著作的《各国宪法异同论》中写道：宪法本指"可为国家一切法律根本之大典"，只要是国家大典，"无论其为专制政体（旧译为君主之国），为立宪政体（旧译为君官

---

① 梁启超：《各国宪法异同论》，《清议报》第12册，1899年4月20日，"政治学谭"，第1~3页。

共主之国），为共和政体（旧译为民主之国），似皆可称为宪法"。不过如今一般只称"有议院之国所定之国典"为宪法。① 君主、君官共主、民主很明显是梁启超翻译后添加的注解。② 接受日本的"专制"概念后，梁启超又在1902年专门撰写《中国专制政治进化史》（后改名《中国专制政体进化史论》）阐述专制政体，提到"专制政治之进化，其精巧完满，举天下万国，未有吾中国若者"。③ 这篇文章在"中国古代专制说"形成的过程中扮演着极其重要的角色，在梁启超的叙述下，中国古代历史的主体是专制政治，存续时间极长。其实，类似观念在1899年前已颇常见，只是当时用的词是君主国。

1901～1902年，梁启超曾反思说，对应君主专制、君主立宪、民主立宪为君主、君民共主、民主其实"名义不合"。④ 因为君主国实际上包括了君主专制与君主立宪，不能将其视作与君民共主并列的一种国家。他认为"今日而言政体"，当分为君主、民主二种，其中君主有专制、立宪之别。⑤ 梁启超此时所说的君主国以有无世袭国君为基本内涵，而与一人独揽政权关系不大。但他的辩解反过来说明时人理解君主国为君主专权独断比较常见。因此，虽经梁启超一度辨析，君主国不能直接等同为君主专制，但这种观念当时还是相当流行。如有论者指出："环球六十余国，有专制政治者，君主是也；有共和政治者，民主是也；而调停其间者，厥有立宪政治，是为君民共主国。"又说："君民之权，除专制政治外，其君权皆有限制，而国之大政，无不询谋佥同，三占从二。"⑥ 很明显，此文将中国旧有的君主、君民共主、民主和由日本传入的专制、立宪、共和并为一谈，君主国轻松对接为专制政体。

---

① 梁启超：《各国宪法异同论》，《清议报》第12册，1899年4月，第1页。
② "君官共主"此表述在梁启超的论著中仅出现一次，可能是笔误或印刷错误，他本人更常用的是君民共主。在梁启超对应君主国为专制政治之前，黄遵宪在其1887年撰成的《日本国志》中已有近似的认识。他说，地球上百数十国，或"一人专制，称为君主"，或"庶人议政，称为民主"，或"上与下分任事权，称为君民共主"（黄遵宪：《日本国志》，陈铮编《黄遵宪全集》下册，中华书局，2005，第892页）。描述君主国的"专制"概念应是源于日本，只是影响相对较小。
③ 梁启超：《中国专制政治进化史》，《新民丛报》第8号，1902年5月22日，"政治"，第1页。
④ 爱国者：《立宪法议》，《清议报》第81册，1901年6月7日，"本馆论说"，第1页。
⑤ 梁启超：《亚里士多德之政治学说》，《新民丛报》第20号，1902年11月14日，"学说"，第7页。
⑥ 《君民权平议》，《南洋七日报》第16期，1901年12月29日，"汇论"，第93页。

　　总而言之，在鸦片战争前后至光绪戊戌年间逐渐形成的君主、君民共主、民主的国家分类学说的影响下，中国迅速被定位为君主国。而民权思潮勃兴则使得本有"国王自为专主"等意涵的君主国急剧负面化，与君主独裁、君权无限紧密关联，同时中国作为君主国的历史被上溯至秦朝。由此可见，在1899 年后"中国古代专制说"广为流传之前，其思想基础早已奠定，观念也基本成型。

清末民初"国家构建"问题再阐释

刘文鹏[*]

　　研究晚清史一定会面对一个非常重要的问题：当清朝结束民国初建时，多民族国家的统一是如何延续的。当初清朝建立起来的把满汉蒙藏等主要民族融入国家之中的政治框架，为何没有随着清朝的结束而崩溃？在革命史观下，民国建立是革命的结果，清帝发布诏书退位，不过是革命形势使然而已，诏书的作用有限。另外，很久以来，这也是新清史学者特别关注的问题，罗友枝等人从族群认同的视角出发，本着"去国家层面的叙事"，认为清朝皇帝致力于保持满族特性，并依赖在"内亚"边疆地区推行灵活的文化政策，来获得蒙藏各族的认同与效忠，这与在近代民族主义之下产生的中华民国有质的不同。因此，蒙藏上层"对清帝国的忠诚并不等同于对新成立的中华民国的忠诚"，[①]这是新清史所谓"清朝不等于中国"这一代表性观点的代表性表述。也就是说，新清史认为从清朝到民国并不存在历史的延续性。然而，近些年来，法律史学者对清帝逊位诏书在从清朝到民国合法性延续方面的作用给予了更多的关注与思考，他们研究这份退位诏书的出台过程与其在政权合法性传递上的意义，特别是它在安抚蒙藏地区上层势力、使他们由谋求独立到赞成共和过程中的重要作用，因此，以退位诏书为标志的"大妥协"不但极具世界史意义，也包含着从清朝到民国的深刻的历史延续性。[②]

---

　　*　中国人民大学清史研究所，原文刊于《河北师范大学学报》2018 年第 5 期。
　　①　Evelyn S. Rawski， "Presidential Address：Reenvisioning the Qing：The Significance of the Qing Period in Chinese History," *The Journal of Asian Studies* 55：4 (1996)，pp. 829 – 850.
　　②　参见章永乐《"大妥协"：清王朝与中华民国的主权连续性》、杨昂《清帝〈逊位诏书〉在中华民族统一上的法律意义》、高全喜《政治宪法学视野中的清帝〈逊位诏书〉》，均载《环球法律评论》2011 年第 5 期。

我们对历史认知的局限性往往源于我们观察历史的视角，更换视角会提升对历史客观性的认知程度。对于清末民初政治转型这样一个重大历史问题，除了以上几种叙事模式，我们不妨借助政治史学界"国家构建"的理论，从关注政府主动性的角度，再做另一番观察。

自20世纪70年代以来，"国家构建"（State Building）作为一种视野和方法，对于打破社会史一统天下的格局起到重要作用，极大地推动了欧美政治史的研究。几代政治史学家从西达·斯考切波（Theda Skocpol）到塞缪尔·亨廷顿（Samuel Phillips Huntington），再到查尔斯·蒂利（Charles Tilly）和弗朗西斯·福山（Francis Fukuyama），更加关注国家能力提升、政府力量强化在历史发展与社会变革中的主动性作用。这种理论提醒我们，对一个国家历史的阐释，需要超越族群认同问题，更多关注国家政治构架在容纳不同族群的包容性方面的能力。当这种理论被运用到清朝历史的观察上，会发现，相对于族群认同而言，对清朝来说，维护多民族统一格局更为关键的是，其在政治、军事政策制定与制度动态调整方面的主动性。清朝从建立开始，便一直处于"国家构建"的过程之中。通过不断调整其以皇帝为核心的政治框架，在保证国家整体利益的同时，也为各族群利益提供保障，由此获得他们对清朝的效忠。我们不妨对此做个简单回顾。

现在很多研究表明，在崇德时期，满人政权性质从部族走向国家的趋势已经非常明显。但相对皇权强化、国家制度的创建而言，解决根深蒂固的八旗私属性质问题是这一趋势中最大的障碍，而接受汉文化并用于国家制度建设则是推动这一趋势的关键所在。皇太极上台以后，强调坚持满族文化的同时，一直试图建立一套与努尔哈赤时代不同的政治体制，他对八旗制度改造并建立八旗蒙古和八旗汉军；他变革旗主制度，通过改革封爵制度，把宗室贵族与异姓功臣的利益来源从八旗部属私属性质转移到制度化的封赏、进阶体制下；他通过建立六部制度将国家政务从旗主政治中剥离出来；他还通过仿效汉人，完善礼制，以凸显皇帝的地位。而贯穿其中的一个核心理念通过接受和利用汉人文化与制度，尽量去除满族本身的"内亚"特点，这成为弱化八旗旗主私权、扩大国家公权的主要途径。清朝在入关前后的很多活动，都是围绕这个核心理念展开。以"皇帝"一词的使用为例，崇德年间在当时指代君主的场合中，汉语的皇帝和满语的汗以及蒙古语的可汗大体处于平行的地位，暂时尚不能看出皇帝明显高于汗的迹象。然而自从入关以后，皇帝一词在地位和重要性上逐渐开始凌驾于汗之上。① 又如，八旗私属性质在很大程度上决定在后金与清政权的经济分配原则，大汗、皇帝作为一旗之主，在这一方面并不具有优势。所以，皇太极时期清朝入关掳掠明朝的规模和频率都大大超越努尔哈赤时期，因为唯有如此，皇帝与国家才能掌握更多的财富进行利益分配，才能更好地维系封爵制度，弱化旗主地位，改变皇帝以一旗旗主的身份仰食各旗的状况。这一政治理念为后来的多尔衮等人继承，其终极目标是对农业区稳定的赋税体制的掌控。从这个角度讲，入主中原是清朝进行国家构建的必然选择。

清朝进行国家构建的第二个关键阶段是康熙、雍正、乾隆时期。这一时期，清朝逐渐将"内亚"边疆地区蒙藏、新疆等地纳入版图，标志着清朝的大一统事业走向顶峰。中国学者常把理藩院体制视为一种"因俗而治"的羁縻统治，新清史则谓为清朝在"内亚"边疆地区实行殖民统治的机构，其主要根据是清朝通过代理人来实现对这些广大地区的治理，实行大规模汉人移民等。但笔者以为，理藩院体制并不具备西方殖民主义以上的那种经济掠夺、组织大规模移民的功能，也不能代表清朝边疆管理制度的全部。清朝至少在雍乾之际已经开始密集地、大规模地在蒙古新疆地区派驻将军、大臣，并以新疆平定、伊犁将军军府体制的设置达到高潮。这些驻防将军大臣位高权重，直属军机处统辖，直接对皇帝负责，其管理边疆地区的权力也已经渗透到边疆地区基层事务的方方面面。这与康熙时期通过理藩院进行管理的"羁縻"方式大相径庭，与新清史学者所谓殖民地管理的代理人制度亦完全不同。现在看来，这种边疆管理体制的变化，是清朝为适应疆域、族群扩大而采取的强化国家制度、推进国家构建的措施。在这种体制下，中央对边疆地区管理不仅没有松弛，反而更加直接、紧凑。它甚至反作用于中央机构的调整，军机处的产生及其职能的逐渐定型，在很大程度上也是以适应西北"内亚"边疆的战争和管理为背景的。后来军机处权力能够扩张到所有军政要务，也是以对"内亚"边疆军政、人事事务的管理为开端和路径的。而且，这种体制也并非与近代新疆建省的制度完全脱节，龚自珍在《西域置行省议》所谓新疆建省的政论，便是完全以以往驻防体制为基础的。后世学者不能因为推崇行省制度，而否认乾隆时代清朝在"内亚"边疆管理体制的合理性，应该看到两者之间前后相

---

① 钟焓：《论清朝君主称谓的排序及其反映的君权意识——兼与"共时性君权"理论商榷》，《民族研究》2017 年第 4 期。

继的关系。因此，把在大清王朝的领土中占一半面积的"内亚"边疆地区纳入国家构建体系，是康乾时代留给后人最大的政治遗产。

及至晚清、清末，清朝虽然经历了很多割地赔款、丧失主权的屈辱，但大一统的格局得以保持。而且，清朝从未放弃把近代化的大量成果用于对"内亚"边疆地区稳定的维护上，左宗棠西征非常有力地证明了这一点。这也印证了美国著名的内亚史、清史专家傅礼初所说的，除了对外关系和人口翻倍，能否对内亚边疆地区进行有效管辖，是影响中国近代化历程的三种重要因素之一。这个问题的重要性在民国初年的国家构建中得到了充分体现。

清末民初，当清朝统治趋于瓦解之时，蒙藏地方也表现出一定的分离倾向，如外蒙寻求独立，西藏达赖喇嘛等也开始接触俄国人，但初建的民国北京政府，采取一系列应对措施，终于渡过危机，保证了国家领土的完整性。具体而言，包括以下主要措施。

一是怀柔蒙藏新疆上层，通过劝谕、册封、厚给利益等手段，缓和了他们与中央政府的关系，明确颁布《待遇蒙藏条例》。二是通过设立专门机构加强对蒙藏等边疆事务的管理。三是通过立法确定蒙藏等边疆地方的法律地位。1914 年，中华民国召开约法会议期间，蒙藏联合会向会议提出，将《待遇蒙藏条例》的主要内容写入约法中。他们的意见受到民国政府高度重视，以此列为《中华民国约法》的第 64、65 条。"中华民国元年三月十二日所宣布之满、蒙、回、藏各民族待遇条件，永不变更其效力。"同时，蒙藏新疆各地在民国的国会中也有自己的议员名额。①

从民国初年立法活动内容来看，当初清帝逊位时所颁布之诏书并不是一个孤立的文件，它不但是当时各方势力博弈的结果，在很大程度上也影响着后来民国宪法的制定。现在看来，它在维系蒙藏民族对民国的认同方面的作用远远大于它对皇室利益的保证。对于民国政府来说，新一轮国家构建不仅表现为宪法制定、国会制度、总统制度、内阁制度等具有西方国家制度的初建，还要在这些新的国家制度中为"内亚"边疆地区各民族留下足够多的政治空间。蒙藏地区的领袖人物通过提请将《待遇蒙藏条例》写入《中华民国约法》，在中华民国的政治体制中重新找到各自地位，构成他们放弃独立倾向、认同并留在中国之中的重要原因。与清代一样，中国政治体制对多民族的包容性再次发挥

---

① 冯建勇：《构建民族国家：辛亥革命前后的中国边疆》，《黑龙江民族丛刊》2009 年第 4 期。

出独到的功能。至少有一个事实可以认定，尽管外蒙古自清末以来一直寻求独立，但直到苏联斯大林的介入，外蒙古才真正实现从中国的脱离。因此，对从清末到袁世凯时期，再到蒋介石时代的国家政权来说，维护多民族统一格局最大的阻力应该是来自国外列强势力的介入，而非来自政权内部的族群认同或民族主义问题。而这一史事暴露了民族主义革命叙事逻辑的主观性。

很多学者对于清末民初的国家构建，常常归入所谓传统国家向现代国家转变的范畴，然而从民国初年蒙藏地区认同中国并留在中国政权之内的过程来看，并不存在一个传统－现代的突变，中华民国在国家构建中仍然延续了清代以来优礼蒙藏上层以稳定"内亚"边疆的政策。从清帝退位的优待政策，到中华民国约法的制定，都充分考虑了"内亚"边疆地区在国家构建中的重要地位。因此，从清朝到民国初年，国家构建是一个动态过程，动态的调整使清朝的政治体制在容纳不同族群方面具有弹性，使得不同族群都能够获得各自的利益。清朝所依赖的是政治制度的调适，民国政府在1912~1914年的及时作为也是通过制度保障来化解危机的。所以，并非新清史所谓族群认同，而是政治制度的包容性，以及由此形成的对中国国家的认同，才是清至民国维系国家大一统的关键所在。

中国边疆治理研究的当代价值

马大正[*]

中国是一个有着悠久历史的文明古国，不但拥有辽阔的中原腹地，而且拥有广袤的陆疆和海疆，中国边疆是统一多民族中国十分重要且不可分割的组成部分。多元一体的中华民族就是在这片土地上生息繁衍。勤劳勇敢的各族人民共同创造了灿烂的中国历史，其中也包括了边疆地区发展的历史。

一 研究的意义

在历史的演进中，统一多民族中国和多元一体中华民族是相互依存、相互促进、同步发展的，并成为世界发展史上一道独特的风景线。而促使这种同步发展成为可能、成为现实的一个重要动因，就是极富中国特色的边疆治理政策（可简称为治边政策）的实施。

中国历史上无论哪一朝哪一代，都面临着边疆问题，统治者也都为巩固自身统治而制定治边政策，展开边疆经略和边疆治理。治边政策是实施边疆经略和治理的指导方针与具体措施，而治边思想则是制定治边政策的重要前提之一。治边政策的正确与否，边疆经略和边疆治理的成败得失，治边思想是否符合时代潮流，不仅直接影响一朝一代的兴衰存亡，而且对于作为整体的统一多民族中国的形成、发展也产生重大影响。

边疆治理的基本任务是守住一条线（边界线），管好一片地（边疆地区），实际上包含着物与人两个要素。可以说通过治边政策实现边疆经略和边疆治理

* 中国社会科学院中国历史研究院中国边疆研究所、国家清史编纂委员会，原文刊于《清史参考》2019 年第 1 期，本文较原文略有修改。

是一项针对人和物综合治理的社会系统工程。边疆治理内涵十分丰富，主要者至少有：治边大战略、边疆地区行政体制、中央和地方的管理机构和运作机制、边防（国防）、边境管理、民族政策、宗教事务管理、文化政策、教育政策、社会整体发展、经济开发、周边外交等。

二　学人的共识

承载着千年传统、百年积累的中国边疆研究，又经历了始自 20 世纪 80 年代以来的 40 年探索，随着中国边疆和周边热点问题频现，中国边疆研究也随之不断升温，在学人的共同努力下，传统的中国边疆研究实现了两个突破：一是突破了仅仅研究近代边界问题的范围，开始以中国古代疆域史、中国近代边界沿革史和中国边疆研究史为研究重点，促成了中国边疆史地研究的大发展；二是突破了边疆史地研究范围，将中国边疆的历史与现状相结合，直面当代中国边疆（当然离不开边界线外侧的周边诸国）面临的新状况、新问题，将基础研究与应用研究有机地结合。从而将中国边疆学的构筑提上研究的议事日程。在此研究发展的大背景下，中国边疆治理和治边政策研究，特别是中国古代治边政策研究得到了长足的发展，取得了可喜的共识，择要归纳如下：

一是，中国古代治边政策自秦汉时期粗具规模，经隋、唐、元、明诸一统王朝的充实、完善，到清朝形成了完整体系。清代治边政策可谓集中国封建王朝治边政策之大成，是中国特殊国情的特定产物，具有历史的继承性、地域的广阔性、内涵的多样性、影响的深远性四个特点。

二是，历史上的治边政策具有鲜明的阶级属性，它的直接目的是为一朝一代的政治利益服务，但从统一多民族国家发展大趋势的背景观之，其历史的积极作用不言而喻。简言之，其一促进了多民族国家的统一与巩固，其二协调了民族关系，推动了多元一体中华民族的演进；其三有序展开了边疆地区的经济开发，推动了边疆内地政治经济一体化进程。

三是，研究中国的边疆政策，应重视治边思想的研究，要充分认识到中国古代"大一统"思想在中国古代边疆形成过程中的影响和作用。鸦片战争以前，古代中国曾四次出现大一统局面，其中有两次是由汉族统治者完成的，而另外两次则是边疆少数民族入主中原后完成的。汉唐两代致力于完成统一大业，把中国各地区各民族孕育的大一统要求变成现实。元朝统一规模比汉唐更大，疆域也更加辽阔，元朝所创建的多民族国家的大一统，对中国历史的发展影响是十分深远的。满族建立的清王朝，对统一多民族国家做出的历史贡献尤为重要。历史上任何时期对疆域版图的有效控制，都比不上清朝。清政府对边疆经略首先实现了国家大一统，进而对边疆地区实行全面治理和地区性开发。

四是，清代的边疆政策未能正确应对由内边防务到外边防务为主的根本性转变。古代中国疆域之边有"内边""外边"之分。统一时期的边疆经略和治理，通常是指中央政权对控制薄弱的边疆地区所采取的防范和治理措施。割据时期的边疆治理，通常是指在政权与政权之间的对峙地区和对边疆地区所采取的防范措施。古代中国历史疆域内的大小政权的"边"，可称之为"内边"。明代以前的治边主要是指边疆内部的纷争和割据，明代以后，情况发生了变化。明代的倭患持续了近200年，随着西方殖民主义崛起，1840年（清道光二十年）的鸦片战争，西方殖民势力用大炮打开了中国的大门，使我国沿海地区和东北、新疆、西藏、云南、广西等一些边疆省区的外患日益突出，出现了边疆全面危机的严重局面。殖民主义者的入侵，可称为"外边"之患。应该说，自明代以降，在中国内边防务问题依然严重存在的同时，现代意义上的边防，即外边防务问题开始提上议事日程。可清朝统治者面对边疆防务这种变化的形势，仍沉迷于治理"内边"的传统治边政策而不思也不会防备外患，致使前期治边政策的辉煌很快成为明日黄花。清后期治边政策的全面破产，是清朝丧权辱国、割地赔款的一个重要因素。认真研究清代治边政策的成败得失，对于维护国家统一、边疆安定都具有重要的现实意义。

三　当代的启示

以史为鉴，经世致用，是中国史学的优良传统。研究历史必须面对现实。研究中国边疆史，以及边疆史中很重要的内容边疆治理和治边政策时，同样要面对现实，当前中国边疆面临的现实是什么呢？简言之，一是发展面临良好的机遇，二是稳定面临严峻的挑战，在此意义上以下六点启示值得思考。

（1）中国作为统一多民族国家，边疆是国家不可分割的一部分，边疆的发展，关系到国家发展的大局，边疆的稳定，关系到国家的稳定大局。内地和边疆，对于统一多民族国家来说具有同样重要的地位，"宁失千军，不失寸土"这个古训至今仍有现实意义,从边疆的特殊战略地位来看,在国家的总体治理中,对边疆地区应给予更多的重视,更多的政策上倾斜。习近平总书记提出"治国必治边"的战略含义即在于此。

(2)处理好发展与稳定的辩证关系。广义的边疆治理,包含管理和开发两个方面,开发即是经济发展、文化繁荣,这是保证边疆社会稳定的基础。中国历代有作为的中央政府,如汉、唐、清在治理边疆时均注意到这一点,并取得了成效。但封建王朝毕竟有极大的历史的、阶级的局限,如清政府在边疆地区重"稳定",轻发展,出于阶级私利有意识保护落后,以利统治,致使边疆地区长期处于落后状态,这也是历史事实。小平同志曾说过:发展是硬道理。他还说:稳定压倒一切。这两句话当然是指全国而言,但是用在边疆地区更有针对性。所以为了边疆地区的稳定,必须使边疆地区有较快的发展。

(3)中国独特的历史传统之一,中央政府的权威是维系统一多民族国家的重要因素,甚至可以说是最重要的因素之一。边疆治理要依靠实力,或者说是综合国力,实力既包括有形的军事力量,也不可轻视无形的中央政府的权威。中央权威包含两层含义:有形的,就是政权的统治系统,无形的,就是权威本身的文化、思想的号召力、凝聚力,唐太宗被各族共推为"天可汗"可视为一例。从中国历史上看,边疆地区发生动乱,往往是在中央政府的统治能力下降之时。中央政府权威很高,统治就有效,边疆地区即使有乱,也难成气候,影响不了全局。历史经验告诉我们,要维护边疆地区的稳定,必须要维护中央的权威,必须要强化中央对边疆的管控力。

(4)历代边疆政策的治理形式,如中央集权,因俗而治,民族的事由民族的人来办等,都有可供借鉴的成分,值得后人在创新的基础上予以认真总结和创新。如历代民族政策中的因俗而治,就是尊重民族的传统、特点,不轻易予以改变,民族的事情让民族的头面人物来办,这些在历史上已被证明是行之有效的,当然也要认真总结"因俗"过度的教训。因此,对历代边疆政策的内涵与外延,要认真总结,要深化研究。

(5)国家利益高于一切,要在增强民族凝聚力、国家向心力上多做些事。边疆民族地区,特别是一些与内地文化有较大差异的边疆地区,存在着自身特征,简言之:一是地缘政治上的孤悬外逸;二是社会历史上的离合漂动;三是现实发展上的积滞成疾;四是文化心理上的多重取向。这些特征的存在,对于民族凝聚力和国家向心力的增强而言,具有消极影响是不争的事实。历史上如此，现实生活中也不例外。面对此，应突出统一多民族国家这个主题，千秋历史铸成的民族向心力、凝聚力是统一国家的基石。要让国家利益高于一切深入人心，成为各民族人民的行动准则。

（6）边吏是否善政关系到边政是否得当。边疆地区远离统治权力中心，且情况复杂，边吏素质更应优于内地，无数历史事例告诉人们，应变过度会使事态人为扩大，而过缓消极，本想息事宁人，往往适得其反。边疆的事情有的时候瞬息万变，牵一发动全身。对于边疆大吏，中央应授以更多的便宜之权，该决断时要给他以决断权，清朝历史上这样的例子就很多，今天我们依法治疆，但执法者仍然是人，首先是边疆地区的各级官员。

总之，对于中国古代治边政策这样一个在一定程度上牵动历史发展全局的重大问题，进行微观与宏观相结合的研究是必不可少的。历史的局部、细部考察得愈清晰、愈准确，对于由局部、细部构成的历史大厦的整体认识，才愈有可靠的依据。但是，我们不应该满足于史学的微观研究，还必须对中国古代治边政策进行宏观的考察。我们应该从宏观上，亦即相对地从整体的意义上，去考察历史进程的内在联系，以便寻觅出寓于历史事实中，隐于历史现象背后的更深一层的历史本质，唯有如此，方能揭示出与古代治边政策发展的内在规律及其在促进统一多民族国家的形成和发展中的历史作用。

四　研究需深化

面对当前中国边疆的新问题、新挑战，边疆治理研究面临深化与拓展的重任。当代中国边疆治理和治边政策研究应给以更多的关注。每一个认真的学者深知，资料是研究得以深入的基础，而研究内容的深化、研究视野的拓展则是研究能否创新的保证。

我以为如下五点应予重视。

一是，传统研究内容的深化。

20 世纪 80 年代以来，中国学者对中国古代边疆政策进行了系统研究，取得了可喜成绩，但诸如朝贡体制、藩属制度、不同历史时期、不同边疆地区的政策举措及其影响，封建割据时期不同政权间的应对政策，中国传统边疆观、治边观仍有深化研究的空间；从宏观上总结从秦到中华民国边疆治理实践的经验、教训和当代启示尚待研究者上下求索；即以边疆治理的运作机制的宏观与微观、纵向与横向研究也尚未引起研究者更多关注。

二是，古今打通，中国治边政策研究不能仅止于 1911 年清朝崩溃，或 1949 年中华人民共和国成立。

长期以来由于资料收集困难，研究禁区林立，研究者往往却步于当代中国边疆研究，其中包括当代中国边疆治理、边疆政策，以及当代边疆观、治边观研究。随着中国边疆研究的深入，依托历史、面向当代研究边疆已成大势，因此，将中国治边政策研究古今打通应成为研究者共识并努力实践。当代中国治边政策因以往研究基础相对薄弱，加之复杂的现实不断向研究者提出新问题，如下一些内容应成为研究中首选之题：如古代（王朝国家）边疆治理与近代（民族国家）边疆治理的异同；当代边疆治理中的发展与稳定，开发与生态环境保护，边疆多元文化的冲突与协调，民族认同与国家认同，边疆地区社会管理与社会控制，地缘政治与边疆地区的涉外关系，边防与边境管理，边疆治理与边吏素质等。

三是，中外边疆治理研究的比较研究。

纵观世界各国，其边疆地区与中国最有可比性的，唯有俄罗斯和美国，因此，将上述三国从历史到现实的边疆治理、治边政策进行比较研究很有必要，而比较研究的前提是将从俄罗斯帝国到苏联时期对西伯利亚和中亚地区的开拓与开发、美国对西部边疆的开拓与开发进行扎实的个案研究。概括了国外边疆治理的基本模式，总结了国外边疆治理的经验和教训，才有可能将中国治边政策、边疆治理放到国际比较的视野中进行更深入的研究。同时，还应着力进行新航路开辟至今西方边疆理论的研究，以期揭示西方边疆理论的发展脉络和演变进程，并对五百余年间的主要观点进行重点探讨。

四是，研究方法的多元化，是研究创新的必要手段。

长期以来中国治边政策研究属于历史研究范畴，因此，研究者大都是史学工作者。随着研究的深入，面对复杂多变的边疆现状，显然仅仅依靠史学研究方法是远远不够了。因此，引入政治学、社会学、民族学、人类学等诸多学科的理论和方法已成大势，唯此才能开展对中国边疆政策古今打通，中外比较的全方位、多层面的研究，并将研究推向新的高度和深度。这种研究方法的发展趋势，也进而印证了从中国边疆研究展开到中国边疆学构筑进程的客观需要。

五是，鉴于中国边疆政策研究是一个研究难度大，且具有敏感性的研究课题，从推动研究的组织者视角言，有两点需要重视。

其一，要理顺研究与决策的关系。研究与决策有着密切关系，但不应将两者等同。研究的结论虽是进行正确决策的重要因素，但不是唯一因素。研究的最高原则是科学的求实，而决策的基本出发点是维护国家的根本利益。在研究与决策中，决策者是矛盾的主要方面，在正确处理两者关系时，决策者需要有更多的政治家气度与远识，应该为研究者进行实事求是研究提供更有利的条件和保证。当然，研究者也应发扬中国边疆研究的爱国主义和求实精神的优良传统，为政治家、军事家的正确决策提供扎实、可靠的研究成果。

其二，在研究中坚持学术与政治分开、历史与现实分开的原则。中国疆域历史和现实中存在诸多难点和热点问题，这些难点与热点问题的出现，原因是多方面的，归纳起来主要有：研究层面原因。由于历史情况复杂，史籍记载多有歧异，引起研究者们探求的兴趣，此类难点、热点问题，可以通过深化研究进而逐步解决。政治层面原因。这一层面原因又可分为正常的和不正常的两类。所谓正常的，是指不同国家出于国家利益的考虑，要建立本国的历史体系，强调自己国家历史的悠远、维护独立传统之辉煌。对此，即便有悖历史的真实，可以求同存异，以宽容之态度待之；所谓不正常的，是指个别国家或个别团体、个人出于狭隘民族国家利益考虑，不惜故意歪曲历史事实，并将历史问题现实化、学术问题政治化，通过被歪曲的历史事实，煽动民族主义狂热，制造事端。对此，我们则应讲明历史真相，有利、有理、有节，据理力争，决不姑息迁就。上述原因是相互交织，又是互相影响的，情况十分复杂。对此，我们应本着国家利益高于一切的原则，保持政治警觉，潜心深化研究，对一些有争议的问题，在坚持学术问题与政治分开、历史问题与现实分开的前提下，倡导和而不同，增信释疑，求同存异，在学术的轨道上心平气和地展开讨论。

同时，更重要的是作为一个负有推动、组织学科发展的一线领导者，应心怀学科发展的全局，及时制定有可操作性的举措，并能取得实实在在的社会效益（指学术著述出版和成果的决策参考率）。非此，就不能称为一个合格的领导者，因为这样的领导者虽徒有其名而无其实，没有尽到守土有责的历史责任。

中国边疆学构筑是中国学人的历史担当

马大正[*]

关于中国边疆学构筑，近二十年来我撰写了若干文章，大都已结集于《中国边疆学构筑札记》[①] 之中，在拙著《当代中国边疆研究（1949—2014）》[②] 的第四编展论中也对中国边疆学构筑做了阐论。2017 年 9 月为参加在昆明召开的"中国边疆治理与中国边疆学构筑"高层论坛，撰写了《关于中国边疆学四题》，并在论坛上做了主题讲话。就我个人言，有关中国边疆学构筑的思考虽未中止，但创意已是乏善可陈。

近年来，我阅读了《中国边疆史地研究》2018 年第 3 期"新时代中国边疆学学术讨论会"专辑所刊诸篇宏文，又重新览阅了孙勇主编《华西边疆评论》第 1～5 辑，以及尚待出版的第 6 辑纸质版，多有启迪，兹在上述《关于中国边疆学四题》的基础上草成本文，以求教于学界同仁。

一 关于边界、边境、边疆、中国边疆、中国边疆学

在思考构筑中国边疆学时，离不开如下几个名词，即：边界、边境、边疆、中国边疆、中国边疆学。

边界，是指国与国之间的交界线，世界上任何一个国家都存有国与国交界的边界；

边境，是指边界线内侧一定范围的地区，一定范围没有统一规定，一般定

---

[*] 中国社会科学院中国历史研究院中国边疆研究所、国家清史编纂委员会，原文刊于《云南师范大学学报》2019 年第 1 期。
[①] 中央广播电视大学出版社，2016。
[②] 中国社会科学出版社，2016。

在 30～50 公里，也就是边界线内侧 30 公里至 50 公里范围的地区是指这个国家的边境地区，世界上任何一个国家都存有上述的边境地区，中国的边境地区，根据绝大多数中国陆地边疆省区的边境规定：边境就是与相邻国家接壤的地级市（盟）、县（旗）行政管辖范围内的边疆领土，它包括边境地市（盟）县（旗）、边境管理区、边境地带、边境特殊控制区域等。①

边疆。可从两个视角来说，从国家的中心区域视角看，边疆即是远离中心区域且有边界线的边远地区，从边界线视角看，其地域范围要大于边境地区，从这一意义上说，世界上一些国土面积小的国家就难以划出与中心地区相对而言的边疆地区了。即使一些国土面积辽阔的国家诸如美国、加拿大、巴西等国，若依界定边疆地区两个条件，即有边界线，且具有自身历史、文化特点衡量，也难界定哪些可划为边疆地区。除中国外，唯有俄罗斯是一个有可以称之为"俄罗斯边疆地区"的大国。

中国边疆。我们将有边界线，且又具有自身历史、文化、民族诸方面特点的省区界定为中国的陆疆省区，或称之为中国陆地边疆地区，包括了黑龙江、吉林、辽宁、甘肃、云南五省和内蒙古、新疆、西藏、广西四个自治区，而将有边界线，且又具有自身历史、文化、民族诸方面特点的边境县、市总和称之为中国的小边疆地区，亦即是上述的边境地区。再加上海疆，包括台湾和海南，这就是中国边疆的地理空间全部。中国边疆具有特殊重要的战略地位，它既是传统意义的国防前哨，又是改革开放的前沿，还是中国可持续发展的基础之地。2013 年 3 月 9 日，习近平同志在参加全国人大十二届一次会议西藏代表团审议时提出"治国必治边、治边先稳藏"重要战略思想，将治边放在治国的首要地位，对国人认识治理边疆重要性具有重要指导意义。"边疆"不能脱离"疆域"而存在，将其泛化不利于对"中国边疆"的研究，也不利于"中国边疆"的稳定和发展。②

中国边疆学。中国边疆学就是研究中国边疆从历史到现实所有问题的综合性学科，中国边疆极具中国特色，研究极具中国特色的中国边疆学，当然也是极具中国特色的。我们在借鉴西方国家相关理论时，一定不要忘记中国特色的

---

① 参阅徐黎丽、那仁满都呼《现代国家"边境的界定"》，《中国边疆史地研究》2018 年第 3 期。

② 李大龙：《"中国边疆"的内涵及其特征》，《中国边疆史地研究》2018 年第 3 期。

实际。

有学人提出构建中国边疆学，"首先建立一个一般意义上的对人类社会边疆现象进行研究的边疆学学科，并形成一定理论解释与研究方法，最重要的是形成一种从边疆出发的视角，然后以此研究中国边疆形成对中国边疆的特殊认识，构建出中国边疆学"。① "如要构建起中国边疆学，首先需要构建起一般边疆学，一般边疆学与中国边疆学是从属关系，亦即一般边疆学是中国边疆研究的基础理论。"②

中国边疆学构筑进程中应有多种理论探索，从这一意义上我鼓励学人们对"一般意义边疆学"或者称之为"一般边疆学"的探研。

但我认为，从当前世界各国并不存在具有像中国边疆这种特质的研究对象来看，可以有边界理论研究、边界变迁史研究、边境管理研究，或可提升为边境管理学，至于是否要建构俄罗斯边疆学，或者重振美国边疆学昔日的辉煌，有兴趣者或关注、或探研，但不必将其与我们当前中国边疆学构建历史大任紧密挂钩！

二　中国边疆学构筑演进历程中值得重视的四个节点研究应该深化

中国边疆学构筑从提出到思考的不断深化，是一个渐进、持续的进程。在这个颇显漫长的进程中，我深感如下四个节点是不容忽视的。

一是，对中国边疆研究千年积累、百年探索的继承，以及四十年创新的实践，是中国边疆学构筑的准备；二是，对中国疆域理论的不断探究，是中国边疆学构筑的学科基础；三是，对中国古今边疆治理理论与实践的全方位、多层面研究，是中国边疆学构筑的有效切入口；四是，当代鲜活的现实生活的迫切需求，是推动中国边疆学构筑的重要推动力，或可称之为原动力。③

由此，我认为中国边疆学构筑具有其必然性、可行性、紧迫性的特点。上述四个节点的研究亟待深化，为此我认为应策划三套丛书的出版，丛书将为中

---

① 朱金春：《学科"殖民"与构建中国边疆学的困境》《华西边疆评论》第3辑，民族出版社，2016，第66页。

② 孙勇：《华西边疆评论》第5辑，民族出版社，2018，第52页。

③ 马大正：《关于边疆学构筑的学术思考》，《中国边疆史地研究》2016年第2期。

国边疆学构筑研究提供坚实、持续的学术平台和成果积累。

这三套学术丛书是：

一是“中国边疆研究史理论与实践研究丛书”。

丛书将从中国边疆研究史的视野，对中国边疆研究的千年积累、百年探索、四十年创新进行面和点相结合的回溯和总结，特别应将重点放在四十年创新的经验与教训的总结上。

二是“中国边疆治理的理论与实践研究丛书”。

丛书将从中国边疆治理的思想、理论、政策，以及经营实践出发，依托历史学、政治学、社会学、民族学诸学科的理论和方法，对从历史到现实中国边疆治理进行全方位的宏观与微观相结合的研究。

三是“中国边疆学构筑研究丛书”。

应尽早启动《中国边疆学通论》（暂用名）的研究与撰写，该项目具有理论的创新性、研究的开拓性、学科建设的基础性，其内容应包括中国边疆学的学科定位，学科的内涵与外延、研究特点和方法、研究功能和价值等问题。通过努力，向社会奉献多册能体现极具中国边疆时代特色的学术专著。吁请能有专职于边疆研究的机构关注与组织，有更多的同仁关心与参与，早日让业界和读者读到从不同角度、体现作者不同特色的中国边疆学“通论”“概论”“引论”等作。

三套丛书共同特点可归之为：

其一，古今贯通，以今为主；

其二，宏观研究与微观研究相结合；

其三，学术性、原创性应是丛书追求的学术定位。

为推动中国边疆学构筑的学术研讨，《华西边疆评论》先后开辟“边疆学学科研究”“边疆学学科建设研究”等学术专栏，在第三辑（2016 年 10 月出版）上刊发了杨明洪《困惑与解困：边疆经济学还是经济边疆学?》、朱金春《学科“殖民”与构建中国边疆学的困境》；第四辑（2017 年 6 月出版）上刊发了杨明洪《反“边疆建构论”：一个关于“边疆实在论”的理论解说》、王春焕《关于边疆学研究对象和主要内容的思考》。在第四辑的“笔谈”专栏上还刊发了孙勇《建构边疆学需要打破窠臼》、袁剑《边疆的概念与边疆学建构》、朱金春《从国内两部〈中国边疆政治学〉看边疆学学科建构的困境》，为业界同行开辟了一个讨论中国边疆学的学术平台。《中国边疆史地研究》开设有中国边疆学研究的学术专栏，于研究的深化是大有裨益的，我只是寄希望有四。

其一，寄望于《华西边疆评论》有关中国边疆学的学术专栏能持之以恒，既要有世界视野，千万不要忽视中国实际、中国特色，愈办愈精彩，且不断扩大作者队伍的覆盖面，并在积累的基础上，不断推出专题论集，以应读者之需。

其二，寄望于《云南师范大学学报》将"中国边疆学研究"学术专栏办得更精彩，能刊发更多直接探研中国边疆学构筑的学术论文。

其三，期待有更多的专业研究杂志和论集，能开辟"中国边疆学研究"学术专栏，吸引更多的学人参与中国边疆学构筑的讨论和争论。其中我认为，中国社会科学院中国边疆研究所主办的《中国边疆史地研究》和《中国边疆学》应有更大的作为。

其四，办好肩负记录中国边疆学学科发展演进历程责任的《中国边疆学年鉴》，为推动中国边疆学屹立于社会科学学科分类一级学科之林成为现实做出贡献。

三　关于中国边疆学的学术思考

近些年我认真拜读了各位专家有关中国边疆学构筑的真知灼见，结合《当代中国边疆研究（1949～2014）》一书的撰写和《中国边疆学构筑札记》的编选，进一步梳理了近 20 年来自己有关中国边疆学构筑的种种设想，综合成八点学术思考，以就教所有参与、关注中国边疆学构筑的专家和读者。

第一，中国边疆学的学科定位。

中国边疆学既是一门探究中国疆域形成和发展规律、中国边疆治理理论和实践的综合性专门学科；又是一门考察中国边疆历史发展轨迹，探求当代中国边疆可持续发展与长治久安、现实和未来极具中国特色的战略性专门学科。中国边疆学是社会科学一个分支，应定位于社会科学学科分类的一级学科。

第二，中国边疆学的学科特点。

中国边疆学的学科特点可概括如下三个方面：

其一是综合性。中国边疆学是一门综合性学科，中国边疆社会既是统一多民族中国的有机组成部分，本身又是一个有机整体，研究中国边疆，涉及边疆形成和发展的历史及规律，涉及边疆地区政治、经济、民族、宗教、文化等诸多方面。这些具体研究领域各有相应学科，也有相应学科没有涵盖的研究范围，但结合历史与现实，从中国边疆整体出发进行综合研究，只能是中国边疆学。同时这种综合性的特点，还体现在中国边疆学研究视角、研究方法的综合性上。

其二是现实性。中国边疆学研究的范围虽然包括边疆的历史与现实，但它主要面对的是中国边疆地区的今天和未来，这是中国边疆学研究的最终目的。当前，中国边疆地区正处于急剧的社会变迁与转型时期，实现边疆地区现代化是时代的主流，因此，中国边疆学以中国边疆地区现代化为中心，以改革、发展与稳定为基础，以维护国家利益为最高原则，展开研究，正是由其现实性的特点所决定的。

其三是实践性。中国边疆学研究除文化积累、开展相关"绝学"研究外，更应面向现实。实践性是中国边疆学研究一贯和典型的特征，实践性着重于研究的应用性，强调它的指导和改造社会实践的可能性。探索边疆历史上的难点问题、现实中的热点问题，正是中国边疆学实践性特点的体现。需要指出，为现实服务，不能混同研究与宣传的界别，应以科学和理性的精神来观察现实、分析现实、指导现实的走向。作为学科研究，既要适应社会，又要引导社会，否则，学科将丧失生机与活力。

第三，中国边疆学学科的分类设置。

我曾在《关于构筑中国边疆学的断想》一文中提出"根据中国边疆学的学科特点，中国边疆学的内涵可包括两大领域，暂以'中国边疆学·基础研究领域'和'中国边疆学·应用研究领域'来命名"。①

中国边疆学学科的二级学科设置试做如下思考。

依据中国边疆学研究对象中国边疆的历史与现实的特点和复杂内涵，中国边疆历史学和中国边疆政治学应该是中国边疆学学科下的两个最重要的分支学科。

中国边疆历史学，研究重点是统一多民族中国疆域形成、发展、奠定的历史进程和规律性特点，以及与此密切相关的治边观、历代治边政策等；在作为二级学科中国边疆历史学下可考虑设置若干三级学科，如中国边疆考古学、中

---

① 《中国边疆史地研究》2003 年第 3 期。

国边疆文献学、中国边疆研究史学等。

中国边疆政治学，将围绕从古至今的边疆治理展开研究，其内容重要者有边疆的政治制度、边疆的社会管控、边疆的民族与宗教、边疆的稳定与发展、边疆的安全与防御、边境管理、边疆的地缘政治等。在作为二级学科中国边疆政治学下可考虑设置若干三级学科，如中国边疆安全学、中国边疆法制学、中国边疆军事学、中国边疆管理学等。

与中国边疆历史学和中国边疆政治学并列，还可考虑设置：中国边疆经济学（生态环境保护、旅游资源开发可纳入其中）、中国边疆人口学、中国边疆文化学（宗教研究应纳入其中）、中国边疆教育学、中国边疆地理学、中国边疆人类学、中国边疆民族问题研究等。

需要说明的一是上述各门类研究均应是古今贯通；二是边疆理论研究为先导；三是基础研究与应用研究相结合。

中国边疆学学科分类设置既涉及学科内涵的认识，也离不开学科管理层面等诸多方面，学术因素与非学术因素均有所涉及，十分复杂，上述构思肯定是不完整的，也可能有谬误，只是作为一种思路、一个靶子，供思考和讨论。相信随着中国边疆学学科体系构筑的推进，学科设置的认识将日趋完善。

第四，中国边疆学的基本功能。

中国边疆学的基本功能可概言为文化积累功能和咨政育民功能两大方面，具体说，有以下四点。

其一是描述功能。描述是指客观地搜集、记录和整理边疆社会事实及其过程，着重解决"是什么"的问题。这是任何一门学科研究的基础和出发点。

其二是解释功能。中国边疆是一个不断变化的复杂有机体，现实社会的各种现象和众多问题相互矛盾、相互依存、相互交错，中国边疆学的解释功能就是在说明"是什么"的基础上，解决"为什么"的问题，探寻中国边疆形成和发展的规律。

其三是预测功能。中国边疆学研究的最终目的是促进边疆地区的巩固，促进边疆地区社会的正常运行和发展，因此在理清因果关系、明了事实的基础上，还必须对边疆社会的现象与问题，及其发展趋势做出科学预测，制定战略规划，提出可操作性的对策，使学科发展与社会实践更加紧密地结合。也就是说，在解决了"是什么""为什么"后，应进而探求"怎么办"的问题。前瞻性、预测性与对策性研究是中国边疆学实用价值的集中反映，也是学科服务于实践的直接体现。

其四是教育功能。中国边疆学作为综合研究中国边疆历史与现状的学科，在对边疆社会的认识与分析中，本身即影响着广大民众的世界观、价值观、国家观、民族观、历史观等方面，事实上发挥着直接教育和间接教育的功能。

第五，中国边疆学的学科依托与学科交叉。

中国边疆学是一门研究中国边疆历史与现状的专门学科，从研究时段看，中国边疆研究离不开古代、近代、现代历史演进历程，当代中国边疆何尝又不是历史，因此，历史学的理论和历史学的研究方法是中国边疆学赖以生存的基础。但由于中国边疆这一特定研究对象的多维性、复杂性，中国边疆研究体系中包括了基础研究与应用研究的二元性结构，仅仅历史学科的理论和方法已不能完全适应新形势下边疆问题研究的全部，因此，中国边疆学研究需要集纳多学科的理论和方法，诸学科间互通、交融和集约成为必要，中国边疆跨学科研究的大量实践，为中国边疆学的构筑提供了有益经验。如在中国边疆治理理论和实践研究中，历史学的理论与研究固然必不可少，但若主要采用政治学、管理学的理论和方法，辅以历史学、民族学、社会学等学科的理论和方法，实践已证明，此举将大大推动研究的深化。

第六，中国边疆治理理论与实践研究是中国边疆学研究的重中之重。

中国边疆是统一多民族中国的重要组成部分。中国的稳定离不开中国边疆的稳定，中国的发展离不开中国边疆的发展。西部大开发战略的实施，其重点地区也在中国的边疆地区，将中国边疆作为统一多民族国家的有机组成部分，作为一个完整的研究客体，我们才能更好地认识中国的边疆、研究中国的边疆，才能更好认识中国边疆面临的一系列历史上的难点问题和现实中的热点问题，并做出科学的回答。而所有这一切只有在中国边疆学学科建立后才可望得到更合理的开展。

试以中国边疆治理研究为例略做说明。中国是一个有着悠久历史的文明古国，自秦汉以来，历朝历代都十分重视边疆的经营与治理，维护着国家的统一与边疆的发展。中国边疆治理的基本任务是如何守住一条线（边界线），管好一片地（边疆地区）。边疆治理的成败得失，是综合国力强弱的标志之一。中国历代政府在边疆治理方面积累了丰富的经验，而中华人民共和国在治理边疆上既有继承，更多的是创新。边疆治理的内容十分丰富，主要者至少有：

边疆行政体制、中央和地方的管理机构、边境管理、边防（国防）、周边外交、民族政策、宗教事务管理、经济开发、文化政策、治边思想等。为了面对 21 世纪新形势的需要，研究应努力尝试通过维护统一多民族国家整体国家利益，来总结历史上治边的经验和考察当代中国边疆稳定和发展面临的机遇与挑战，制定相关的边疆稳定与发展战略，这样宏伟的任务，显然不是仅仅依靠一门或几门学科的理论和方法能完成的，唯有从中国边疆学的学科高度才可望达到目的。

第七，中国边疆学的研究方法。

中国边疆学特定的研究对象决定了研究方法中的三个有机结合，即从研究对象而言，中国边疆是历史与现实的结合；从研究类型的分类而言，是基础研究与应用研究的结合；从研究方法而言，是多种学科研究方法的整合。

第八，中国边疆学是一门具有强大生命力的新兴综合性学科。

中国边疆学具有强大生命力的原动力，可以如下三个方面来观察与认识。

一是，从中国边疆学研究的对象中国边疆来看。中国边疆学是统一多民族中国的不可分割的组成，中国边疆又是当代中国人继承先辈留存两大历史遗产——统一多民族中国和多元一体中华民族的连接平台，中国边疆战略地位决定了对它研究有特殊的重要性、紧迫性；二是，中国边疆学研究的基础研究部分，包含了丰富的以史为鉴的功能，在这里历史不是不食人间烟火的阳春白雪，而是与火热的现实生活紧密相连；三是，中国边疆学研究的应用研究部分，具有强烈的为现实服务的功能，为维护国家统一、边疆稳定、民族团结、社会和谐，为决策部门提供科学决策的政策咨询。

上述三端是中国边疆学这门学科具有强大生命力的原动力，而强大生命力的客观存在又将为中国边疆学的构筑和可持续发展提供精神和物质的基础。

四　学人的历史担当

在几代学人不懈努力下，中国边疆学学科建设步入了快速发展轨道，一个以中国边疆为研究对象的独立知识体系正在建构，呼之欲出。近年来围绕中国边疆学展开的互动交流、学术讨论十分热烈，有关研究成果超过以往任何一个时期。可以说，构建"中国边疆学"已经从"呼声"转化为学科建设的具体实践，成为边疆研究学术界的共同目标和任务。

中国边疆学构筑当前之要务，我在《当代中国边疆研究（1949—2014）》中曾有简述。[①] 这里拟从学科建设和社会教育两个方面补叙如次。

（一）学科建设方面

中国边疆学构筑的首要条件是要打造具有中国特色、中国风格、中国气派的中国边疆学的学科体系、学术体系和话语体系。近40年来，"中国边疆学在学科目标的提炼、学科结构的打造、学科框架的搭建、研究平台的推出等方面取得了重大突破，在研究人员培养、学术成果的积累等方面取得了可喜成果。但是，应该看到，中国边疆学话语体系相对弱化，尤其是在某一学术体系与邻国的学术体系相交叉、叠合时，往往自缄其口，造成话语断裂、缺失，甚至失语，正是由于中国特色的话语体系和话语创新相对滞后，中国边疆学的学科价值也才更加突显"。[②] 因此，当代中国边疆学学科理论体系和学科话语体系可从以下几个方面展开："1. 在前近代中国历史的语境中凝练出有关疆域和边疆的本土化话语；2. 厘定本土话语表述的基本概念并使之系统化，进而厘清其与当代话语之间的区别与联系；3. 以系统化的本土话语阐明前近代中国疆域与边疆形态发展的基本规律，并分析其近代转型的复杂历程；4. 在此基础上，从思想、制度、实践等层面上建构符合中国历史传统与现实状况，并具有自身特色的边疆学学科体系。"[③]

当然中国边疆学学科的理论与方法、内涵与外延、功能与特色等的阐论也有待细化与深化。

在这里我还想强调，既然是中国边疆学，那么构建新时代中国特色的边疆学学科应当"以我为主"，在充分吸收人类各种文明成果、尊重自身历史和传统的基础上，凝练并提出自己的话语和话语体系，从维护国家核心利益的立场出发，科学总结中国疆域发展和形成的规律，多层面、多维度地提炼出并建构自己一套成熟的边疆理论体系，从而才能平等地与国际学术界展开对话。[④]

---

① 参阅《当代中国边疆研究（1949—2014）》，第602～604页。
② 苗威：《建构中国特色的中国边疆学话语体系》，《中国边疆史地研究》2018年第3期。
③ 王欣：《关于中国边疆学学科话语理论体系建构的几点思考》，《中国边疆史地研究》2018年第3期。
④ 参见马大正《中国疆域的形成与发展》，《中国边疆史地研究》2004年第3期。

我们应该立足中国政治文化传统实际，从中国漫长的历史时期和复杂丰富的现象中，梳理和总结出中国边疆研究的一般性、规律性和突出特点，建构中国边疆研究的话语体系，"至少在中国边疆研究领域不人云亦云，或者不用中国的史实给西方学者的理论做注脚，甚至不必通过引征西方的理论来证明自己的学识和见解，在探索路上给自己壮胆"。①

（二）学人要走出象牙塔，中国边疆学构筑要直面现实、走向社会

学人要在着力推动边疆教育上多做工作。推动边疆教育，这里的教育是指广义的教育，即包括学校教育和社会教育。

关于学校教育，我认为应借鉴 20 世纪三四十年代边政学建设的有益经验，在高等院校和有条件的研究机构设立边疆系或开设中国边疆学专门课程，培养受过专门训练的中国边疆学的硕士和博士，以应边疆研究深化、中国边疆学构筑的需要。

在社会教育方面，应加大宣传边疆和普及边疆知识的力度，让国人更多地关心边疆、认识边疆、了解边疆、热爱边疆，让学术走向大众，让大众了解学术，必须说明，这里的大众不光是指千百万普通百姓，还应包括涉边事务的管理者和决策者。

这方面边疆研究者是大有可为的。李国强认为："关于中国边疆学学科建设，学术界提出了多种观点，可谓异彩纷呈，呈现出'百花齐放、百家争鸣'的良好态势。但是在众说纷纭中，中国边疆学学科建设的诸多命题似乎重新变得混沌起来，比如学科定位问题、学科内涵问题、学术体系框架问题等，思想在不断深化的同时，认识差异却有不断加大的趋向。尽管认识上的不一致是十分正常的现象，尽管各种观点理应得到尊重，但'不忘初心，方得始终'，在构建中国边疆学的讨论中，我们不能忽视提出这一命题的初衷，更不能迷失这一命题的方向。因此，始终清晰认识中国边疆学的理论起点、逻辑起点和实践起点，这是我们把握'初心'的根基；始终准确定位中国边疆学的学科目标、学科任务、学科宗旨，这是我们'牢记使命'的关键；始终牢牢把握中国边疆学的时代背景、时代要求、时代方向，这是我们'继往开来'的前提。唯有此，才能使中国边疆学的建设基础更牢固，才能使中

---

① 张云：《中国边疆研究的内涵和特征刍议》，《中国边疆史地研究》2018 年第 3 期。

国边疆学的发展航向不偏离。"①

历史、现实和未来总是联系在一起的：历史是现实的昨天，未来则是现实的明天。中国边疆学研究的对象中国边疆，其本身即具有历史与现实紧密结合的特点，因此，中国边疆学研究必须依托历史、面对现实和着眼未来，这既是中国边疆现实向我们提出的要求，也是中国边疆学学科建设的需要。中国边疆研究者要完成上述任务，更应继承和坚持求真求善的优良学风。1993 年我曾在一篇文章中写道："中国古代传统史学研究，有着求真求善的传统。从汉代杰出史学家司马迁起，求真求善即成为每一位有成就的史学家追求的目标。司马迁的求真，即要使其史书成为'其文直、其事核、不虚美、不隐恶'的'实录'（《汉史·司马迁传》）；而求善则是希望通过修史而成一家之言，即通过再现历史的精神来展现自己的精神。与此紧密相关的就是经世致用的传统。求真求善才能得到的经世的理论体系，致用则是使理论研究达到实用的目的。"② 上述这段在当时主要是指边疆史地研究，我想对中国边疆学构筑也应该是适用的。

中国边疆学构筑，要坚持制度自信、理论自信、道路自信和文化自信，需要学人扎实的研究，持之以恒的决心，锲而不舍的信心，一步一个脚印，即古语所云：九成之台，起于累土；千里之行，始于足下。已经有了一个好的开头，理想之结局会成为现实！

---

① 李国强：《夯实构建中国边疆学的基础》，该文系作者提交"第四届中国边疆学理论创新与发展高层学术会议"论文（2018 年 11 月 21 日）。

② 马大正：《当代中国边疆研究工作者的历史使命》，《边疆与民族——历史断面研考》，黑龙江教育出版社，1993，第 5 页。

新世纪中国边疆学的构建路径与展望

——兼论中国边疆理论的三个来源

吕文利[*]

引　言

20 年来，构建"中国边疆学"已俨然成为显学。据统计，自 1992 年第一篇题名中含有"边疆学"的文章发表以来，见诸中国知网的论文有 105 篇,[①]此外还有众多有关边疆学的著作问世。[②] 最近几年来，因为学科体系、学术体系和话语体系发展的需要，有关中国边疆学构建以及边疆理论的评述文章多了起来，有学者力图指出边疆学学科构建的困境,[③] 还有学者专门对边疆研究的前沿问题进行述评,[④] 甚至还有综述性质的专著出版。[⑤] 事实上，正如很多学者指出的，对"中国边疆学"构建研究虽然热闹非凡，但是在基本的概念定

[*] 中国社会科学院中国历史研究院中国边疆研究所、武汉大学国家领土主权与海洋权益协同创新中心，原文刊于《中国边疆史地研究》2019 年第 2 期。

① 参见李大龙《新时代边疆学研究的热点与前沿问题》,《云南师范大学学报》2019 年第 1 期。

② 按照时间顺序，专著主要有吴楚克的《中国边疆政治学》（中央民族大学出版社，2005）、郑汕的《中国边疆学概论》（云南人民出版社，2012）、张世明的《法律、资源与时空建构（1644 ~ 1945 年的中国）》第二卷《边疆民族》（广东人民出版社，2012）、周平主编的《中国边疆政治学》（中央编译出版社，2015）、罗崇敏的《中国边政学新论》（人民出版社，2016）等。

③ 参见孙勇、王春焕、朱金春《边疆学学科构建的困境及其指向》,《云南师范大学学报》2016 年第 2 期。

④ 参见王鹏辉《再观"边疆中国"：近年国内边疆研究的前言述评》,《学术月刊》2017 年第 12 期；李大龙《新时代边疆学研究的热点与前沿问题》,《云南师范大学学报》2019 年第 1 期。

⑤ 参见马大正《当代中国边疆研究（1949—2014）》，中国社会科学出版社，2016。

义以及学科内涵上，还远未达到共识。本文在前人研究的基础上，试图对20年来（1998～2018）中国边疆学的构建和边疆理论的发展做一评述，以求教于方家。

从历史的角度来看，中国有关边疆的研究有三次高潮：第一次在19世纪，"这次高潮酝酿于康雍乾时期，形成于嘉道咸时期"。① 第二次是在20世纪前半叶。前两次研究高潮形成的主要背景都是国家面临危机之时，形成了有关边疆研究的群体和著作。20世纪80年代以来，由于改革开放以及国家需要，形成了第三次边疆研究高潮。这三次研究高潮主要由马大正先生阐发其义，② 其观点亦为学术界所认可。这三次研究高潮，背景虽然不同，但在学术理路上殊途同归，即都有三个来源：古代传统、西方理论及现实实践。王国维在概括有清一代三百年的学术演进时说："国初之学大，乾嘉之学精，道咸以降之学新。"③ 虽然他的评论来源于清末西北舆地学之代表人物张穆对清代先儒的评论，④ 但"道咸以降之学新"还是基本概括了当时学术的取向，而这个"新"，就在于立足于中国传统学术，而又力图经世致用，学习西学，以希解决现实问题，这是第一次边疆研究学人们的集体写照。第二次研究高潮亦是在出现民族危机之时，只不过此时随着列强入侵的深入，尤其是一些留学归来学者的推介，一些西方理论随之而来。而这些西方理论遇到了中国传统，曾一度水土不服，中国学人们也一度陷入挣扎，最后还是在现实实践中试图结合中国传统与西方理论，解决现实问题，突出表现在顾颉刚由疑古转向"中华民族是一个"理论的提出。⑤

截至目前，第三次研究高潮方兴未艾。概括起来，我认为第三次研究高潮研究的主要问题是"中国边疆学构建问题"，所以不妨称第三次研究高潮为"中国边疆学构建时代"。

"中国边疆学构建问题"需要解决的主要有三个问题，一是学科的边界和内涵问题；二是学科的内容问题；三是学科的理论创新问题。20年来，学者们围绕这三个问题发表了众多成果，并有一些理论创新，诸如"大一统"理

---

① 马大正：《当代中国边疆研究（1949—2014）》，第54页。
② 参见马大正《当代中国边疆研究（1949—2014）》，第52～126页。
③ 王国维：《沈乙庵先生七十寿序》，《观堂集林》，河北教育出版社，2001，第720页。
④ 张穆曾云："国朝儒学，亭林之大，潜丘之精，皆无与伦比。"见吕文利《〈皇朝藩部要略〉研究》，黑龙江教育出版社，2013，第61页。
⑤ 参见李大龙《对中华民族（国民）凝聚轨迹的理论解读——从梁启超、顾颉刚到费孝通》，《思想战线》2017年第3期。

论、"夷夏观"的多角度阐发,"中华民族"以及"多元一体"理论的深化,多民族国家疆域形成和发展以及"朝贡体系""藩属体系"的进一步研究等。

一　"中国边疆学"研究的两大"阵营"

早在 1992 年,邢玉林先生就发表了第一篇带有"中国边疆学"概念的文章,[①] 初步探讨了中国边疆学的定义、功能、学科内容等。1997 年,在前期研究的基础上,马大正先生提出:"创立一门以探求中国边疆历史和现实发展规律为目的的新兴边缘学科——中国边疆学,这就是肩负继承和开拓重任的中国边疆研究工作者的历史使命!"[②] 可以说,"中国边疆学"命题正是边疆研究老一辈学人上承清末西北边疆史地学及民国"边政学"的余绪,下启构建具有中国边疆学自身特质的学科体系、学术体系、话语体系的需要而提出来的。多年来,马大正先生一直对如何构建中国边疆学进行思考,关于中国边疆学的学科定位,他认为:"中国边疆学既是一门探究中国疆域形成和发展规律、中国边疆治理理论和实践的综合性专门学科;又是一门考察中国边疆历史发展轨迹,探求当代中国边疆可持续发展与长治久安现实和未来极具中国特色的战略性专门学科。中国边疆学是社会科学的一个分支,应定位于社会科学学科分类的一级学科。"[③] 周伟洲先生认为:"中国边疆学是研究中国历史及现实中国边疆(包括陆疆和海疆)的一门综合、交叉的学科。"[④] 上述定义发端于深厚的中国边疆史地研究传统,大体代表了历史学者的思考,但在其他学科出身的学者看来,中国边疆学的学科属性或学科定义显然并非如此。多年来值得瞩目的是吴楚克、周平等学者所力图构建的中国边疆政治学,很多学者误解为他们所力图构建的"边疆政治学"与所谓"边疆经济学""边疆民族学""边疆社会学"等一样,是从属于"中国边疆学"下面的分支,这或许是个美丽的误会。在吴楚克看来,"'边疆学'自身是否存在和如何发展并不制约'边疆政治

① 参见邢玉林《中国边疆学及其研究的若干问题》,《中国边疆史地研究》1992 年第 1 期。
② 马大正、刘逖:《二十世纪的中国边疆研究——一门发展中的边缘学科的演进历程》,黑龙江教育出版社,1997,第 278 页。
③ 马大正:《当代中国边疆研究(1949—2014)》,中国社会科学出版社,2016,第 596 ~ 597 页。
④ 周伟洲:《关于构建中国边疆学的几点思考》,《中国边疆史地研究》2014 年第 1 期,第 5 页。

学'"。"边疆政治学是一门交叉边缘学科，成长于历史上的'边政学'，发展
于当今的民族学和政治学的复合之中。"① 在周平看来，"边疆政治学"是一门
学问、一个学科、一门科学。② 从研究内容上来看，中国边疆政治学与中国边
疆学研究的内容几乎一模一样。虽然在学科属性上，他们一致认为中国边疆政
治学应该属于"政治学"下的分支学科，③ 但在学术雄心上，他们其实是另辟
蹊径，力图建立与中国边疆学齐头并进的中国边疆政治学。实际上，国家社会
科学基金 2017 年设立的名为"中国边疆学原理"的研究项目，也反映了与主
要构建在历史学科上的"中国边疆学"大异其趣的学术路径与学术雄心。

　　据笔者观察，现在在中国边疆学的构建研究方面，似乎分成两个"阵
营"，一个是以历史学出身的学者组成的，如马大正、李国强、邢广程、周伟
洲、方铁、李大龙等，主要以历史学的方法来进行研究，立足于中国传统，同
时关照西方理论与现实实践；另一些是政治学出身或者研究政治学的学者，以
周平、吴楚克、罗中枢、孙勇、杨明洪等人为代表，主要关注西方理论与中国
现实实践的适应性问题。当然，这两类学者并未形成有明显区别的学术共同
体，只是笔者为方便研究而做的大体分类。近几年来，正当构建中国边疆学久
攻不下的时候，以政治学研究为志向的学者开始质疑以历史学为方法的学者，
认为应该摒弃以历史学为基本方法来构建中国边疆学的研究理路，认为"当
代中国边疆理论状况是丢掉了传统思维的优势，踉踉跄跄跟在西方国家一些学
者和理论的后面，我们做不到当代哲学的同时代人，也没有真实地理解中国现
实的本质"。所以应该构建一个全新的研究体系，把研究思路上升为"原理"
高度，"从哲学理性的角度重新研究中国边疆学学科构建的可能性是必要的和
紧迫的"。④ 实际上，"边疆史地学科不能完全覆盖新形势下的边疆问题研
究"⑤ 已成为学界共识，但这不是非此即彼的关系，不需要摒弃一种学科方法
而用另一种学科方法加以解决。邢广程指出："研究中国边疆学问题应在研究
方法方面寻求突破，应运用多学科来解决中国边疆安全、稳定和发展与周边国

---

① 吴楚克：《中国边疆政治学》，第 2 页。
② 参见周平主编《中国边疆政治学》，第 18 页。
③ 参见吴楚克《中国边疆政治学》，第 27～34 页；周平主编《中国边疆政治学》，第 18 页。
④ 吴楚克、徐姗姗：《现时代理性认识的特点与中国边疆学建构》，《中央民族大学学报》
2018 年第 4 期，第 64 页。
⑤ 邢广程：《中国边疆学研究的几个问题》，《中国边疆史地研究》2013 年第 4 期，第 4 页。

际环境之间的关系问题。拓宽领域，完善理论，注重研究内容的综合性和研究方法的创新性。着力解决历史上的疑点问题、现实中的热点问题、理论上的难点问题。在充分吸收国内外已有成果的基础上，努力推进相关领域的研究。因此，要善于把历史与现实、基础研究与应用研究有机结合起来，运用人文科学、社会科学多种学科的理论、方法，深化中国边疆研究的学科发展。"①

这两年，还产生了以周平为代表的"边疆建构论"与以杨明洪为代表的"边疆实在论"的争论。杨明洪认为周平等人所说的"边疆是建构的产物"是值得商榷的，国家从"王朝国家"转为"民族国家"后，边疆就变为一种客观存在，而不是国家建构的结果。② 周平目前并未对此观点进行回应，但方盛举③以及朱碧波、李朝辉④已发表两篇商榷文章，就这个问题进一步探讨。对这两种观点的争论，李大龙认为"二者和'文化边疆'概念提出的视角一样，着眼点在'中国边疆'呈现的不同样态，不能简单以对错进行区分，因为只有整合从这些不同视角审视下的'中国边疆'认识，我们对'中国边疆'的诠释才有可能更加系统和客观，更有助于我们构建符合中国实际的中国边疆话语体系"。⑤ 孙勇、王春焕从西方哲学的角度分析"建构论"与"实在论"，认为"边疆本体既包含了建构也有着实在，这两者之间并没有从实践到理论的鸿沟"。⑥

在有关"中国边疆学"的概念问题上，两个"阵营"也没有达成共识。在孙勇和杨明洪等学者看来，以"中国"限定"边疆学"，实际上就限制了学科的发展，他们主张构建"一般边疆学"。⑦ 然而，在以历史学为方法的李大龙看来，"边疆"概念的确定才是构建"中国边疆学"的基础，他认为，政治属性

---

① 邢广程：《开拓中国边疆学研究的新局面》，《中国边疆史地研究》2016 年第 2 期。

② 参见杨明洪《反"边疆建构论"：一个关于"边疆实在论"的理论解说》，《新疆师范大学学报》2018 年第 1 期。

③ 方盛举：《新边疆观——政治学的视角》，《新疆师范大学学报》2018 年第 2 期。

④ 参见朱碧波、李朝辉《"边疆建构论"与"边疆实在论"：对立抑或共生——兼与杨明洪教授商榷》，《新疆师范大学学报》2018 年第 2 期。

⑤ 李大龙：《新时代边疆学研究的热点与前沿问题》，《云南师范大学学报》2019 年第 1 期。

⑥ 孙勇、王春焕：《时空统一下国家边疆现象的发生及其认识——兼议"边疆建构论"与"边疆实在论"争鸣》，《理论与改革》2018 年第 5 期。

⑦ 参见孙勇、王春焕、朱金春《边疆学学科构建的困境及其指向》，《云南师范大学学报》2016 年第 2 期；杨明洪《关于"边疆学"学科构建的几个基本问题》，《北方民族大学学报》2018 年第 6 期。

是"边疆"得以形成的第一要件，或称之为决定性因素；"主权国家"理论较"民族国家"理论更适合阐述多民族中国尤其是"中国边疆"的形成与发展；"边疆"是动态的，会随着国家实力的强弱和国际环境的变化而改变；"陆疆"和"海疆"是构成今天"中国边疆"的两大基本要素；"边疆"具有地缘优势，既是军事防御的前沿，也是连接两个乃至多个国家的纽带；"边疆"不能脱离"疆域"而存在，将其泛化也不利于对"中国边疆"的研究。① 这是基于前人研究基础上对"边疆"概念的进一步认识。但有些学者却有意无意地忽视了历史学界的长期研究，认为"边疆学"研究的逻辑起点应该是"民族国家"，② 这种观点既未立足于中国传统，也未评估来自西方的"民族国家"理论的危害。实际上，早有学者指出，在清朝中期，就有传统"夷夏观"的转向，乾隆时期以文化加行政版图为单位的"中华民族"，已成为整体基调，而且，"来自清朝外部的压力越大，中华民族的整体意识就越强，以至英法等欧洲列强打着'民族国家'幌子来插手新疆、西藏事务时，欧洲那一套理念和做法并没能收到其预期的效果"。③ 需要注意的是，因为"民族国家"理论具有狭隘种族主义的危险性，李大龙为解决这一问题提供了一个重要的方案。他在关照中国传统和中国现实实践的基础上，批判性借鉴西方理论，认为应该用"主权国家"理论来代替"民族国家"理论，用以阐述多民族中国尤其是"中国边疆"的形成与发展问题，因为"'主权国家'是当今世界的基本单位，但世界上的绝大多数国家和地区并不是'民族国家'理论主张的'民族国家'，而是'多民族国家'"。④

关于中国边疆学学科的属性问题，目前在研究生招生等实践层面，都放在了历史学学科中，有学者提出反对意见，认为中国边疆学应该属于法学学科。⑤ 李国强长期思考和研究中国边疆学的构建问题，他在最近的一篇文章中认为"中国边疆学并不是一个包罗万象的学科，也不是边疆 + 某个学科的简

---

① 参见李大龙《"中国边疆"的内涵及其特征》，《中国边疆史地研究》2018 年第 3 期。
② 参见杨明洪《关于"边疆学"学科构建的几个基本问题》，《北方民族大学学报》2018 年第 6 期。
③ 韩东育：《清朝对"非汉世界"的"大中华"表达》，《中国边疆史地研究》2014 年第 4 期。
④ 李大龙：《"中国边疆"的内涵及其特征》，《中国边疆史地研究》2018 年第 3 期。也可参见李大龙《从"天下"到"中国"：多民族国家疆域理论解构》，人民出版社，2015。
⑤ 参见崔明德《关于中国边疆学学科建设的几点看法》，《中国边疆史地研究》2018 年第 3 期。

单公式。中国边疆学既然是一个学科，就一定有它的学术定义，有它的学术边界，而边疆政治学、边疆经济学、边疆安全学等都很难称得上是真正意义上的'中国边疆学'"。① 他在总结前人研究的基础上，对"中国边疆学"重新定义："何谓'中国边疆学'？简单说，中国边疆学是哲学社会科学中一门以中国边疆为研究对象的独立知识体系。其所包含的第一个要素即为'中国边疆'：'中国边疆学'把中国陆地边疆和海洋边疆作为整体进行全面考察，研究边疆起源、演进的规律以及国家治理边疆的全过程。其所包含的第二个要素即为'独立知识体系'：边疆研究的理论（或知识）基础，决定了中国边疆学所具有的独立性，它包含了中国边疆从无疆无界，到有疆无界，到有疆有界发生、发展的全部历史。在空间格局上，以陆地边疆和海洋边疆为主体，涵盖我国所有边疆地区；在时间脉络上，遵循历史发展轨迹，覆盖中国边疆由古至今的全时段；在研究内容上，通过对边疆历史和边疆现实多层次、宽领域的学术考察，诠释国家历史疆域与国家领土的形成与演进、边疆治理与边疆发展的嬗变与精髓。"② 这是目前笔者所见到的有关"中国边疆学"的最新定义，这个定义是依据科学性、实用性、简明性、兼容性、扩延性、唯一性六原则而提炼出来的。目前，中国社会科学院中国历史研究院中国边疆研究所正在完成有关"中国边疆学构建"的"登峰计划"，这是集体项目，这个"中国边疆学"的定义具有科学性、权威性和导向性意义，对"中国边疆学构建"的"登峰计划"具有指导作用。

总体而言，主要以历史学为方法的学者主要立足于中国传统并兼顾现实实践，努力构建"中国边疆学"，但对西方理论的了解较为欠缺；以政治学为方法的学者理论来源主要是西方，与中国实践结合，考虑理论的本土化问题，努力构建"中国边疆政治学"或"一般边疆学"，考虑中国边疆"原理"和本源问题，但对中国传统研究得不够。习近平主席提出"历史研究是一切社会科学的基础"，③ 这实际上不但强调历史研究的重要性，更强调中国传统为现实实践提供思想资源的必要性。所以构建"中国边疆学"，需要借鉴多学科的方法，立足于中国传统，借鉴西方理论，在现实实践中用中国传

---

① 李国强：《开启中国边疆学学科建设新征程》，《中国边疆史地研究》2018 年第 1 期。
② 李国强：《开启中国边疆学学科建设新征程》，《中国边疆史地研究》2018 年第 1 期。
③ 《习近平致第二十二届国际历史科学大会的贺信》，《人民日报》2015 年 8 月 24 日，第 1 版。

统理论与西方理论不断对话、修正，从而才有可能构建完成有中国特色的"中国边疆学"。①

二　"大一统"理论与"夷夏观"的多角度阐发

"大一统"一直是中国重要的自发性理论，也是边疆理论的重要议题之一，多年来受到学者的重视。与"大一统"理论相关的，是"夷夏观"，两千年来争论不休。李大龙多年来在边疆理论方面用力颇勤，在夷夏观方面，他认为可把中国古代历史分为两个时期，由远古到唐为第一个时期，这一时期"在中国疆域形成过程中发挥主导作用的是华夏族，或由华夏族发展而来的汉族"；五代到清为第二个时期，这一时期"对中国疆域形成起着主导作用的则是'夷'，而非'夏'"。② 这一分期法很有启发性。李大龙又对"夷夏观"进行了详细研究，认为在先秦其实就已经有两种"夷夏观"了。他在分析《礼记》之《王制》篇③后认为，《礼记》划分"夷""戎""狄""蛮"的依据是物质文化、分布区域的异同，这对后世产生了广泛的影响，最主要的就是"内诸夏而外夷狄"的思想，但在先秦，还有一种开放包容的"用夏变夷"的思想，即可以通过文化的传播达到化"夷"为"夏"的目的。与"夷夏观"相伴而生的，则是先秦以"王"为中心构筑的"大一统"理论体系。④ 笔者认为，如果把中国古代的"天下观"比喻为一枚硬币的话，则"大一统"和"夷夏观"为硬币之两面，它们构成了"天下观"的全部认知，缺一不可。这

---

① 关于西方边疆理论的介绍与研究，国内已有很多成果，如于沛、孙宏年、章永俊、董欣洁《全球化境遇中的西方边疆理论研究》，中国社会科学出版社，2008；张世明、王济东、牛盻盻主编《空间、法律与学术话语：西方边疆理论经典文献》，黑龙江教育出版社，2014；黄达远、袁剑主编《拉铁摩尔与边疆中国》，三联书店，2017 等。

② 李大龙：《传统夷夏观与中国疆域的形成——中国疆域形成理论探讨之一》，《中国边疆史地研究》2004 年第 1 期，第 2～3 页。另参见李大龙《从"天下"到"中国"：多民族国家疆域理论解构》，第 300 页。

③ 《礼记·王制》云："中国戎夷，五方之民，皆有性也，不可推移。东方曰夷，被发文身，有不火食者矣。南方曰蛮，雕题交趾，有不火食者矣。西方曰戎，被发衣皮，有不粒食者矣。北方曰狄，衣羽毛穴居，有不粒食者矣。中国、夷、蛮、戎、狄，皆有安居、和味、宜服、备器，五方之民，言语不通，嗜欲不同。"

④ 参见李大龙《传统夷夏观与中国疆域的形成——中国疆域形成理论探讨之一》，《中国边疆史地研究》2004 年第 1 期。另参见李大龙《从"天下"到"中国"：多民族国家疆域理论解构》，第 301～308 页。

种"一体两面的认知随着儒学成为官方的正统思想而被意识形态化"。① 李大龙和笔者的观点是在前人研究基础上的进一步深化，韩东育则在先秦这个时代进一步用"放大镜"发掘这两种"夷夏观"，因为中国传统文化源远流长，古代中还有古代，传统中还有传统，每一个时代都有每一个时代的问题，都有自己的当代性，春秋与战国也不例外。如果我们把镜头拉回到先秦，详细扫描这两种"夷夏观"的话，会发现与《礼记》成书年代相仿的《论语》中，记录了生活在春秋时期的孔子对"夷夏观"的看法。因为礼崩乐坏、传统尽无而又"夷狄"环伺的时代，孔子发出了"周监于二代，郁郁乎文哉，吾从周"的感慨，② 并说"夷狄之有君，不如诸夏之亡也"，③ "管仲相桓公，霸诸侯，一匡天下，民到于今受其赐。微管仲，吾其被发左衽矣"，④ 对管仲有很高评价的同时，对"被发左衽"的"夷狄"显示出鄙夷的态度。这就是以生产方式和文明程度区别"华夷"，因为儒家的正统地位，孔子的思想对后世产生了很大的影响。韩东育认为，除了"将孔子'攘夷'思想推向极致的严毅苛刻的'华夷观（经）'外，还有着不乏变通精神和包容气度的另外一种'华夷观（权）'。这一观念的提出和弘扬者，是孟子及其后学"。到了战国时期，世易时移，"春秋时期的内部夷狄已逐渐消失，人们的意识当中，夷狄已成为七国以外乃至更遥远的存在"，所以孟子提出了天下"定于一"思想。"天下一体"原则，使孟子"超越了以往'严夷夏之防'的逼仄视野，为'夷夏融合'的同质化运动，赋予了无限的空间"。孔子和孟子的这两种夷夏观，在后世不断被用来作为理论来源，每个时代、每个人都根据现实实践而进行选择，从而争论不休，到清朝雍正皇帝与曾静的争辩，做了一次系统总结和彻底清算。⑤

三　有关"中华民族"形成以及"多元一体" 问题的讨论

清朝皇帝以"大一统"成功消解了曾静等读书人的狭隘"夷夏观"，但并

---

① 吕文利：《中国古代天下观的意识形态建构及其制度实践》，《中国边疆史地研究》2013 年第 3 期。

② 《论语·八佾》。

③ 《论语·八佾》。

④ 《论语·宪问》。

⑤ 参见韩东育《清朝对"非汉世界"的"大中华"表达》，《中国边疆史地研究》2014 年第 4 期。

未一劳永逸。随着清王朝行将就木，"驱除鞑虏，恢复中华"又成为革命的正当性口号。但此时与中国古代大不同的是，中国面临几千年来未有之大变局，即民族危机日渐加深，中国迫切地需要"一"：政治一统、思想一统、民族一统。当时的知识人也有这方面的集体焦虑。但所有的解决方案，竟由《清帝逊位诏书》提出来了："合满、汉、蒙、回、藏五族完全领土，为一大中华民国。"① 郭成康对此有极高评价，认为这一提法是"逻辑严谨、内涵明确的'大中华'、'大中国'的概念"，他认为"清朝不仅留给今天中国人民国家版图与统一的多民族国家的物质财富，而且留下了界定中国与中华民族内涵与外延的弥足珍贵的精神财富"。② 韩东育则发掘了《清帝逊位诏书》重要的文本意义，认为《逊位诏书》的提法"以足够巨大的力量把伊始疾驰于'民族革命'途路上的孙中山扳回到'五族共和'的轨道上来"。③ 这成为此后梁启超、顾颉刚、费孝通等人的思想来源。李大龙在前人研究的基础上，独辟蹊径，认为应该抛开民族国家视阈，从传统王朝到主权国家转变过程中"国民"凝聚的视角来审视梁启超、顾颉刚、费孝通等人的观点。正是梁启超、顾颉刚、费孝通等学人前后相继的对话，才使得费孝通"中华民族多元一体格局"理论得以提出。④ 李大龙进一步指出："中华大地上主体族群的凝聚融合是推动多民族国家中国建构的主要动力。近代以前，对这些族群凝聚融合的记述是按照古代中国传统的族群话语体系书写的。而后从西方传入'民族国家'理论体系，它能否解释中华大地上族群凝聚的历史，它为多民族国家的稳定和发展带来的是威胁还是机遇，仍有疑问。从 20 世纪直至今日，有关'中华民族'的研究依然停留在对名词的重复阐述基础之上，依然受困于'民族国家'理论体系之中。需要构建有中国特色，更适应阐述中国边疆发展历史的边疆理论话语体系，对多民族国家疆域的形成和发展给出一个科学合理且有中国特色的理

---

① 《宣统政纪》卷 70，宣统三年十二月下。

② 郭成康：《清朝皇帝的中国观》，《清史研究》2005 年第 4 期。

③ 韩东育：《清朝对"非汉世界"的"大中华"表达》，《中国边疆史地研究》2014 年第 4 期。

④ 参见李大龙《对中华民族（国民）凝聚轨迹的理论解读——从梁启超、顾颉刚到费孝通》，《思想战线》2017 年第 3 期；马戎《如何认识"民族"和"中华民族"——回顾 1939 年关于"中华民族是一个"的讨论》，《中南民族大学学报》2012 年第 5 期。

论阐述。"① 在此基础上，他提出了"中华民族自然凝聚"论，认为"自然凝聚"是多民族国家疆域和国民（中华民族）形成轨迹的突出特点。②

王铭铭在与费孝通等人对话的基础上，提出了"超社会体系"（Supra - societal Systems）理论，他认为，存在着凌驾于我们通常所说的"社会"之上的体系，如果说社会、民族、地区、国家等概念昭示着某种断裂的话，那么"超社会体系"则志在揭示"断裂"的延续性。③ 汪晖又试图与王铭铭的这一理论对话，提出了"跨体系社会"理论，他试图用"跨体系社会"这个概念来解释何为中国的问题，他认为"跨体系社会"是指"包含着不同文明、宗教、族群和其他体系的人类共同体，或者说，是指包含着不同文明、族群、宗教、语言和其他体系的社会网络。它可以是一个家庭，一个村庄，一个区域或一个国家"。④ 在对区域主义研究方法的观察之上，汪晖提出了"横向时间"概念。⑤ 王铭铭和汪晖的洞见在于，他们都试图超越民族国家、社会、区域等既定的认识和分析框架，强调各社会、区域、体系之间的"超"性或"跨"性，即各体系相互渗透并构成网络的特征。汪晖对"横向时间"的强调，其主要意义也在于提醒人们注意各区域、社会、体系之间的互动性。⑥

吕文利在与上述理论对话的基础上，提出了"嵌入式互动"理论。认为历史是由多种力量合力而成的结果，也是所有民众互动的实践综合。在中华民族形成的过程中，各种族群、集团、部落、宗教、文化、社会、区域等形成了嵌入式互动格局。嵌入式互动是以战争、和亲、通婚、贸易、和平、互助等为表达手段的一种横向的历史互动。清代蒙藏意识形态联盟和满蒙军事 - 政治联盟的轴心是蒙古，满蒙军事 - 政治联盟和"满汉一体"政策的轴心是满洲，彼此之间形成了嵌入式互动的格局，正是这种嵌入式互动格局，改写了满、蒙、藏、汉等各个族群的历史，也改写了中国的大历史。在这个过程中，彼此

---

① 李大龙：《阐述中华民族形成和发展的视角、理论与方法》，《中央社会主义学院学报》2017 年第 5 期。
② 参见李大龙《自然凝聚：多民族中国形成轨迹的理论解读》，《西北师大学报》2017 年第 3 期。
③ 汪晖：《东西之间的"西藏问题"》，三联书店，2014，第 1148 页注。
④ 汪晖：《东西之间的"西藏问题"》，第 147~148 页。
⑤ 参见汪晖《东西之间的"西藏问题"》，第 194 页。
⑥ 参见吕文利《嵌入式互动：清代蒙古入藏熬茶研究》，内蒙古大学出版社，2017，第 7~13 页。

的文化已经深深嵌入了对方的骨髓，形成了"你中有我，我中有你"的格局，共同构成了中华文化的一部分，所以处于非儒家或汉字文化圈的蒙古、新疆、西藏才能够纳入中国的版图，而相反的是，处于儒家或汉字文化圈之内的朝鲜、日本和越南等国并未纳入中国的版图。正是这种嵌入式互动才使得现代民族国家意义上的"中国"得以形成，也是理解多元一体中华民族格局形成的关键。[①]

四　多民族国家疆域形成和发展研究的新动向

疆域理论不但研究人，还要研究人所赖以生存的疆域。"中国疆域"的含义和指称范围，1949 年之后有很大争论。对此，马大正有过详细总结，认为概括起来大致有五种意见："一是以鸦片战争以前清朝的版图作为历史上中国疆域的范围；二是以今天的中国版图作为历史上中国疆域的范围；三是以历史上不同时期形成的统一多民族国家的疆域作为历史上中国疆域的范围；四是以接受了汉族文化或儒家文化的地区作为中原王朝的疆域，即以文化标准来判断疆域的范围；五是以汉族建立的王朝的版图作为历史上中国疆域的范围。"[②] 对于这几种观点，马大正、[③] 李大龙、[④] 刘清涛[⑤]等学者均有过详细的评述，本文不做重复，仅对近年来有关中国疆域研究的新动向做一评述。

近年来有关中国疆域范围的文章，主要用历史分期法来说明中国疆域的形成过程。马大正把中国疆域形成分为四个阶段，即秦汉时期的中国疆域是形成阶段；隋唐至元时期的中国疆域是发展阶段；清代的中国疆域是奠定阶段；清中叶以来至民国时期的中国疆域是变迁阶段。[⑥] 杨建新认为，一个中心、两种途径是中国疆域形成的主要模式。一个中心是指中国的中原地区；两种途径是

---

①　参见吕文利《嵌入式互动：清代蒙古入藏熬茶研究》。

②　马大正：《当代中国边疆研究（1949—2014）》，第 167～168 页。

③　参见马大正《当代中国边疆研究（1949—2014）》，第 162～179 页。

④　参见李大龙《从"天下"到"中国"：多民族国家疆域理论解构》，第 33～36 页；李大龙、刘清涛《统一多民族国家的疆域问题研究》，达力扎布主编《中国民族史研究 60 年》，中央民族大学出版社，2010，第 37～46 页。

⑤　参见刘清涛《60 年来中国历史疆域问题研究》，《中国边疆史地研究》2009 年第 3 期。

⑥　参见马大正《中国疆域的形成与发展》，《中国边疆史地研究》2004 年第 3 期。

指开拓式和嵌入式。① 周伟洲认为马大正所划分的历史分期是"基于古代中国疆域以现今中国疆域或清初疆域为准的主流观点，回避了古代中国疆域在各个历史时期是否存在，及其具体发展、变化的情况"，他认为，"对于中国疆域发展阶段，应主要分为古代疆域和近现代疆域两个大的发展阶段。中国古代疆域又可分为古代疆域的初步形成期（夏商周至春秋战国时期），形成期（统一的秦汉时期），发展期（从分裂到再统一的魏晋南北朝至隋唐时期），巩固期（由分裂的五代经宋、辽、金、西夏局部统一直到元代大统一时期），最终定型期（明至清初），也即是向近代疆域的转化时期。中国近现代疆域又可分为列强侵略下疆域变化时期（1840 年至 1949 年）及现代疆域时期（1949 年至今）"。李大龙多年来就这个问题发表了一系列文章，提出了中国疆域"自然凝聚，碰撞底定"论，他以康熙二十八年（1689）《尼布楚条约》的签订到1840 年鸦片战争爆发期间清王朝的疆域作为"中国疆域"的参照系，把中国疆域的形成划分为四个时期：一是自然凝聚时期，从中华大地人类文明的出现，到康熙二十八年（1689）《尼布楚条约》的签订；二是疆域明晰时期，从康熙二十八年（1689）《尼布楚条约》的签订到 1840 年鸦片战争爆发；三是列强的蚕食鲸吞时期，从鸦片战争爆发到中华人民共和国成立；四是现代疆域巩固时期，中华人民共和国成立后为维护疆域完整而做的种种努力。② 这个分期是很有启发性的，是在整个东亚这个更大的区域范围内，结合王朝国家和主权国家不同的性质而做的分期。

五　"朝贡体系""藩属体系"研究的不断深入

与上述问题相关，"朝贡""藩属"体系，是中国古代中央王朝为处理与边疆少数民族关系以及藩属国和贸易国之间的关系而形成的制度，是古代"夷夏观"的制度化表达。

---

① 参见杨建新《"中国"一词和中国疆域形成再探讨》，《中国边疆史地研究》2006 年第 2 期。所谓开拓模式，就是以中原为基础，以中原地区的政权为核心，主动以政治、经济、文化等和平手段，不断扩大中原政治、经济、文化的影响力，经过多年的经营和开拓，使边疆地区与中原建立不可分割的联系，最终成为统一的中国疆域；所谓嵌入模式，即在中国疆域形成过程中，不断有新的民族和政权主动嵌入正在形成和发展的中国版图之中，并与中国其他民族和地区形成密切的政治、经济、文化和族体方面的联系。

② 参见李大龙《从"天下"到"中国"：多民族国家疆域理论解构》，第 41～53 页。

有关"朝贡体系"的研究，美国学者费正清开创于前，日本学者滨下武志承继于后，都对"朝贡体系"的研究起到了推动作用。费正清将朝贡制度纳入中西冲突的背景中去考察，提出了"冲击－反应模式"。这种方法论有一个内在的倾向，即把任何在 19 世纪中国发生的变迁，都和西方冲击扯上关系，从而否定了中国内在变迁的可能性。在 20 世纪 70 年代，越来越多的学者质疑西方中心观，比较有代表性的学者是日本的滨下武志。他试图打破西方中心观，具体就是："要从体现着历史纽带的亚洲区域内的国际秩序和国际贸易关系的总体的内在变化之中，去把握作为亚洲史的延续形态的亚洲的近代。并且只有从亚洲的近代中去探求中国的位置及其变化，才是考察中国近代道路的方法。"① 在他看来，与欧洲国家体系不同，东亚长期以中国为中心形成了朝贡体系。他认为这种"朝贡"关系更多是一种贸易关系，即"朝贡的根本特征，在于它是以商业贸易行为进行的活动"。② 而把朝贡关系看成是贸易关系一直是滨下武志的研究特色，在这里他显示了和费正清对朝贡关系的看法完全迥异的研究取向。但是，滨下武志的研究只是把东亚的朝贡关系看作是贸易关系，而忽略了或有意忽略了其中的礼仪的和政治的意义。这是从日本的角度来看西方和中国的，在抵消了西方中心主义的同时，也把中国中心主义相对化了，暗含了经济中心主义和日本中心主义。

费正清和滨下武志以中国古代的"朝贡体系"作为思想资源，关照现实，取得了有世界级影响力的成就，这不但说明学术无国界，也说明西方理论与中国传统在现实实践中的契合性。在他们之后，形成了研究朝贡体系、藩属体系的热潮。近 20 年来，中国学者在与他们的对话中，取得了很大的成就。③

李云泉多年来一直研究朝贡制度，他系统研究了朝贡制度的起源和发展，

---

① 滨下武志：《近代中国的国际契机——朝贡贸易与近代亚洲经济圈》，朱荫贵、欧阳菲译，中国社会科学出版社，1999，第 9 页。
② 滨下武志：《近代中国的国际契机——朝贡贸易与近代亚洲经济圈》，第 9 页。
③ 仅著作就有多种，如黄枝连《天朝礼治体系研究》，中国人民大学出版社，1992～1995；李大龙《汉唐藩属体制研究》，中国社会科学出版社，2006；李云泉《万邦来朝：朝贡制度史论》，新华出版社，2014；陈尚胜《闭关与开放——中国封建晚期对外关系研究》，山东人民出版社，1993；陈尚胜《中国传统对外关系研究》，中华书局，2015；万明《中国融入世界的步履——明与清前期海外政策比较研究》，社会科学文献出版社，2000；黄松筠《中国古代藩属制度研究》，吉林人民出版社，2008；黄纯艳《宋代朝贡体系研究》，商务印书馆，2014；付百臣主编《中朝历代朝贡制度研究》，吉林人民出版社，2008；骆昭东《朝贡贸易与仗剑经商：全球经济视角下的明清外贸政策》，社会科学文献出版社，2016；等等。

朝贡制度的理论基础和礼仪原则等，认为在文化上，朝贡制度是"用夏变夷"的途径。① 在对待西方理论上，他认为，"西方中心论的破除并不意味着中国中心观的建立，反之亦然。或许，从中心与周边互动的视角，通过对不同历史时期朝贡制度、朝贡关系差异性及其与通商体制、条约体制内在关联的阐释，方能揭示朝贡制度之历史实像和中国传统对外关系的多重面相"。②

实际上，除了朝贡体系，很多学者还用"宗藩体系""藩属体系""藩部体系""册封－朝贡体系"等概念来研究相关问题，虽然各有侧重，但相关概念混用的情况也很多。刘志扬、李大龙在分析前人研究以及历史上对"藩属""宗藩"一词的用法后，认为"历代王朝和边疆民族乃至邻国的关系是一种'藩属'关系而非'宗藩'关系"。③ 李大龙进一步研究清代的"藩属"关系后认为，清代的"藩属"关系已经出现了界限明晰的两个组成部分，即藩部和属国。至清末，一方面朝鲜、琉球、越南、缅甸等清王朝的"属国"纷纷沦为殖民地，最终与中国的关系发展成现代的国际关系；另一方面"虽然大片的藩部领土被蚕食鲸吞，但由于长期和历朝各代保持着密切的藩属关系，内蒙古、新疆、西藏等藩部地区已经和内地融为一体，最终成为中国疆域不可分割的组成部分"。④ 关于"宗藩关系"一词的使用，刘清涛从"宗主权"一词中文翻译的出现过程入手，指出该词是伴随着日本国际法著述的引入出现于清末，进而认为中国传统藩属体系与近代西方国际法宗主国－属国关系体制不同，后者代表了当时国际社会强势规则，清朝传统藩属体系在进入国际社会时，不得不受其挑战而进行调适。在这一过程中，由于清朝对"宗主权"认识迟钝、国力衰弱、列强侵占等因素，无法最终依据当时西方国际法规范对与越南、朝鲜等国的传统藩属关系进行重新确立，而传统藩属体系逐渐解体。当"宗主权""宗主国"等词语进入中文成为固定的术语时，后世学人开始用这些词语重新书写历史，由此产生了"宗藩关系"等词语。⑤

---

① 参见李云泉《万邦来朝：朝贡制度史论》，新华出版社，2014。
② 李云泉：《万邦来朝：朝贡制度史论》，修订版后记，第276页。
③ 刘志扬、李大龙：《"藩属"与"宗藩"辨析——中国古代疆域形成理论研究之四》，《中国边疆史地研究》2006年第3期。
④ 李大龙：《从"天下"到"中国"：多民族国家疆域理论解构》，第240~244页。
⑤ 参见刘清涛《"宗主权"与传统藩属体系的解体——从"宗藩关系"一词的来源谈起》，《中国边疆史地研究》2017年第1期。

结　语

综上所述，近 20 年来是"中国边疆学构建时代"，涌现了数量众多的著作和学者，甚至分为两个群体：一个是以历史学为主要研究方法的群体，努力构建"中国边疆学"；一个是以政治学为主要研究方法的群体，努力构建"中国边疆政治学"或"一般边疆学"。正是这些学者轮番上阵，你方唱罢我登场，构成了"中国边疆学"研究领域"百花齐放，百家争鸣"的局面，促进有关讨论日渐成熟。

在边疆理论领域，笔者关注了一些重大的理论问题，诸如"大一统""夷夏观""中华民族""多元一体理论""多民族国家疆域的形成和发展""朝贡体系""藩属体系"等，这些理论既立足于中国传统，又借鉴西方理论，并关照中国现实，取得了很大的成绩。笔者认为，理论是否有用，衡量的标准就是实践。① 当然，笔者这里所说的实践不仅仅具有当代性，还具有历史性。因为每个时代都有每个时代的困境，每个时代都需要理论来解决自己的现实问题。之所以要从边疆史地研究跨越到中国边疆学，重要的原因之一就是要解决现实问题，要依赖经验证据和现实实践不断对理论进行检验，从而创新适合于实践的理论，这是中国边疆学构建以及边疆理论不断发展的不二法门。只要我们的理论和学科做到逻辑上自洽，现实中有用，习近平主席所提出"推进学科体系、学术体系、话语体系建设和创新"② 的希望就会实现，我们所着力构建的"中国边疆学"学科体系也会早日实现。

---

① 参见吕文利《构建中国边疆学需要理论与实践的结合》，《中国边疆史地研究》2016 年第 3 期。
② 人民网：《习近平：在哲学社会科学工作座谈会上的讲话》（全文），http：//politics. people. com. cn/n1/2016/0518/c1024 - 28361421 - 3. html，2019 年 3 月 2 日。

理解结构：清代形成的嵌入式互动格局

吕文利[*]

1578 年，蒙古土默特部首领俺答汗与西藏格鲁派首领索南嘉措在察卜齐雅勒庙（仰华寺）相会，从此藏传佛教像春风一样，吹遍了蒙古人的各个毡房。这是俺答汗在面对多种宗教选择，在宗教信仰和意识形态上多次权衡后的大抉择，这个大抉择促使蒙藏结成意识形态上的联盟。

1619 年，兴起于东北的努尔哈赤与蒙古内喀尔喀部缔结了第一个军事－政治联盟。1626 年，与科尔沁部缔结了第二个军事－政治联盟。正是凭借与蒙古诸部缔结的军事－政治联盟，满洲力量得以壮大，攻城略地，在与明朝的战争中处于上风。

几乎与满蒙联盟相同时，努尔哈赤又推行"满汉一体"观念，强调"今诸申、尼堪全都是汗的国人"。1633 年、1634 年，明将孔有德、耿仲明、尚可喜来归，皇太极大喜，封官加爵。在皇太极时期，前来归附的汉人不断增多，皇太极继续其父的思想，宣布"满汉之人，均属一体"。

1636 年 4 月 8 日，在推戴皇太极登基的场面上，由"管吏部、和硕墨尔根戴青、贝勒多尔衮捧满字表文一道，科尔沁国土谢图济农巴达礼捧蒙古字表文一道，都元帅孔有德捧呈汉字表文一道，率诸贝勒、大臣、文武各官"，共同推戴皇太极登基，满文、蒙古文、汉文的表文，具有三者归一的象征意义。皇太极同时宣布："满洲、蒙古、汉人，视为一体。"对此，他还有一个比喻："譬诸五味，调剂贵得其宜，若满洲庇护满洲，蒙古庇护蒙古，汉官庇护汉人，是犹咸苦酸辛之不得其和。"

---

[*] 中国社会科学院中国历史研究院中国边疆研究所、武汉大学国家领土主权与海洋权益协同创新中心，原文刊于《中国图书评论》2018 年第 12 期。

蒙藏意识形态联盟和满蒙军事－政治联盟的轴心是蒙古，满蒙军事－政治联盟和“满汉一体”理念的轴心是满洲，彼此之间形成了嵌入式互动格局。正是这种嵌入式互动格局，清朝才可以“调剂”，才可以“一体化”统治，这是清朝统治成功的关键。

1771 年，土尔扈特部在其首领渥巴锡的率领下，回到中国。实际上，据王力先生研究，土尔扈特部在西迁至伏尔加河流域到东归之前，从未中断与中国各方，尤其是与西藏格鲁派上层的联系。据其统计，土尔扈特部进藏使团派遣次数共有 13 次，成行的有 11 次。① 土尔扈特领袖为了其政权合法性，寻求西藏达赖喇嘛册封。而俄国政府也深刻地认识到了这一点，不断地对土尔扈特汗权予以干预，针对土尔扈特汗的汗号由达赖喇嘛赐予的情况，俄国规定汗号必须经过俄国沙皇同意并且降旨赐予汗的标志物，即旗子一面、马刀一把、貂皮帽一顶和缎面皮大氅一件，才可以成为土尔扈特的汗。甚至为了限制汗权，俄国政府还规定，沙皇先赐土尔扈特汗国的执政者为“总督”，之后视其表现才能赐予汗号。正是对俄国政府的不满、对祖国的眷恋以及对东方宗教信仰的向往，土尔扈特部首领渥巴锡毅然决定东归。曾被土尔扈特挟持而后又逃回俄国的卡尔梅克事务委员会的 M. 维捷列夫甚至认为：“卡尔梅克人离开俄国，与其说是因为卡尔梅克人对俄国政府‘不满’，不如说是‘由于受他们盲目崇拜的达赖喇嘛的召唤’，（据卡尔梅克人说）早在以敦多卜达什汗和全卡尔梅克人的名义派卡尔梅克使者去朝拜达赖喇嘛时，达赖喇嘛就给他送来召唤书信，信中允诺收留他们，并告诉他们，根据他的预言，他们要实现这个意图，不得早于 1770 年或 1771 年，似乎到那时他们才能幸运地逃脱，卡尔梅克诸领主们确信此信无疑。”

1771 年 7 月，土尔扈特部东归人马在摆脱了俄军的追击和哈萨克的袭击后，终于到达伊犁河。此次东归出发时有 16.9 万人，而返回伊犁的仅有 7 万余人，损失过半。可以说，此次土尔扈特部东归，主要是由于在意识形态上对藏传佛教的认同。西藏属于中国版图，正是因为各族彼此之间形成了嵌入式互动格局，才促成了这次东归。这正是清代学者何秋涛所说的“土尔扈特重佛教，敬达赖喇嘛，而俄罗斯尚天主教，不事佛，以故土尔扈特虽受其役属，而

---

① 王力：《伏尔加河流域土尔扈特蒙古与西藏格鲁派上层联系述考》，《西藏研究》2009 年第 1 期，第 5 页。

心不甘，恒归向中国"。可以说，土尔扈特部东归正是嵌入式互动的最好诠释。

在土尔扈特部还在伏尔加河流域的时候，与清政府接触并发生战争和贸易的是蒙古准噶尔部。在结束多年的战争后，双方进行贸易。1736 年，准噶尔人在肃州卖给清朝的葡萄价格竟然是 1.5 两/斤，当时一斤葡萄可以买一只半羊。而清朝负责贸易的官员竟然答应了，并顺利地进行交易，以前的学者解读，一般为"厚往薄来"，但透过档案的缝隙，我发现，实际上清朝卖给准噶尔的绸缎、布匹等也相应地涨价了，换句话说，在以物易物的时代，兵来将挡，水来土掩，你物品价高，我也相应高价卖给你，如此一来就抵消了上涨的物价。准噶尔人也发现了这个问题，就以入藏熬茶需要布施白银等各种理由，要求清朝方面用白银交易，清朝的官员和商人也不是傻子，如果真用真金白银来贸易的话，那肯定是赔本的买卖，所以在此后的贸易中，就把葡萄、羚羊角等明显价高而又不易保存的货物取消了，准噶尔虽然抗议，甚至第一次入藏熬茶以无功而返而表示抗议，但贸易的定价权在清朝方面，准噶尔无力反抗。在之后的贸易中，准噶尔恳求以物易物一部分，搭给现银一部分，清朝方面每次搭给现银为贸易额的一二成。乾隆皇帝很担心白银输入准噶尔太多，当他知道每次搭给现银不过是一二成时，才放心。乾隆十五年清准贸易总共 18 万两的贸易额，清政府才给准噶尔现银 18800 余两，故乾隆皇帝下旨："若实银不过一万余，尚不为多费，以数年不用兵所省计之，则我犹为所得者多也。"

由此可以看出，以物易物贸易清政府以不吃亏为要，搭给现银不多，以从政治方面考虑为要。反观准噶尔，则与清政府的贸易额逐渐增多。这其中还有一个不容忽视的贸易途径——使臣贸易，即准噶尔使臣每次进京，都要捎带贸易，仅使臣贸易一项，就占乾隆十二年前清准贸易额的 47%。实际上，使臣贸易早就存在，早在雍正年间，清准还在议定边界的时候，准噶尔使臣每次进京，都必带货物贸易。对此，乾隆皇帝曾说："观之噶尔丹策零（当时的准噶尔首领）并非真心和好，以全然不可实现之处，率加奏请，唯此为借口，一味遣使进行贸易，图谋小利。噶尔丹策零如此惟利是图，为朕耻笑也。"如果加上雍正时的使臣贸易，则交易额更多。虽然清政府屡次申明，此后使臣不许携带货物，但每当使臣申请携带货物进关时，且准噶尔使臣携货贸易的贸易额有逐年加大的趋势，清政府都是从政治稳定的角度出发，"施恩"放行，由此使臣贸易竟成为一种重要的贸易途径。而无论是使臣贸易，还是熬茶贸易，以及在肃州等地正常的贸易，交易额都逐年扩大，这除了表明准噶尔的经济逐年增长之外，也表明准噶尔对清政府的经济依赖性逐年增加了。

对西藏来说，寺院经济也是依赖型经济。乾隆年间，西藏的寺庙主要依赖准噶尔等信仰藏传佛教的人群布施来维持生计，准噶尔两次入藏熬茶布施了30余万两白银，实际上，这些白银都是与清政府的贸易后才得到的，换句话说，无论哪个蒙古部落入藏熬茶布施的白银，均是与清政府贸易后而换得的。而清政府宁可陪同准噶尔入藏熬茶花费巨资，也不愿意把这些费用布施给西藏寺庙，由此经济上对西藏控制的意图清晰可见。而西藏收到蒙古各部布施的金银后，采买茶叶等必需品，又得依赖与清政府的交易才得以实现，所以，西藏经济无论是从间接还是直接上，都越来越依赖于清中央政府这个庞大的经济体。

由此，在经济上，清政府与边疆各地区也形成了嵌入式互动格局。

在平定准噶尔，土尔扈特部又东归后，乾隆皇帝很高兴，他还特地发表一番议论："准噶尔自底定以来，筑城安屯，无异中国郡县。今土尔扈特复隶我藩属，于是四卫拉特之众，尽抚而有之，可谓盛矣……从今蒙古类，无一不王臣。"[①]

历史是由多种力量合力而成的结果，也是所有民众互动的实践综合。在中华民族形成的过程中，各种族群、集团、部落、宗教、文化等形成了嵌入式互动格局。嵌入式互动是以战争、和亲、通婚、贸易、和平、互助等为表达手段的一种横向的历史互动。正是这种嵌入式互动才使得现代民族国家意义上的"中国"得以形成，也是理解多元一体中华民族格局形成的关键。如清代，有满蒙的政治－军事联盟，也有蒙藏在宗教意义上的意识形态联盟，虽然二者有强有弱，但正是满蒙、蒙藏的互动以及两个联盟之间的互动改写了汉、满、蒙、藏等各个族群的历史，也改写了中国的大历史，在这个过程中，彼此的文化已经深深嵌入了对方的骨髓，形成了"你中有我，我中有你"的格局，共同构成了中华文化的一部分，所以处于非儒家或汉字文化圈的蒙古、新疆、西藏才能够纳入中国的版图中，而相反的是，处于儒家或汉字文化圈之内的朝

---

① 包文汉、奇·朝克图整理《外藩蒙古回部王公表传》第一辑，内蒙古大学出版社，1998，第661页。另见张羽新《附：清代喇嘛教碑刻录》，《清政府与喇嘛教》，西藏人民出版社，1988，第433页。

鲜、日本和越南等国并未纳入，仍为独立国家。

　　所以，横向历史上的嵌入式互动，是我们理解古代中国的钥匙，它强调的是各个组织、族群、行政区划、社会、团体在横向历史上的互动、融合和发展，对于今天实施"一带一路"倡议，也有借鉴意义。

1808年西沙测绘的中国元素
暨对比尔·海顿的回应

丁雁南*

一 西沙群岛历史地理研究的困境与挑战

在西沙群岛历史地理研究中，以往学者使用的地方史志或地理类书多数是二手甚至以上的资料，并非来自编者或著者的一手经验。[①] 确有一些古代地图在今天南海的位置上标记"万里长沙""千里石塘"等字样，但其名称和位置均不固定，缺乏准确性和一致性。这造成的后果是学术界对像西沙群岛这样重要的研究对象，也不得不依赖于零星、断续的文字记载来勾勒其历史地理。20世纪70年代后，随着南海更路簿的发现，西沙群岛历史地理拥有了堪称第一手的研究材料，因而也有学者提出"更路簿学"之说。[②] 然而，无论是典型个案研究，还是对其版本、形制的概况研究，都反映出更路簿在地理信息记载上的粗陋和来源上的模糊。[③] 可信的一手文献的匮乏是当前南海历史地理研究陷入瓶颈期的原因之一。

* 复旦大学历史地理研究中心，原文刊于《复旦学报》2019年第2期，是国家社会科学基金重大研究专项"航海日志整理与西沙群岛主权研究：以1808年英国东印度公司南海测绘为中心"（18VJX108）、复旦大学引进人才科研启动经费"历史地理学视角下的《海军纪事》（1799~1818）研究"（JIH3142101）的阶段性成果。

① 这当然不是绝对的。南海地区有包括《海外纪事》《海录》等在内的一批基于亲历的地理文献。
② 李国强：《〈更路簿〉研究评述及创建"更路簿学"初探》，《南海学刊》2017年第1期。此外，海南大学于2016年成立《更路簿》研究中心。
③ 相关个案研究，参见王利兵《南海航道更路经研究——以苏德柳本〈更路簿〉为例》，《中国边疆史地研究》2016年第2期；夏代云、何宇阳、牟琦《吴淑茂〈更路簿〉及南洋更路解读》，《南海学刊》2016年第3期等。概况研究，参见刘义杰《〈更路簿〉研究综述》，《南海学刊》2017年第1期；张荣《版本学视野下的〈更路簿〉研究》，《南海学刊》2017年第2期等。

　　进一步从地理学史的角度审视这个问题，它深植于古代地理知识的生产结构之中。中国人在南海周边活动历史已逾数千年。沿海省份的民间保有着关于南海的航海和地理知识，这是毫无疑问的。但是，具有这些实用知识的人同地理知识的管理者——无论是政府还是民间组织——存在巨大的阶层和体制上的差距。沿海居民的地理知识既罕有机会为官方所重视和利用，进而发展为海洋主权观念，也缺乏进化成近代地理学和水文学的社会基础。它长期处在个人、家族、社群的尺度上，通过口耳相传或是粗略的文字记载而保存，更路簿即是一例。

　　如果说用现代主权概念去格范、约束古人有"时间错乱"（anachronism）之弊，海洋领土主权观念的缺席，则使得后世学者往往要对古代地理文献作现代阐释。这种做法不限于中国。关于南海领土争端，马文·赛明思（Marwyn S. Samuels）曾指出："中国和越南的论点，简单地说，实质上是同义的。双方都以历史为基础主张各自对西沙群岛和南沙群岛的权利和所有权，亦即，双方都坚持这些岛屿'自古以来'就属于他们各自的国家。"[1] 对历史文献的阐释是如此，对考古成果的运用也是如此。[2]

　　这种事实上同构的"历史性权利"（Historic Rights）的论证方法弊病非常明显。它与其说是为了同争议国家对话，并且向第三方传递信息，不如说是为了说服和动员本国国民的民族主义情绪。对此，有学者指出，"（二十世纪上半叶的）中国官员和民众对主权的本质有着与西方人不同的理解。中国文献……暗示一种集体信念，也即那些远海里的、中国渔民常去的岛屿天然地就是中国领土。对西方强国来说，他们根据自己的偏好而将发现和管理置于距离的远近之上。中国官员和作者几乎从未考虑过这些岛屿可能同样地靠近其他国家（如美属菲律宾或法属印度支那）的海岸，因而其他渔民群体也会用到那

---

① Marwyn S. Samuels, *Contest for the South China Sea*, Abingdon: Routledge, 2005, p. 79. 此系该书 1982 年初版的再版。本文所引外文文献如非专门说明，均由笔者翻译。

② 对此，斯坦·腾内松（Stein Tønnesson）曾批评道："这些物件（指南海岛屿上的考古发现）能否被称作'中国的'或是'越南的'都很可疑。尽管一个物件可能是中式的或是来自某个属于今天中国的地方，但将其带到岛上的人并不一定代表作为一个国家的中国。"参见 Stein Tønnesson, "Why are the Disputes in the South China Sea So Intractable? A Historical Approach," *Asian Journal of Social Science* 30: 3 (2002), pp. 570 – 601。

些岛屿的可能性"。① 诚哉斯言。拿西沙群岛来说，尽管普遍认为不管是发现的早晚或利用的程度，中国的主张都大大优越于越南。但一般意义上的历史文献无法精确、有力地论证中国人同西沙群岛的直接联系，甚至这些文献本身也会受到质疑。

在过去的两年中，英国皇家国际事务研究所（Chatham House）亚洲项目副研究员比尔·海顿（Bill Hayton）连续发表学术文章，对近百年来与中国在南海问题上所持立场有关的原始文献和次生文献的可信度提出质疑。② 他认为，部分具有广泛影响的文献"是由国际法或政治科学专家而不是专长这个区域的海洋史学家撰写；总的来说在引证原始信源材料上很匮乏；常依赖那些不包含原始证据引证信息的中国媒体信源或是那些参考前者的文献；常引用事发多年后的报纸文章作为事实证据；总的来说缺乏历史语境化的信息；其作者皆与中国联系颇深"。③ 因而，它们不应被当作中立的研究，而"应当是偏向于特定民族主义观点的鼓吹"。④ 海顿甚至认为"国际法社群中关于南海问题讨论的基础引证文献有重大的证据性缺陷。这些缺陷导致这些'棒律师'，写出'糟历史'——那些同可验证的证据相抵触的说法"。⑤ 他号召"新一代的法律专家复验证据并获得新鲜结论"。⑥

---

① Bill Hayton, "The Modern Origins of China's South China Sea Claims: Maps, Misunderst-ings, and the Maritime Geobody," *Modern China* in print (2018), pp. 1 - 44.

② 除前引文之外，比尔·海顿近期的文章还包括 Bill Hayton, "When Good Lawyers Write Bad History: Unreliable Evidence and the South China Sea Territorial Dispute," *Ocean Development and International Law* 48: 1 (2017), pp. 17 - 34; Bill Hayton, "Writing the History of the South China Sea Disputes," in Jonathan Spangler, Dean Karalekas, and Moises Lopes de Souza, eds., *Enterprises, Localities, People, and Policy in the South China Sea* (London: Palgrave, 2018), pp. 3 - 24; Bill Hayton, "The Modern Creation Of China's 'Historic Rights' Claim In The South China Sea," *Asian Affairs* 49: 3 (2018), pp. 370 - 382。

③ Bill Hayton, "Writing the History of the South China Sea Disputes," in Jonathan Spangler, Dean Karalekas, and Moises Lopes de Souza, eds., *Enterprises, Localities, People, and Policy in the South China Sea*, pp. 4 - 5.

④ Bill Hayton, "Writing the History of the South China Sea Disputes," in Jonathan Spangler, Dean Karalekas, and Moises Lopes de Souza, eds., *Enterprises, Localities, People, and Policy in the South China Sea*, p. 7.

⑤ Bill Hayton, "When Good Lawyers Write Bad History: Unreliable Evidence and the South China Sea Territorial Dispute," *Ocean Development and International Law* 48: 1 (2017), p. 18.

⑥ Bill Hayton, "When Good Lawyers Write Bad History: Unreliable Evidence and the South China Sea Territorial Dispute," *Ocean Development and International Law* 48: 1 (2017), p. 31.

　　笔者同意海顿所称的"南海争议的解决取决于对其历史清晰的和立足事实的理解上"。① 就西沙群岛而言，第三方资源是中、越双方都很重视的。"越南官方和学者经常强调（他们所采用的）很多资料源自外国，且不是来自其他（西沙群岛的）声索国，因而潜在地更具有说服力。"② 中国学者也曾试图利用西方的文献和地图。③ 然而，这些文献和地图绝大多数都是二手乃至以上的材料。它们如同隔靴搔痒，更凸显了使用第一手资料的必要性。本文以 1808 年英国东印度公司组织和执行的、以西沙群岛为重心的南海测绘为研究对象，以围绕此次测绘所发生的内部通信、航海日志、回忆录为研究素材，用难以质疑的第一手资料研究此次测绘中的中国因素。借此，笔者对比尔·海顿的挑战做出回应。

二　1808年西沙测绘的筹划背景

　　1806 年 5 月 5 日，英国东印度公司所属孟买海军的丹尼尔·罗斯（Daniel Ross）上尉指挥的"羚羊号"（Antelope）双桅帆船到达中国，停泊在澳门水域。这艘既非英国海军战舰也非东印度公司商船的船只身份及其真实目的引起了葡萄牙人和中国人的警觉。尽管如此，东印度公司广州商馆的"特选委员会"（Select Committee）和罗斯本人成功地将其存在定位于一种协助清剿华南海盗的力量。经过一年多在澳门附近水域的试验性测绘，以及物资和人员准备，罗斯和他的副手菲利普·摩恩（Philip Maughan）指挥原有的"羚羊号"和新购的"发现号"（Discovery）于 1808 年对帕拉塞

---

① Bill Hayton，"Writing the History of the South China Sea Disputes，" in Jonathan Spangler，Dean Karalekas，and Moises Lopes de Souza，eds.，*Enterprises*，*Localities*，*People*，*and Policy in the South China Sea*，p. 19.

② Alex Calvo，"A Survey of Western Source in Vietnam's South China Sea Narrative，" *Issue Briefings – South China Sea Think Tank* 11（2015），pp. 16.

③ 典型且较早的例子如《南洋问题研究》（时名《南洋问题》）1979 年第 5 期刊发的韩振华《古"帕拉赛尔"考（其一）——十七世纪至十九世纪中叶外国记载上的帕拉赛尔不是我国的西沙群岛》《古"帕拉塞尔"考（其二）——十六、十七世纪至十九世纪中叶外国地图上的帕拉塞尔不是我国西沙群岛》，林金枝《西沙群岛主权属我的国外历史证据》。

尔（Paracels，即西沙群岛的西文名）进行了水文测绘。[①] 时至今日，关于西沙群岛的地理信息的精度已非当年可比，但本质上只是对 210 年前的那次测绘的修订和微调。作为那次测绘的成果之一，许多岛礁的命名至今仍在西文中沿用。

此次测绘的直接原因是 1800 年 10 月英国东印度公司商船"塔尔博特伯爵号"（*Earl Talbot*）在南海消失了，当时被认为是在帕拉塞尔失事。次年，东印度公司从孟买派出"无畏号"（*Intrepid*）和"彗星号"（*Comet*）去搜救可能的幸存者，并要求它们在有余力的情况下对南海进行局部测绘。不幸的是，这两艘船在离开马六甲、进入南海之后就失去了联系，时间是在 1801 年 7 月。连续的海难事件让东印度公司遭受了惨痛的人员和物资损失。为此，在印度和中国的各个公司据点之间，以及在这些据点同伦敦总部之间，就对南海测绘进行了长达数年的通信讨论。罗斯与摩恩在中国的使命正是公司内部动议和评估的结果。

近代早期以来，欧洲多个国家的贸易公司（Trading Company）在地理学史上扮演了特殊角色。贸易公司是一种区别于王室、政府或教会的机构。它具有强大的组织能力和充沛的物质保障，更具有相当的自主性。固然，贸易公司追求的是利益优先、效率为上，对非营利性的、纯粹的地理探索兴趣有限。但必要的时候，它也致力于拓展贸易航线、保障航行安全。尽管从后世来看，各国海军总体来说承担了绝大多数的地理探索任务，并且贸易公司在资金、人员、管理上并不是完全独立于王室或政府，但它的特殊性不容忽视。晚近的历

---

① 关于此次测绘，特别是罗斯在其中扮演的角色，戴伟思（Stephen Davies）曾做专门研究。参见 Stephen Davies, "American Ships, Macao, and the Bombay Marine, 1806 – 1817, Delicate Lines for a Junior Officer to Tread – the Role of Daniel Ross in the Charting of the China Seas," in Paul A. van Dyke, ed., *Americans and Macao*, *Trade*, *Smuggling*, *and Diplomacy on the South China Coast*, Hong Kong: Hong Kong University Press, 2012, pp. 33 – 48; Stephen Davies, "Some deep – laid scheme of the perfidious English: Captain Daniel Ross, FRS, IN and the Systematic Hydrographical Surveying of the China Seas, 1806 – 1820," in Anonymous, ed., *Cultural Encounters in Maps of China*, proceedings of the 36th IMCoS symposium – Hong Kong, 18th – 20th October 2018, Hong Kong: Hong Kong Maritime Museum, 2018, pp. 44 – 74。此外，王涛和游博清也曾简要论及，参见王涛《从"牛角 Paracel"转为"西沙群岛 Paracel"：18 世纪末至 19 世纪初西人的南海测绘》，《南京大学学报》2014 年第 5 期；游博清《英国东印度公司与南中国海水文调查（1779—1833）》，《自然科学史研究》2015 年第 1 期等。

史地理学也关注到了贸易公司与地理学的关系。[①]

　　个人主义英雄（旅行家，海盗，私掠者，探险家等）是地理知识的另一类重要的生产者。从马可·波罗到弗朗西斯·德雷克（Francis Drake），直到19 世纪末地理学的机构化和科学化之前，大量的实用地理知识来自个人主义英雄的贡献，尽管其真实性和可靠性需要格外慎重地对待。在一个对威廉·丹皮尔（William Dampier）的研究里，学者指出他的海盗身份对于他收集有用的地理知识和航海经验至关重要，让他不仅以一名海盗，更以一位著书立说、广受尊崇的探险家而名世。"丹皮尔那些混杂的世界（地理）知识不止来自他的亲身经历，也包括在海盗生涯所带来的空闲时光里，从一个信息网络里获得的。"[②] 海盗生涯的祸福难料、性命攸关，使得他们极为重视实用知识，也有机缘和动力涉足一些常人罕至的地点。英国人认为，帕拉塞尔也在华南海盗的活动范围以内。

　　以穆黛安（Dian Murray）的《华南海盗：1790—1810》为标志，海盗这个特殊群体开始进入中国海洋史的研究视野里。[③] 18 世纪下半叶，正当英国在"七年战争"中击败法国、极大地扩张了在印度和中国的势力的时期，华南海盗也迎来了乾嘉年间的活动高潮。学者一般将其归因于人口压力、海禁政策、西山起义等因素。[④] 华南海盗不仅勒索中国商船、侵袭沿海居民点，也不时劫掠珠江口至南海一带的外国船只。清政府的海防系统面临海盗的挑战，表现得虚弱而低效。驻广州的多级地方政府也曾与葡方、英方就清剿海盗进行联络和合作。[⑤] 1804 年年底，英国东印度公司广州特选委员会在写给伦敦董事会的内

---

① 例如 Miles Ogborn，"Writing Travels：Power，Knowledge and Ritual on the English East India Company's Early Voyages，" *Transactions of the Institute of British Geographers* 27：2（2002），pp. 155 – 171。

② William Hasty，"Piracy and the Production of Knowledge in the Travels of William Dampier，c. 1679 – 1688，" *Journal of Historical Geography* 37：1（2011），pp. 40 – 54.

③ 穆黛安：《华南海盗：1790—1810》，刘平译，中国社会科学出版社，1997。相关著述众多，研究综述参见张雅娟《近十五年来清代乾嘉年间海盗问题的研究》，《中国史研究动态》2012 年第 2 期。

④ 参见张雅娟《清代嘉庆年间东南沿海海盗活动高潮分析》，《中国社会经济史研究》2016 年第 3 期；刘平、赵月星《从〈靖海氛记〉看嘉庆广东海盗的兴衰》，《国家航海》2016 年第 1 期等。

⑤ 至少在某些阶段，地方政府、海盗、欧洲人形成了三角关系。联合清剿的案例，参见穆黛安《华南海盗：1790—1810》，第 137 ~ 143 页。

部通信中说道：

> 我们提请董事会裁定上述情况是否足以支持批准上一季提出的从欧洲派两艘船来华的计划。除当时提出的目标之外，它们对于或取得中国政府同意、并由他们承担费用，或完全不要他们参与地铲除这个残酷而独特的群体（注：华南海盗）的计划至关重要。[①]

更广泛地查阅当时广州特选委员会、孟买管辖区（Bombay Presidency）等东印度公司据点之间的通信，不难发现南海测绘其实早已在酝酿之中。[②] 保护商船和人员安全、协助清剿华南海盗，正是 1806 年英国东印度公司派遣罗斯与摩恩到中国时，用以说服或曰欺瞒中、葡两方的表面理由。可以说，嘉庆年间华南海盗的肆虐给了东印度公司调遣孟买海军船只、策划西沙测绘一个绝佳的口实。

三 1808年西沙测绘过程中的中国因素

1808 年 3～7 月，英国东印度公司所属孟买海军的测绘船"发现号"和"羚羊号"完成了对帕拉塞尔的测绘。时值拿破仑战争期间，次年年初罗斯上尉在南海执行测绘任务时被法国海军俘获，他的地图和文件大部分被没收。被释放后，罗斯也没有再公开发表过与西沙测绘有关的文章。此次测绘在同时代的类似活动中规模较小、持续时间较短，且不是由英国海军完成，因而长期被主流的地理学史、水文学史所忽略。[③]

---

① 大英图书馆档案，*Extract of Letter from the Select Committee of Supercargo at Canton*，dated 30 Dec. 1804（British Library IOR/F/4/181/3380），p. 13。

② 戴伟思也持此种看法，尽管他未指明广州特选委员会为何有此计划，参见 Stephen Davies, "Some deep – laid scheme of the perfidious English: Captain Daniel Ross, FRS, IN and the systematic hydrographical surveying of the China Seas, 1806 – 1820," in Anonymous, ed., *Cultural Encounters in Maps of China*, proceedings of the 36th IMCoS symposium – Hong Kong, 18th – 20th October, 2018, p. 58。本文鉴于主题和篇幅限制不予展开，或容另文阐述。

③ 实际上，早在 1810 年关于此次测绘的报道就已经诸公开报道，参见 "Paracels, Extract of a Letter from a Gentleman on board the Discovery," *Naval Chronicle* 23（1810），pp. 489 – 490。此文作者不详，不排除就是罗斯本人。此后，罗斯以及这次测绘曾出现在一些航海指南、英国水文史、东印度公司史中，但均极为概略。

研究的转机随着原始文献的发现而出现。2016～2017 年，笔者作为"太古－国泰"访问学者在牛津大学访问。其间，笔者在英国水道测量局档案馆发现罗斯于 1813 年向英国海军部提交的回忆录。[①] 此外，笔者于英国皇家地理学会发现摩恩的航海日志。[②] 这些一手文献的发现，使研究此次测绘活动的实际情况成为可能。本文将集中、扼要地用人和物两个主题展示此次测绘中涉及的中国因素。

（一）1808年西沙测绘中的中国人的因素

其一，孟买海军的测绘船上有广东籍船员。摩恩在他的航海日志中提到，船员中有几位广东籍的中国人（Canton Chinese），但是他们听不懂测绘船从帕拉塞尔上搭救起来的福建船员（见下文）的话。[③]

其二，当"发现号"和"羚羊号"刚刚抵达帕拉塞尔，就发现岸上有大批因船只触礁而被困在那里的中国船员。罗斯在他的回忆录中提到：

（1808 年 3 月 15 日，今宣德群岛南沙洲）

下午 2 时 45 分，我们接近小岛，收起帆，船头朝东。看到一艘中式戎克（junk）船停泊在最东边浅滩以外约 1/2 英里处，海水在其周围拍打着。

（1808 年 3 月 18 日，今宣德群岛南沙洲）

下午 2 点半，那几只船返回了，带回了 80 个中国人，以及那艘戎克船的船长，从后者那里我获知在沙洲上还有 400 个以上的人，没有食物。那艘"戎克"船在我们出现的 6 天前的夜里搁浅了，现在已经完全被损毁。船上本来有 680 人，在上岸过程中死了好几个，还有另外一些人把船

---

① 英国水道测量局档案，Daniel Ross, *Memoir Prepared by Lieutt Ross of the Bombay Marine*, *on the Subject of his Survey of the China Seas in the Year 1813*（United Kingdom Hydrographic Office OD150）。原文无页码。现根据原始页面的先后顺序指定页码。

② 英国皇家地理学会档案，Philip Maughan, *Journal of a voyage of survey and discovery undertaken by the Honorable Company's cruisers Discovery and Antelope*（Royal Geographical Society, LMS O 1 Ogilvy）。

③ Philip Maughan, *Journal of a Voyage of Survey and Discovery Undertaken by the Honorable Company's Cruisers Discovery and Antelope*（Royal Geographical Society, LMS O 1 Ogilvy）, p. 22.

上唯一的救生艇划走了。①

　　摩恩在他的航海日志中同样记载了此事（见图1）。他生动地描述了遇险船员的疲乏之态，以及获救后的感恩戴德。

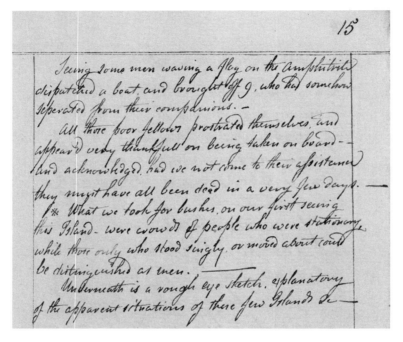

图1　摩恩记载的孟买海军测绘船搭救中国遇险
船员的细节，1808 年 3 月 18 日

资料来源：Philip Maughan, *Journal of a Voyage of Survey and Discovery Undertaken by the Honorable Company's Cruisers Discovery and Antelope* （Royal Geographical Society, LMS O 1 Ogilvy）, p. 15。

　　其三，在帕拉塞尔遇到的海南渔民。例如，摩恩提到：

　　　　我们的小艇停在滩边，正对着一个小棚，发现渔民们非常友善且乐于

---

① 　Daniel Ross, *Memoir Prepared by Lieutt Ross of the Bombay Marine*, *on the Subject of his Survey of the China Seas in the Year 1813* （United Kingdom Hydrographic Office OD150）, p. 15.

交谈。①

　　摩恩还提到他们同渔民的交易。1808 年 5 月 8 日，"我们……从岛上的渔民那里买了一只海龟"。② 又如罗斯的记载：

　　（1808 年 4 月 25 日或 26 日，岛名不详）

　　我派我们的端艇（cutter）去测水深，并向停泊在那里的渔船问话。11 点 1 刻，端艇回来报告说……那个渔船来自海南，渔民告诉艇上士官这整个浅滩（shoal）吃水都很浅，因而他只能去他所在的位置。③

　　最后，在前述购买海龟的同一天，罗斯和摩恩在今永兴岛（Woody Island）上雇用了一位海南渔民作为引水人（pilot，亦即导航员）。摩恩提到：

　　（他们）用 2 鹰洋一天的价格雇用了那些海南船中的一个中国佬（Chinaman），陪同他们一起（测绘）。④

　　罗斯的记载则更为详细：

　　（1808 年 5 月 8 日，今永兴岛）

　　我努力寻到一名属于一艘海南渔船的渔民。他和另外两人留在岛上边捉海龟，边等那艘船回来。我们的通事（linguist）告诉我，那个渔民从年轻时就每年来帕拉塞尔捕鱼。我让他画出危险的所在，他非常准确地画出了玉琢礁（Vuladore Shoal）、中建岛（Triton's Bank）和华光礁（Discovery's Shoal），同我们的观察非常一致。这让我觉得有必要请他在船

---

① Philip Maughan, *Journal of a Voyage of Survey and Discovery Undertaken by the Honorable Company's Cruisers Discovery and Antelope* (Royal Geographical Society, LMS O 1 Ogilvy), p. 15.

② Philip Maughan, *Journal of a Voyage of Survey and Discovery Undertaken by the Honorable Company's Cruisers Discovery and Antelope* (Royal Geographical Society, LMS O 1 Ogilvy), p. 47.

③ Daniel Ross, *Memoir Prepared by Lieutt Ross of the Bombay Marine, on the Subject of his Survey of the China Seas in the Year 1813* (United Kingdom Hydrographic Office OD150), p. 55.

④ Philip Maughan, *Journal of a Voyage of Survey and Discovery Undertaken by the Honorable Company's Cruisers Discovery and Antelope* (Royal Geographical Society, LMS O 1 Ogilvy), p. 47.

上做引水人。他起先非常犹豫，但当我们提出他能得到每天 3 鹰洋的回报，他同意了陪我们一起几天。①

引水人与他们分享了一批长驻帕拉塞尔的海南渔民的生计经验。

> 引水人告诉我们，他惯常每年前来在这些岛屿间待上 6 个月——已经持续了 20 年——用以采海参，并且为他们拥有多艘船只的海南雇主捕捞和制作干鱼。他说当他在礁石间停泊时，不怕偶尔来袭的风暴。他们通常在台风将来之前的六七月间离开岛屿。有些船只在这里停留整整六个月，而其他的则是在捕捞季节快结束的时候再来一次。②

（二）1808 年西沙测绘中的中国物的因素

其一，罗斯和摩恩在测绘过程中发现了数量可观的中国船只或船只残骸。在他们的记载中，"海南船"（Hainan boats）或是"海南渔船"（Hainan fishing boats）俯拾皆是。例如，在发现前述搁浅的福建船只之后，摩恩同时也发现了不远处有 4 艘海南渔船。一开始，他为这些渔船对遇险同胞的无动于衷感到愤怒，不过后来他发现至少有一艘渔船曾予以搭救。

> （1808 年 4 月 21 日，今宣德群岛南沙洲）
> 泉州船搁浅的沙洲上没有淡水。在我们靠近抛锚时，一艘小船载着四个人——他们属于搁浅的船——靠过来要求被带上船。上次我们在这里的时候他们被那些海南船中的一艘救起。我们答应了他们的恳切。我们被告知在这些岛屿和浅滩中有许多海南船捕捞和采集海参。我们没有看到一艘属于交趾支那的船。③

---

① Daniel Ross, *Memoir prepared by Lieutt Ross of the Bombay Marine*, *on the Subject of his Survey of the China Seas in the Year 1813*（United Kingdom Hydrographic Office OD150），p. 77. 罗斯和摩恩对付给这个渔民引水人金额的记载略有不同，或系笔误。

② Philip Maughan, *Journal of a Voyage of Survey and Discovery Undertaken by the Honorable Company's Cruisers Discovery and Antelope*（Royal Geographical Society，LMS O 1 Ogilvy），p. 56.

③ Philip Maughan, *Journal of a Voyage of Survey and Discovery Undertaken by the Honorable Company's Cruisers Discovery and Antelope*（Royal Geographical Society，LMS O 1 Ogilvy），p. 34.

罗斯还记载了他们查看另一艘搁浅船只残骸的片段。

（1808 年 5 月 23 日，岛名不详）

我们的端艇载着一名士官去查看在浅滩上发现的一具船只残骸，发现它是一只曾装满瓷器的戎克船。我们的引水人告诉我们，海南渔船到这个浅滩是为了采集海参。[1]

其二，在今东岛（Lincoln Island）、珊瑚岛（Pattle Island）、赵述岛（Tree Island）等岛屿上发现中国的宗教建筑。例如，1808 年 5 月 21 日，罗斯记载道："我们在（东）岛朝北的一个小凹口的中国神龛（Joss house）处观测了纬度。"[2] 实际上，在大多数的岛屿上都能发现神龛，只不过摩恩发现"有些仅仅是用 4 块又大又平的方形石块垒成，里面放置着一两尊小小的神像，还有一个香炉"。[3]

其三，在今永兴岛、东岛、珊瑚岛、赵述岛等岛屿上发现淡水水源，它们常伴有中国人的生活印记。例如，1808 年 4 月 23 日，罗斯提到今永兴岛上"有三或四棵椰子树，在它们正下方有一个满是淡水的水坑，我从碰到的中国人那里了解到它是一口泉（spring）"。[4] 摩恩则将其称作是"井"（well）。[5]

综上所述，1808 年西沙测绘虽然确由孟买海军执行，但其中包含了鲜活的、多样的中国的人和物的因素。它们不仅仅是静态的、等待"被发现"的对象，也不仅仅是被施救者。中国人是这次测绘的旁观者，但也是重要的参与

---

① Daniel Ross, *Memoir prepared by Lieutt Ross of the Bombay Marine, on the Subject of his Survey of the China Seas in the Year 1813* (United Kingdom Hydrographic Office OD150), p. 98.

② Daniel Ross, *Memoir prepared by Lieutt Ross of the Bombay Marine, on the Subject of his Survey of the China Seas in the Year 1813* (United Kingdom Hydrographic Office OD150), p. 92. 这与后来其他文献中对西沙群岛上有"娘娘庙"或"天后庙"的记载相符合。

③ Philip Maughan, *Journal of a Voyage of Survey and Discovery Undertaken by the Honorable Company's Cruisers Discovery and Antelope* (Royal Geographical Society, LMS O 1 Ogilvy), pp. 52 – 53. 其中，"香炉"处原文漫漶，似为 taper pot。此处结合情景译为香炉。

④ Daniel Ross, *Memoir prepared by Lieutt Ross of the Bombay Marine, on the Subject of his Survey of the China Seas in the Year 1813* (United Kingdom Hydrographic Office OD150), p. 53.

⑤ Philip Maughan, *Journal of a Voyage of Survey and Discovery Undertaken by the Honorable Company's Cruisers Discovery and Antelope* (Royal Geographical Society, LMS O 1 Ogilvy), p. 34.

者和协助者。那位姓名不可考的海南渔民的地理知识，早已融入了英国东印度公司为世界贡献的最早的南海测绘地图中。

结论——兼回应比尔·海顿

在国际法领域，历史性权利的论证本质上是一个历史地理学的问题。各国的国际法专家做了大量的历史研究，包括对古地图的研究。[①] 它们部分地塑造了两国国内、两国之间，乃至两国面向第三方所使用的话语。然而，从法理学的角度，国际法院和特别法庭在决定地图资料是否具有证据性价值时，主要考量两个中心因素："（1）地图的精确性和可信度，以及（2）地图相对于争议本身和争议各方的中立性。"[②] 本文前述中、越两国都很重视甚至依赖第三方的文献和地图，其原因正在于此。

1808 年的西沙测绘是一个极为特殊的案例。它的直接成果是确定了帕拉塞尔的坐标、范围、布局等地理信息。此次测绘后，东印度公司很快就在伦敦出版了新版的南海（China Sea）地图。从历史来看，英国东印度公司可以称得上是中立于中、越的第三方。东印度公司不是一个国家，孟买海军也不是皇家海军，因此东印度公司在"发现"帕拉塞尔之后并没有占领它。它也没有明确地将帕拉塞尔纳入中、越任何一方的政治地图里。它出版的地图是为了如实地反映经过科学的水文测绘的帕拉塞尔的地理信息。测绘的相关文献是可信的，不受中、越两国——甚至包括在越南有着特殊利益的法国——民族主义情绪影响的见证。

本文正是在这个意义上，研究孟买海军罗斯和摩恩关于 1808 年西沙测绘的回忆录和航海日志，以及相关的东印度公司档案。本文的重点在于将那些因资料的罕见性而不为一般学者所知的中国元素提取出来，予以专门的展示。这些元素并非总是积极和自主的，笔者也无意将其简单等同于主权行为。不可否

---

① 关于南海问题，中国国际法专家的近期工作包括 Zhiguo Gao and Bing Bing Jia, "The Nine - Dash Line in the South China Sea: History, Status, and Implications," *The American Journal of International Law* 107: 1 (2013), pp. 98 - 123；贾兵兵《驳美国国务院〈海洋疆界〉第 143 期有关南海历史性权利论述的谬误》，《法学评论》2016 年第 4 期等。

② Florian Dupuy and Pierre - Marie Dupuy, "A Legal Analysis of China's Historic Rights Claim in the South China Sea," *The American Journal of International Law* 107: 1 (2013), pp. 124 - 141.

认的是，此次测绘从谋划到执行的过程中的中国元素是丰富的，甚至是重要的。

有学者提出清朝中央和地方政府没能从乾嘉时期平定海盗的过程中汲取经验和教训，甚至指其错过了近代化的机缘。[①] 此论有意或无意地忽视了华南海盗本身就部分地是社会分层的产物。虽然不能排除个别官员和士绅能够超越阶层和地理的局限，总的来说，海盗身上所携带的航海和地理知识从未进入正统的视野。穆黛安曾用司法档案揭示了华南海盗的来源，海盗和渔民身份的区别并不固定。[②] 不过，中国海洋史上既没有出现像东印度公司这样的贸易公司，也没能将海盗的知识同国家力量整合起来——它需要的是超出现实可能的对道德地理的重构。

回到比尔·海顿对于南海争议中历史信源的质疑，本文所使用的一手文献或许能够满足他对于原真性、中立性的要求。笔者也认同他所称的"棒律师"会写出"糟历史"的观点——尤其是当涉足陌生的领域而又缺乏足够的历史地理素养的时候。国际法教授谢米利耶·让德茹和劳尔·佩德罗佐的研究正是这样的典型。[③] 他们对于所谓 1816 年嘉隆王插旗占领帕拉塞尔的说法不假思索地接受，[④] 和对 1808 年西沙测绘历史细节的无知，足以将他们自己排除在严肃的讨论之外。最后，笔者不同意比尔·海顿的观点，而认为中国在西沙群岛的历史性权利是建立在丰富而不容置疑的事实基础上的。

---

① 参见张雅娟《19 世纪初东南海商与海盗、水师的关系》，《中国社会经济史研究》2011 年第 2 期；杨国桢、张雅娟《海盗与海洋社会权力——以 19 世纪初 "大海盗" 蔡牵为中心的考察》，《云南师范大学学报》2011 年第 3 期；王日根《清嘉庆时期海盗投首问题初探》，《社会科学》2013 年第 10 期；刘平《清朝海洋观、海盗与海上贸易（1644—1842）》，《社会科学辑刊》2016 年第 6 期等。

② 参见穆黛安《华南海盗：1790—1810》，第 167～172 页。

③ 参见 Monique Chemillier - Gendreau, *Sovereignty over the Paracel and Spratly Islands*, Alphen aan den Rijn：Kluwer Law International, 2000；Raul Pedrozo, *China versus Vietnam：An Analysis of the Competing Claims in the South China Sea*, Arlington, VA：CNA Occasional Paper, 2014。

④ 相关讨论，参见丁雁南《史实与想象："嘉隆王插旗" 说质疑》，《南京大学学报》2015 年第 4 期；谷名飞《再谈 "嘉隆皇帝插旗" 说的真实性：基于法国档案的研究》，《南京大学学报》2018 年第 2 期。

明清时期陆上西部丝绸之路再审视

吴四伍*

伴随着"一带一路"倡议的提出，学界基于经世致用的优良传统，有关历史上"丝绸之路"的研究也引起了学人们的高度关注。从传统到现代，从陆路到海路，从中国到世界，丝路研究正展现出前所未有的繁荣景象。不过丝路研究中也存在"头重脚轻、重海轻陆"的问题。① 具体来说，人们更多注重丝路的起源、开端以及前期研究，而忽视丝路的整体性与长时段性；明清以来又重视海上贸易，对陆路贸易有所忽视。这一切与档案的挖掘不够深入有着重要的关系，本文利用最近整理的"明清时期丝绸之路档案"材料，对明清陆上西部丝绸之路的历史定位、经济贸易、民族交往和治理理念等问题略做申述，以求教大方。

一 明清陆上西部丝绸之路的历史定位

陆上西部丝绸之路从未中断，但是它在明清以降东西文化交流中日渐边缘化。关于明代丝绸之路的"重海轻陆"现象，学人早有论及，认为明代陆上西部丝绸之路并不逊色。② 清代的陆上丝绸之路衰落起始，学界有争议。有学人认为持续到 18 世纪，"历时两千五百多年、横亘欧亚大陆的丝绸之路是人类

---

* 中国社会科学院中国历史研究院古代史研究所，原文刊于《历史档案》2019 年第 2 期。本文写作得到"明清时期丝绸之路档案"课题组诸位师友的指教，特别感谢鱼宏亮、李国荣、王澈、郭琪等老师的帮助。

① 有关丝路研究相关概说可以参见李明伟《丝绸之路研究百年历史回顾》，《西北民族研究》2005 年第 2 期；刘进宝《"丝绸之路"概念的形成及其在中国的传播》，《中国社会科学》2018 年第 11 期等。

② 杨富学：《明代陆路丝绸之路及其贸易》，《中国边疆史地研究》1997 年第 3 期。

文明的运河，东西方文化交流的桥梁。在公元后，以中国、印度、罗马帝国、安息（波斯）和阿拉伯世界为枢纽，汇聚欧亚主要文明和沿途各民族文化的丝绸之路的功能和格局，一直延续到 18 世纪末，直到 19 世纪西方列强掀起瓜分世界的狂潮，丝绸之路平等文明的经济文化交流被打破为止"。① 也有学人认为陆路丝绸之路衰落时间应该是清末民初。②

从清代档案来看，清代的西部陆路贸易即使偶尔遭到战乱等因素的冲击，也始终保持一定的规模，保持贸易、文化交流通道的畅通，成为清朝政府的一贯政策。如乾隆帝在平定准噶尔后，立即命令陕甘总督恢复与哈萨克的贸易，并决定派商人参与管理：

> 看来贸易之事，终不可全以官法行之，能办政务者未必能熟谙经纪。朕思道员中如范清洪，同知中如范清旷等，伊家原曾承办军需及一切贸易之事，或尚有旧时伙计等自必练习其事，或可于此二人中酌调一人，赴甘承办，是否有益，并酌量妥议奏闻。③

道光十年（1830），伊犁将军玉麟请求恢复茶叶等贸易：

> 奴才等窃以边疆重地，诘奸固不可不严，而筹边之道总须抚驭得宜，宽猛交济，使域内民回各安生业，亦不便令域外夷众过于向隅，即如伊犁、塔尔巴哈台久为商贾辐辏之地，兵民生计，皆借商贩流通，商民愈多，则地方愈征殷实。至回疆各城，向无眷兵，更宜借流寓之商民，据为乐土，俾资生聚。如果该管官善为抚绥，去其苛累，则缓急皆有可恃，官兵民回联为一体，斯卡外无形之反则不战而自消。圣朝开拓新疆七十年，从前所以不烦严禁，不设多兵，而能晏然无事者，

---

① 李明伟：《丝绸之路研究百年历史回顾》，《西北民族研究》2005 年第 2 期。
② 张燕、王友文：《清代伊犁将军与哈萨克草原丝绸之路发展的政治考量》，《广西社会科学》2015 年第 10 期。
③ 中国第一历史档案馆（以下简称一史馆）藏宫中朱批奏折，大学士管陕甘总督黄廷桂《遵复与哈萨克贸易并请于范清洪等内定一员来肃办理交易等事宜》，乾隆二十二年十一月二十八日，档号：04 - 01 - 13 - 0025 - 014。

此其明验也。①

这得到了道光帝的允准。明清政府对于西部陆路贸易，始终给予极大的关注，鼓励发展中西经济贸易。在明清的长期西部陆路贸易交往中，和平、通畅是主流，而战乱、隔阂只是插曲。不过，明清以来，世界贸易体系发生巨大变化，以陆路交通为纽带的传统大陆贸易体系逐渐让位于以海洋航线为纽带的世界贸易体系。② 在相当长的时间内，客观上讲，陆路贸易的规模都难以跟海洋贸易比较。

二　明清陆上西部丝绸之路的经济贸易功能

着眼于全球贸易体系的近代转变，陆上西部丝绸之路在整体贸易之中越来越边缘，这是一个客观的事实。但是，陆路丝绸贸易在特定的边境贸易中，如中亚地区的贸易，仍有其不可替代性。事实上，纵向来看，明清时期的陆上西部丝绸之路贸易达到一个新的高度。如学人指出："清代'丝绸之路'上的新疆的丝绸贸易，不仅是整个古代'丝绸之路'中的一个重要篇章。而且，在新的历史条件和背景下，发展和兴盛起来的这种贸易……较之以往，其贸易规模更大、贸易缎匹数量更多、丝绸花色品种更繁，贸易区域更广、持续时间更长、贸易形式更灵活多样。"③ 清代的陆路丝绸贸易达到一个新的历史高度，是值得重视的客观事实。

为了支持新疆地区的丝绸贸易，清朝政府特别要求江南三织造和山西等地准备绸缎，专门用于陆上西部丝绸之路的交易。关于此类丝绸交易的沿革、过程，学人有所研究。④ 关于江南地区与新疆地区的交易规模，更是得到学人详细论证。据范金民考证，自乾隆二十五年（1760）至咸丰三年（1853）的94

① 一史馆藏宫中朱批奏折，伊犁将军玉麟《体察中外情形新疆茶政及夷商贸易似应酌复旧章请旨饬查妥议》，道光十年十二月十九日，档号：04-01-31-0558-001。
② 鱼宏亮：《超越与重构：亚欧大陆和海洋秩序的变迁》，《南京大学学报》2017年第2期。
③ 王熹、林永匡：《清代新疆的丝绸贸易》，《新疆社会科学》1986年第6期。
④ 林永匡、王熹：《杭州织造与清代新疆的丝绸贸易》，《杭州大学学报》1986年第2期；《江南三织造与清代新疆的丝绸贸易》，《辽宁师范大学学报》1986年第3期；《清代江宁织造与新疆的丝绸贸易》，《中央民族学院学报》1987年第3期；《清代山西与新疆的丝绸贸易》，《山西大学学报》1987年第1期。

年之中：江南与新疆的贸易绸缎总量为 416072 匹，年平均量为 4426 匹；其中乾隆朝交易量最高，年平均量为 6760 匹。[1] 显然，此前有关新疆丝绸贸易的研究更多注重经济量化的视角思考，不过，从明清的档案整理来看，中央政府怎样维护以新疆为支点的陆上西部丝绸之路，其贸易管理的政策、理念和实施办法，仍有很多值得发掘之处。

为了建立良好的贸易渠道，清朝政府实施定点贸易，同时派兵保护，方便贸易平稳进行。乾隆二十二年（1757），清廷恢复与哈萨克的贸易，陕甘总督黄廷桂考虑交易地点路途要求，奏请派兵保护、先期沟通：

> 再臣前奏带兵一百名，原因吐鲁番就近，今廷议定于乌鲁木齐交易，去巴里坤有二十大站，道路之间，需兵防护，庶于照料弹压，均得其力。惟是乌鲁木齐相距遥远，如哈萨克贸易人等，先期已至，而我处货物未到，则远人有守候之累，若我处货物先到，而哈萨克或衍其期，亦不免稽延时日，致滋糜费，并请敕下副将军兆慧等晓示哈萨克，将明秋何日起程，约于何时至乌鲁木齐先行通知，咨会到臣，以便文武官兵依期齐至，两无守候，更为妥协。[2]

陆路丝绸交易是一个非常复杂的管理体系，为了转运丝绸、瓷器等物，清朝各级官员遵循严格的规定，执行相关的报销手续。乾隆二十八年（1763），大学士傅恒题报有关陕西省采办缎匹瓷器等事情。此次经甘肃，转运至新疆喀什噶尔的交易，采办的部分物品和价格如下：

> 查册开旧管军需银五十万五千二百六十九两六钱五分八厘五毫零，新收无，开除银七百九十两二钱六分九厘六毫，实在银五十万四千四百七十九两三钱八分八厘九毫零。所有支存各款开列于后：一、采买大红、香

---

[1] 范金民：《清代江南与新疆官方丝绸贸易的数量、品种和色彩诸问题》，《西北民族研究》1989 年第 1 期；《清代江南与新疆地区丝绸贸易》（上），《新疆大学学报》1988 年第 4 期；《清代江南与新疆地区丝绸贸易》（下），《新疆大学学报》1989 年第 1 期。

[2] 一史馆藏宫中朱批奏折，大学士管陕甘总督黄廷桂《遵复与哈萨克贸易宜并请于范清洪等内定一员来肃办理交易等事宜》，乾隆二十二年十一月二十八日，档号：04 - 01 - 13 - 0025 - 014。

色、月白、宝蓝、沙绿等色锦缎各四匹，共二十匹，每匹俱宽二尺，长一丈二尺，价银四两二钱，共用银八十四两；又采买瓷器饭碗五百件，每件价银三分二厘，共银一十六两；汤碗三百件，每件价银三分二厘，共银九两六钱；大茶钟二百件，每件价银二分，共银四两；七寸盘二百件，每件价银四分，共银八两；五寸盘二百件，每件价银二分八厘，共银五两六钱；菜碟一百件，每件价银二分，共银二两；又置办装盛缎匹瓷器需用木箱等物，各价值银一十二两二钱八分，以上共用银一百四十一两四钱八分，俱在司库军需银内动支。①

此次采办地为陕西西安，经甘肃转运至喀什噶尔交易。物品采购价值和相关数量，都必须严格核对，显示了丝路贸易管理中严谨与科学的一面。

清代陆路丝绸贸易在清廷的管控之下，商品质量和商业信誉始终是清廷关注的重点。乾隆中期清朝恢复跟哈萨克交往后，双边贸易不断增长，有不少摩擦，其中有些是内地商人偷工减料导致。据官员明瑞奏报，乾隆三十年前解到苏州、杭州等地缎匹，每匹四十二三两不等，三十一年解到者每匹仅三十五六两，两相比较，每匹减轻六七两不等，但是价格却如前，即每匹十三两，此等情况遭到乾隆帝训斥："明系草率浮冒，以致物料减恶，何以惠远人而通贸易？现在此项缎匹着交与明瑞等，减价发售，其所减之价，即着落各承办之织造，照数赔补，并将该织造交与内务府大臣议处。"② 同样，在清朝政府与哈萨克贸易中，朝廷注意哈方贸易需求，尊重外方民众需要。如在绸缎的颜色方面，特别强调尊重哈习惯。乾隆三十三年（1768），乾隆帝针对哈萨克方面"其缎匹一项，回人惟喜好青蓝大红酱色古铜茶色棕色驼色米色库灰油绿等色，其月白粉红桃红水红黄色绿色之缎，俱不易换"，要求尽量满足哈萨克方面请求：

贸易缎匹自应酌照各该处风土好尚，随宜备用，除二十五年先办之四千二百五十匹，业经该抚等咨称，如数办齐，委员起解，无庸另办外，二

---

① 一史馆藏内阁户科题本，大学士兼管户部事务傅恒《遵旨察核陕省上年采办解肃转运喀什噶尔交易缎匹瓷器收支银两应准开销》，乾隆二十八年五月十五日，档号：02－01－04－15561－008。
② 一史馆藏军机处上谕档，乾隆三十一年十二月二十六日。

十六年应办缎四千二百五十四，现须织办，尚应如该督所请，悉照所开颜色。①

三　明清陆上西部丝绸之路与民族交往

陆上西部丝绸之路不仅是经济之路、贸易之路，更是文化之路、民族交往之路。各民族之间的和平交往、互通有无、文化交融、共同繁荣是丝路精神的核心所在。特别值得强调的是，明清中国内地经济的繁荣，贸易政策的公平，成为各族人民与之交往的重要向心力。乾隆时期，国泰民安，国力强盛，积极开展跟西部少数民族的经济贸易，得到他们的高度认同，其中土尔扈特部的回归，更是有力地证明了国家认同在西部民族部落中的重要意义。有关土尔扈特部的回归，部分档案已经出版，但仍有与土尔扈特部相关的大量档案，特别是满文档案有待开发和研究。②

学术界以往有关土尔扈特部东归的研究较多关注国家认同，对其展示陆上西部丝绸之路的民族融合、民族交往的一面关注不够。从明清档案来看，民族认同、宗教信仰、历史文化等，都构成了土尔扈特部东归的合力。乾隆三十六年（1771），土尔扈特部东归，是中华民族团结统一史上的浓重一笔。为了妥善安置该部，乾隆帝和相关官员做了周密部署，一方面通过大学士刘统勋、陕甘总督吴达善等，妥善安置回归人员；另一方面又让边境官员将该部代表送至热河地区觐见，表达皇帝喜悦之情。特别强调"远人挈眷来归，量地安插，赏项在所必需，现令舒赫德等悉心筹议，但恐伊犁存贮之项或尚不敷支给，则由甘肃解往似为便易，昨曾降旨于西安藩库贮项内，拨银二百万两，赴甘备用"。③

土尔扈特东归事件显出沙俄帝国主义凶残的同时，更展示了中华民族大家

---

① 一史馆藏军机处上谕档，乾隆三十三年三月初六日。

② 王熹、林永匡：《清朝中期的土尔扈特贸易》，《西北民族研究》1988 年第 2 期；《查访土尔扈特回归奏折选译》，《历史档案》1988 年第 2 期；乌云毕力格：《土尔扈特汗廷与西藏关系（1643—1732）——以军机处满文录副档记载为中心》，《西域研究》2015 年第 1 期。

③ 一史馆藏军机处上谕档，乾隆三十六年六月十七日。

庭的温暖与强大。从档案资料来看，土尔扈特部东归，全国内地各省对此都反响热烈。土部首领从新疆乌鲁木齐等地赶赴热河觐见乾隆帝，路途遥远。乾隆帝要求各地官员细心招待，对于沿途供给，分别处理。山西巡抚三宝奏称："查得土尔扈特台吉等投诚，赶赴热河瞻仰天颜，晋省沿途州县供支羊肉米麦柴油暨廪给口食各项，悉照甘省之例划一预备供支。其筵席一项在于朔州、大同两处丰盛备办，至所需马匹车辆，晋省站长路远，以十二站并为八马站，每站安营驿马三百匹，并令添雇民马骡一百匹，兼雇车辆，倘有不敷，亦令合棚供送，其账房等项俱令营员预备支用。"① 反映出地方政府对招待路过的土部首领一事，准备非常细致。

四 明清陆上西部丝绸之路与治国理念

从悠久的丝绸之路历史来看，明清时期的陆上西部丝绸之路贸易具有独特的历史价值，特别是在整个中西文化交流的大历史脉络中，在从传统到现代的复杂历程中，扮演了不可替代的角色。大量珍贵的汉文、满文、藏文等档案，使得人们对于西路贸易的了解和研究达到了前所未有的深度和广度。以往学人更多注重经济贸易规模，或是国家认同，而整个丝路贸易后面的国家治理理念更值得重视。

从明清档案来看，明清时期陆上西部丝绸之路的维护与发展，跟王朝的治国方略息息相关。中央政府更多希望收获的是西域各部的认同，以及保持边疆的和平稳定。

首先，在中央政府看来，贸易从属于政治。在清朝陆上西部丝绸之路贸易的开拓、恢复和维护中，政治考量是第一位的，国家的战略安全重于局部的经济利益。乾隆帝对此认识清晰："但贸易之事，不过因其输诚内向，俾得贸迁有无，稍资生计，而彼处为产马之区，则收换马匹，亦可以补内地调拨缺额，并非借此以示抚循，亦非利其所有，而欲贱值以取之也。将来交易之际，不必

---

① 一史馆藏内阁兵科题本，礼部尚书兼署兵部尚书事务永贵等《为核销山西乾隆三十六年份供应土尔扈特台吉人等经由山西沿途装载行李车辆并雇觅民马骡头用过银两事》，乾隆三十八年九月初七日，档号：02-01-006-002400-0010。

过于繁苛，更不必过于迁就，但以两得其平为是。"① 对于西域各部落来说，获取经济利益更强于政治认同，双方的交往目的是有一定差异的。

清中后期，清廷对陆上西部丝绸之路的管理更趋保守。道光十一年（1831），清廷批准扬威将军长龄的奏议，准许恢复跟浩罕通商：

> 查明巴什阿哈胡里，又称明伯克，系浩罕管事头人，上年进卡滋扰，经各城查探，实系明巴什亲来。该贼目把持专擅、贪渎妄为，卡外布鲁特、哈萨克，卡内回子，无不畏其强横，佥谓前此之滋事，此日之梗化，皆明巴什一人主意。今既宣示皇仁，夷众得照常贸易，明巴什有利可图，自不致如前倔强，则从此卡内卡外可期静谧。②

显然，19 世纪的中国，清廷对于陆上西部丝绸之路，政治诉求重于经济利益。清朝面对浩罕等通商要求，更多是从国家安全考虑，力图息事宁人，维护边疆稳定，而不是获取贸易利益。

其次，和平与交融是陆上西部丝绸之路的发展主旋律。从明清政府的管理来看，西部安宁是国家的重要治国方略。对传统丝绸之路的精心维护，对各族民众交易的合理让利，都是为了西部的和平与安宁。土尔扈特部的东归，具有划时代的意义。该事件的爆发，正是处在西方殖民主义扩展至全球的时代，也是沙俄帝国侵略的产物。它有力地说明，清朝政府对于周边国家的和平友好政策，取得了丝路沿线民众的高度认同。清朝政府基于维护自身政权稳定、边境安定、边境民众生活稳定的目的，开展和维护边境贸易，其政策给沿路民众带来实惠与利益，成为沿路民众认同和愿意交往的重要内在动力。从陆上西部丝绸之路的实践来看，清朝的国家认同是各民族的大认同，而非某些论调所谓的"满族认同"，是一种超越民族局限、超越地区局限的中华文化认同和国家认同。明清时期丝路贸易得以繁荣昌盛，其内在的动力在于中华民族的和平与友好传统，合理的贸易政策等。

---

① 一史馆藏宫中朱批奏折，大学士管陕甘总督黄廷桂《遵复与哈萨克贸易宜并请于范清洪等内定一员来肃办理交易等事宜》，乾隆二十二年十一月二十八日，档号：04 - 01 - 13 - 0025 - 014。

② 一史馆藏宫中朱批奏折，扬威将军长龄《奉旨准令浩罕通商并报卡伦内外各情》，道光十一年十二月二十四日，档号：04 - 01 - 32 - 0413 - 024。

最后，诚信经营、互惠互利是丝路繁荣的重要保障。以乾隆帝为代表的清朝政府，基于自身国力的雄厚，考虑周边部落和民众的生活，始终要求内地商人保证商品质量，重视客户要求，方便丝路沿途民众。此种诚信原则，使得双方的交易得以延续，尽管中间不乏王朝换代、突发事件，但是陆上西部丝绸之路始终得以发展。

当然，清朝陆路丝绸贸易的历史局限也值得后人借鉴，近代以来海洋贸易与交通技术的发展，也呼唤陆上丝路同步跟上时代的列车。从历史经验来看，在国家的支持之外，同时又充分发挥商人的独立自主性，并且弘扬和平互惠的精神，这些都是值得借鉴的。

明清丝绸之路与世界贸易网络

——重视明清时代的中国与世界

鱼宏亮[*]

从 19 世纪起，中国历史就真正进入了世界历史和历史哲学的范畴之中。17 世纪德国数学家莱布尼茨（G. W. von Leibniz，1646 – 1716）著有《中国近事》一书，在序言中说："在这本书中，我们将带给读者一份发回欧洲的有关最近中国政府允许传播基督教的报告。此外，本书还提供许多迄今为止鲜为人知的信息：关于欧洲科学的作用，关于这个人的习俗和道德观念，特别是中国皇帝本人的道德观念，以及关于这个同俄国之间的战争与媾和。"[①] 尽管莱布尼茨从法国来华传教士白晋（Joachim Bouvet，1656 – 1730）等人处获得有关中国的第一手资料，但他的重点主要在中国的道德、礼仪、经典等方面。[②] 直到 19 世纪黑格尔《历史哲学》一书，才全面考察了中国历史与世界各民族历史的诸多同异。黑格尔认为："历史必须从中华帝国说起。因为根据史书的记载，中国实在是最古老的国家，它的原则又具有那一种实体性，所以它既然是最古老的、同时又是最新的帝国。中国很早就已经进展到它今日的情状。但是因为它客观的存在和主观运动之间仍然缺少一种对峙，所以无从发生变化，一种终古如此的固定的东西代替了一种真正的历史的东西。"[③] 黑格尔的历史哲

　中国社会科学院中国历史研究院古代史研究所，原文刊于《历史档案》2019 年第 1 期。

① 　安文铸等编译《莱布尼茨和中国》，福建人民出版社，1993，第 102 页。

② 　有关莱布尼茨对中国古代数学以及《易经》一书的了解，可参考郭书春《古代世界数学泰斗刘徽》一书中的有关评论："中国有所谓《周易》创造了二进制的说法，至于莱布尼兹受《周易》八卦的影响创造二进制并用于计算机的神话，更是广为流传。事实是，莱布尼兹先发明了二进制，后来才看到传教士带回的宋代学者重新编排的《周易》八卦，并发现八卦可以用他的二进制来解释。"（山东科学技术出版社，1992，第 461 页）

③ 　黑格尔：《历史哲学》，王造时译，商务印书馆，1963，第 160 页。

学以人的绝对意志和人类精神的发展作为历史发展的标尺，在他的眼中，中国历史因为在宗教和精神方面受制于专制王权，所以是停滞的，没有历史的，也是封闭的："这个帝国早就吸引了欧洲人的注意，虽然他们所听到的一切都渺茫难凭。这个帝国自己产生出来，跟外界似乎毫无关系，这是永远令人惊异的。"① 黑格尔对中国历史进行过深入研究，对先秦到清代的礼制、皇权、地理、北方民族都有论述。在他的《历史哲学》体系中，中国占有重要的地位，虽然从人的精神发展的标准来看，是封闭的和停滞的。② 黑格尔的《历史哲学》影响了以后近一个多世纪欧洲历史学对中国的历史叙事。直到 20 世纪七八十年代起，人们才开始从世界历史的角度来重新看待中国历史，尤其是明清中国与世界各地的贸易联系。

一 "丝绸之路"研究推动世界对中国的重新认识

第二次世界大战以后，欧洲的汉学开始了明显的分化，原来欧洲中心论的一系列理论和观点遭到质疑。德国历史学家贡德·弗兰克 1998 年出版的《白银资本》认为从航海大发现直到 18 世纪末工业革命之前，是亚洲时代。欧洲之所以最终在 19 世纪成为全球经济新的中心，是因为欧洲征服了拉丁美洲并占有其贵金属，使得欧洲获得了进入以亚洲为中心的全球经济的机会。《白银资本》一书描绘了一个明清时期广阔的中外贸易的宏大画面，将中国拉回到世界历史的中心。③

美国历史学家彭慕兰于 2000 年出版的《大分流：欧洲、中国及现代世界经济的发展》一书详细考察了 18 世纪欧洲和东亚的社会经济状况，对欧洲的英格兰和中国的江南地区做了具体的比较，以新的论证方法提出了许多创新性

---

① 黑格尔：《历史哲学》，第 164 页。

② 《历史哲学》是黑格尔从 1818 年到柏林大学任教时开始讲授的一门课程，到 1830 年编辑出版时，编辑干斯博士对讲义的内容进行了大幅的删减、平衡。有关中国的部分和绪论部分原本占到了全书的三分之一多，为了平衡各地区的历史，编者删减到目前极小的篇幅。可见中国历史在黑格尔历史哲学中所占地位。

③ 贡德·弗兰克：《白银资本：重视经济全球化中的东方》，刘北成译，中央编译出版社，2008。以此路径进行的相关研究可参考万明《明代白银货币化的初步考察》（《中国经济史研究》2003 年第 2 期）、《明代白银货币化：中国与世界连接的新视角》（《河北学刊》2004 年第 3 期）。

见解。认为 1800 年以前是一个多元的世界，没有一个经济中心，西方并没有任何明显的、完全为西方自己独有在内生优势；只是 19 世纪欧洲工业化充分发展以后，一个占支配地位的西欧中心才具有了实际意义："一个极为长期的观点提醒我们考虑怎样把东亚和西欧之间 19 世纪的分流放到全球历史的背景中。"①

与此相关联，王国斌和罗森塔尔合著的《大分流之外：中国与欧洲经济变迁中的政治》，围绕着 1500 ~ 1950 年的各种世界经济的要素进行讨论。② 李伯重《火枪与账簿：早期经济全球化时代的中国与东亚世界》亦从全球化的角度来描述明清以来中国与世界的贸易与政治联系。③

2006 年，彭慕兰与史蒂文·托皮克新出版的《贸易打造的世界：1400 年至今的社会、文化与世界经济》，作者表达了"中国的历史和世界贸易的历史已经通过各种途径交织在一起了"的思想。④

实际上，早在 19 世纪后期起，西方汉学家已经开始利用第一手的调查资料与中西方文献来重建中古时期的中外历史了。1868 年 11 月（清同治七年），德国地理学家李希霍芬（Ferdinand von Richthofen）从上海出发，开始在中国境内进行地质考察。到 1872 年 5 月底，李希霍芬在中国境内总共进行了七次长短不一的地理地质考察，搜集了大量资料和数据。同年他回到德国，开始整理研究这些资料，到 1877 年，开始出版《中国——亲身旅行和据此所作研究的成果》（China：Ergebnisse Eigener Reisen und Darauf Gegründeter Studien）一书，在第一卷中，他将公元前 114 年至公元 127 年中国与中亚、印度之间的贸易通道称为"丝绸之路"（德文 Seidenstrasse 或 Sererstrasse）。由于李希霍芬在此后的西方地理学界的重要影响和地位，他的这一用语成为学界公认的名称，从此"丝绸之路"就被公认为指称公元前后连接中国与中亚、欧洲的交通线路的专用概念，产生世界性的影响。由此，欧亚古代的贸易与文化联系通

① 彭慕兰：《大分流：欧洲、中国及现代世界经济的发展》，史建云译，江苏人民出版社，2003，第 7 页。
② 王国斌、罗森塔尔：《大分流之外：中国与欧洲经济变迁中的政治》，周琳译，江苏人民出版社，2018。
③ 李伯重：《火枪与账簿：早期经济全球化时代的中国与东亚世界》，三联书店，2017。
④ 彭慕兰、史蒂文·托皮克：《贸易打造的世界：1400 年至今的社会、文化与世界经济》，陕西师范大学出版社，2008，第 2 页。

道也引起人们的重视。①

对于历史的描述，从封闭停滞的中国到世界贸易中心的中国的巨大变迁，反映了西方历史学界不同时期的中国认识观。现在我们通过中国自身的历史文献与档案史料来重新看待这一时期的中国历史，是在这些路径之外的一种全新的中国历史观。从明清档案来看，中国与世界的贸易联系在陆路、海路都存在多条贸易路线，陆地上除了传统的西向、北向的两条丝绸之路外，还有东向的通往朝鲜及南向的通往印度、安南、暹罗的高山之路等四条主要线路，海上除了传统通往欧洲的海路外，尚可细分为通往南洋、美洲、日本等四条海路，这样，以明清档案还原的八条丝绸之路贸易网络，重新展现了明清以来中外的联系途径。八条丝绸之路远远不能涵盖所有以中国为中心的贸易路线与贸易活动，但这是一个新的解释框架，我们希望这个框架能够描绘一段中国本位的中外贸易与文化交流史。

二　明清时代陆上丝绸之路与贸易

从古典时代起，欧亚大陆虽然从地理条件上来说是连为一体的，但是高原和大山将这块大陆分隔开来，使得古希腊地理学家将其划分为两个大洲。但是欧亚大陆中部地区拥有一块广阔的大草原，从东亚的中国东北部一直延伸到西欧的匈牙利。"它为由欧亚大陆边缘地区向外伸展的各文明中心进行交往提供了一条陆上通道。靠大草原养活的游牧民们总是赶着他们的牧群，到处迁徙，并随时准备着，一有机会，就去攫取北京、德里、巴格达和罗马的财富。肥沃的大河流域和平原创造了欧亚大陆古老的核心文明，而大草原则便利了这些文明之间的接触和联系。"② 贯穿在这个连接体的贸易通道，也就是为世人熟知

---

① 李希霍芬在其 1877 年柏林出版的初版《中国》第一卷中首次使用 Seidenstrassen（Silk road）一词是在第 496 页，然后在第 497、500 页进一步阐释了这一概念。根据美国历史学家 Daniel C. Waugh 的研究，"丝绸之路"这一概念提出后，并未引起太多人的重视。直到 1910 年德国考古学家奥古斯丁·赫尔曼（August Herrmann）才开始专门研究这一问题，并于 1915 年发表了题为《丝绸之路：从中国到罗马帝国》（The Silk Roads from China to Roman Empire）的专文，进一步修正、补充了丝绸之路的概念。斯文·赫定于 1936 年在纽约出版了名为《丝绸之路》（The Silk Road）的著作。迄今为止对"丝绸之路"概念进行深入研究综述的文献见 Daniel C. Waugh，"Richthofen's 'Silk Roads'：Toward Archaeology of a Concept，" The Silk Road 5：1（2007）。

② L. S. 斯塔夫里阿诺斯：《全球通史：1500 年以前的世界》，吴象婴、梁赤民译，上海社会科学院出版社，1988，第 59 页。

的丝绸之路。从更广阔的范围来看，丝绸之路从亚洲东部的中国，一直延伸到西欧和北非，是欧亚非三个地区间最为著名的联络渠道。"沿着它，进行着贸易交往和宗教传播；沿着它，传来了亚历山大后继者们的希腊艺术和来自阿富汗地区的传播佛教的人。"① 中国先秦文献《管子》《山海经》《穆天子传》等书中对昆仑山、群玉之山的记载，经 20 世纪殷墟考古发掘对来自和田地区的玉器的鉴定，证实了古文献中记载的上古时代存在西域地区从中原获取丝绸而输出玉器的交换关系，早期的中国与中亚地区的玉石 – 丝绸之路为人所认知。

　　从 16 世纪中后期以来，传统上属于欧洲地区的罗斯国家逐渐开始向东殖民，进入了广袤的亚欧大陆北部西伯利亚地区活动。这样，俄罗斯的哥萨克人开始活跃于蒙古北部边界地带，与明朝、蒙古各部发生各种政治、经济联系。在官方建立正式联系前，由这些地区的人民开展的贸易活动实际上早已经存在。"俄国同中国通商是从和这个国家交往的最初年代开始的。首先是由西伯利亚的商人和哥萨克自行开始同中国进行贸易。人们发现从事这种贸易非常有利可图，于是西伯利亚各城市的行政长官也参与此项活动。"② 由于俄罗斯处于西欧通往中国的中间地位，所以英国也多次派使节前往俄罗斯要求开通前往中国贸易的商路。俄罗斯外务部保存的档案——1616 年、1617 年英国使节麦克利与俄方会谈的纪要显示，尽管俄罗斯设法阻止了英国的请求，却下令哥萨克军人调查通往中国的商路。③ 这些活动通过莫斯科的英国批发商约翰·麦利克传递到英国，引起王室和政治家的注意。英国地理学家佩尔基斯记录了俄罗斯人开辟的通过北方草原通往中国的商路。从官方的记录来看，除了活跃的民间贸易外，至少在明朝末年起，以明朝北方卫所为节点的南北交流通道已经非常活跃。④ 中国文献《朔方备乘》记录蒙古喀尔喀、车臣二部都曾经进贡俄罗

---

① 勒内·格鲁塞：《草原帝国》，蓝琪译，商务印书馆，1998，第 10 页。
② 尼古拉·班蒂什·卡缅斯基编著《俄中两国外交文献汇编（1619—1792）》，中国人民大学俄语教研室译，商务印书馆，1982，第 513 页。
③ 苏联科学院远东研究所编《十七世纪俄中关系》第 1 卷，厦门大学外文系《十七世纪俄中关系》第 1 卷翻译小组译，商务印书馆，1978，第 3 页。
④ 佩尔基斯：《他的旅行历程》第 3 卷（简述俄罗斯人为继续探索通往鞑靼地区及中国经常涉足之路线——由蒙古向东及东北方入西伯利亚、萨莫伊往通古斯之水陆路线），1625 年伦敦版，第 525～529 页。转引自沙斯季娜《十七世纪俄蒙通使关系》，北京师范大学外语系七三级工农兵学员教师译，商务印书馆，1977，第 22 页。

斯鸟枪一事，认为"谦河菊海之间早有通商之事"，^① 即指叶尼塞河上游与贝加尔湖之间的贸易路线。

18 世纪俄国著名的文献学家、历史学家尼古拉·班蒂什发现俄罗斯外交事务部档案编著的《俄中两国外交文献汇编（1619—1792）》一书收录了两件中国明代皇帝致俄皇的"国书"，其中一件标以万历皇帝，一件标以万历皇帝之子，文书记载了两名俄罗斯使臣因通商事前往中国，中国皇帝则表达了鼓励之意。不管这两件文书的真实程度如何，该文件收录在俄皇米哈伊洛维奇的外务衙门档案中，在反映中俄早期贸易关系的文献中具有一定价值。^②

根据俄方档案记载，第一个从莫斯科前往中国的使节团是巴依科夫使团，1654 年前往办理商务，并奉有探明"中华帝国可以购买哪些货物，可以运去哪些货物，由水路或陆路达到这个国家有多远路程"等信息的使命。^③ 可见，到 17 世纪中期官方的外交路线已经畅通。17 世纪早期的探险活动是后来《尼布楚条约》和《恰克图条约》得以签订的地理背景。到了 17 世纪中后期，通过中俄条约的形式将明末以来形成的北方贸易路线固定下来，从此库伦和恰克图成为官方贸易的正式场所。

在中国第一历史档案馆所藏的官方档案中，从顺治到乾隆期间至少有 50 件档案内容为与俄罗斯贸易的，其中贸易线路涉及从东北的黑龙江、嫩江、北京、张家口、鄂尔多斯、伊犁、哈萨克整条草原丝绸之路的商道。这反映在明清时期，传统的草原丝绸之路进入了鼎盛时代。由于清朝分别在康熙与雍正年间与俄罗斯签订了划界和贸易条约，尼布楚、恰克图、库伦等地获得了合法的贸易地位，这条线路虽然被俄罗斯所垄断，传统进亚欧大陆的商道中间出现了代理商性质的梗阻，但北方丝绸之路并未衰落，甚至还更加兴盛。根据两件内阁和理藩院档案《题为遣员至蒙古会盟处传谕蒙古各众做贸易不得行骗等事》《函达俄商在中国境内所有妄为举动定加惩处请仍旧照约将俄商放行入境由》，可以看出，中俄贸易从顺治到康熙间

---

① 何秋涛：《朔方备乘》卷 37《俄罗斯互市始末纪》。

② 两件文书收录于《俄中两国外交文献汇编（1619—1792）》一书中，但根据耶稣会传教士的识读，认为这两件文书时间更早，为明成祖时代致北方王公的册封诏书。但两件诏书何以保存在俄皇的外交档案中，亦为不解之谜。另外，由于明清时代中国特有的天下观，直至晚清之前，中国皇帝致外国的文书从未以国书的形式冠名。因此西方各国外交档案中的中国皇帝"国书"，都是翻译明清时代皇帝的诏书、上谕而来。

③ 《俄中两国外交文献汇编（1619—1792）》，第 22 页。

已经呈现常态化，中央部院题奏中这类日常贸易纠纷的内容显示了贸易的广度和深度。①

　　北方贸易路线上的主要商品为茶叶。据说最早进入俄国的茶叶是崇祯十三年（1640）俄国使臣瓦西里·斯达尔科夫从中亚卡尔梅克汗庭带回茶叶二百袋，奉献给沙皇。这是中国茶叶进入俄国之始。② 即使在海运大开之后，通过陆路进入欧洲的茶叶依然占有重要地位。其中一个重要原因在于，陆路运输茶叶的质量要远远高于海洋运输茶叶的质量。这一点，《海国图志》中也有解释："因陆路所历风霜，故其茶味反佳。非如海船经过南洋暑热，致茶味亦减。"③ 这种中国茶质量的差异，在 19 世纪的欧洲，已经成为人所共知的常识。马克思在《俄国的对华贸易》一文中专门指出，恰克图贸易中的中国茶叶"大部分是上等货，即在大陆消费者中间享有盛誉的所谓商队茶，不同于由海上进口的次等货。俄国人自己独享内地陆路贸易，成了他们没有可能参加海上贸易的一种补偿"。④

三　海上丝绸之路与海洋时代

　　以海洋航线为纽带的世界贸易体系的形成。新航路将欧洲与撒哈拉沙漠以南的非洲，欧洲与亚洲、美洲、大洋洲都联系在了一起。"欧洲航海者创造了一个交通、交流、交换的环球网络，跨文化互动比以往更为密集和系统了。"在传统航路与新航路上，欧洲商船把波斯地毯运往印度，把印度棉花运往东南亚，再把东南亚的香料运往印度和中国，把中国的丝绸运往日本，把日本的银和铜运往中国和印度。到 16 世纪，在印度洋的贸易世界，欧洲人已经占有了一席之地。而西班牙人、荷兰人在加勒比海、美洲建立的殖民地，使得欧洲的产品越过大西洋换来墨西哥的白银、秘鲁的矿产、巴西的蔗糖和烟草进入欧洲市场和亚洲市场。非洲的土著居民则被当作奴隶而贩运到各大殖民地。

①　中国第一历史档案馆藏内阁满文题本，顺治十二年十月初七日。
②　蔡鸿生：《俄罗斯馆纪事》增订本，中华书局，2006，第 139 页。
③　魏源：《海国图志》卷 83《夷情备采三》，岳麓书社，2011，第 1986 页。
④　《俄国的对华贸易》，《马克思恩格斯选集》第 2 卷，人民出版社，1995，第 9 页。

传统的地区性贸易网络"已经扩大为而且规模愈来愈大的扩大为世界市场"。① 根据一个从 1500～1800 年 7 个欧洲国家抵达亚洲船只数量的统计，从最初的 700 多艘的总量增长到 6600 多艘。而美洲到欧洲的金、银贩运量在这三百年间则分别增长了 20 倍和 10 倍，中国的白银进口量则从 1550 年的 2244 吨增长到 1700 年的 6951 吨。② 葡萄牙人在记录他们的东方贸易时说："欧洲与东洋的贸易，全归我国独占。我们每年以大帆船与圆形船结成舰队而航行至里斯本，满载上毛织物、绯衣、玻璃精制品、英国及富朗德儿出产的钟表以及葡萄牙的葡萄酒而到各地的海港上换取其它物品……最后，在澳门滞留数月，则又可满载金、绢、麝香、珍珠、象牙精制品、细工木器、漆器以及陶器而返回欧洲。"③

这反映了无论从数量还是种类上，进入国际市场的商品都大幅增加。固定的商品交易所、证券市场开始出现亦有重要意义。1531 年安特卫普商品交易所开业，"供所有国家和民族操各种语言的商人使用"。阿姆斯特丹、伦敦此后也分别建立粮食交易所和综合交易所。最后，处于新航路之上的港口开始成为世界贸易中心，取代大陆体系时代的陆路交通枢纽城市的地位，开始在世界经济体系中扮演重要角色。④

起先是技术的进步带来的探险与新航路的开辟，然后是商品与人员的全球性流动，最后是法律与文化在各地区的碰撞，一个以海上贸易路线为纽带的海洋时代开始兴起并主导了世界历史的走向。

四　明清时期的全球化贸易网络及其重要意义

这样一个商品和货币、物资与人员、知识与宗教频繁而紧密往来的时代，中国明、清时期的中央与地方政府不可能自外于世界。万历时期曾任福建巡抚的许孚远在评论嘉、万时期的海禁政策时说："然禁之当有法而绝之

---

① 《马克思恩格斯选集》第 1 卷，第 63 页。
② 安格斯·麦迪森：《世界经济千年史》，伍晓鹰等译，北京大学出版社，2003，第 54、55 页，表 2－6、表 2－8、表 2－9。
③ 百濑弘：《明代中国之外国贸易》，许有义译，《明代国际贸易》，台湾学生书局，1968，第 41 页。另，此处"陶器"，当为瓷器。
④ 参见李吟枫《世界市场的形成及历史作用》，《世界历史》1986 年第 2 期。

则难行，何者？彼其贸易往来、籴谷他处，以有余济不足，皆小民生养所需，不可因刖而废履者也。不若明开市舶之禁，收其权而归之上，有所予而有所夺，则民之冒死越贩者固将不禁而自止。臣闻诸先民有言，市通则寇转而为商，市禁则商转而为寇。禁商犹易，禁寇实难。此诚不可不亟为之虑。且使中国商货通于暹罗、吕宋诸国，则诸国之情尝联属于我，而日本之势自孤。日本动静虚实亦因吾民往来诸国侦得其情，可谓先事之备。又商船坚固数倍兵船，临事可资调遣之用。商税二万，不烦督责。军需亦免搜括之劳。市舶一通，有此数利。不然，防一日本而并弃诸国，绝商贾之利、启寇盗之端，臣窃以为计之过矣。"[1] 明、清两代都实行过海禁政策，明代是因为倭患，清代则由于郑氏。虽然海禁期间"然虽禁不严，而商舶之往来亦自若也"，但长期来看，给沿海人民甚至国计民生都带来严重后果，所以地方大员多以"开洋"为主要筹划："莫若另为立法，将商人出洋之禁稍为变通，方有大裨于国计民生也。"[2]

通过数件珍贵的明代天启、崇祯年间兵部尚书有关海禁事宜的题行稿，可知明朝皇帝长期坚守的海禁政策至明末清初已与日益增长的对外贸易需求相悖。康熙二十三年（1684）七月十一日，在内阁起居注中有康熙帝召集朝臣商议开海贸易的记录。翌年即 1685 年，清政府在东南沿海创立粤海、闽海、浙海、江海四大海关，实行开海通商政策。[3]

乾隆二十六年（1761）九月十五日，广东巡抚托恩多上奏"瑞典商船遭风货沉抚恤遇难水手折"，[4] 请求按照惯例，给予朝贡各国或外洋各国来中国贸易的商船予以灾难救助。从明清时代对朝贡体系和外洋贸易的维护来看，中国制定了明确的有关维护这一范围广阔的贸易秩序的措施与政策。无论是陆路贡使和商客的接待、陪护、贸易纠纷、借贷的规定，还是海路贸易中由于漂风、漂海等遇难船只、人员、货物的抚恤、资助，都颁布有明确的措施

①　陈子龙辑《明经世文编》卷 400《疏通海禁疏》，明崇祯平露堂刻本。
②　靳辅：《文襄奏疏》卷 7《生财裕饷第二疏"开洋"》。
③　李娜：《从玉帛相赠到兵戎相见：〈明清丝绸之路档案图典〉海路大西洋部分档案解读》，中国社会科学院历史研究所、海南大学编《第三届"一带一路"文献与历史学术研讨会论文集》，第 1 页。
④　中国第一历史档案馆藏朱批奏折，《英荷瑞国洋船泊黄埔瑞典商船遭风货沉抚恤遇难水手》，档号：04 - 01 - 32 - 0402 - 025。

和法令。① 这些主动设立、各国遵守的法令与政策，是前近代世界贸易秩序存在并得以维持、延续的重要因素。只是从鸦片战争以后，以海、陆丝绸之路为主体的世界贸易秩序开始被以西方近代国际法为主导的世界贸易秩序所取代，但其间蕴含的互通、平等、周济的贸易精神，在现代依然有重要的价值。

① 《大清会典》在"朝贡"条目下设有专门的"周恤""拯救"等内容，具体规定了朝贡贸易或者自由贸易中发生的疾病、死难、飘风、飘海等灾难事件中的救助责任与赏罚措施。参见《嘉庆朝会典事例》卷400《礼部·朝贡》等内容。

"清代历史文化认同与中华民族
共同体发展学术研讨会"在京召开

为推动学术界深入研究清史，引导清史研究健康发展，2018 年 12 月 22～23 日，中国社会科学院主办、中国社会科学院历史研究所承办的"清代历史文化认同与中华民族共同体发展学术研讨会"在北京召开。来自复旦大学、南开大学、湖北大学、清华大学、中国人民大学、北京师范大学、中国政法大学、中央民族大学、故宫博物院、中国社会科学院、辽宁省社会科学院等 10余所高校和科研机构的专家学者参加了本次研讨会。

中国社会科学院副院长、党组成员高翔出席会议开幕式并讲话。中国社会科学院科研局局长马援，中国社会科学院历史研究所所长卜宪群研究员，中宣部理论局曹守亮副处长，中国社会科学院学部委员、历史研究所原所长陈祖武研究员，文化部清史纂修与研究中心马大正研究员、李治亭研究员等参加会议。中国社会科学院历史研究所党委书记余新华主持开幕式。

12 月 22 日上午大会主旨发言阶段，中国社会科学院学部委员、历史研究所原所长陈祖武研究员，辽宁省社会科学院张玉兴研究员，文化部清史纂修与研究中心马大正研究员，南开大学历史学院杜家骥教授，文化部清史纂修与研究中心李治亭研究员，南开大学历史学院教授、中国社会史学会会长常建华分别以《关于中华文化基本品格的思考》《倾覆南明的启示——清朝历史文化认同的初始成就》《中国边疆治理的当代价值》《清代蒙古与清中央的关系及清朝的国体问题》《清代"中国"辨析》《〈康熙出巡与国家认同〉前言》为题做大会发言。

22 日下午和 23 日上午，与会学者分为两个小组进行讨论，通过专家发言和评议人点评的方式进行，围绕"清史研究的历史意义与当代价值""清代的历史文化认同与阶段性特征""清代中华民族共同体发展与统一多民族国家的形成""清史研究的理论与方法论反思"等分议题展开研讨。

　　本次研讨会以清代历史与文化为切入点，与会专家学者围绕会议主题，从边疆治理、民族关系、国家与文化认同等角度，深入地探讨了中华民族共同体的形成、演变及其所具有的当代价值等问题。今年适逢改革开放 40 周年，本次研讨会的召开有助于我们总结改革开放 40 周年以来清史研究的成就与不足，将清史研究不断引向深入。

（中国社会科学网 2018 年 12 月 23 日报道）

我校召开2018年清史研究
回顾与展望座谈会

为进一步加强清史研究，助力构建中国特色、中国风格、中国气派的清史研究学术话语体系，中央民族大学在1月11日举办了"2018年清史研究与展望座谈会"。

来自文化部清史纂修与研究中心、中国社会科学院中国历史研究院、故宫博物院、复旦大学、吉林大学、黑龙江大学、吉林省社科院、社会科学战线杂志社、中国人民大学、北京师范大学、中国社会科学杂志社、中国边疆史地研究杂志社等12家单位的30余位专家齐聚知行堂。国家民委专职委员、中央民族大学党委书记张京泽出席会议并发表讲话，开幕式由校党委常委、副校长石亚洲主持。

张京泽在讲话中从民大的特殊使命和学术担当、中国边疆民族历史研究的学术积淀和研究特色等方面，介绍了学校、学院和学科发展及清史研究成效，对当前清史研究谈了观点与想法，并号召与会专家学者以习近平总书记给中国社会科学院中国历史研究院的贺信精神为指引，在繁荣我国历史学研究、服务国家战略、维护国家统一和边疆稳定等方面做出清史研究应有贡献。

其间，与会专家深入交流研讨，内容涉及清史研究思路方法、清史研究热点与趋势、国外清史研究动态与问题等方面议题以及清代治理、丝绸之路、满文文献、程朱理学等研究领域。此次会议，全面系统梳理了2018年清史研究成果。

近两年，中央民族大学进一步加强清史研究，聚合多学科专家组成的清史研究团队，取得了一系列研究成果，收集整理了一批珍贵资料，并成立"中国边疆民族历史研究院"，力争建设成为我国边疆民族历史文化研究的高地和智库，为维护祖国统一和民族团结进步事业、坚定中国特色解决民族问题的道路发出民大声音、贡献民大智慧。

（中央民族大学官网 2019 年 1 月 11 日报道）

清代西北边疆治理学术研讨会暨"新疆流人史与流人研究"项目开题报告会举行

新疆大学教育部人文社科重点研究基地主办的"清代西北边疆治理"学术研讨会暨国家社科基金重大项目开题报告会，于5月11~12日在乌鲁木齐举行。

5月11日，国家社科基金重大项目"新疆流人史与流人研究"开题报告会召开。新疆大学副校长蒋海军出席报告会，校科研处刘晨江处长主持。开题报告会邀请中国第一历史档案馆吴元丰研究员任评审组主席，新疆师范大学王星汉教授、《中国边疆史地研究》李大龙编审、新疆社会科学院刘国防研究员、中央民族大学赵令志教授、中国第一历史档案馆郭美兰研究员、新疆大学李中耀教授、新疆大学吴琼教授等任评审委员。

蒋海军对项目的重要价值和现实意义给予充分肯定，希望该课题能立足于党和国家需要，进一步加强新疆大学相关领域的学科建设。课题组首席专家周轩教授对课题的价值和意义、研究思路、整体框架、重点和难点等进行了详尽阐述。评审专家认真听取报告，肯定该课题的重大意义，并就课题结构、研究脉络、内容侧重点、方法创新等提出具体建议。中国人民大学张永江教授，新疆大学孟楠教授、吴轶群副教授、郭文忠副研究员，河南科技大学王云红副教授等五位子课题负责人也汇报了各自设想，与评审专家进行了深入交流。

5月12日，清代西北边疆治理学术研讨会举行。来自中国社会科学院、中国第一历史档案馆、中国人民大学、北京师范大学、中央民族大学、武汉大学、云南大学、河南科技大学、新疆社会科学院、塔里木大学、新疆师范大学等十余所高校和研究机构的40多位学者参会。新疆大学孟楠教授主持开幕式并做大会总结。吴琼、吴轶群、张永江、吴四伍等分别主持大会发言和闭幕式环节。

开幕式上，新疆大学党委副书记孟凡丽代表学校致辞并介绍学校概况和科研整体情况；中国历史研究院《历史研究》常务副主编周群在致辞中就新时代如何发展中国历史学、如何做好清代边疆治理研究谈了自己的意见。

在大会发言环节，刘正寅、赵令志、李大龙、吴元丰、王东平、郭美兰、张永江、刘文鹏、鲁西奇、吴四伍、孟楠、周轩、王云红、施新荣、万朝林、吴轶群、郭文忠、祖力亚提·司马义等做了论文发表。与会学者深入总结新中国成立 70 年来我国清代西北边疆治理研究取得的成绩，并就如何进一步推动中国历史上的边疆治理研究展开深入研讨。大家一致认为，新时代的清代边疆治理研究，要始终坚持以唯物史观为指导，重视对已有史料包括满文史料的解读和阐释，高度重视新材料的发掘和利用，加强对清代边疆治理的实践研究和话语建构，进而为今天的中国边疆治理提供有益的历史镜鉴；新疆大学在打造西北边疆治理特色研究和推进边疆地区高校"双一流"的同时，应推动中国边疆研究以西北边疆治理为抓手，以新疆研究为突破口，努力形成中国特色、中国风格、中国气派的边疆治理历史研究话语体系，为新时代中国特色社会主义事业发展提供历史经验和智慧。

（中国社会科学网 2019 年 5 月 16 日报道）

学者聚焦"世界历史中的中国"
第七届全球史学术论坛在京举行

6月8~9日，以"世界历史中的中国"为主题的第七届全球史学术论坛在京举行。来自中国社会科学院、清华大学、中国人民大学、北京外国语大学、厦门大学、山东大学、首都师范大学等单位的50多位学者参会。

开幕式由首都师范大学全球史研究中心乔瑜博士主持。首都师范大学历史学院世界史学科负责人晏绍祥教授、研究生院常务副院长梁占军教授、历史学院副院长姚百慧教授，中国历史研究院《历史研究》常务副主编周群副编审分别致辞，并从全球史视角对会议主题发表了各自的看法，认为站在新时代新起点反观世界历史中的中国，不仅具有较高的学术价值，而且极富现实意义。

主题演讲环节由中国历史研究院历史研究杂志社焦兵副研究员主持，首都师范大学江湄教授担任点评。北京外国语大学张西平教授的报告《欧洲启蒙运动的中国因素》，从启蒙运动的外部原因出发说明了以儒家为核心的中国文明作为理性与道德的代表，在启蒙运动中起到了冲击基督教神学伦理的重要作用。清华大学历史系仲伟民教授的报告《从全球史视角理解晚清时局》，对"中西大分流"提出了自己的看法，并对中国近代史的叙事方式进行了反思。中国人民大学清史研究所刘文鹏教授的报告《有界与无边：马光明案与乾隆时期天下观念之再探讨》，从马光明案切入，对清代前期的疆域及"内""外"观念做了再思考。中国历史研究院历史理论研究所董欣洁副研究员的报告《全球史学史视野下的中西互动》，讨论了全球史学史的几种类型，提出当今全球史学史面临的一个重要问题是如何理解和书写中西方互动的历史。

闭幕式由首都师范大学全球史研究中心夏继果教授主持。安徽大学历史系讲师魏孝稷、清华大学科技与社会研究所博士后姚靓分别代表分组讨论环节第一小组和第二小组汇报。首都师范大学全球史研究中心主任刘文明教授做大会总结。他介绍了全球史研究中心的发展历程和《全球史评论》的有关情况，指出此次会议的一个重要特点是有许多中国史专业的年轻学者参加，所提论文运用全球史视角和方法对中国历史尤其是明清时期展开研究，一方面为理解中国历史提供了新的维度，另一方面大部分论文从原始资料出发又不乏宏观关照，一定程度上反映了当今全球史研究从宏观走向实证与微观的趋势。

本次论坛由首都师范大学全球史研究中心主办，之前已成功举办六届。参会学者们一致认为，全球史论坛为历史学者提供了很好的交流平台，促进了中国史和世界史等不同学科之间的沟通交流，有助于将中国纳入世界之中考察，进一步拓宽全球史的研究视域，并在中国史学者的参与下推动具有中国特色全球史研究的发展。

（中国社会科学网 2019 年 6 月 12 日报道）

后　记

　　为集中反映近一年来清史研究成果，引导清史研究健康发展，构建中国特色、中国风格、中国气派的清史研究范式和学术话语，我们遴选了部分清史研究单位的研究成果，予以结集出版。收入文集的文章涉及清史研究相关理论和学术话语、具体历史事件的考察，以及相关研究单位召开的代表性学术会议的新闻报道。考虑到一些重要的理论和学术话题涉及的时间跨度比较大、领域比较广，在筛选文章时，我们并未严格以清代为限，而是将对清史研究有启迪意义的部分成果也收录进来，供学界参考。

　　在论文集的编选过程中，我们得到了中国社会科学院科研局、中国历史研究院相关单位领导的关心、指导，得到了国家清史编纂委员会、中国人民大学、中央民族大学、复旦大学、中山大学、北京师范大学、首都师范大学、东北师范大学等研究单位以及《人民日报》《北京日报》《中国史研究》《史学理论研究》《中国史研究动态》《中国边疆史地研究》等报刊媒体的帮助、支持，我们尤其要感谢中国社会科学院中国历史研究院古代史研究所卜宪群所长、社会科学文献出版社历史学分社郑庆寰社长以及中国历史研究院近代史研究所博士后廖焜晨为论文集出版付出的努力。

　　由于视野、学力、篇幅所限，论文集在编选过程中遗珠之恨在所难免，敬请读者谅解。我们希望今后能接续出版年度《清史研究发展与趋势》，倘对清史研究有所裨益，则幸甚！

图书在版编目（CIP）数据

清史研究发展与趋势. 2019 / 周群主编 . -- 北京：
社会科学文献出版社，2019.9
　ISBN 978 - 7 - 5201 - 5386 - 7

　Ⅰ.①清…　Ⅱ.①周…　Ⅲ.①中国历史 - 清代 - 文集
Ⅳ.①K249.07 - 53

　中国版本图书馆 CIP 数据核字（2019）第 181892 号

清史研究发展与趋势（2019）

主　　编／周　群
副 主 编／吴四伍　鱼宏亮　吕文利　董欣洁

出 版 人／谢寿光
责任编辑／郑庆寰　陈肖寒

出　　版／社会科学文献出版社·历史学分社（010）59367256
　　　　　地址：北京市北三环中路甲 29 号院华龙大厦　邮编：100029
　　　　　网址：www.ssap.com.cn
发　　行／市场营销中心（010）59367081　59367083
印　　装／三河市龙林印务有限公司

规　　格／开　本：787mm×1092mm　1/16
　　　　　印　张：24.5　字　数：425 千字
版　　次／2019 年 9 月第 1 版　2019 年 9 月第 1 次印刷
书　　号／ISBN 978 - 7 - 5201 - 5386 - 7
定　　价／128.00 元

本书如有印装质量问题，请与读者服务中心（010 - 59367028）联系